CAD/CAM/CAE工程应用丛书

产教融合 | 突出实践 | 即学即用

中望CAD 2025 从入门到实战

主　编丨金　健　钟日铭
副主编丨叶选林　李　闯　朱显明　马红军
参　编丨王登宇　施　军　赵国宏　杨易蒙　苏昌盛　王　伟

机械工业出版社
CHINA MACHINE PRESS

本书介绍了中望 CAD 最基础、最实用的软件功能，并辅以典型案例引导读者通过课堂学习或自学迈向精通行列。本书精心设计了创新的知识框架结构，突出基础入门与实战应用两大特点，帮助读者快速掌握中望 CAD 的主流设计功能，并能帮助解决读者在工作和学习中遇到的一些常见问题。本书虽然基于新版的中望 CAD 2025 专业版/教育版编写，但力争做到同样适用中望 CAD 以往版本。

本书知识丰富、条理清晰、实用性强，共 11 章，分别为初识中望 CAD、绘图环境、图层与图形特性、绘制基本图形、修改图形、进阶绘图与编辑、文字与表格、图块与实用工具应用、图样标注、复杂图形绘制案例、轴测图和三维建模。随书附赠案例素材与 PPT 电子课件，获取方式见封底。

本书适合从零开始学习中望 CAD 软件的读者阅读，也可供需要提高绘图技能的绘图员和设计工程师参考，还可以作为培训机构或高等院校相关专业的教材使用。

图书在版编目（CIP）数据

中望 CAD 2025 从入门到实战 / 金健，钟日铭主编.
北京：机械工业出版社，2025.8. -- （CAD/CAM/CAE 工程应用丛书）. -- ISBN 978-7-111-78831-7

Ⅰ.TP391.72

中国国家版本馆 CIP 数据核字第 2025PS0963 号

机械工业出版社（北京市百万庄大街 22 号　邮政编码 100037）
策划编辑：李晓波　　　　　　　　责任编辑：李晓波
责任校对：孙明慧　马荣华　景　飞　责任印制：单爱军
保定市中画美凯印刷有限公司印刷
2025 年 9 月第 1 版第 1 次印刷
184mm×260mm·19 印张·518 千字
标准书号：ISBN 978-7-111-78831-7
定价：79.00 元

电话服务　　　　　　　　　　　网络服务
客服电话：010-88361066　　　　机　工　官　网：www.cmpbook.com
　　　　　010-88379833　　　　机　工　官　博：weibo.com/cmp1952
　　　　　010-68326294　　　　金　书　网：www.golden-book.com
封底无防伪标均为盗版　　　　　　机工教育服务网：www.cmpedu.com

前　　言

　　党的二十大报告指出，推动战略性新兴产业融合集群发展，构建新一代信息技术、人工智能、生物技术、新能源、新材料、高端装备、绿色环保等一批新的增长引擎。

　　在国产设计软件替代国外软件的大背景下，编者团队通过校企合作的方式，共同打造适应现代制造业的专业标杆教材。本书由云南轻纺职业学院、云南开放大学（云南国防工业职业技术学院）、黑龙江职业学院、黑龙江农业经济职业学院、长春市机械工业学校、云南交通职业技术学院、昆明工业职业技术学院、云南经贸外事职业学院等职业院校教育专家参与编写，融合行业专家经验，国产 CAD/CAM/CAE 头部企业——广州中望龙腾软件股份有限公司给予技术支持，并配有优质教学资源。

　　本书以最新的中望 CAD 2025 专业版/教育版为平台，充分考虑到初学者的学习规律，以中望 CAD 2025 应用特点为知识主线，结合设计经验，注重以应用实战为导向。在内容编排上，讲究从易到难、注重基础、突出实用，力求贴近读者需求，使本书如同近在尺咫的资深导师一般向身边的学生指点迷津，传授应用技能。

　　本书共 11 章，内容涉及初识中望 CAD，绘图环境、图层与图形特性，绘制基本图形，修改图形，进阶绘图与编辑，文字与表格，图块与实用工具应用，图样标注，复杂图形绘制案例，轴测图和三维建模。每一章都注重基础知识和典型案例的结合，并在相关综合案例中融入了产业前线专家经验，还提供了有针对性的思考与练习题，引导学生举一反三，学以致用。

　　本书编者均具有多年计算机辅助设计工作和教学经验，实战与理论知识扎实。其中云南轻纺职业学院金健、深圳桦意智创科技有限公司钟日铭担任主编，云南开放大学（云南国防工业职业技术学院）叶选林、黑龙江职业学院李闯、黑龙江农业经济职业学院朱显明、长春市机械工业学校马红军担任副主编，长春市机械工业学校王登宇、云南交通职业技术学院施军、昆明工业职业技术学院赵国宏、云南经贸外事职业学院杨易蒙、广州中望龙腾软件股份有限公司苏昌盛、东南大学成贤学院王伟等人也参与了本书的编写或配套资料的整理。具体编写分工如下：金健教授编写第 1 章、第 4 章、第 9 章，叶选林编写第 3 章、第 5 章、第 6 章，李闯编写第 2 章、第 7 章、第 8 章，朱显明负责第 10 章、第 11 章部分内容，马红军参与编写第 11 章部分内容，王登宇、施军、赵国宏、杨易蒙、王伟等人也参与了相关章节的案例设计与编写，苏昌盛主要负责中望 CAD 软件的技术支持。全书配套的教学视频、电子课件和素材源文件等资料由钟日铭制作，全书由钟日铭负责统稿、审阅。

　　书中如有疏漏之处，请广大读者不吝赐教。本书在编写过程中得到了广州中望龙腾软件股份有限公司的大力支持，在此表示衷心的感谢。

　　天道酬勤，熟能生巧，以此与读者共勉。

编　者

目 录

前 言

第1章 初识中望CAD ……………… 1
1.1 中望CAD软件概述 …………… 1
1.2 中望CAD用户界面 …………… 2
　1.2.1 快速访问工具栏 ………… 2
　1.2.2 菜单浏览器按钮 ………… 3
　1.2.3 功能区 …………………… 4
　1.2.4 绘图窗口 ………………… 4
　1.2.5 命令窗口 ………………… 5
　1.2.6 状态栏 …………………… 6
1.3 图形文件基本操作 ……………… 6
　1.3.1 新建图形文件 …………… 6
　1.3.2 打开图形文件 …………… 7
　1.3.3 保存图形文件 …………… 8
　1.3.4 输入及输出其他格式的
　　　　文件 ………………………… 9
　1.3.5 关闭图形文件 …………… 9
1.4 中望CAD基础操作 …………… 10
　1.4.1 切换工作空间 ………… 10
　1.4.2 调用命令 ……………… 10
　1.4.3 选择对象 ……………… 11
　1.4.4 删除对象 ……………… 13
　1.4.5 撤销和重做命令 ……… 13
　1.4.6 取消已执行的操作 …… 13
　1.4.7 重复最近使用的命令 … 13
　1.4.8 视图缩放操作 ………… 14
　1.4.9 视图平移操作 ………… 14
　1.4.10 设置图形单位 ……… 15
　1.4.11 绘图功能开关的应用 … 15
1.5 坐标输入 ……………………… 16
　1.5.1 笛卡儿坐标 …………… 17
　1.5.2 极坐标 ………………… 17
1.6 综合案例：绘制简单图形
　　体验案例 ……………………… 18
1.7 思考与练习 …………………… 20

**第2章 绘图环境、图层与图形
　　　特性** ……………………… 21
2.1 初识绘图环境设置 …………… 21
2.2 图层基础 ……………………… 23
　2.2.1 了解"图层"面板及图层
　　　　特性管理器 ……………… 24
　2.2.2 创建及设置图层 ……… 26
　2.2.3 设置当前图层 ………… 29
　2.2.4 修改对象所在的图层 … 29
　2.2.5 删除图层 ……………… 29
2.3 对象特性基础设置 …………… 29
　2.3.1 对象颜色 ……………… 30
　2.3.2 线型管理 ……………… 31
　2.3.3 当前线宽设置 ………… 33
　2.3.4 设置透明度 …………… 34
2.4 "特性"命令 ………………… 35
2.5 特性匹配 ……………………… 36
2.6 综合案例：建立符合制图标准
　　的多个图层 …………………… 37
2.7 思考与练习 …………………… 40

第3章 绘制基本图形 ………… 42
3.1 绘制直线 ……………………… 42
3.2 绘制射线与构造线 …………… 43
　3.2.1 绘制射线 ……………… 43
　3.2.2 绘制构造线 …………… 44
3.3 绘制多段线 …………………… 45
3.4 绘制圆 ………………………… 47
3.5 绘制圆弧 ……………………… 49
3.6 绘制矩形 ……………………… 51
3.7 绘制正多边形 ………………… 54
3.8 绘制椭圆 ……………………… 56
　3.8.1 使用"中心点"法绘制
　　　　椭圆 ……………………… 56

IV

3.8.2 使用"轴、端点"法绘制
    椭圆 ················· 57
3.8.3 绘制同心椭圆 ········ 57
3.9 绘制椭圆弧 ················ 58
3.10 绘制样条曲线 ············· 58
3.11 辅助制图实用技巧 ·········· 60
    3.11.1 巧用对象捕捉功能 ···· 60
    3.11.2 巧用极轴追踪、对象捕捉
        追踪 ················ 64
    3.11.3 巧用正交模式绘制图形 ··· 66
3.12 综合案例：绘制平面图形 ····· 67
3.13 思考与练习 ··············· 70

第4章 修改图形 ············· 71
4.1 初识修改图形工具 ··········· 71
4.2 圆角与倒角 ················ 74
    4.2.1 圆角 ················ 74
    4.2.2 倒角 ················ 76
4.3 修剪与延伸 ················ 77
    4.3.1 修剪 ················ 77
    4.3.2 延伸 ················ 78
4.4 打断对象 ·················· 79
4.5 移动对象 ·················· 81
4.6 复制对象 ·················· 82
4.7 旋转及对齐对象 ············· 84
    4.7.1 旋转对象 ············ 84
    4.7.2 对齐对象 ············ 86
4.8 拉伸与拉长图形 ············· 87
    4.8.1 拉伸 ················ 87
    4.8.2 拉长 ················ 88
4.9 按比例缩放图形 ············· 89
4.10 偏移 ···················· 90
4.11 镜像 ···················· 92
4.12 阵列 ···················· 93
    4.12.1 矩形阵列 ············ 93
    4.12.2 环形阵列 ············ 95
    4.12.3 路径阵列 ············ 96
    4.12.4 经典阵列 ············ 98
4.13 使用夹点编辑 ············· 98

4.14 绘制折断线 ··············· 100
4.15 综合案例：绘制和修改
    图形 ···················· 100
4.16 思考与练习 ··············· 105

第5章 进阶绘图与编辑 ········ 107
5.1 编辑多段线与样条曲线 ······· 107
    5.1.1 编辑多段线 ·········· 107
    5.1.2 编辑样条曲线 ········ 109
5.2 绘制与编辑多线 ············ 109
5.3 绘制点 ···················· 113
    5.3.1 点样式 ·············· 113
    5.3.2 创建点 ·············· 113
    5.3.3 绘制定数等分点 ······ 113
    5.3.4 绘制定距等分点 ······ 114
5.4 绘制修订云线 ·············· 115
5.5 填充 ····················· 116
    5.5.1 填充封闭区域 ········ 116
    5.5.2 填充不封闭区域 ······ 118
    5.5.3 渐变色填充 ·········· 120
    5.5.4 编辑填充剖面图案 ···· 121
    5.5.5 创建注释性填充图案 ··· 121
5.6 绘制圆环 ·················· 122
5.7 区域覆盖对象 ·············· 122
5.8 分解、合并及清理对象 ······· 123
    5.8.1 分解对象 ············ 123
    5.8.2 合并对象 ············ 123
    5.8.3 清理对象 ············ 124
5.9 面域与边界 ················ 125
    5.9.1 创建面域与面域布尔
        运算 ················ 125
    5.9.2 创建边界 ············ 126
5.10 编辑对象特性 ············· 128
    5.10.1 使用"特性"选项板改变
        对象特性 ············ 128
    5.10.2 对象特性匹配 ······· 129
5.11 综合案例：带轮旋转截面
    绘制与编辑 ··············· 130
5.12 思考与练习 ··············· 133

V

第 6 章 文字与表格 ………… 135
6.1 文字样式 ………… 135
- 6.1.1 创建文字样式 ………… 135
- 6.1.2 修改文字样式 ………… 137

6.2 单行文字 ………… 137
- 6.2.1 创建单行文字 ………… 137
- 6.2.2 单行文字的对齐方式 ………… 138
- 6.2.3 特殊字符的应用 ………… 139

6.3 多行文字 ………… 139
- 6.3.1 创建多行文字的步骤 ………… 139
- 6.3.2 在多行文字中插入符号 ………… 140
- 6.3.3 向多行文字对象添加不透明背景或进行填充 ………… 141
- 6.3.4 创建堆叠文字 ………… 142

6.4 注释性文字对象 ………… 144

6.5 表格 ………… 145
- 6.5.1 创建表格样式 ………… 145
- 6.5.2 创建表格 ………… 148
- 6.5.3 在表格对象中填写文字 ………… 149
- 6.5.4 编辑表格 ………… 150
- 6.5.5 数据链接 ………… 151
- 6.5.6 应用数据链接的表格案例 ………… 151

6.6 综合案例：绘制标准的标题栏 ………… 154

6.7 思考与练习 ………… 155

第 7 章 图块与实用工具应用 ………… 157
7.1 图块 ………… 157
- 7.1.1 图块的概念 ………… 157
- 7.1.2 创建图块 ………… 157
- 7.1.3 创建及使用块的属性 ………… 162
- 7.1.4 编辑属性定义 ………… 164
- 7.1.5 编辑块的属性 ………… 166
- 7.1.6 插入图块或外部文件 ………… 168

7.2 查询图形信息 ………… 170
- 7.2.1 获取点的坐标 ………… 170
- 7.2.2 测量距离 ………… 171
- 7.2.3 测量半径 ………… 171
- 7.2.4 测量连续线的长度 ………… 172
- 7.2.5 测量角度 ………… 172
- 7.2.6 计算图形面积及周长 ………… 173
- 7.2.7 列出对象的图形信息 ………… 173
- 7.2.8 查询面域/质量特性 ………… 174

7.3 中望 CAD 设计中心 ………… 174
7.4 工具选项板 ………… 176
7.5 综合案例：创建 A3 图幅 ………… 177
7.6 思考与练习 ………… 181

第 8 章 图样标注 ………… 183
8.1 尺寸标注基本概念 ………… 183
8.2 创建标注样式 ………… 184
8.3 尺寸标注 ………… 189
- 8.3.1 线性标注 ………… 189
- 8.3.2 对齐标注 ………… 190
- 8.3.3 角度标注 ………… 190
- 8.3.4 弧长标注 ………… 191
- 8.3.5 半径标注与直径标注 ………… 191
- 8.3.6 坐标标注 ………… 191
- 8.3.7 折弯半径标注 ………… 194
- 8.3.8 连续标注 ………… 194
- 8.3.9 基线标注 ………… 195
- 8.3.10 快速标注 ………… 196

8.4 多重引线标注 ………… 197
- 8.4.1 定义多重引线样式 ………… 197
- 8.4.2 创建多重引线标注 ………… 200
- 8.4.3 编辑多重引线标注 ………… 201

8.5 标注尺寸公差与几何公差 ………… 204
- 8.5.1 标注尺寸公差 ………… 204
- 8.5.2 标注几何公差 ………… 205

8.6 编辑尺寸标注 ………… 207
- 8.6.1 使用 DDEDIT 命令 ………… 207
- 8.6.2 编辑标注文字 ………… 208
- 8.6.3 编辑标注 ………… 209
- 8.6.4 调整标注间距 ………… 209
- 8.6.5 标注折断（打断）………… 210
- 8.6.6 折弯线性 ………… 211
- 8.6.7 检验标注 ………… 212

8.7　创建圆心标记 ············· 212
8.8　思考与练习 ············· 213

第9章　复杂图形绘制案例 ····· 215
9.1　绘制铁钩图形 ············ 215
9.2　绘制联轴器零件图 ········ 224
　9.2.1　绘制表面结构图形符号图块 ············· 225
　9.2.2　注写表面结构符号 ···· 226
　9.2.3　案例应用 ············· 227
9.3　思考与练习 ············· 241

第10章　轴测图 ············· 244
10.1　轴测图概述 ············ 244
　10.1.1　将捕捉类型设定为"等轴测捕捉" ········· 244
　10.1.2　切换平面状态 ······ 245
10.2　绘制基本的等轴测图形 ··· 246
　10.2.1　在等轴测捕捉下绘制直线 ············· 247
　10.2.2　绘制等轴测圆 ······ 247
10.3　绘制等轴测图综合案例1 ··· 248
10.4　绘制等轴测图综合案例2 ··· 252
10.5　思考与练习 ············ 257

第11章　三维建模 ············ 259
11.1　三维建模概述 ·········· 259
　11.1.1　绘制三维线条 ······ 259
　11.1.2　了解用户三维坐标 ··· 261
　11.1.3　新建UCS ·········· 262
11.2　观察三维模型 ·········· 263
11.3　创建三维基本实体 ······ 264
11.4　拉伸实体 ············· 265
11.5　旋转实体 ············· 268
11.6　扫掠实体 ············· 270
11.7　放样实体 ············· 271
11.8　三维操作 ············· 274
　11.8.1　三维圆角 ·········· 274
　11.8.2　三维倒角 ·········· 275
　11.8.3　三维旋转 ·········· 275
　11.8.4　三维镜像 ·········· 276
　11.8.5　三维阵列 ·········· 276
11.9　编辑实体 ············· 279
　11.9.1　偏移面与拉伸面 ···· 279
　11.9.2　倾斜面 ············ 280
　11.9.3　压印 ············· 281
　11.9.4　抽壳 ············· 282
　11.9.5　利用平面或曲面剖切实体 ············· 283
11.10　布尔运算 ············ 284
　11.10.1　并集运算 ········ 284
　11.10.2　差集运算 ········ 285
　11.10.3　交集运算 ········ 286
11.11　综合案例：泵盖零件三维建模 ·············· 287
11.12　思考与练习 ·········· 295

第1章

初识中望CAD

本章导读

国产CAD替代是当下趋势，中望CAD自2002年推出市场以来，已经在机械制造、建筑、市政规划、勘察、电子电器、能源电力等多行业广泛应用。

本章主要介绍中望CAD软件概述、中望CAD用户界面、图形文件基本操作、中望CAD实操基础操作、坐标输入等。学好本章基础知识，有助于更好地学习后续章节。

中望CAD软件概述

中望CAD软件是基于自主内核的国产二维CAD平台，经过二十多年的发展与积累，针对30多个工业大类真实场景应用进行打磨，已经成为国内屈指可数的几大国产CAD软件之一，帮助了机械制造、建筑、市政规划、勘察、电子电器、能源电力等多行业用户实现高效设计，可以很好地替代国外CAD应用。

中望CAD全面兼容主流DWG文件格式，帮助企业降低软件学习成本，实现零成本切换。它支持经典/Ribbon界面，让用户可以使用熟悉的界面及功能命令，支持主流行业应用和管理系统集成，内置高性能自主内核，可充分调动多核CPU及GPU显卡、硬盘等计算机硬件资源，并通过算法进行优化，为工程师打造全流程快速设计体验。

中望CAD提供了很多通用性高效功能，包括图纸集、批量打印、可变块、文件对比、PDF导入、套索选择、公式输入等，此外还提供很多行业性的应用功能，可以大幅提高工程师的工作效率。像智能打印、光栅图像矢量化、智能语音、手势精灵等功能，更是为用户带来全新的智能体验。其中，智能打印支持智能框选打印范围，一次性输出多张图纸；光栅图像矢量化支持将图像一键转为矢量数据；智能语音支持为DWG格式图纸添加语音备注；使用手势精灵，移动鼠标即可直接调用CAD相关命令，无须手动输入，非常方便。

在多端联动方面，中望CAD做得很灵活，既支持Windows、Linux系统，也能与中望看图大师、Cloud2D等系列产品互通，让设计师在不同的使用场景下都能使用合适的中望CAD进行高效设计。

在生态协同方面，中望CAD同样做得出色，广泛支持中国工业各细分领域主流行业专业软件、协同管理系统和产品全生命周期管理系统（PLM），可以帮助企业轻松实现全国产应用，有效提高各设计专业间、设计与项目管理间的协作效率。

相比以往的版本，中望CAD 2025新增和整合优化了一些功能，集中在ViewCube、工程视图、三维图纸效率优化、视觉样式、STEP文件导入、三维小控件、修订云线、光栅图像矢量化、点云颜色样式化、地理服务等方面，同时对功能区进行了全面改造，支持滑出式面板、面板拖拽与浮动、折叠面板显示为图标等功能，为用户提供可深度定制的用户界面，还提供可堆叠的选项板、可浮动的文档窗口、更智能的命令匹配机制、更贴心的文档助手，以及支持加载 fas/vlx 文件，提升 Visual LISP 程序兼容性。

1.2 中望 CAD 用户界面

正确安装中望 CAD 2025 软件后，在 Windows 桌面上双击图标，启动中望 CAD 2025 软件，片刻即可进入中望 CAD 2025 的初始用户界面。中望 CAD 2025 的初始用户界面由快速访问工具栏、菜单浏览器按钮、功能区、绘图窗口、命令窗口（包含命令提示窗口和命令行）、状态栏等组成，如图 1-1 所示。

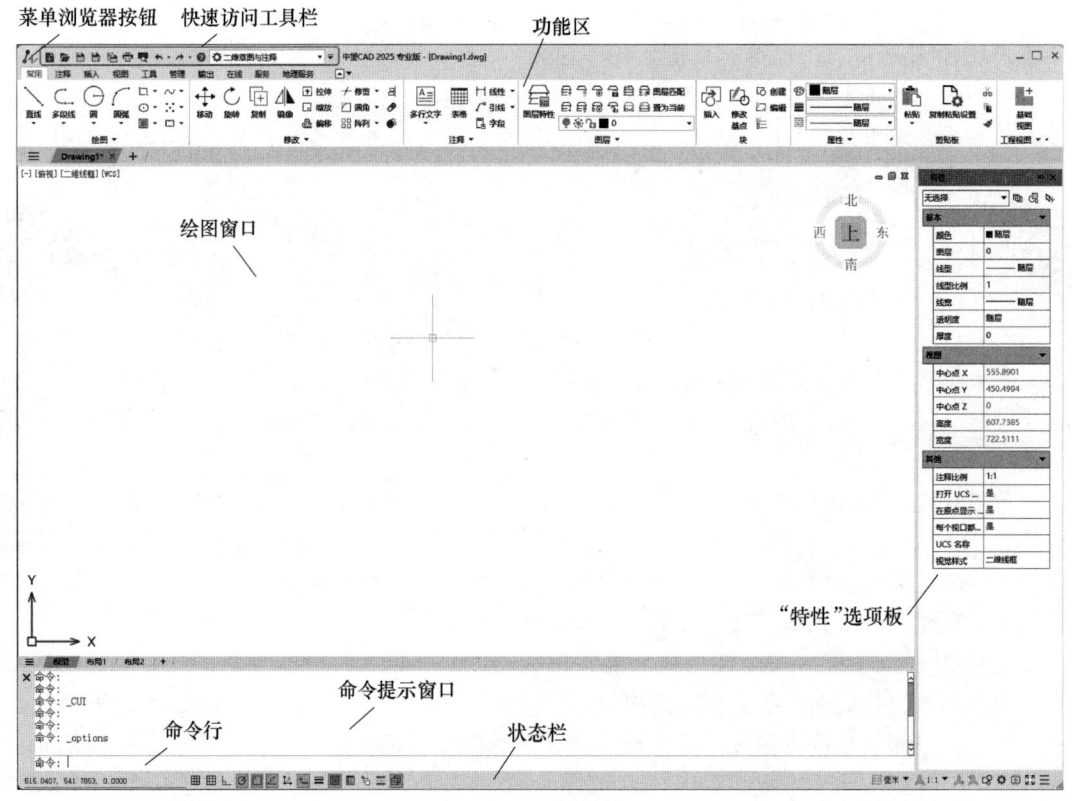

图 1-1　中望 CAD 2025 初始用户界面

1.2.1　快速访问工具栏

快速访问工具栏位于中望 CAD 用户界面最上方的标题栏中，它集中了常用的文档操作及其他一些工具命令，包括"新建""打开""保存""另存为""全部保存""打印""打印预览""放弃""重做""帮助"等。

用户可以自定义快速访问工具栏，其方法是在快速访问工具栏中单击"自定义快速访问工具栏"按钮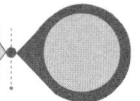，打开一个下拉菜单，设置将在"快速访问工具栏"中显示的工具，如图 1-2 所示。

如果要定制工具栏,则选择"工具栏"命令。对于一些习惯使用菜单栏的 CAD 老用户,可以在该下拉菜单中选择"显示菜单栏"命令,从而设置在用户界面中显示菜单栏——默认显示在标题栏和功能区之间。

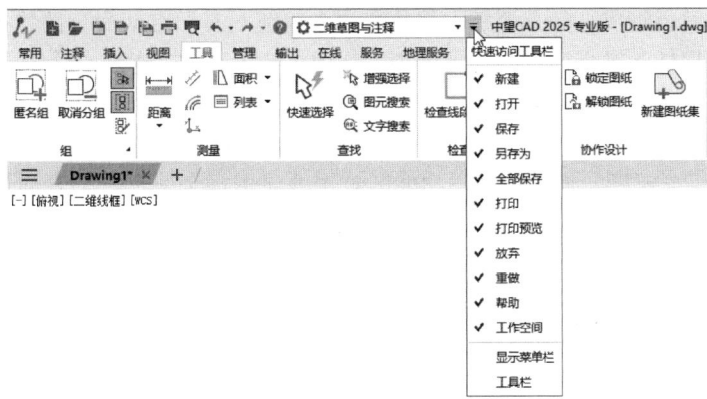

图 1-2　自定义"快速访问工具栏"

1.2.2　菜单浏览器按钮

单击"菜单浏览器"按钮 ，打开图 1-3 所示的菜单列表（应用程序菜单），该菜单列表主要收录了图形文件基本操作等相关命令,以及显示最近使用的文档。单击某个命令右侧的"展开"按钮 ，将打开该命令的级联菜单（下一级菜单）,如图 1-4 所示。

图 1-3　打开菜单列表

图 1-4　打开级联菜单

1.2.3 功能区

功能区是显示基于任务的命令和控件的选项板，它按照逻辑分组来组织工具。

功能区由多个面板组成，每个面板上都包含同一类别下若干启动命令的快捷方式按钮，而这些面板被组织到依据任务进行标记的选项卡中，如图1-5所示。功能区提供"常用""注释""插入""视图""工具""管理""输出""在线""服务""地理服务"这几个选项卡，以打开"视图"选项卡为例，该选项卡包含"观察"面板、"视图"面板、"坐标"面板、"视觉样式"面板、"视口"面板和"窗口"面板。使用功能区时无须显示多个工具栏，它通过单一紧凑的界面使应用程序变得简洁有序，同时使可用的工作区域最大化。

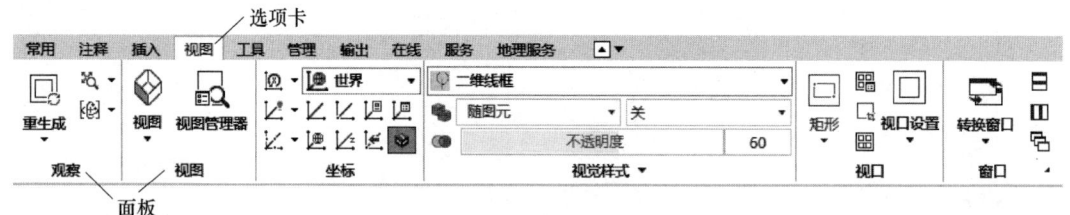

图1-5 功能区

将鼠标或其他定点设备的光标移到工具按钮上片刻时，工具提示将显示按钮的名称及其简要说明。

功能区中有些面板的标题后附带有"倒三角箭头"▼，表示此类面板附有滑出面板。单击此类面板的标题，则可打开其滑出面板以显示更多的工具和控件，如图1-6所示。在默认情况下，单击其他面板时，此滑出面板将自动关闭。要想使滑出面板保持展开状态，则单击该滑出面板左下角的图钉图标 。

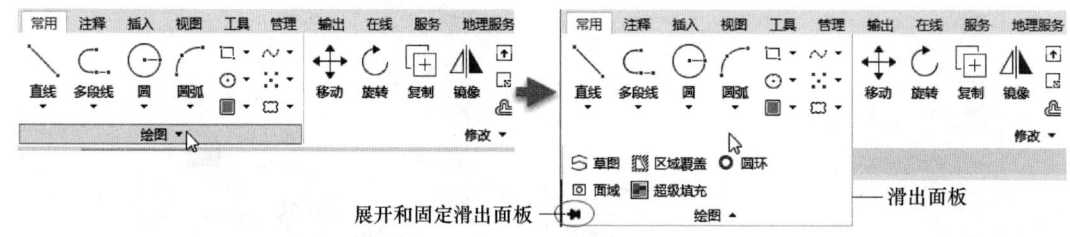

图1-6 使用滑出面板

1.2.4 绘图窗口

绘图窗口，又常被称为"绘图区域"，它是制图的焦点区域，制图的核心操作和图形显示都在该区域中。在绘图窗口中，有4个工具需要用户注意，分别是光标、坐标系图标、ViewCube工具和视口控件，如图1-7所示。其中，视口控件显示在每个视口的左上角，提供更改视图、视觉样式和其他设置的便捷方式，视口控件的标签将显示当前视口的相关设置。注意当前文件选项卡决定了当前绘图窗口显示的内容。ViewCube工具是一种方便的工具，用来控制三维视图的方位。

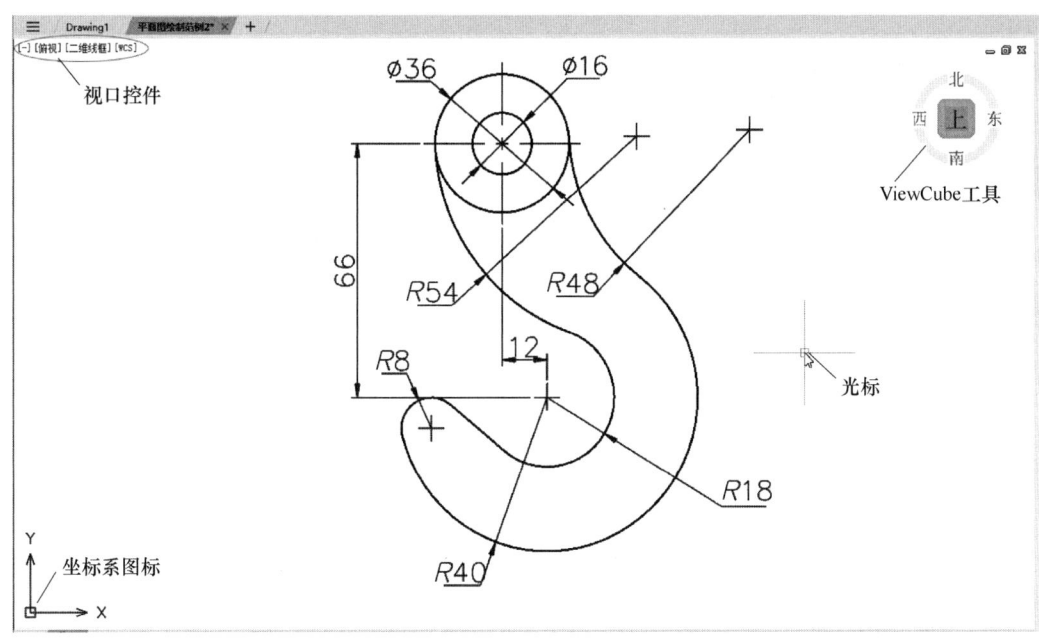

图 1-7 绘图窗口中的 4 个工具

1.2.5 命令窗口

中望 CAD 2025 在图形窗口的下方提供了一个可调整大小的命令窗口，供用户输入并执行命令，以及显示命令执行过程及提示信息，如图 1-8 所示。

图 1-8 命令窗口

有时为了获得更大的绘图窗口，可以按〈Ctrl+9〉组合键来隐藏命令窗口，如果再次按〈Ctrl+9〉组合键则重新显示命令窗口。

另外，按〈F2〉键可打开一个文本窗口，如图 1-9 所示，用户可以在该文本窗口内查看已执行的命令的记录，并可以对其进行复制和粘贴。要想关闭该文本窗口，再次按〈F2〉键即可。

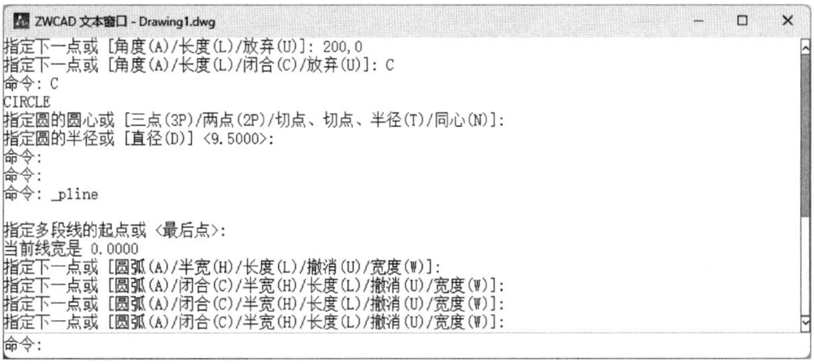

图 1-9 文本窗口

1.2.6 状态栏

状态栏在默认时位于用户界面的最底部，它集成了多种常用功能或设置按键，便于用户在绘图时快速获取坐标信息，以及能够进行快速设置或修改。

根据状态栏上的按钮布局及功能，可以将状态栏分成以下 3 个部分（如图 1-10 所示）。

图 1-10　状态栏

- 实时坐标：打开或关闭实时坐标显示。
- 绘图功能开关：启动或停用栅格显示、捕捉、正交、动态输入、线宽显示、透明度显示、快捷特性、选择循环、对称画图等功能。
- 绘图环境设置：在该部分主要设置图形单位、注释比例、工作空间、硬件加速、全屏显示等。

可以设置在状态栏上显示的工具，其方法是单击位于状态栏最右侧的"自定义"按钮 ≡，接着从"自定义"菜单中选择要在状态栏中显示的工具即可。

1.3　图形文件基本操作

图形文件基本操作主要包括新建图形文件、打开图形文件、保存图形文件、输入及输出其他格式的文件，以及关闭图形文件等。

1.3.1　新建图形文件

在默认设置下启动中望 CAD，程序将自动创建一个空白图形文件（Drawing.dwg）。如果要新建一个图形文件，可以在"快速访问工具栏"中单击"新建"按钮 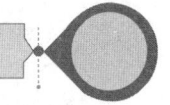，或者按〈Ctrl+N〉组合键，或者在命令窗口的当前命令行中输入"NEW"并按〈Enter〉键，弹出图 1-11 所示的"选择样板文件"对话框。

在"选择样板文件"对话框中设定文件类型，例如选择"图形样板（*.dwt）"，接着选择所需的样板文件，然后单击"打开"按钮，即可使用样板文件样式创建新图形，新图形按照创建顺序依次命名为 drawing1.dwg、drawing2.dwg……如果想创建一个不带样板文件的新图形，则单击"打开"按钮旁边的箭头按钮 ，接着从出现的列表中选择"无样板打开-公制"选项或"无样板打开-英制"选项，如图 1-12 所示。

注意：新建图形文件（NEW 命令）的执行方式是由系统变量 FILEDIA 和 STARTUP 来决定的。当系统变量 FILEDIA 设置为 1、STARTUP 为 0 时，弹出"选择样板文件"对话框或者使用在"选项"对话框的"文件"选项卡上设置的默认图形样板文件；当系统变量 FILEDIA 设置为 1、STARTUP 为 1 时，通常弹出图 1-13 所示的"创建新图形"对话框。当系统变量 FILEDIA 设置为 0 时，无论 STARTUP 如何设置，执行 NEW 命令时都始终不显示对话框，而是在命令行显示提示信息。

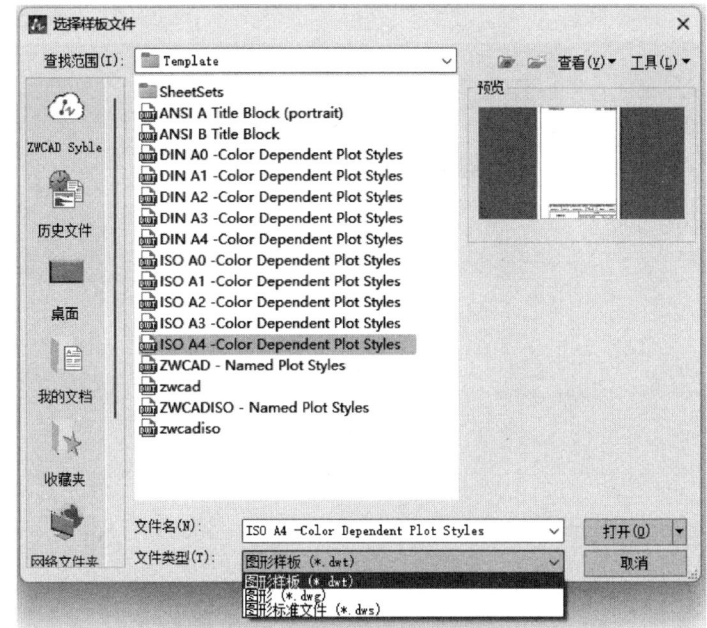
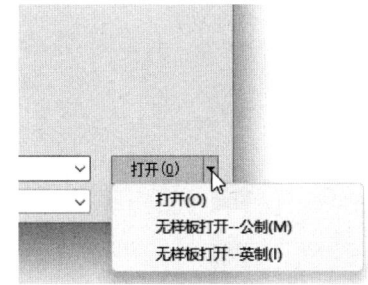

图 1-11 "选择样板文件"对话框　　　　图 1-12 选择无样板打开选项

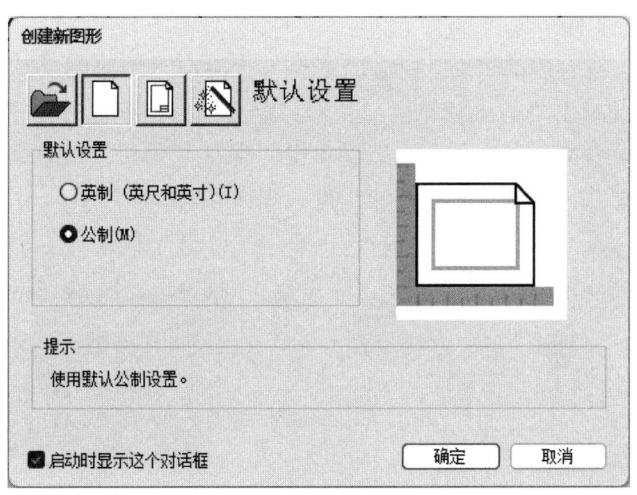

图 1-13 "创建新图形"对话框

如果没有特别说明,本书使用的中望 CAD 系统变量设置为 FILEDIA 为 1、STARTUP 为 0。

1.3.2 打开图形文件

要打开图形文件,在"快速访问工具栏"中单击"打开"按钮,或者按〈Ctrl+O〉组合键,或者在命令窗口的当前命令行中输入"OPEN"并按〈Enter〉键,系统弹出图 1-14 所示的"选择文件"对话框,接着选择文件类型,从指定的文件夹中选择一个或多个文件,然后单击"打开"按钮。

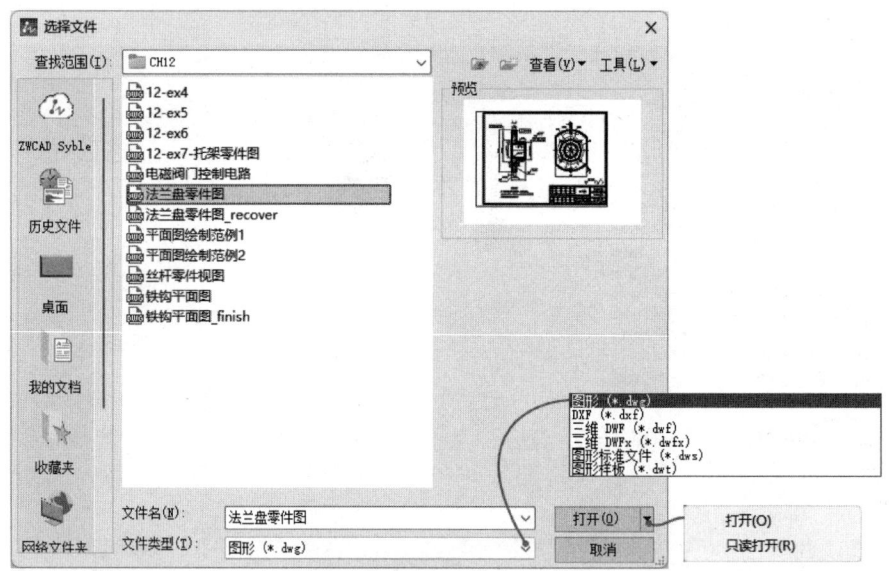

图 1-14 "选择文件"对话框

1.3.3 保存图形文件

在中望 CAD 中通常使用 SAVE/QSAVE、SAVEAS、SAVEALL 等命令来保存文件，或指定相关设置自动保存或备份文件。

- SAVE/QSAVE：保存当前图形，对应的工具为"保存"按钮。新建图形后第一次执行该命令时，系统弹出图 1-15 所示的"图形另存为"对话框，设置图形文件要保存为的文件类型，指定保存路径和文件名，然后单击"保存"按钮，之后编辑图形后再执行该保存命令，不再弹出"图形另存为"对话框，直接完成保存。

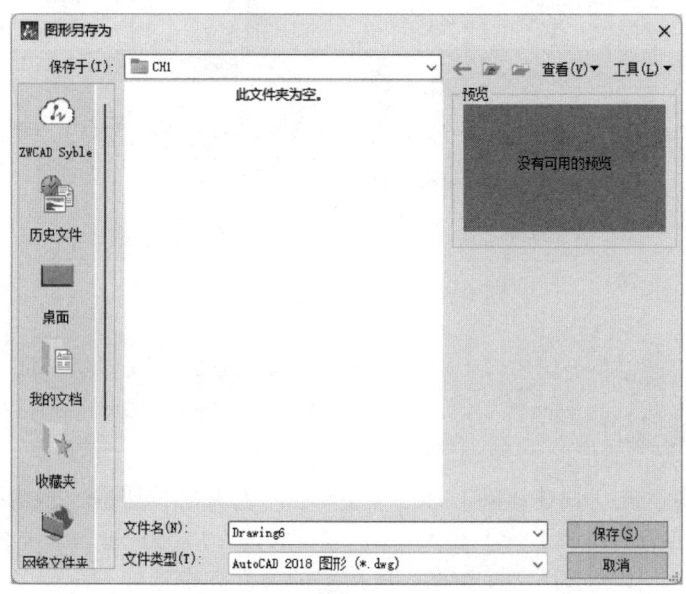

图 1-15 "图形另存为"对话框

- SAVEAS：以新文件名保存当前图形的副本，对应的工具为"另存为"按钮。
- SAVEALL：保存所有图形，对应的工具为"全部保存"按钮。

1.3.4 输入及输出其他格式的文件

要将其他格式的文件输入到当前图形中，则单击"菜单浏览器"按钮，从应用程序菜单中选择"输入"命令（IMPORT），弹出"输入文件"对话框，如图 1-16 所示。从"文件类型"下拉列表框中选择要输入的文件类型，并从指定文件夹中指定要输入的文件名称，然后单击"打开"按钮。可以输入的文件类型有 ACIS 文件（*.sat）、IFC 文件（*.ifc）、图元文件（*.wmf）、Microstation DGN 文件（*.dgn）、PDF 文件（*.pdf）、STEP 文件（*.ste；*.stp；*.step）等。

在中望 CAD 中，可以将当前图形文件以指定的文件格式输出，可以输出的文件类型有 WMF、SAT、DWG、BMP、JPG、PNG、TIF、DWF、STL、DGN 等。其操作方法是单击"菜单浏览器"按钮，从应用程序菜单中选择"输出"命令（EXPORT），系统弹出图 1-17 所示的"输出数据"对话框，指定输出文件的路径、名称和保存的文件类型，然后单击"保存"按钮即可。

图 1-16 "输入文件"对话框

图 1-17 "输出数据"对话框

1.3.5 关闭图形文件

要关闭当前图形文件，则可单击"菜单浏览器"按钮并从应用程序菜单中选择"关闭"命令，如果在当前图形文件中进行了制图操作，那么关闭当前图形时会弹出"ZWCAD"对话框，如图 1-18 所示，此时单击"是"按钮将保存已修改的图形文件，若单击"否"按钮则取消保存操作直接关闭当前图形。

也可以直接在当前图形窗口的右上角单击"关闭"按钮×，快速关闭当前图形文件。

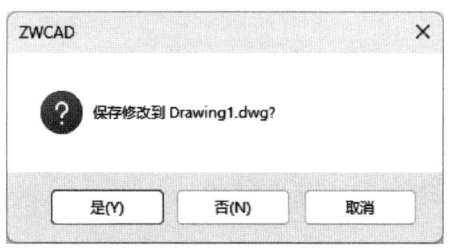

图 1-18 "ZWCAD"对话框

1.4 中望CAD基础操作

本节介绍中望CAD基础操作,包括切换工作空间、调用命令、选择对象、删除对象、撤销和重做命令、取消已执行的操作、视图缩放操作、视图平移操作、设置图形单位、文件预览及切换等。

1.4.1 切换工作空间

在默认情况下,中望CAD为用户提供了"二维草图与注释""ZWCAD经典""三维建模"3种工作空间,如表1-1所示。

表1-1 中望CAD提供的3种工作空间

序号	工作空间	组成要素	说明及备注
1	二维草图与注释	主要由标题栏、功能区、图形窗口、命令窗口及状态栏等部分组成	在该工作空间的功能区中,提供了与二维草图相关的绘图、修改、图层、注释以及块等工具,适合在进行二维绘图时切换此工作空间
2	ZWCAD经典	主要由标题栏、菜单栏、各种工具栏、图形窗口、命令窗口和状态栏等部分组成	该工作空间没有功能区,以菜单栏和工具栏的形式提供了大部分中望CAD常用命令的调用方式
3	三维建模	主要由标题栏、功能区、图形窗口、命令窗口及状态栏等部分组成	该工作空间集中了三维实体的创建与编辑工具命令,适合在进行三维建模时切换此工作空间

用户可以根据需要选择适合自己的工作空间模式,切换工作空间模式的方法如下:
- 在"快速访问工具栏"的"工作空间"下拉列表框中选择所需要的工作空间,如图1-19所示。
- 在状态栏右侧单击"切换工作空间"按钮,接着从弹出的"工作空间"列表中选择所需要的工作空间,如图1-20所示。

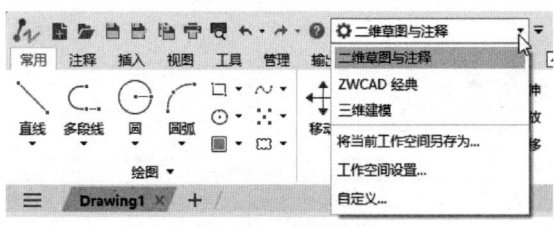

图1-19 切换工作空间方法一

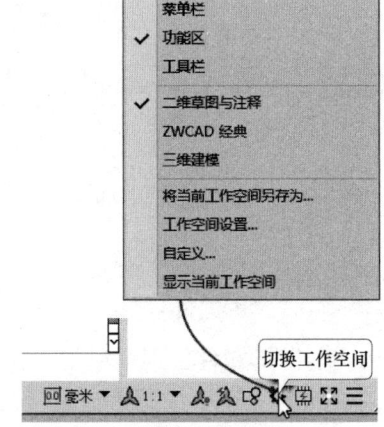

图1-20 切换工作空间方法二

1.4.2 调用命令

在中望CAD中实现人机交互首先离不开调用命令。中望CAD调用命令的方式主要有以下3种。

- 通过键盘在命令窗口中输入命令或命令别名，命令别名是缩短的命令名称（它可以在命令提示下作为标准的完整命令名称的替代输入）。例如，要调用"多段线"命令，可以通过键盘在命令窗口的当前命令行中键入"PLINE"或"PL"并按〈Enter〉键确认。命令窗口是中望 CAD 界面的核心部分，可显示提示、选项和消息，它通常位于应用程序窗口的底部区域、状态栏的上方。许多长期使用 CAD 的用户喜欢直接在命令窗口中输入命令，而不使用功能区、工具栏和菜单。
- 在功能区或工具栏中单击工具按钮。例如，要调用"多段线"命令，则在"二维草图与注释"工作空间功能区的"常用"选项卡的"绘图"面板中单击"多段线"按钮⌒。
- 使用菜单栏或右键菜单调用命令。例如，设置显示菜单栏后，要调用"直线"命令，在菜单栏中选择"绘图"|"直线"命令。

调用某些命令后，在命令窗口的命令行中会提供一些提示和选项。用户可以使用这些方法之一来响应其他任何提示和选项：要选择显示在尖括号中的默认选项或默认值，则按〈Enter〉键；要响应提示，则输入值或单击图形中的某个位置；要指定提示选项，则在命令行中键入在提示列表中由括号围起来的大写字母并按〈Enter〉键。要接受输入的值或完成命令，则按〈Enter〉键或空格键，或者单击鼠标右键并从弹出的快捷菜单中选择"确认"命令，或者只是单击鼠标右键（取决于单击鼠标右键行为设置）。

请看以下一个绘制正六边形的操作案例。

命令：POLYGON↙　　　　　　//通过键盘在命令窗口输入"POLYGON"，按〈Enter〉键
输入边的数目 <4> 或 [多个(M)/线宽(W)/同心(N)]：6↙　　//输入"6"并按〈Enter〉键
指定正多边形的中心点或 [边(E)]：0,0↙　　//输入坐标值响应提示
输入选项 [内接于圆(I)/外切于圆(C)] <外切于圆>：C↙　　//输入"C"并按〈Enter〉键以选择"外切于圆"
提示选项，如果直接按〈Enter〉键，则接受显示在尖括号中的默认选项或默认值
指定圆的半径：30↙　　//输入圆的半径为"30"以响应提示

1.4.3 选择对象

在使用中望 CAD 进行制图工作时，编辑图形通常离不开选择对象的操作。中望 CAD 提供多种选择对象的方法，用户应该根据实际情况和自身操作习惯选择适合自己的方法。

很多时候，用户可以在执行编辑命令之前选择对象，此时选中的对象上会出现一些蓝色的小方框，即夹点，如图 1-21 所示，通过夹点可以快速编辑对象。用户也可以在执行编辑命令的过程中，在"选择对象"提示下去选择对象，此时置于图形窗口中的指针变为一个空心小方框，该小方框被称为拾取框，将拾取框移动到对象上单击便可选中对象，选中对象默认以蓝色高亮光晕显示或以特定预设样式显示，但不会出现夹点，如图 1-22 所示，选择好对象后按〈Enter〉键结束选择操作。

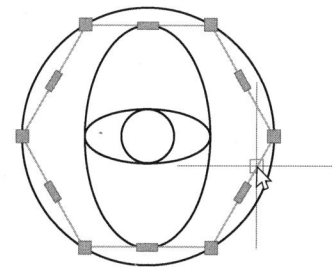　　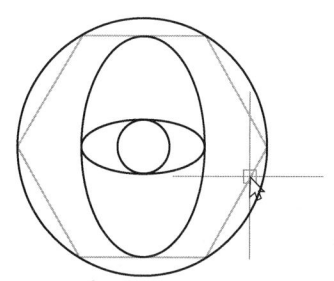

图 1-21　在调用命令之前选择对象　　　　图 1-22　在调用命令之后选择对象

在中望 CAD 中常用的选择对象的几种典型方法如下。

- 直接单击对象选择法：通过单击单个对象来选择它们。
- 窗口选择：从左到右移动光标指定两个角点形成矩形框，可选择完全封闭在矩形框中的所有对象。
- 窗交选择：从右到左移动光标指定两个角点形成矩形框，可以选择由矩形框完全包围的以及与矩形框相交的所有对象，该选择方法也称相交选择。
- 栏选：在执行某些编辑命令时，在"选择对象"提示下输入"F"并按〈Enter〉键可以启用栏选功能，此时指定若干点创建经过要选择对象的选择栏，按〈Enter〉键即可完成选择。
- 套索选择方法：在中望 CAD 中还提供了一种操作极为灵活的套索选择方法，即在空白处按住鼠标左键并拖动，能启用套索选择方式来选择对象，在使用套索过程中按〈Space〉键能在 3 种套索方式（窗口套索、栏选套索和窗交套索）之间循环切换。按住鼠标左键拖出套索区域并通过按空格键切换至所需的套索方式时释放鼠标左键即可完成对象选择。使用套索选择方法基本上能满足绝大多数的对象选择要求，操作效率也高。
- 选择重叠或靠近的对象：当图形中的多个对象紧密靠近甚至相互重叠时，可以使用循环功能精准选中目标对象，此时应确保在状态栏中选中"选择循环"按钮以启用"选择循环"功能。将光标拾取框置于要选择的对象处将出现一个图标，该图标表示有多个对象可供选择，此时单击鼠标左键则弹出"选择集"对话框以供用户查看可用对象的列表，如图 1-23 所示，然后在列表中单击以选择所需的对象。
- 使用 QSELECT 命令根据过滤条件创建选择集：在命令窗口的"命令"提示下输入"QSELECT"并按〈Enter〉键，或者在功能区的"工具"选项卡的"查找"面板中单击"快速选择"按钮，弹出图 1-24 所示的"快速选择"对话框，分别利用该对话框的"应用到"下拉列表框、"对象类型"下拉列表框、"特性"列表框、"运算符"下拉列表框、"值"下拉列表框和"如何应用"选项组来指定组合的选择过滤条件，根据该过滤条件从整个图形创建选择集，或者将过滤条件应用于用户指定的对象集（需要单击位于"应用到"下拉列表框右侧的"选择对象"按钮并选择对象集）。

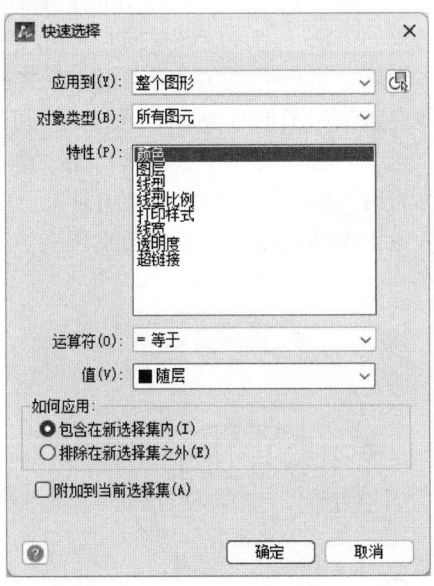

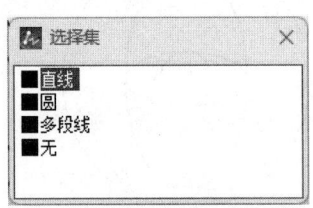

图 1-23 "选择集"对话框　　　　图 1-24 "快速选择"对话框

如果要从当前选择集中取消一个或多个对象的选中状态，可以按以下合适的方法进行操作。
- 按住〈Shift〉键的同时单击对象，则该对象将被取消选中状态。
- 按〈Esc〉键取消所有对象的选中状态，退出选择流程。

1.4.4 删除对象

使用 ERASE 命令，可以删除一个或多个选定对象。

在中望 CAD 中，通常通过以下方式删除对象：
- 在图形窗口中选择要删除的对象后，按〈Delete〉键进行删除。
- 在图形窗口中选择要删除的对象后，单击鼠标右键，接着从弹出的快捷菜单中选择"删除"命令。

1.4.5 撤销和重做命令

撤销（即放弃）的英文命令为"UNDO"，用于撤销最近使用命令进行的操作，注意该命令不能撤销系统变量的设置以及部分命令的操作，包括打开、关闭或保存窗口（或图形）、显示信息、更改图形显示、重生成图形或以不同格式输出图形的命令。

UNDO 命令与 U 命令是有区别的。

执行 UNDO 命令时使用命令行选项可以设置一次撤销多个操作，其方法为在命令行中输入"UNDO"并按〈Enter〉键时，命令行将出现图 1-25 所示的提示信息，此时可以通过输入要放弃的操作数目（初始默认时要放弃的操作数目为 1）来撤销指定数目的以前的操作。

```
命令: UNDO
输入要放弃的操作数目或 [自动(A)/控制(C)/开始(BE)/结束(E)/标记(M)/后退(B)] <1>:
```

图 1-25 执行 UNDO 命令时的提示信息

如果使用 U 命令，则执行一次命令只能撤销一步操作。

在"快速访问工具栏"中单击"放弃"按钮，可以快速撤销上一个命令操作，如果要一次撤销多个操作，则可以单击"放弃"按钮右侧的"展开"箭头，从列表中选择要放弃的命令。

重做（REDO）命令用于恢复上一个用 UNDO 或 U 命令撤销/放弃的效果。REDO 命令必须紧跟 UNDO 命令或 U 命令之后执行才有效果。

REDO 命令对应的"重做"按钮位于"快速访问工具栏"中。

MREDO 命令用于恢复 UNDO 或 U 命令的操作，可恢复最近（上一个）的撤销操作，也可以恢复指定数目的撤销操作，或恢复全部连续的撤销操作。

1.4.6 取消已执行的操作

要取消正在操作的命令，按〈ESC〉键。

1.4.7 重复最近使用的命令

在绘图的过程中会经常连续重复地使用同一个命令，如果每一次使用时都单独调用会非常烦琐，中望 CAD 针对连续重复上一个命令的情形提供了以下常用方法。

- 完成一个命令后，按〈Enter〉键或空格键，可以重复使用上一个命令。
- 在图形窗口的空白区域单击鼠标右键，接着在弹出的快捷菜单中选择"重复﹡"选项，可以重复调用上一个使用的"﹡"命令。
- 在命令行中输入"MULTIPLE"，按〈Enter〉键，接着输入要重复的命令名，可以在完成指定命令后继续重复该命令。

1.4.8 视图缩放操作

将鼠标指针置于图形窗口中，滚动鼠标滚轮（中键）也可以快速地缩放视图。

对于视图缩放操作，ZOOM 命令很实用。ZOOM 命令（其简写命令为"Z"）用于增大或减小当前视口中视图的比例，即通过放大和缩小操作更改视图的比例，类似于使用相机进行缩放。使用该命令不会更改图形中对象的绝对大小，它更改的仅仅是视图的比例。

在命令行的"命令"提示下输入"ZOOM"并按〈Enter〉键，命令窗口提供图 1-26 所示的提示内容，根据提示内容进行相应的操作。

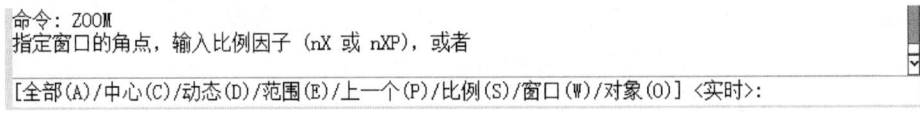

图 1-26 ZOOM 命令的提示内容

- 指定窗口的角点：指定一个要放大的区域的角点。
- 全部：缩放以在当前视口中显示的所有可见对象，系统会自动调整绘图区域的放大，以适应图形中所有可见对象的范围，或适应视觉辅助工具（如栅格界限"LIMITS"命令）的范围，取两者中较大者。不能透视使用 ZOOM 命令的"全部"选项。
- 中心：缩放以显示由中心点和比例值/高度所定义的视图。高度值较小时增加放大比例，高度值较大时减小放大比例。
- 动态：以视图框方式缩放显示图形的已生成部分。可通过移动视图框的位置并改变其大小，将其中的图像平移或缩放，以充满整个视口。
- 范围：按照图形范围进行视图缩放，以使所有对象在图形范围内最大显示。在三维视图中，ZOOM 的"范围"选项与"全部"选项功能相同。
- 上一个：缩放显示上一个视图。最多可恢复此前的 10 个视图。
- 比例：使用比例因子缩放视图以更改其比例。输入的值后面跟着 x，则根据当前视图指定比例；输入值并后跟 xp，则指定相对于图纸空间单位的比例；输入值，则表示相对于图形界限指定比例（建议少采用此方式）。
- 窗口：缩放显示矩形窗口指定的区域。
- 对象：缩放指定的对象，使指定的对象尽可能大地显示在绘图区域的中心。
- 实时：按〈Enter〉键选择"实时"选项时，光标将变为带有加号"+"和减号"-"的放大镜符号，此时可以交互缩放以更改视图的比例。

1.4.9 视图平移操作

PAN 命令用于改变视图而不更改查看方向或比例，即用于平移视图。在命令行的"命令:"提示下输入"PAN"并按〈Enter〉键后，将光标放在起始位置，然后按下鼠标左键将光标拖动到新的位置，从而动态地平移视图，按〈Esc〉键或〈Enter〉键退出命令，或者单击鼠标右键以显示图 1-27 所示的一个快捷菜单。

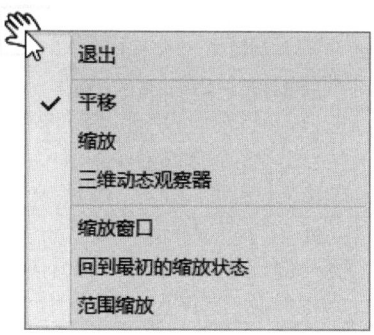

图 1-27　平移视图时的一个右键快捷菜单

另外，还有一种快捷的方法用于平移视图，即：将鼠标光标置于图形窗口，按住鼠标滚轮（中键）的同时并拖动鼠标。

1.4.10　设置图形单位

在命令窗口中输入"UNITS"并按〈Enter〉键，弹出图 1-28 所示的"图形单位"对话框，利用此对话框设置图形单位，用于显示每个所选对象的测量单位与测量值。

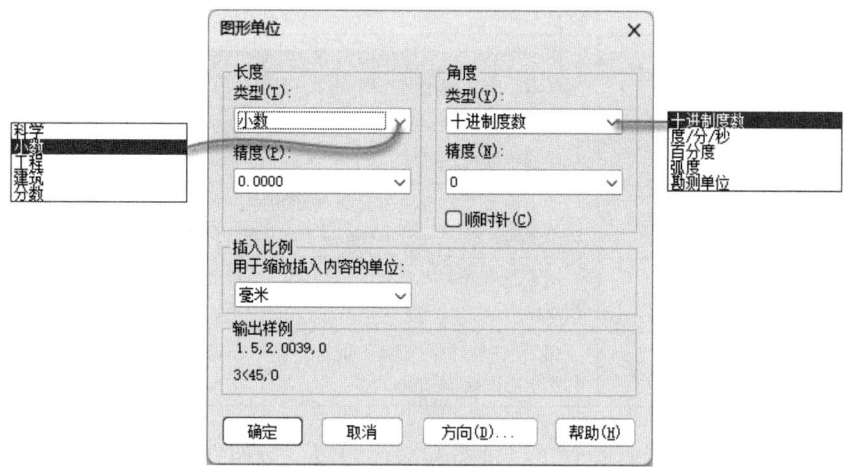

图 1-28　设置图形单位

"长度"选项组用于指定长度单位的类型和精度；"角度"选项组用于指定角度单位的类型和精度，以及设置角度是否顺时针旋转；"插入比例"选项组用于设置缩放插入内容的单位；"输出样例"选项组用于显示应用了当前长度单位和角度单位以及相关精度的样例；"方向"按钮用于打开"方向控制"对话框，定义角度 0 并指定测量角度的方向。

1.4.11　绘图功能开关的应用

在状态栏的中部区域提供了一系列绘图功能开关，用好它们可以提高 CAD 工作的效率，这些绘图功能开关的功能含义如表 1-2 所示。

表 1-2 状态栏中主要的绘图功能开关

序号	图标	名称	功能含义
1		捕捉模式	用于打开或关闭捕捉模式,对应的快捷键为〈F9〉;开启捕捉模式后,光标仅能在设置的"捕捉间距"上进行移动
2		栅格显示	用于打开或关闭栅格显示功能,对应的快捷键为〈F7〉;打开栅格显示功能将会在绘图区域的XY平面填充栅格线
3		正交模式	设置开启或关闭正交模式,对应的快捷键为〈F8〉;开启正交模式后,光标只能在水平或垂直方向上移动,便于绘制水平或垂直的线
4		极轴追踪	设置是否启动"极轴追踪"功能,对应的快捷键为〈F10〉;启动该功能后,通过极轴追踪光标可以捕捉指定极轴角度的追踪线,从而绘制具有一定角度的线条
5		对象捕捉	设置是否打开"对象捕捉"功能,快捷键为〈F3〉;开启对象捕捉后,使用光标可以捕捉到对象上最靠近光标中心的特征点
6		对象捕捉追踪	设置是否开启"对象捕捉追踪"功能,快捷键为〈F11〉;开启此功能后,当光标捕捉到对象的某一特征点后,将沿着正交或极轴方向显示追踪线
7		动态UCS	用于打开或关闭动态UCS(用户坐标系)功能,使用动态UCS创建对象时可以使UCS的XY平面与实体模型的平面临时对齐
8		动态输入	用于打开或关闭动态输入模式,快捷键为〈F12〉;打开动态输入模式时,可以在光标附近显示命令界面,并可用于输入命令以及指定选项和值,使用户更关注绘图焦点区域
9		显示/隐藏线宽	用于设置显示或隐藏线宽
10		显示/隐藏透明度	用于设置显示或隐藏透明度,当启用显示透明度时,图形对象以实际透明度显示;当设置隐藏透明度时,图形对象以0透明度显示
11		快捷特性	用于设置打开或关闭"快捷特性"功能,当打开此功能选中对象时,将显示快捷特性选项板
12		选择循环	用于设置开启或关闭选择循环功能;当启用此功能后,将鼠标悬停在堆叠对象上时,按下〈Shift+Space〉组合键可在堆叠对象间循环
13		对称画图	用于开启或关闭对称画图功能;当开启此功能绘制实体时,将关于对称轴创建副本
14		模型或图纸空间	用于从模型空间切换到最近访问的布局空间,或者在布局视口的模型空间和图纸空间之间切换

对于一些绘图功能开关,右击它可以进行相应的设置,以便在绘图时带来便利或精准辅助制图。

 坐标输入

在绘制图形的过程中,命令行会提示用户指定点,此时可以使用对象捕捉命令在已有图形中指定特征点,也可以使用坐标输入的方式来指定点。

在进行二维草图绘制时使用的是二维坐标输入,二维坐标主要有笛卡儿坐标和极坐标;在三维建模中,使用的三维坐标主要有笛卡儿坐标、柱坐标和球坐标。每种坐标输入都支持绝对坐标输入和相对坐标输入。

这里先主要介绍二维坐标中的笛卡儿坐标和极坐标。不管使用笛卡儿坐标还是极坐标来输入

点,都可以采用相对于基点(0,0)的绝对坐标,也可以采用相对于指定的上一点的相对坐标进行输入。

1.5.1 笛卡儿坐标

笛卡儿坐标的 X、Y、Z 轴相互垂直,使用笛卡儿坐标输入点时,需要指定沿 X、Y、Z 轴距离坐标原点(0,0,0)的距离和方向(正方向用"+"表示,负方向用"-"表示)。在二维制图中,只需考虑 X、Y 两轴。

在二维草图中使用二维笛卡儿坐标输入时,绝对坐标是以"x, y"形式或"#x, y"形式输入的,其中 x 和 y 分别表示水平方向和垂直方向的距离值。也就是说绝对坐标输入的坐标前既可以加"#"前缀,也可以不加该前缀。

使用相对笛卡儿坐标进行输入时,需要在坐标前添加"@"前缀,例如"@10, 8",表示该坐标点与上一点之间的相对位置关系,即相对上一点在 X 轴正方向上移动了 10 个单位,在 Y 轴正方向上移动了 8 个单位。

在下面的绘图示例中,点 1、点 2、点 3 均采用绝对笛卡儿坐标输入,点 4 则采用相对笛卡儿坐标输入,表示该点相对于点 3,沿 X 轴负方向偏移了 10 个单位,沿 Y 轴负方向偏移了 5 个单位,即绝对坐标为"10, 5"的点,如图 1-29 所示。

命令:LINE↙
指定第一个点:0,0↙
指定下一点或 [角度(A)/长度(L)/放弃(U)]:#5,10↙
指定下一点或 [角度(A)/长度(L)/放弃(U)]:20,10↙
指定下一点或 [角度(A)/长度(L)/闭合(C)/放弃(U)]:@-10,-5↙
指定下一点或 [角度(A)/长度(L)/闭合(C)/放弃(U)]:↙

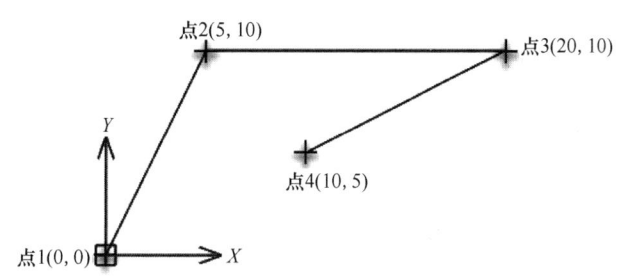

图 1-29 绘制直线时使用笛卡儿坐标输入的示例

1.5.2 极坐标

极坐标使用距离和角度来指定点。

采用极坐标输入的形式为"距离<角度",默认以逆时针方向作为正角度方向,并以当前 UCS 的 X 轴正方向为零角度测量方向。

绝对极坐标表示从原点(0,0)开始测量,"距离<角度"可带"#"前缀也可以不带。

相对极坐标的距离和角度都是相对于输入的上一点的距离和角度。要输入相对极坐标,需要在坐标前添加"@"前缀,例如输入"@10<30",表示指定距离上一点的距离为 10 并且角度为 30°的点。

以下绘制连续直线的案例中,应用了绝对极坐标和相对极坐标输入来指定直线端点。

命令：LINE↙
指定第一个点：0,0↙   //指定点 1
指定下一点或 [角度(A)/长度(L)/放弃(U)]：20<45↙   //指定点 2
指定下一点或 [角度(A)/长度(L)/放弃(U)]：@10<0↙   //指定点 3
指定下一点或 [角度(A)/长度(L)/闭合(C)/放弃(U)]：@15<-30↙   //指定点 4
指定下一点或 [角度(A)/长度(L)/闭合(C)/放弃(U)]：↙

完成绘制的图形如图 1-30 所示，点 1 为绝对坐标原点；指定点 2 时使用绝对极坐标"20<45"，表示相对坐标原点的距离为 20，角度为 45°；指定点 3 时使用相对极坐标"@10<0"，表示相对上一点（点 2）的距离为 10，角度为 0°；指定点 4 时使用相对极坐标"@15<-30"，表示相对上一点（点 3）的距离为 15，角度为-30°。

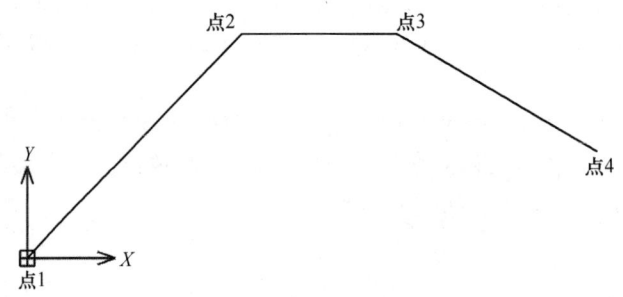

图 1-30　使用极坐标输入的示例

1.6 综合案例：绘制简单图形体验案例

在该体验案例中，主要涉及图形文件基本操作、执行命令的方式、绘图功能开关的应用等，加深对本章的一些基础知识的认识和掌握。

下面绘制简单图形体验案例的具体操作步骤。

1 启动中望 CAD 2025，新建一个图形文件。

启动中望 CAD 2025，系统自动创建一个默认名为"Drawing1"的图形文件。也可以自行单击"快速访问工具栏"中的"新建"按钮 ，创建一个新图形文件。本例使用"二维草图与注释"工作空间。

2 在非动态输入模式下绘制连续直线。

在状态栏中关闭"动态输入"模式 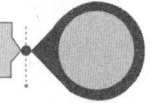，接着在命令行进行以下操作。

命令：LINE↙　　//输入"LINE"，按〈Enter〉键
指定第一个点：0,0↙　　//通过键盘在命令行输入绝对坐标"0,0"，按〈Enter〉键
指定下一点或 [角度(A)/长度(L)/放弃(U)]：200,0↙　　//输入绝对坐标"200,0"并按〈Enter〉键
指定下一点或 [角度(A)/长度(L)/放弃(U)]：@100<90↙　　//输入相对坐标"@100<90"并按〈Enter〉键
指定下一点或 [角度(A)/长度(L)/闭合(C)/放弃(U)]：@100<180↙　　//输入相对坐标"@100<180"并按〈Enter〉键
指定下一点或 [角度(A)/长度(L)/闭合(C)/放弃(U)]：0,50↙　　//输入绝对坐标"0,50"并按〈Enter〉键
指定下一点或 [角度(A)/长度(L)/闭合(C)/放弃(U)]：C↙　　//输入"C"选择"闭合"并按〈Enter〉键

完成绘制由连续直线形成的封闭图形如图 1-31 所示。

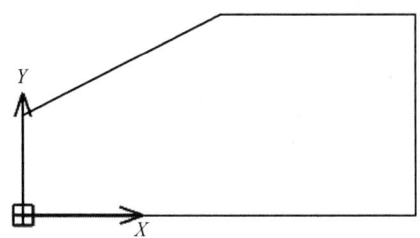

图 1-31　绘制由连续直线形成的封闭图形

③ 使用动态输入模式绘制一个圆。

在状态栏中选中"动态输入"模式 ╋═ 以开启动态输入功能，十字光标附近显示工具提示。

在功能区"常用"选项卡的"绘图"面板中单击"圆：圆心、半径"按钮 ⊙，此时十字光标附近显示当前光标信息，如图 1-32 所示。直接在指针位置指定"120，50"绝对坐标，在输入第一个坐标值"120"时，可按〈Tab〉键锁定该字段并切换至下一个字段，也可以输入"，"切换至下一个字段，输入第二个坐标值"50"，如图 1-33 所示，按〈Enter〉键确认。

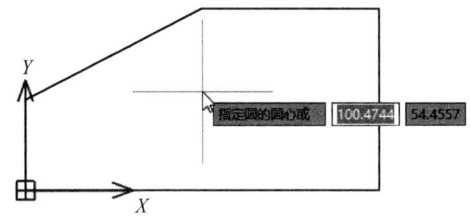

图 1-32　十字光标附近显示当前光标信息

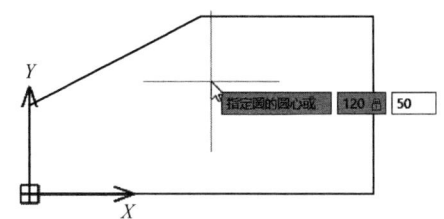

图 1-33　直接在指针位置输入

在指针位置指定圆的半径为 15，如图 1-34 所示，按〈Enter〉键确认，完成绘制图 1-35 所示的一个圆。

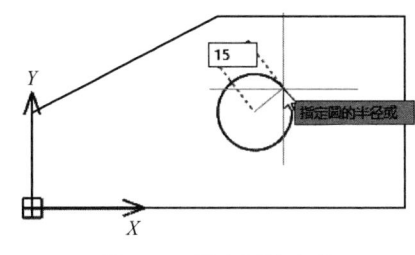

图 1-34　指定圆的半径

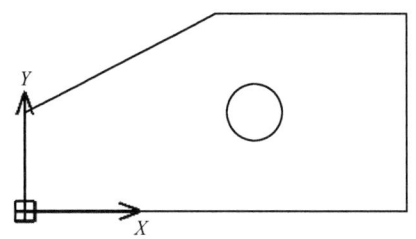

图 1-35　完成绘制一个圆

④ 平移、缩放视图练习。

将鼠标指针置于图形窗口中，按住鼠标中键并移动鼠标，可以平移视图；滚动鼠标中键滚轮，可以对视图进行快速缩放。接着可以在命令窗口中输入"Z"或"ZOOM"命令，并选择相应的选项进行视图练习操作。

⑤ 保存文件。

在"快速访问工具栏"中单击"保存"按钮 💾，弹出"图形另存为"对话框，选择文件类型，设定要保存的文件名和保存路径，然后单击"保存"按钮。

1.7 思考与练习

1) 中望 CAD 软件具有什么样的应用特点？
2) 中望 CAD 的用户界面由哪些部分组成？
3) 如何理解中望 CAD 的工作空间？
4) 在中望 CAD 里，调用命令主要有哪些方式？
5) 请总结中望 CAD 选择对象的方法。
6) 快速重复最近使用的命令，应该怎么操作？
7) 视图缩放、视图平移有哪些方法？
8) 什么是笛卡儿坐标和极坐标，它们的输入方式是怎样的？
9) 中望 CAD 的状态栏有什么妙用？

绘图环境、图层与图形特性

本章导读

本章主要介绍中望 CAD 绘图环境的设置、图层基础与图形特性等基础知识。这些内容对提升 CAD 制图的效率大有裨益。

初识绘图环境设置

要精通中望 CAD，必须要掌握绘图环境设置，而对于普通用户来说，对绘图环境设置大致了解即可，在大多数情况下，接受默认的绘图环境设置就可以了。

在命令行中输入"OPTIONS"命令并按〈Enter〉键，或者在菜单栏的"工具"菜单中选择"选项"命令，弹出图 2-1 所示的"选项"对话框，利用该对话框可以指定中望 CAD 程序所有使

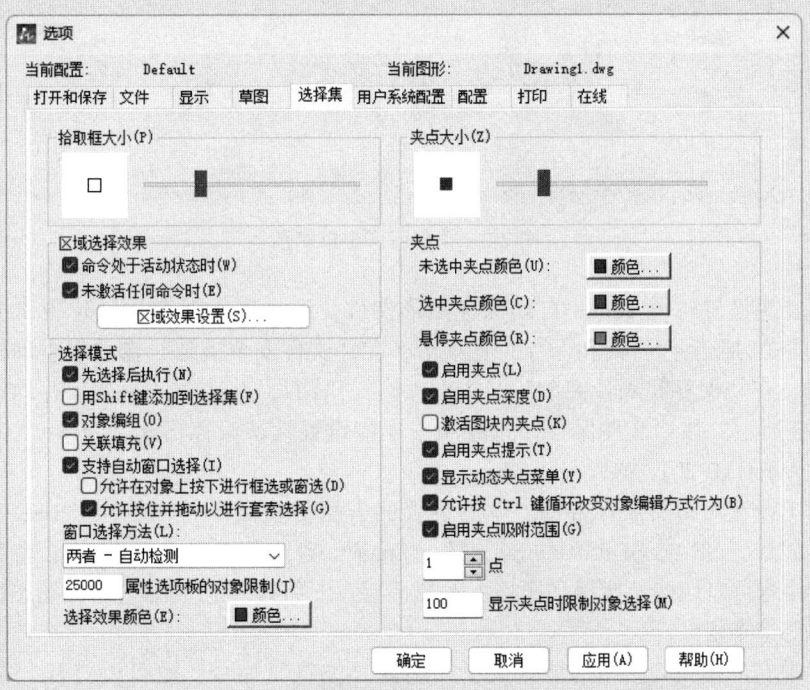

图 2-1 "选项"对话框

21

用绘图环境的预设设置，具体操作是在该对话框中选择所需的选项卡（包含"打开和保存""文件""显示""草图""选择集""用户系统配置""配置""打印""在线"选项卡），接着根据需要设置选项，然后单击"应用"按钮保存当前设置，并继续在当前对话框中进行其他操作；或者单击"确定"按钮，保存当前设置并关闭"选项"对话框。

例如，想自定义应用程序窗口元素颜色，则在打开"选项"对话框后，切换至"显示"选项卡，在"窗口元素"的选项组"配色方案"下拉列表框中选择"明"或"暗"选项，单击"颜色"按钮，弹出"图形窗口颜色"对话框，选择要修改颜色的内容和界面元素，接着设置其颜色，然后单击"应用并关闭"按钮保存当前设置并关闭"图形窗口颜色"对话框，最后在"选项"对话框中单击"确定"按钮，如图2-2所示。

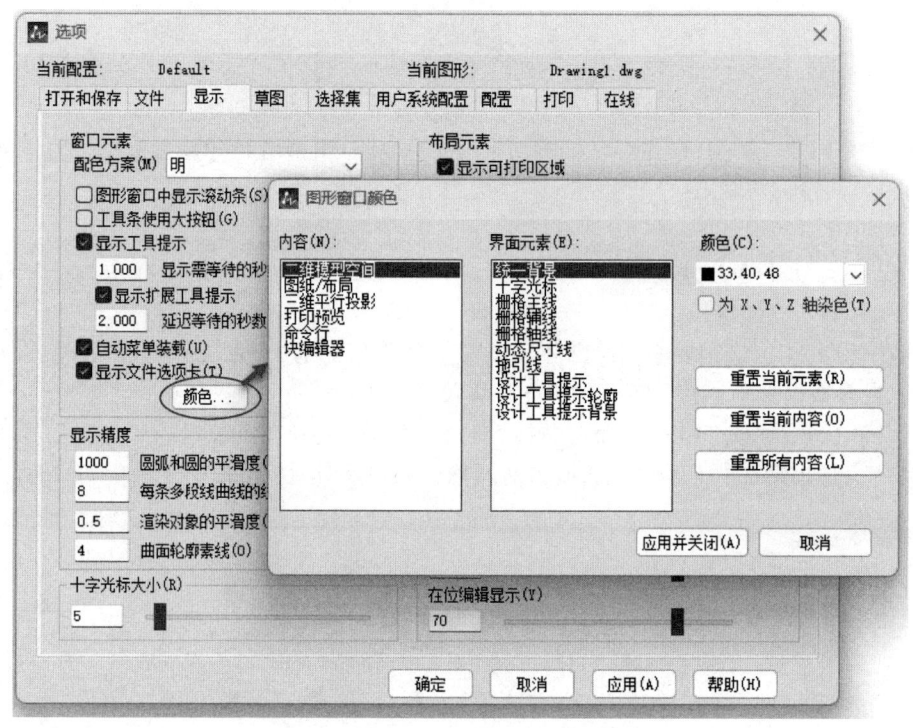

图 2-2　设置图形窗口颜色

有些人可能想设置每隔10min自动保存图形文件，而且每次保存均创建备份，那么可以在"选项"对话框中切换至"打开和保存"选项卡，在"文件安全措施"选项组中确保选中"自动保存"复选框，在"保存间隔分钟数"文本框中输入"10"，并选中"每次保存均创建备份"复选框，如图2-3所示。在"文件保存"选项组中还能设置默认保存格式，中望CAD 2025的默认保存格式为"AutoCAD 2018图形（*.dwg）"。

此外，草图设置对制图很有帮助。草图设置的方法是在命令行中输入"DSETTINGS"命令（其命令别名为DS、SE或DDRMODES），按〈Enter〉键，系统弹出"草图设置"对话框，如图2-4所示。接着可以切换至捕捉和栅格、对象捕捉、三维设置、极轴追踪、动态输入、快捷特性、选择循环等选项卡。

在状态栏中右击相关的绘图功能开关，并选择"设置"命令，也可以打开"草图设置"对话框并切换至相应的选项卡，用好它对提升制图效率是比较有利的。

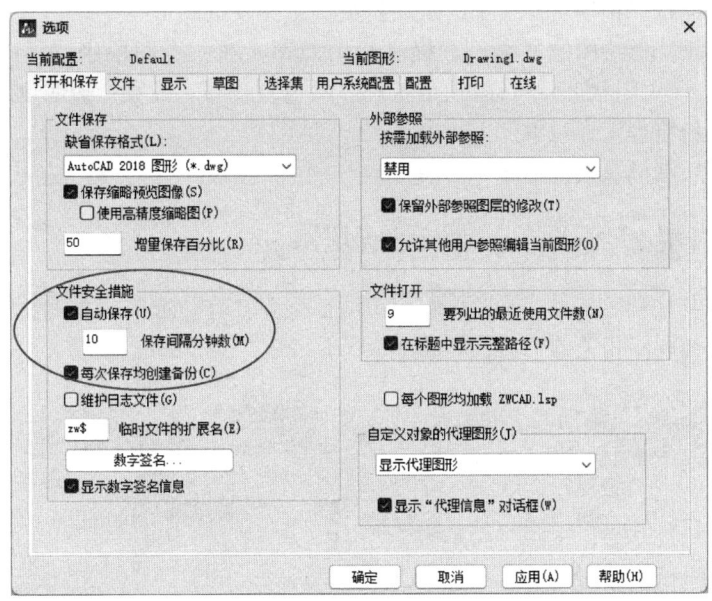

图 2-3 "选项"对话框的"打开和保存"选项卡

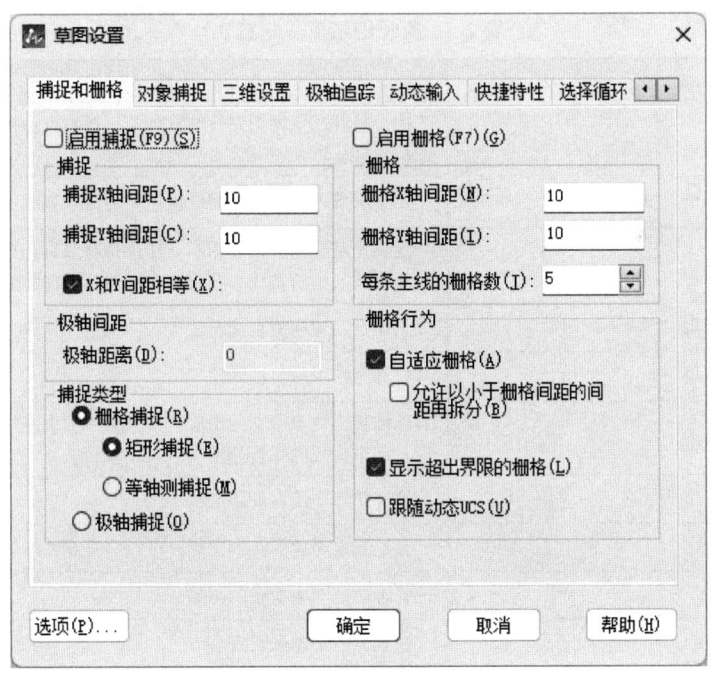

图 2-4 "草图设置"对话框

2.2 图层基础

图层在现代 CAD 中是一个很重要的概念,可以将图层理解为图元显示的载体。在进行制图时,可以将组成图形的不同对象分别绘制在不同的透明图层上,这些图层叠加起来,使得位于不同图层上的对象都能按照预期正常显示,从而构成整个完整的图形。

使用图层有助于降低绘图的复杂度,提高绘图效率。在一个图层中,可以设置它的独立特性,包括名称、打开/关闭状态、解锁/锁定状态、颜色、线型、线宽、透明度、打印样式等,利用图层可以很方便地管理图形对象。

本节将介绍图层基础及其应用知识。

2.2.1 了解"图层"面板及图层特性管理器

以"二维草图与注释"工作空间为例,在功能区"常用"选项卡中有一个"图层"面板,在该面板上收集了与图层相关的工具,如图 2-5 所示。

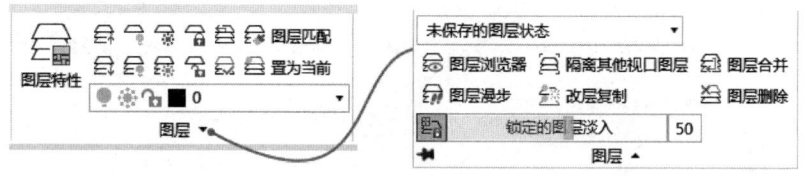

图 2-5 "图层"面板

位于"图层"面板上的工具如表 2-1 所示,初学者可以先大致了解这些工具的功能含义。

表 2-1 常见图层工具一览表

序号	工具名称	图标	功能含义/用途说明
1	图层特性		用于打开或关闭图层特性管理器,接着可选择图形中定义的图层和图层设置,以便将其设置为当前图层
2	取消图层隔离		用于取消图层隔离,将图层恢复为输入 LAYUNISO 命令之前的状态
3	图层隔离		隔离选定对象所在的图层,即选择对象后,选择对象所在图层之外的所有图层将被关闭、在当前布局视口中冻结或锁定
4	关闭对象图层		关闭选定对象所在的图层
5	打开所有图层		打开图形中所有的图层
6	冻结对象图层		冻结选定对象所在的图层;在大型图形中冻结不需要的图层将加快显示和重生成的操作速度
7	解冻所有图层		解冻图形中所有的图层
8	图层锁定		锁定选定对象所在的图层,可以防止意外修改该图层上的对象
9	图层解锁		解锁选定对象所在的图层
10	上一个图层		恢复上一个图层设置
11	更改为当前图层		将选定对象的图层更改为当前图层
12	图层匹配		使选定对象的图层与选定目标对象的图层相匹配
13	置为当前		将当前图层设置为选定对象所在的图层
14	"图层控制"下拉列表框		选择图形中定义的图层和图层设置,快速将其置为当前
15	"图层状态"下拉列表框		打开或关闭用于保存、恢复和管理命名图层状态的图层状态管理器

(续)

序号	工具名称	图标	功能含义/用途说明
16	图层浏览器		对图层进行设置及查看图层中对象的缩略图
17	隔离其他视口图层		隔离当前视口以外其他视口中选定对象所在的图层，此工具命令将自动执行图层特性管理器中的"视口冻结"功能
18	图层合并		合并两个图层并将第一个图层从图形中删除
19	图层漫步		将弹出"图层浏览"对话框，动态显示选定图层上的对象
20	改层复制		直接将对象复制到其他图层
21	图层删除		删除指定图层中的所有对象，并将该图层从图形中删除
22	锁定图层淡入		控制是否淡入锁定图层上的对象，右侧的文本框用于设置锁定图层上对象的淡入程度

图层特性管理器主要用于创建和管理图层，尤其在修改图层的颜色、线型等特性上很方便。在功能区"常用"选项卡的"图层"面板中单击"图层特性"按钮，打开图 2-6 所示的图层特性管理器。下面简要地介绍图层特性管理器中主要的组成要素。

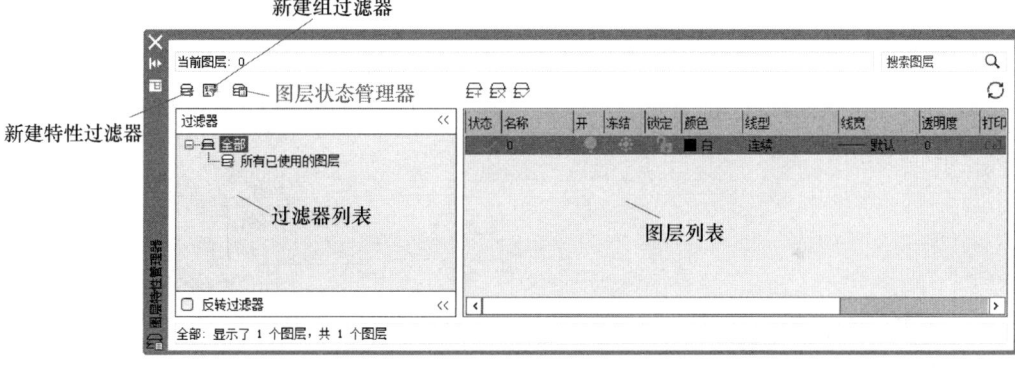

图 2-6 图层特性管理器

- 图层列表：位于图层特性管理器的右边区域，用于显示符合指定条件的图层及其相关属性。图层列表显示的内容包括图层状态、名称、开/关、（在所有视口）冻结、锁定、颜色、线型、线宽、透明度、打印样式、打印等，在列表中可直接单击要修改的属性值来对其进行修改。
- 新建特性过滤器：在图层特性管理器中单击"新建特性过滤器"按钮，弹出图 2-7 所示的"图层过滤器特性"对话框，利用该对话框创建特性过滤器，并指定图层特性的过滤条件。
- 新建组过滤器：在图层特性管理器中单击"新建组过滤器"按钮，创建图层过滤器，其中包含选择并添加到该过滤器的图层，新建图层过滤器将显示在过滤器列表中。
- 过滤器列表：在该列表中可指定要在图层列表中显示的图层，用户可根据需要设置显示所有使用的图层、显示所有图层、显示所有依赖于外部参照的图层。如果选中"反转过滤器"复选框，则根据过滤器设置的相反条件来显示图层。
- 图层状态管理器：在图层特性管理器中单击"图层状态管理器"按钮，打开图 2-8 所示的"图层状态管理器"对话框,可新建图层状态,设置指定图层的当前状态并保存,以便在需要时进行恢复。

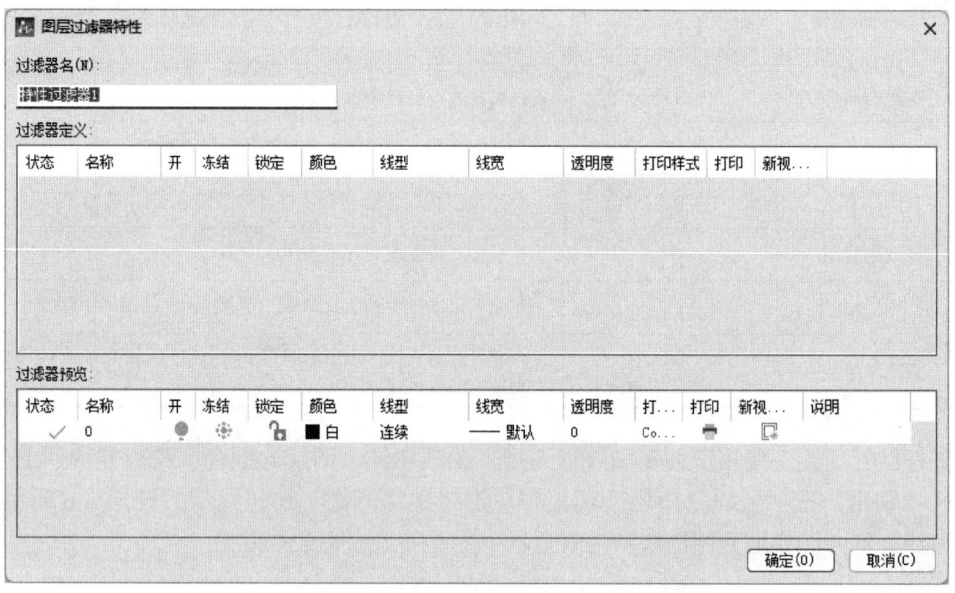

图 2-7 "图层过滤器特性"对话框

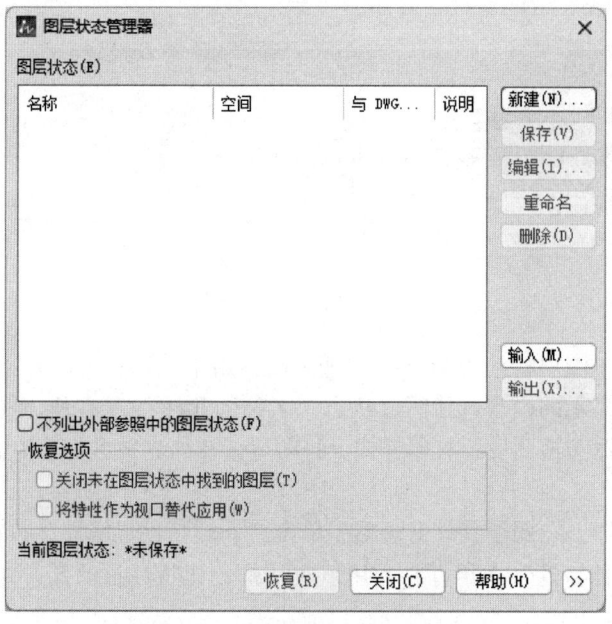

图 2-8 "图层状态管理器"对话框

2.2.2 创建及设置图层

要新建图层,则在功能区"常用"选项卡的"图层"面板中选中"图层特性"按钮,打开图层特性管理器,接着在图层特性管理器中单击"新建"按钮,新建一个图层,新图层将显示在图层列表中,新图层默认的图层名为"图层 1",此时可以在亮显的图层名上输入新图层名,如图 2-9 所示。接着可以为新图层设置其他特性,如设置图层颜色、线型、线宽等,其方法是在图层列表中单击"颜色""线型"或"线宽"等图标,利用弹出的对话框来进行相应的设置,如果需要,可以在"说明"列的单元格里输入该图层的说明文字。

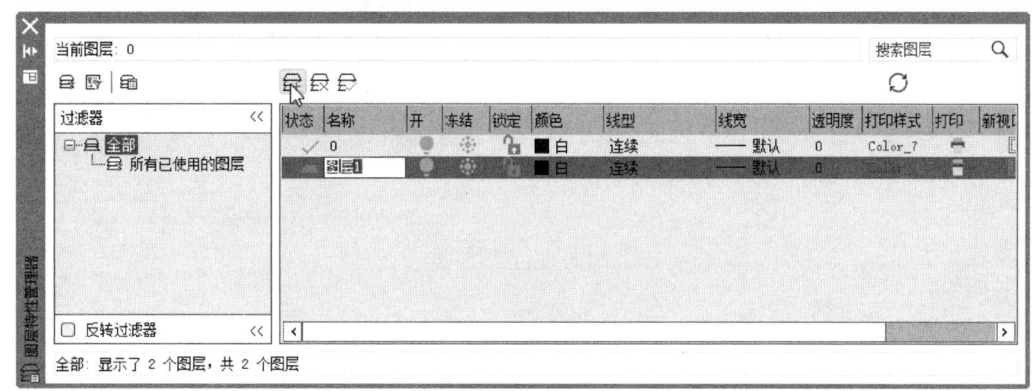

图 2-9　新建图层

在默认情况下,中望 CAD 以"0"图层作为当前图层,用户绘制的图形将"放置"在"0"图层上。为了方便管理图形和提高绘图效率,仅有"0"图层是不够的,用户可以创建所需的图层,并设置图层特性。每个图层都有相应的颜色、线型、线宽等属性信息,当在某个图层上绘制图形对象时,该图形对象默认采用当前图层设置的颜色、线型、线宽等,除非另外设置。

【案例】创建及设置图层

要求:创建一个名为"中心线层"的图层,颜色为红色,线型为 CENTER,线宽为 0.15,说明信息为"适合绘制中心线"。

案例操作步骤如下。

🔟 创建图层。

1) 在功能区"常用"选项卡的"图层"面板中选中"图层特性"按钮 ,打开图层特性管理器。

2) 在图层特性管理器中单击"新建"按钮 ,创建一个默认名称为"图层 1"的新图层,该新图层显示在图层特性管理器的图层列表中。

3) 在新图层的"名称"单元格里输入"中心线层",按〈Enter〉键确认。

🔟 设置图层颜色。

在图层列表中单击"中心线层"的"颜色"单元格图标,弹出"选择颜色"对话框,选择红颜色,如图 2-10 所示,然后单击"确定"按钮。

🔟 设置图层的线型属性。

1) 在图层列表中单击"中心线层"的"线型"单元格,弹出图 2-11 所示的"线型管理器"对话框。用户可以从中选择一种线型或从线型库中加载所需的线型。

2) 在"线型管理器"对话框中单击"加载"按钮,弹出"添加线型"对话框,选择所需的一种或几种线型,在本例中选择 CENTER 线型,如图 2-12 所示,然后单击"确定"按钮。

3) 所加载的线型显示在"线型管理器"对话框的线型列表中,在该线型列表中选择所需的选项,本例选择 CENTER 线型,然后在"线型管理器"对话框中单击"确定"按钮。

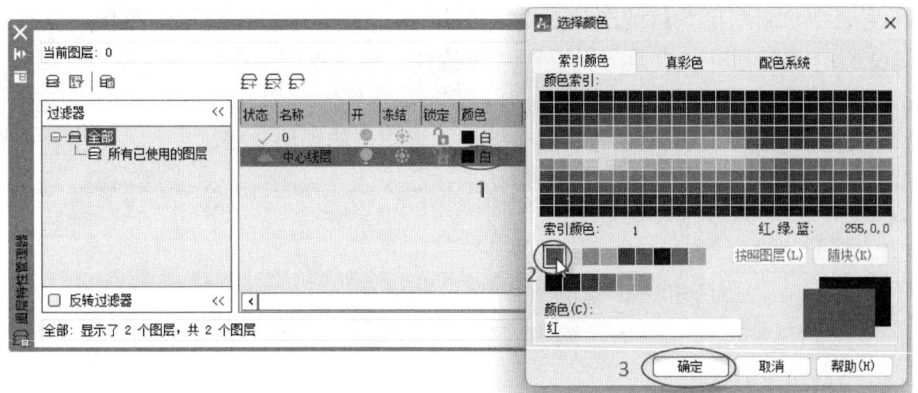

图 2-10　设置图层颜色

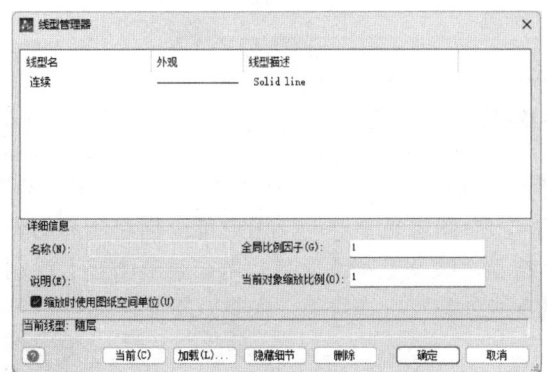

图 2-11　"线型管理器"对话框　　　　图 2-12　"添加线型"对话框

④ 设置图层的线宽属性。

1）在图层列表中单击"中心线层"的"线宽"单元格，弹出图 2-13 所示的"线宽"对话框。

2）在"线宽"列表中选择 0.15mm，单击"确定"按钮。

⑤ 设置图层说明信息。

在图层列表中单击"中心线层"的"说明"单元格，输入"适合绘制中心线"信息，如图 2-14 所示。

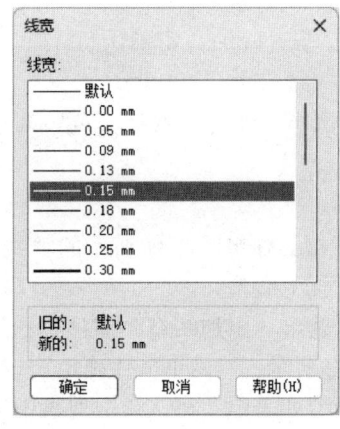
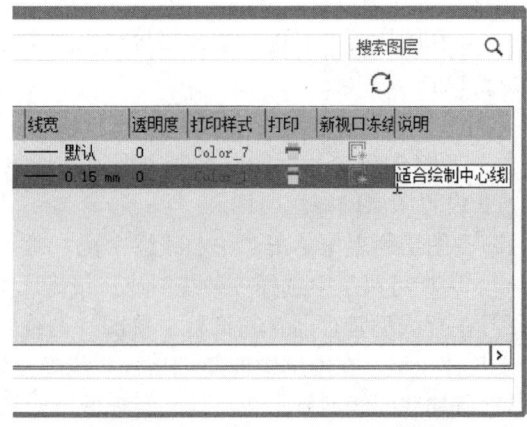

图 2-13　"线宽"对话框　　　　　　　图 2-14　设置图层说明信息

2.2.3 设置当前图层

在图层特性管理器的图层列表中,"状态"单元格标记有"✓"的图层表示为当前图层。

设置当前图层的方法很简单,在图层特性管理器的图层列表中选择所需的图层,接着单击"置为当前"按钮,即可将该图层设置为当前图层。或者在图层列表中双击所需图层关联的"状态"单元格,从而快速将该图层置为当前图层。

在没有选中任何图形对象的情况下,在功能区"常用"选项卡的"图层"面板中,从"图层控制"下拉列表框中选择一个图层,则该图层便切换为当前图层。之后绘制的图形并成为该图层的对象。

另外,在"图层"面板中单击"置为当前"按钮,接着在图形窗口中选择对象,则选定对象所在的图层将被置为当前图层。

2.2.4 修改对象所在的图层

在实际绘图中,经常遇到修改对象所在的图层,即希望把某个图层上的对象修改到其他图层上。一般操作方法是:先选择该对象,接着从"图层控制"下拉列表框中选择所需的一个图层(即选择要放置的图层名称),则被选择的图形对象转移到指定的新图层上。

如果在"图层"面板中单击"更改为当前图层"按钮,接着选择要改变到当前图层上的一个或多个图形对象,按〈Enter〉键确认,则所选对象所在的图层将更改为当前图层,命令行将提示被改变到当前图层的对象个数。

2.2.5 删除图层

在图层特性管理器中提供了一个"删除图层"按钮,它用于从图层列表中删除选定的图层,但是不能删除下列图层:

- "0"图层和 Defpoints 图层。
- 当前图层。
- 依赖外部参照的图层。
- 包含对象的图层。

如果要删除指定图层中的所有对象,并将该图层从图形中删除,那么可以使用 LAYDEL 命令(其对应的工具按钮为位于功能区"常用"选项卡的"图层"溢出面板的"图层删除"按钮)。

命令:LAYDEL↙   //通过键盘在命令窗口输入"LAYDEL",按〈Enter〉键
选择要删除图层上的对象或[键入(T)/名称(N)/放弃(U)]:

此时,选择将要删除图层上的任意对象,可以选择多个图层上的对象,按〈Enter〉键结束选择,在命令窗口显示选定对象所在图层。接着选择"是(Y)"确认删除选定对象所在图层以及图层上的所有对象,或者选择"否(N)"取消删除操作,并显示已临时隐藏的对象。

2.3 对象特性基础设置

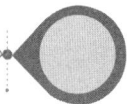

对象特性控制着对象的外观和行为,在实际设计中,利用对象特性可以很方便地组织、管理图形。中望 CAD 的每个对象都具有这些常规特性:图层、颜色、线型、线型比例、线宽、透明度和打印样式等。

当指定图形中的当前特性时,所有新创建的对象都将自动使用这些默认设置。通过图层(ByLayer,随层)或通过明确指定特性(独立于其图层),都可以设置对象的某些特性。

2.3.1 对象颜色

颜色(COLOR)命令用于设置新对象的绘制颜色。

在未执行其他命令且未选中任何对象的情况下,在功能区"常用"选项卡的"属性"面板的"颜色" 下拉列表框中选择一种颜色方案选项,如图2-15所示,接着绘制的新图形对象将自动使用该颜色方案。通常,为新对象设置的颜色方案选项为"随层",表示新对象将继承与当前图层关联的颜色特性,随图层指定颜色的优势是可以使用户轻松地识别图形中的每个图层。"随块"和"随层"类似,也是一种特殊的对象特性,"随块"颜色方案选项用于指定对象从它所在的块中继承颜色,即在创建为图块之前,将使用黑色或白色来显示对象,创建为图块之后,通过特性选项板设置图块颜色。用户也可以不依赖图层而明确地指定其他具体的颜色作为新对象的创建颜色。

在选中对象时,使用"颜色" 下拉列表框设置的颜色方案选项只应用于当前选中的对象。

为对象指定其他颜色时,可以在"颜色" 下拉列表框中选择"更多颜色"命令,或者在命令行的"命令"提示下输入"COLOR"并按〈Enter〉键,弹出"选择颜色"对话框,如图2-16所示。该对话框提供"索引颜色"选项卡、"真彩色"选项卡和"配色系统"选项卡。

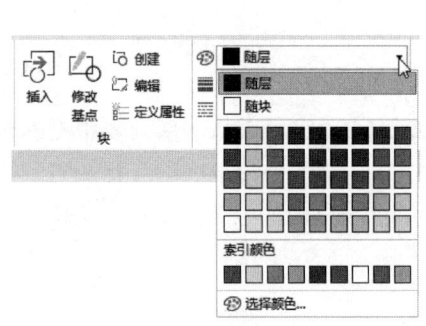

图2-15 为新对象指定颜色

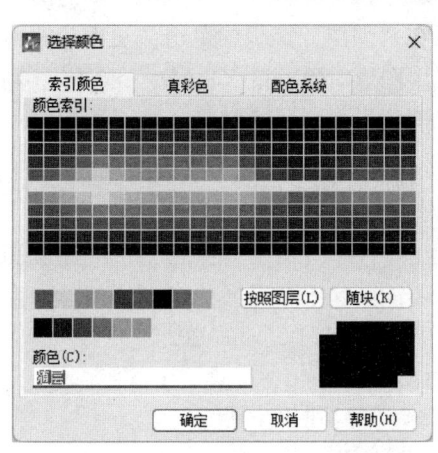

图2-16 "选择颜色"对话框

1. 索引颜色

"索引颜色"选项卡使用255种颜色索引(ZCI)颜色指定颜色设置。倘若将鼠标光标悬停在某种颜色上,该颜色的索引色值及其对应的RGB颜色值将显示在调色板下面。单击其中一种颜色,或者在"颜色"文本框中输入该颜色的名称或索引色值。

"索引颜色"选项卡大的调色板显示编号从10~249的颜色,第二个调色板显示编号从1~9的颜色(这些颜色既有编号也有名称),第三个调色板显示编号从250~255的颜色(这些颜色表示灰度级)。

2. 真彩色

切换至"真彩色"选项卡,如图2-17所示,使用真彩色(24位颜色)指定颜色设置(使用色调、饱和度和亮度[HSL]颜色模式或RGB颜色模式)。使用真彩色功能时,可以使用1600多万种颜色。该选项卡上的可用颜色选项取决于在"颜色模式"下拉列表框中指定的颜色模式（RGB 或 HSL）。HSL 颜色模式提供的颜色特性包括色调、饱和度和亮度，通过设置这些特性值，用户可以指定一个很宽的颜色范围。RGB 颜色模式将颜色分解成红（R）、绿（G）和蓝（B）三个分量，为每个分量指定的值分别表示红、绿和蓝颜色分量的强度，这三个值的组合可以定义一个很宽的颜色范围。

3. 配色系统

切换至"配色系统"选项卡，如图 2-18 所示，该选项卡使用第三方配色系统或用户定义的配色系统指定颜色。从"配色系统"下拉列表框中指定用于选择颜色的配色系统，则在该下拉列表框下方选定配色系统的页以及每页上的颜色和颜色名称，每页最多包含十种颜色。要查看配色系统页，则在颜色滑块上选择一个区域或用上下箭头进行浏览。

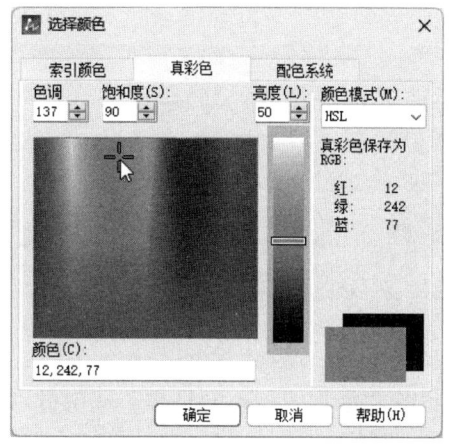

图 2-17 "真彩色"选项卡

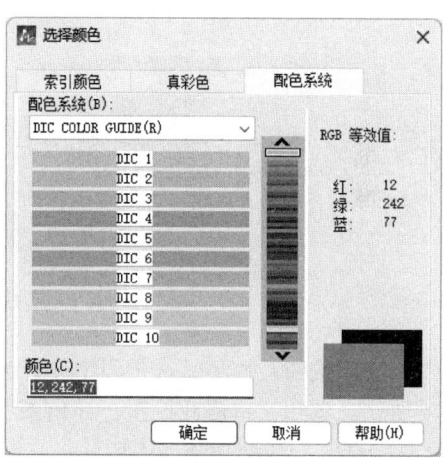

图 2-18 "配色系统"选项卡

2.3.2 线型管理

线型（LINETYPE）是由虚线、点和空格组成的重复图案，用于定义图形基本元素的线条组成和显示方式，如虚线、实线和中心线等。在中望 CAD 中，用户既可以通过图层将线型指定给对象，也可以不依赖于图层而明确指定线型。

当没有选择任何对象时，所有对象将使用当前线型创建。当前线型显示在功能区"常用"选项卡的"属性"面板的"线型"下拉列表框中，也显示在"特性"选项板中。

从"线型"下拉列表框中可以指定当前线型，如图 2-19 所示。如果将当前线型设定为"随层"，则将使用指定给当前图层的线型来创建对象。如果将当前线型设置为"随块"，则将使用连续线型（不嵌入空格的实心线型）创建对象，直到对象被组合到块定义中，将块插入到图形中时，该块将显示这些对象的当前线型。如果明确设置当前线型，例如设置为"CENTER"，将使用该线型创建对象，而无论当前图层如何。默认的"Continuous"线型显示连续的线。如果没有所需的线型供选

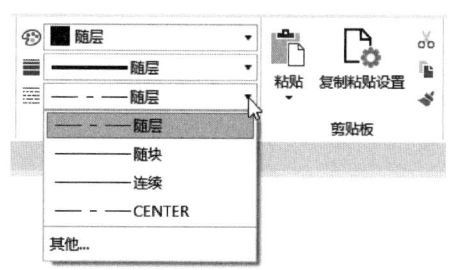

图 2-19 设置当前线型

择，那么必须使用 LINETYPE 命令或通过图层特性管理器中的"线型"列单元格，从"线型定义"文件（LIN）中将其载入。线型载入后，保存图形时线型定义也将存储在图形中。

从"线型"下拉列表框中选择"其他"选项，或者在命令行中输入"LINETYPE"并按〈Enter〉键，弹出图 2-20 所示的"线型管理器"对话框。下面介绍该对话框各主要选项的功能含义。

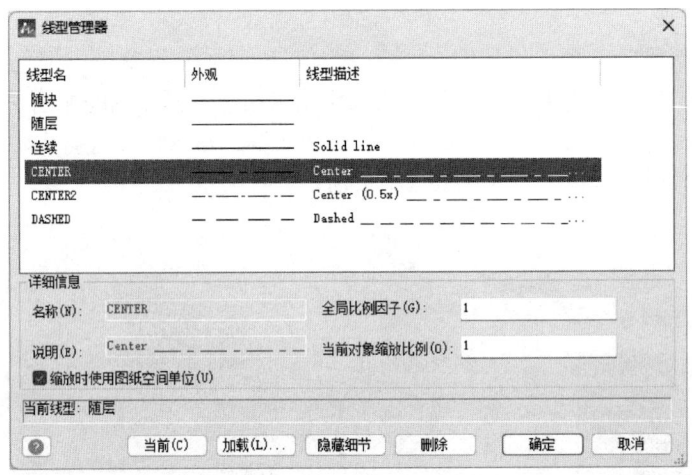

图 2-20 "线型管理器"对话框

1)"当前"按钮：用于将选定线型设定为当前线型。
2)"加载"按钮：单击此按钮，弹出图 2-21 所示的"添加线型"对话框，从中可以将在指定线型文件中选定的线型加载到图形并将它们添加到线型列表。

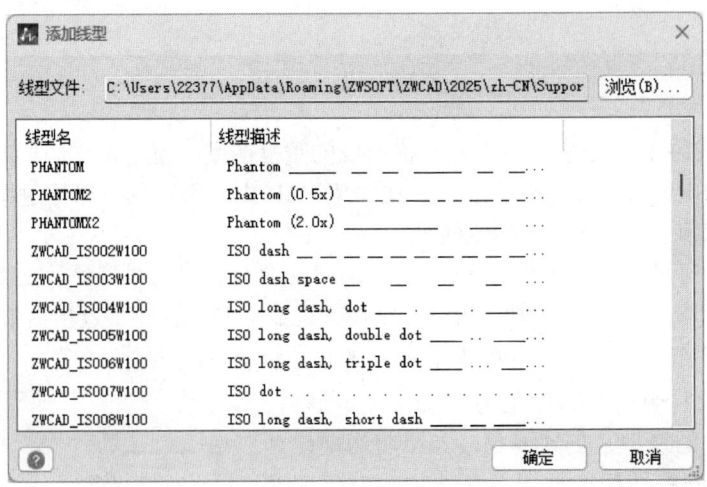

图 2-21 "添加线型"对话框

3)"隐藏细节"按钮/"显示细节"按钮：单击"隐藏细节"按钮，则将"线型管理器"的"详细信息"选项组隐藏，此时在此按钮位置提供相应的"显示细节"按钮，如图 2-22 所示。如果要显示"详细信息"部分，则单击"显示细节"按钮。"详细信息"部分（选项组）提供访问特性和附加设置的其他途径,具体包含的设置内容有名称、说明、全局比例因子、当前对象缩放比例等,它们的功能含义解释如下。

图 2-22　隐藏了细节信息的"线型管理器"对话框

4)"删除"按钮:用于从图形中删除选定的线型。只能删除未使用的线型,而不能删除"随层""随块"和"Continuous"线型。

5)"当前线型"行:显示当前线型的名称。

6)线型列表:显示已加载的线型。线型列表显示已加载线型的 3 个信息,即"线型名""外观"和"线型描述"。

- "线型名":显示已加载的线型名称。要重命名线型,请选择线型,然后两次单击该线型并输入新的名称。不能重命名"随层""随块""Continuous"和依赖外部参照的线型。
- "外观":显示选定线型的样例。
- "线型描述":显示线型的说明,可以在"详细信息"选项组中进行编辑。

2.3.3　当前线宽设置

线宽(LWEIGHT)是指定给图形对象、图案填充、引线和标注几何图形的特性,可生成不同线宽、不同颜色的线。当前线宽指定给所有新对象,直到将另外一种线宽设置为当前。

从功能区"常用"选项卡的"属性"面板的"线宽" ≡ 下拉列表框中可以指定当前线宽,如图 2-23 所示。如果将当前线宽设定为"随层",那么将使用指定给当前图层的线宽来创建对象。如果将当前线宽设定为"随块",那么在将对象编组到块中之前,将使用默认线宽设置来创建对象,待将块插入到图形中时,该块将采用当前线宽设置。还可以将当前线宽设置为不依赖图层的单独线宽值。

如果从"线宽" ≡ 下拉列表框中选择"线宽设置"选项,或者在命令行的"命令"提示下输入"LWEIGHT"并按〈Enter〉键,弹出图 2-24 所示的"线宽设置"对话框,从中选择一种线宽即可。

需要用户注意的是,在图形中可以通过状态栏的"显示/隐藏线宽"按钮 ≡ 来打开和关闭线宽显示。

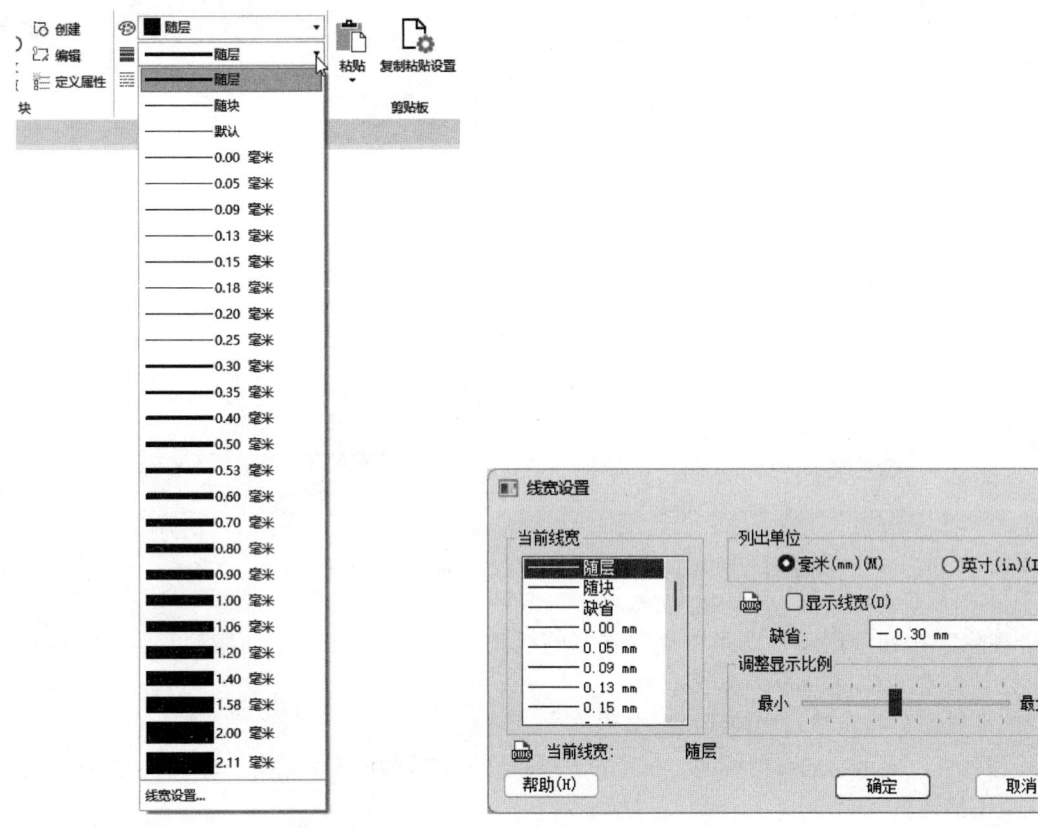

图 2-23 指定当前线宽　　　　　　图 2-24 "线宽设置"对话框

2.3.4 设置透明度

透明度（CETRANSPARENCY）系统变量用于设置新对象的透明度级别。设置透明度的操作说明如下。

命令：CETRANSPARENCY↙　　　　　　　//输入"CETRANSPARENCY"按〈Enter〉键
输入 CETRANSPARENCY 的新值 <ByLayer>：　//输入新值，这里显示的默认值为"ByLayer"

CETRANSPARENCY 系统变量的类型属于整数，保存为图形文件，预设值为-1，该系统变量的值设置范围如表 2-2 所示。

表 2-2　CETRANSPARENCY 系统变量的透明度设置

序　号	透明度值	说　明
1	-1	透明度随层，即透明度值由图层确定
2	-2	透明度随块，即透明度值由块确定
3	0	完全不透明
4	1~90	定义为百分比的透明度值，将透明度值限制为90%是为了避免与关闭或冻结的图层混淆

用户还可以利用功能区"常用"选项卡的"属性"面板提供的工具进行透明度设置,操作图解如图 2-25 所示。

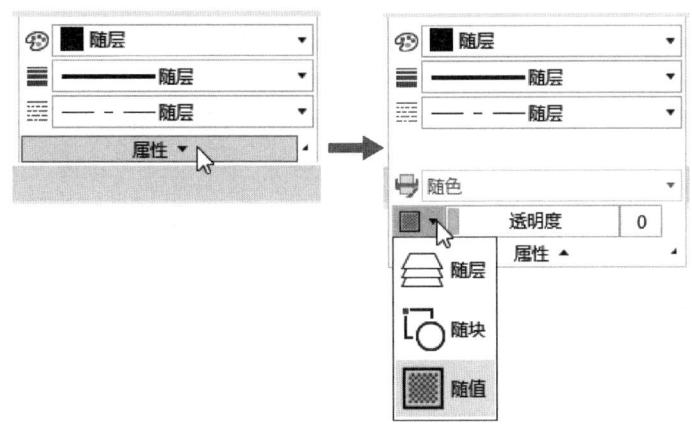

图 2-25 利用"属性"面板的溢出面板进行透明度设置

新图案填充对象的透明度级别由 HPTRANSPARENCY 系统变量控制。

如果要更改现有选定对象的透明度,通常使用"特性"选项板来设置,有关"特性"选项板的详细内容稍后介绍。

2.4 "特性"命令

PROPERTIES("特性"命令)用于显示"特性"选项板,当选中对象时,"特性"选项板将列出选定对象的特性。例如,在图形中选择某个圆,则在"特性"选项板中列出该圆的特性,如图 2-26 所示。当选择多个对象时,"特性"选项板仅显示所有选定对象的公共特性。未选定任何对象时,仅显示常规特性的当前设置。对象的常规特性包括其图层、颜色、线型、线型比例、线宽、透明度和打印样式等。

在"特性"选项板中,可以通过指定新值来修改任何可以更改的特性,这是修改选定对象的一个常用方法。在"特性"选项板中单击要修改的特性值,接着可以根据实际情况使用以下主要方法之一进行修改操作。

- 在文本框中输入新值。
- 单击右侧的向下按钮并从列表中选择一个值。
- 单击"拾取点"按钮(会在激活的相应单元格里显示),接着使用鼠标等定点设备更改坐标值。
- 单击"快速计算器"按钮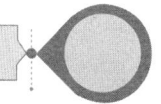,弹出图 2-27 所示的快速计算器,利用该快速计算器可计算新值。

如果当前界面没有显示"特性"选项板,那么可以在命令行中输入"PROPERTIES"并按〈Enter〉键,或者在功能区"工具"选项卡的"选项板"面板中单击"特性"按钮,来打开"特性"选项板。

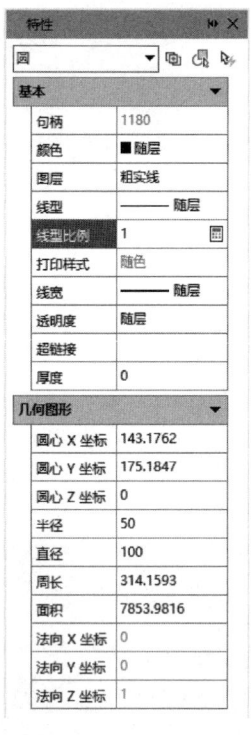

图 2-26 "特性"选项板

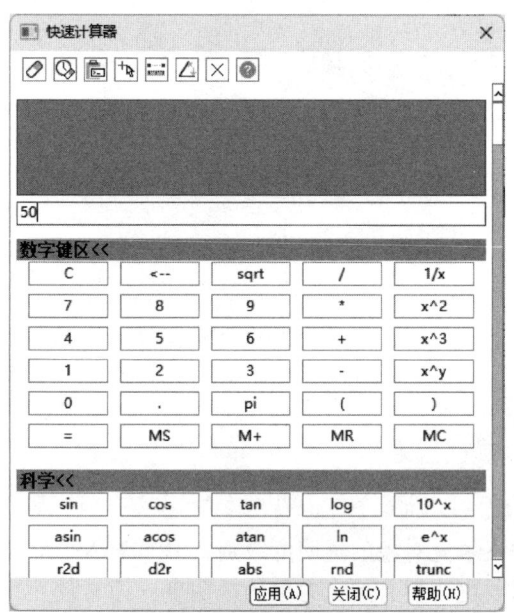

图 2-27 快速计算器

2.5 特性匹配

在实际设计工作中，使用特性匹配（MATCHPROP）功能是很实用和高效的，使用此功能可以将选定对象的特性应用于其他对象。可应用的特性类型包括图层、颜色、线型、线型比例、线宽、打印样式、透明度和其他指定的特性。

要执行特性匹配功能，则可以按照以下方法步骤进行。

1）在命令行中输入"MATCHPROP"并按〈Enter〉键，或者在功能区"常用"选项卡的"剪切板"面板中单击"特性匹配"按钮。

2）选择源对象。

3）此时出现"选择目标对象或［设置(S)］:"的提示信息。在该提示信息下输入"S"以选择"设置(S)"，按〈Enter〉键确认后弹出图 2-28 所示的"特性设置"对话框，从中设置要匹配的基本特性和特殊特性，然后单击"确定"按钮。

4）选择一个目标对象，在目标对象上应用选定源对象的设定特性。可以继续选择其他目标对象指定特性匹配操作。

5）按〈Enter〉键结束命令。

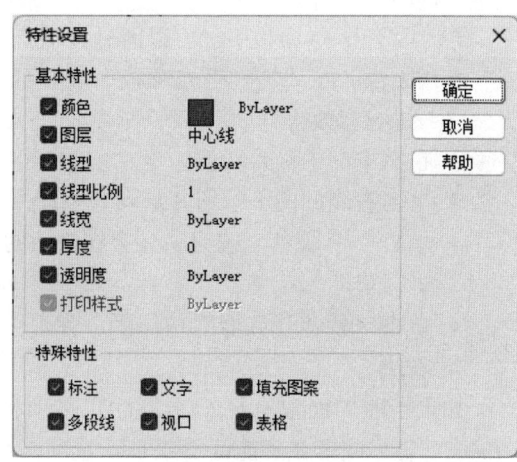

图 2-28 "特性设置"对话框

【案例】 特性匹配操作练习案例

① 打开"特性匹配.dwg"文件,已有图形如图 2-29 所示。

② 在功能区"常用"选项卡的"剪切板"面板中单击"特性匹配"按钮 ,选中其中一条中心线作为源对象。

③ 在"选择目标对象或 [设置(S)]:"提示下输入"S"并按〈Enter〉键,弹出"特性设置"对话框,这里接受默认的基本特性和特殊特性设置,单击"确定"按钮。

④ 在图形中选择第二大的圆,再选择倾斜的一条直线段,按〈Enter〉键结束命令,结果如图 2-30 所示。

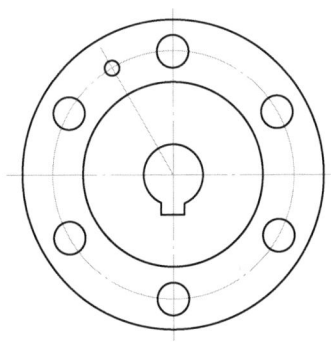 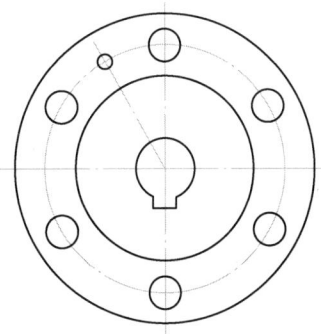

图 2-29　已有图形　　　　　图 2-30　特性匹配的结果

2.6 综合案例:建立符合制图标准的多个图层

下面通过一个案例介绍如何建立若干个标准图层,这些图层将适用于工程制图。

① 启动中望 CAD 2025 后,在"快速访问工具栏"中单击"新建"按钮 ,接着利用弹出的"选择样板文件"对话框选择"zwcadiso.dwt"图形样板文件,单击"打开"按钮。

② 使用"二维草图与注释"工作空间,在功能区"常用"选项卡的"图层"面板中单击"图层特性"按钮 ,打开图层特性管理器。

③ 在图层特性管理器中单击"新建图层"按钮 ,新建一个图层,在"图层列表"窗格中将该图层的名称更改为"粗实线",如图 2-31 所示。

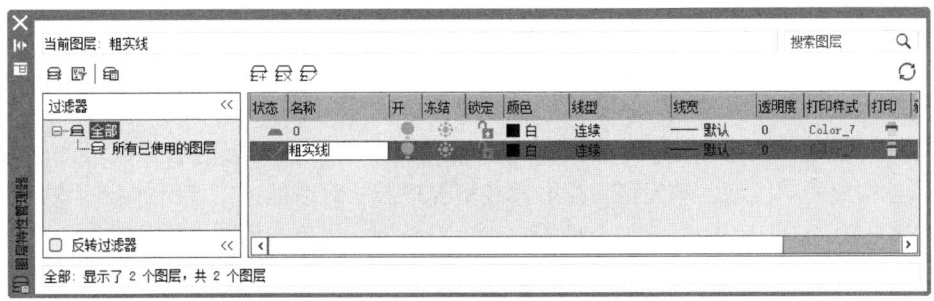

图 2-31　新建一个图层并更改其名称

④单击"粗实线"层的"线宽"单元格,弹出"线宽"对话框,在"线宽"列表框中选择"0.35mm",如图2-32所示,单击"确定"按钮。

⑤单击"新建图层"按钮,创建第二个新图层,将该新图层的名称设置为"细实线"。

⑥确保选中"细实线"层,单击"细实线"层的"线宽"单元格,弹出"线宽"对话框,在"线宽"列表框中选择"0.18mm",单击"确定"按钮。另外,"细实线"层的颜色和线型均继承自"粗实线"层的颜色和线型。

⑦单击"新建图层"按钮,创建第三个新图层,将该新图层的名称设置为"中心线"。

⑧单击"中心线"层的"颜色"单元格,弹出"选择颜色"对话框,从"索引颜色"选项卡选择"红色",如图2-33所示,单击"确定"按钮。

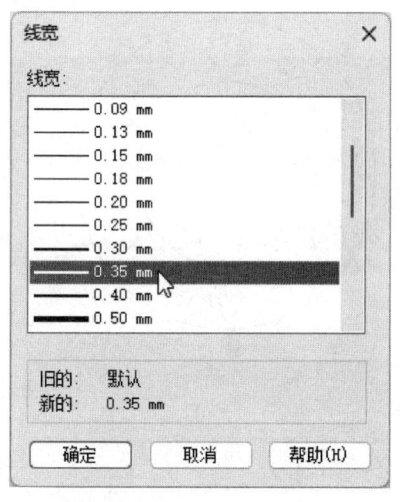 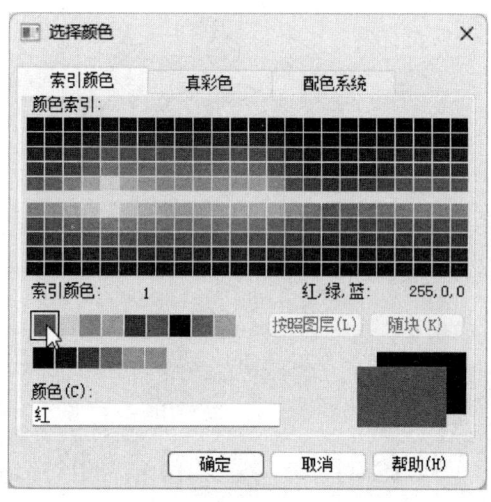

图2-32 "线宽"对话框　　　　　图2-33 "选择颜色"对话框

⑨单击"中心线"层的"线型"单元格(该单元格显示了当前默认的线型名称),弹出"线型管理器"对话框。由于在"已加载的线型"列表中没有所需的线型,故单击"加载"按钮,弹出"添加线型"对话框,在"可用线型"列表框中选择"ZWCAD_ISO02W100"线型,再按住〈Ctrl〉键的同时选择"ZWCAD_ISO05W100""CENTER"线型,如图2-34所示,单击"确定"按钮,返回到"线型管理器"对话框,所加载的三个新线型此时显示在"已加载的线型"列表框中。在"已加载的线型"列表框中选择"CENTER"线型,如图2-35所示,单击"确定"按钮,从而将与"中心线"层关联的线型设置为"CENTER"线型。

⑩单击"新建图层"按钮,创建第四个新图层,将该新图层的名称设置为"细虚线"。单击该图层的"线型"单元格,弹出"线型管理器"对话框,在"已加载的线型"列表框中选择"ZWCAD_ISO02W100"线型,单击"确定"按钮。再单击该图层的"颜色"单元格,弹出"选择颜色"对话框,选择"黄"的索引颜色,单击"确定"按钮。

⑪单击"新建图层"按钮,创建第五个新图层,将该新图层的名称设置为"细双点画线"。单击该图层的"线型"单元格,弹出"线型管理器"对话框,在"已加载的线型"列表框中选择"ZWCAD_ISO05W100"线型,单击"确定"按钮。再单击该图层的"颜色"单元格,弹出"选择颜色"对话框,选择"洋红"的索引颜色,单击"确定"按钮。

⑫单击"新建图层"按钮,创建第六个新图层,将该新图层的名称设置为"标注及剖面线"。单击该图层的"线型"单元格,弹出"线型管理器"对话框,在"已加载的线型"列表框

中选择"连续"线型,单击"确定"按钮。再单击该图层的"颜色"单元格,弹出"选择颜色"对话框,选择"蓝"的索引颜色,单击"确定"按钮。

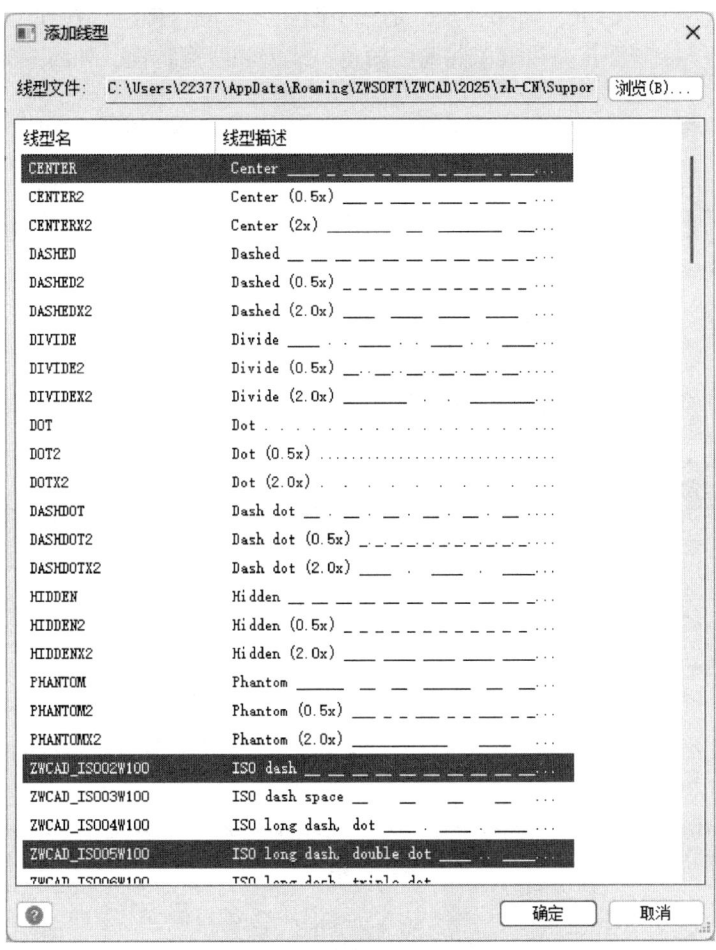

图 2-34 "添加线型"对话框

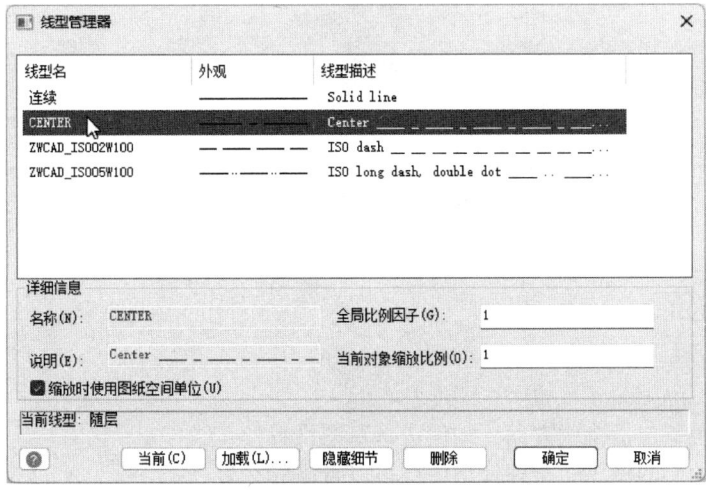

图 2-35 加载或重载线型

13 单击"新建图层"按钮,创建第七个新图层,将该新图层的名称设置为"波浪线"。单击该图层的线型默认为"连续"线型,线宽默认为 0.18mm,接着单击该图层的"颜色"单元格,弹出"选择颜色"对话框,选择"红"的索引颜色,单击"确定"按钮。

此时共新建了 7 个新图层并设置了相应的颜色、线型和线宽特性,如图 2-36 所示。

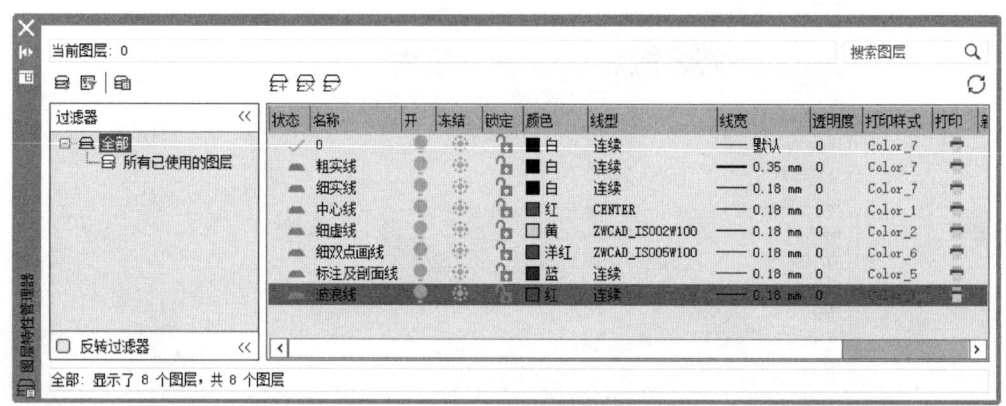

图 2-36 完成创建 7 个新图层

14 在图层列表中选择"中心线"层,单击"置为当前"按钮,从而将所选的"中心线"层设置为当前图层,如图 2-37 所示。

15 关闭图层特性管理器,接着在"快速访问工具栏"中单击"保存"按钮,弹出"图形另存为"对话框,指定保存路径,输入文件名为"图层设置_FINISH",文件类型为 DWG 图形文件,单击"保存"按钮。

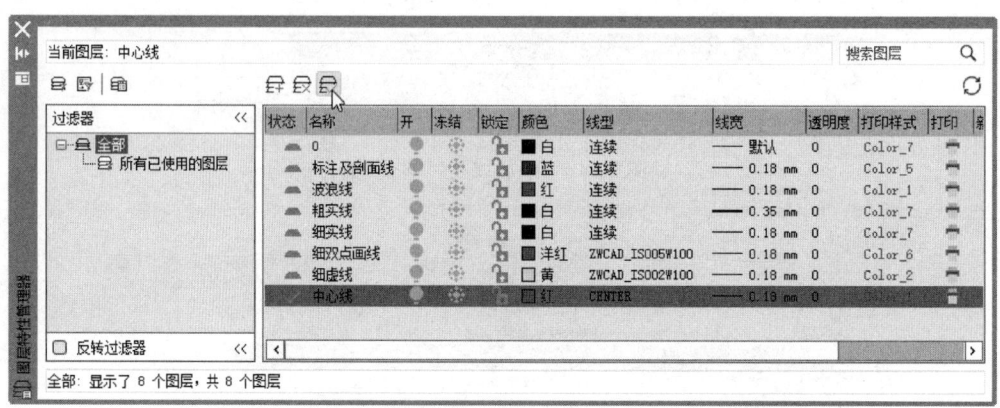

图 2-37 设置当前图层

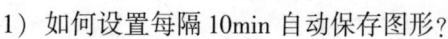 思考与练习

1) 如何设置每隔 10min 自动保存图形?
2) 草图设置主要包括哪些方面,如何进行草图设置?
3) 如何理解图层的概念?合理使用图层可以带来什么好处?
4) 如何创建及设置图层?可以举例进行说明。

5）如何理解随层、随块？

6）使用"特性"选项板可以进行哪些工作？

7）上机练习1：创建一个使用"zwcadiso.dwt"图形样板文件作为模板的新图形文件，在该图形文件中创建表2-3所示的图层。

表2-3 图层练习

序号	图层名称	线型	线宽/mm	颜色
1	轮廓线	连续（Continuous）	0.7	白色/黑色
2	细实线	连续（Continuous）	0.35	白色/黑色
3	中心线	Center2	0.35	红色
4	尺寸线及剖面线	连续（Continuous）	0.35	绿色
5	文本	连续（Continuous）	0.35	蓝色

8）上机练习2：在上一题完成图层创建后，将"轮廓线"层设为当前图层，使用相关的绘图工具随便绘制一些图形元素，如直线、圆等，然后进行修改对象所在的图层的练习操作，以及将线宽修改为0.5，然后利用"特性"选项板将圆的颜色设置为蓝色。

第 3 章

绘制基本图形

本章导读

复杂的图形都可以分解成基本图形,并由基本图形组合并修改而成。基本图形是指在平面上由点、线、面组成的简单几何图形(包括点、线、面本身),常见的基本图形包括直线、射线、构造线、多段线、圆、圆弧、矩形、正多边形、椭圆、样条曲线等。

中望 CAD 提供了丰富的二维图形绘制工具,可以很高效地绘制包括线段、平行线、垂线、斜线、切线、圆、圆弧、矩形、正多边形、椭圆、样条曲线等。本章介绍主要基本图形的绘制方法及技巧。

3.1 绘制直线

绘制直线比较简单,在功能区"常用"选项卡的"绘图"面板中单击"直线"按钮,或者在命令行中通过键盘输入"LINE"命令或命令别名"L"并按〈Enter〉键。接着在绘图区域单击或通过输入坐标值的方式创建直线对象,在按〈Enter〉键结束直线命令之前,可通过指定下一点来创建一系列连续的直线。

在执行直线命令的过程中,可以根据需要选择以下几个选项来绘制所需要的直线段。

- "角度(A)":选择此选项,通过依次指定直线的角度和长度来创建一条直线段。
- "长度(L)":选择此选项,通过依次指定直线的长度和角度来创建一条直线段。
- "闭合(C)":选择此选项,将第一条直线段的起点和最后一条直线段的终点连接起来,绘制一条封闭的连续直线段,同时结束命令。

【练习案例】 绘制若干直线段

在该案例中,将练习通过点的坐标绘制线段,以及熟悉直线命令的常用选项的应用。

```
命令:_line                              //单击"直线"按钮
指定第一个点:0,0↙                       //通过键盘在命令窗口输入第一点绝对坐标"0,0"
指定下一点或[角度(A)/长度(L)/放弃(U)]:0,50↙    //输入第二点绝对坐标"0,50"
指定下一点或[角度(A)/长度(L)/放弃(U)]:A↙       //输入"A"并按〈Enter〉键,选择"角度"选项
指定角度:30↙                            //指定角度为30°
指定长度:50↙                            //指定长度为50
指定下一点或[角度(A)/长度(L)/闭合(C)/放弃(U)]:L↙  //确定选择"长度(L)"选项
```

指定长度：50↙　　　　　　　　　　//指定长度为50
指定角度：-30↙　　　　　　　　　 //指定角度为-30°
指定下一点或 [角度(A)/长度(L)/闭合(C)/放弃(U)]：@50<-90↙　//通过输入相对极坐标确定下一端点
指定下一点或 [角度(A)/长度(L)/闭合(C)/放弃(U)]：C↙　　//输入"C"并按〈Enter〉键以选择"闭合"
完成绘制的图形如图 3-1 所示。

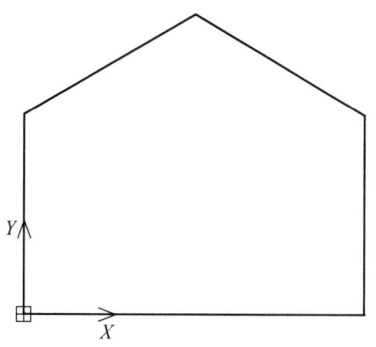

图 3-1　绘制若干直线段

3.2　绘制射线与构造线

射线和构造线都是一种线形对象。本节介绍如何绘制射线与构造线。

3.2.1　绘制射线

射线始于一点并通过第二点，并且只向一个方向无限延伸。射线通常用作创建其他对象的参照，而显示图形范围的命令会忽略射线。

要创建射线，可以按照以下方法步骤进行。

 在功能区"常用"选项卡的"绘图"面板中单击"射线"按钮 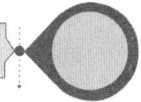，或者在命令行中输入"RAY"并按〈Enter〉键，此时命令行出现"指定射线起点或 [等分（B）/水平（H）/竖直（V）/角度（A）/偏移（O）]："的提示信息。

② 指定射线的起点。

③ 指定射线要经过的点。

④ 根据需要继续指定点创建其他射线，所有后续射线都经过第一个指定点。

⑤ 按〈Enter〉键结束命令。

绘制射线的示例如图 3-2 所示。

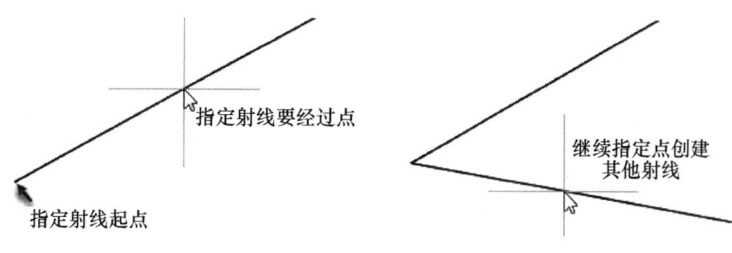

图 3-2　绘制射线的示例

在绘制射线的过程中，也可以根据实际情况选择以下选项来创建所需的射线。
- "等分"：通过等分指定的对象或等分指定的角度来创建一条射线。
- "水平"：指定射线的起点来创建一条或多条水平射线，按〈Enter〉键结束绘制。
- "竖直"：指定射线的起点来创建一条或多条竖直射线，按〈Enter〉键结束绘制。
- "角度"：以指定的角度绘制射线，或指定与参照对象之间的夹角绘制射线。
- "偏移"：绘制平行于另一对象的射线，采用指定偏移距离或指定通过点的方式绘制射线，要求偏移的对象必须是直线、多段线的直线段、射线或构造线。

3.2.2　绘制构造线

构造线通过两个点并向两个方向无限延伸，通常用作创建其他对象的参照。显示图形范围的命令会忽略构造线。

通过指定两点创建构造线的方法步骤如下。

1 在功能区"常用"选项卡的"绘图"面板中单击"构造线"按钮，此时命令行出现"指定构造线位置或 [等分（B）/水平（H）/竖直（V）/角度（A）/偏移（O）]："的提示信息。

2 指定一个点以定义构造线的根。

3 指定第二个点作为构造线要经过的点。

4 根据需要继续指定通过点来创建构造线，所有后续构造线都经过第一个指定点。

5 按〈Enter〉键结束命令。

此外，执行"构造线"命令后，还可以使用以下提示选项来创建所需的构造线。

- "等分"：用于绘制平分指定对象或指定角度的构造线。
- "水平"：用于创建通过选定点的水平构造线，即创建通过选定点并平行于 X 轴的一条或多条构造线。
- "垂直"：用于创建通过选定点的垂直构造线，即创建通过选定点并平行于 Y 轴的一条或多条构造线。
- "角度"：以指定的角度创建构造线。选择该提示选项后，命令行将出现"输入角度值或 [参照值（R）] <0>："的提示信息，此时可指定放置线的角度和定位点，或者输入"R"以选择"参照"选项并接着选取参照对象，以及指定与选定参照对象之间的夹角，此夹角角度从选定参考线开始按逆时针方向测量，最后指定定位点即可。
- "偏移"：创建平行于另一条对象的构造线，偏移的对象必须是直线、多段线、射线或构造线。选择该提示选项后，命令行将出现"指定偏移距离或 [通过（T）/擦除（E）/图层（L）] <通过>："的提示信息，此时指定新构造线偏离选定对象的距离，或者选择"通过"选项以创建从一条直线偏移并通过指定点的构造线。"擦除"选项用于控制在偏移对象后，是否删除源对象，默认不删除源对象；"图层"选项用于控制将偏移后的对象放置在当前图层还是放置在源对象所在的图层，默认将偏移对象放置在源对象所在图层。

请看以下绘制构造线的简单案例。

1 在"快速访问工具栏"中单击"打开"按钮，选择随书配套资料包中的"构造线即学即练.dwg"文件，单击"选择文件"对话框中的"打开"按钮，已有图形如图3-3所示。

2 在功能区"常用"选项卡的"绘图"面板中单击"构造线"按钮，根据命令行提示进行以下操作。

```
命令:_xline
指定构造线位置或 [等分(B)/水平(H)/竖直(V)/角度(A)/偏移(O)]: B↵    //输入"B"并按〈Enter〉键
指定顶点或 [对象(E)]:                          //选择角的顶点
指定平分角起点:                                //选择一条边的另一个端点(非角顶点)
指定平分角终点:                                //选择另一条边的另一个端点
指定平分角终点:↵                               //按〈Enter〉键结束命令
```

采用"等分"方式绘制的一条构造线如图 3-4 所示。

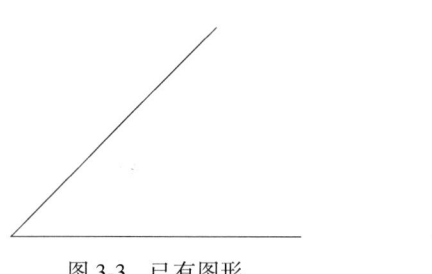

图 3-3　已有图形　　　　　　　　　　图 3-4　绘制一条构造线

绘制多段线

这里所述的多段线是指二维多段线,它是由直线段和圆弧段组成的单个对象,它作为单个平面对象创建的相互连接的线段序列。在创建多段线的过程中,可以根据需要在"直线"绘制状态和"圆弧"绘制状态之间切换,还可以为多段线设置线宽。多段线的每段线段从起点到终点可以有不同的线宽。合理有效地利用好"多段线"命令,可以将多步绘图操作(主要针对直线和圆弧的连续线段组合)简化为简单的一步操作,从而大幅提高绘图效率。

下面介绍两个绘制二维多段线的典型案例。首先看第一个案例的操作步骤,该案例涉及直线和圆弧的切换操作。

❶ 打开中望 CAD 2025 后,新建一个使用"zwcadiso.dwt"默认图形样板的文件。

❷ 在功能区"常用"选项卡的"绘图"面板中单击"多段线"按钮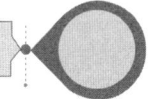,或者在命令窗口中输入"PLINE"并按〈Enter〉键,接着根据命令行提示进行以下操作。

```
命令:_pline
指定多段线的起点: 0,0↵
当前线宽是 0.0000
指定下一点或 [圆弧(A)/半宽(H)/长度(L)/撤销(U)/宽度(W)]: 65<0↵
指定下一点或 [圆弧(A)/闭合(C)/半宽(H)/长度(L)/撤销(U)/宽度(W)]: @10<-90↵
指定下一点或 [圆弧(A)/闭合(C)/半宽(H)/长度(L)/撤销(U)/宽度(W)]: @30<0↵
指定下一点或 [圆弧(A)/闭合(C)/半宽(H)/长度(L)/撤销(U)/宽度(W)]: A↵
指定圆弧的端点(按住 Ctrl 键以切换方向)或[角度(A)/圆心(CE)/闭合(CL)/方向(D)/半宽(H)/直线
(L)/半径(R)/第二个点(S)/宽度(W)/撤销(U)]: @40<90↵
指定圆弧的端点(按住 Ctrl 键以切换方向)或[角度(A)/圆心(CE)/闭合(CL)/方向(D)/半宽(H)/直线
(L)/半径(R)/第二个点(S)/宽度(W)/撤销(U)]: L↵
指定下一点或 [圆弧(A)/闭合(C)/半宽(H)/长度(L)/撤销(U)/宽度(W)]: @95<180↵
指定下一点或 [圆弧(A)/闭合(C)/半宽(H)/长度(L)/撤销(U)/宽度(W)]: A↵
指定圆弧的端点(按住 Ctrl 键以切换方向)或[角度(A)/圆心(CE)/闭合(CL)/方向(D)/半宽(H)/直线
```

(L)/半径(R)/第二个点(S)/宽度(W)/撤销(U)]：CL↙

绘制的闭合多段线如图 3-5 所示。

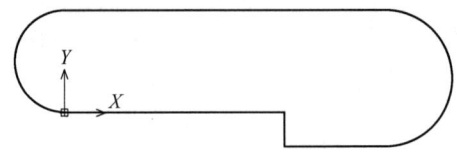

图 3-5　绘制闭合多段线

▇ 在命令行中输入"SAVE"并按〈Enter〉键，将图形保存为"绘制二维多段线即学即练完成效果.DWG"。

再看第二个绘制二维多段线的操作案例，在该案例中主要涉及不同的线宽设置。

▇ 打开中望 CAD 2025 后，新建一个使用"zwcadiso.dwt"默认图形样板的文件。

▇ 在功能区的"常用"选项卡的"绘图"面板中单击"多段线"按钮，或者在命令窗口中输入"PLINE"并按〈Enter〉键，接着根据命令行提示进行以下操作。

命令：PLINE↙
指定多段线的起点：120,0↙
当前线宽是 0.0000
指定下一点或 [圆弧(A)/半宽(H)/长度(L)/撤销(U)/宽度(W)]：W↙
指定起始宽度 <0.0000>：↙
指定终止宽度 <0.0000>：10↙
指定下一点或 [圆弧(A)/半宽(H)/长度(L)/撤销(U)/宽度(W)]：@12.5,0↙
指定下一点或 [圆弧(A)/闭合(C)/半宽(H)/长度(L)/撤销(U)/宽度(W)]：W↙
指定起始宽度 <10.0000>：5↙
指定终止宽度 <5.0000>：↙
指定下一点或 [圆弧(A)/闭合(C)/半宽(H)/长度(L)/撤销(U)/宽度(W)]：@10,0↙
指定下一点或 [圆弧(A)/闭合(C)/半宽(H)/长度(L)/撤销(U)/宽度(W)]：W↙
指定起始宽度 <5.0000>：↙
指定终止宽度 <5.0000>：0↙
指定下一点或 [圆弧(A)/闭合(C)/半宽(H)/长度(L)/撤销(U)/宽度(W)]：A↙
指定圆弧的端点(按住 Ctrl 键以切换方向)或 [角度(A)/圆心(CE)/闭合(CL)/方向(D)/半宽(H)/直线(L)/半径(R)/第二个点(S)/宽度(W)/撤销(U)]：@35<90↙
指定圆弧的端点(按住 Ctrl 键以切换方向)或 [角度(A)/圆心(CE)/闭合(CL)/方向(D)/半宽(H)/直线(L)/半径(R)/第二个点(S)/宽度(W)/撤销(U)]：↙

绘制完成的箭头图形效果如图 3-6 所示。

图 3-6　箭头图形效果

③ 在当前命令行中输入"SAVE"并按〈Enter〉键,将图形保存为"绘制二维多段线即学即练2完成效果.DWG"。

3.4 绘制圆

在中望 CAD 2025 中,绘制圆的方式有"圆心、半径""圆心、直径""两点""三点""相切、相切、半径""相切、相切、相切"和"同心圆",相应的工具按钮位于"二维草图与注释"工作空间功能区"常用"选项卡的"绘图"面板中,如图3-7所示。

● 1. "圆心、半径"方式

"圆心、半径"方式是指通过指定圆心和半径绘制一个圆。在"绘图"面板中单击"圆心、半径"按钮,接着分别指定圆心位置和半径即可。创建示例如下。

命令:_circle   //单击"圆心、半径"按钮
指定圆的圆心或 [三点(3P)/两点(2P)/切点、切点、半径(T)/同心(N)]: 0,0↙   //输入圆心坐标
指定圆的半径或 [直径(D)]:120↙   //输入圆的半径值

绘制的圆如图3-8所示。

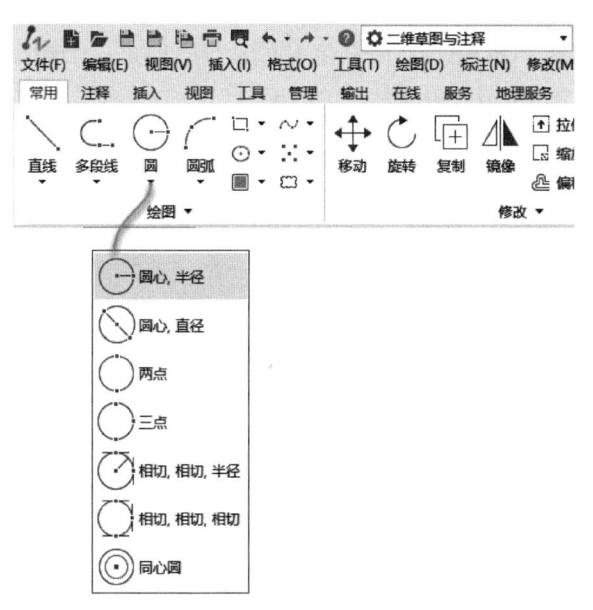

图3-7 "绘图"面板中的圆工具

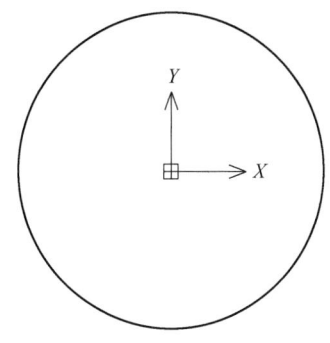

图3-8 绘制一个圆

● 2. "圆心、直径"方式

"圆心、直径"方式是指通过指定圆心和直径绘制一个圆。在"绘图"面板中单击"圆心、直径"按钮,接着分别指定圆心位置和直径即可。

● 3. "两点"方式

"两点"方式是指通过指定两点定义圆的直径,从而完成绘制一个圆。在"绘图"面板中单击"两点"按钮〇,接着指定圆直径的第一个端点,然后再指定圆直径的第二个端点即可,示例

如图 3-9 所示。

4. "三点"方式

"三点"方式是指基于圆周上的三点绘制圆。在"绘图"面板上单击"三点"按钮◯，接着分别指定将位于圆周上的 3 个点即可绘制一个圆，如图 3-10 所示。

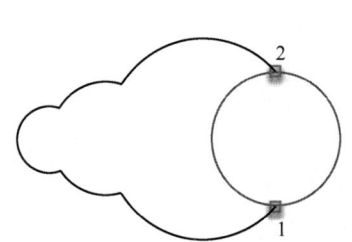

图 3-9　基于圆直径上的两个端点绘制圆

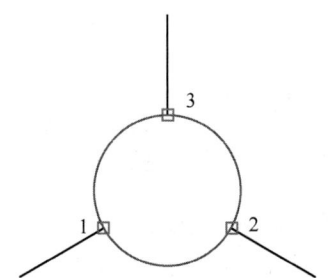

图 3-10　基于圆周上的 3 点绘制圆

5. "相切、相切、半径"方式

"相切、相切、半径"方式是基于指定半径和两个相切对象绘制圆，如图 3-11 所示。操作步骤是在"绘图"面板上单击"相切、相切、半径"按钮◯，接着指定对象与圆的第一个切点，指定对象与圆的第二个切点，最后指定圆的半径。所谓的切点是一个对象与另一个对象接触而不相交的点。有时会有多个圆符合指定的条件，中望 CAD 程序将绘制具有指定半径并且其切点与选定点的距离最近的圆。

6. "相切、相切、相切"方式

"相切、相切、相切"方式是创建相切于 3 个对象的圆，如图 3-12 所示。操作步骤是在"绘图"面板上单击"相切、相切、相切"按钮◯，接着选择要相切的第一个对象、选择要相切的第二个对象以及选择要相切的第三个对象。注意选择对象的单击位置，这将决定生成的相切圆的位置和大小。

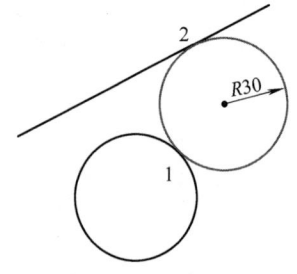

图 3-11　"相切、相切、半径"示例

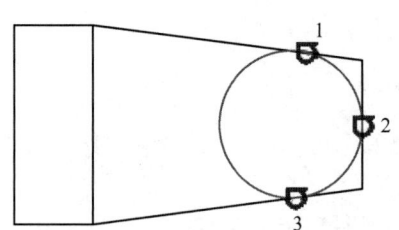

图 3-12　创建相切于 3 个对象的圆

7. "同心圆"方式

"同心圆"方式是通过指定圆心、半径（或直径）或偏移距离绘制一系列同心圆。

在下面这个即学即练案例中，使用了"同心圆"方式的多个选项来绘制一系列同心圆。

命令：_circle　　　　　　　　//单击"同心圆"按钮◉

```
指定圆的圆心或 [三点(3P)/两点(2P)/切点、切点、半径(T)/同心(N)]：_n
指定圆的圆心：150,100↵
指定圆的半径或 [直径(D)/偏移(O)] <0.0000>:10↵
指定圆的半径或 [直径(D)/偏移(O)/放弃(U)] <10.0000>:D↵    //选择"直径(D)"选项
指定圆的直径 <0.0000>:36↵
指定圆的直径或 [半径(R)/偏移(O)/放弃(U)] <36.0000>:O↵    //选择"偏移(O)"选项
指定圆的偏移距离或 [半径(R)/直径(D)/多个(M)/放弃(U)] <18.0000>:5↵
指定圆的偏移距离或 [半径(R)/直径(D)/多个(M)/放弃(U)] <5.0000>:*取消*    //按〈Esc〉键
绘制完成的3个同心圆如图3-13所示。
```

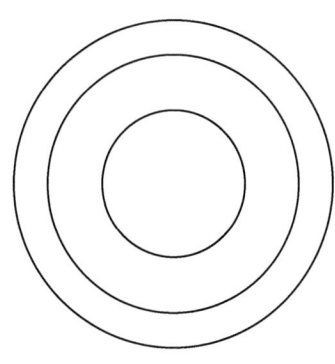

图3-13　绘制3个同心圆

3.5 绘制圆弧

绘制圆弧的方式较多，包括"三点""起点、圆心、端点""起点、圆心、角度""起点、圆心、长度""起点、端点、角度""起点、端点、方向""起点、端点、半径""圆心、起点、端点""圆心、起点、角度""圆心、起点、长度"和"继续"，用户可以从功能区"常用"选项卡的"绘图"面板中找到绘制圆弧的相应工具按钮，如图3-14所示。在默认情况下，以逆时针方向绘制圆弧；按住〈Ctrl〉键的同时拖动，可以以顺时针方向绘制圆弧。

1. "三点"圆弧绘制方式

"三点"圆弧绘制方式是指通过指定3个有效点绘制圆弧。请看图3-15所示的示例，在该示例中，从功能区"常用"选项卡的"绘图"面板中单击"三点"按钮，接着在图形中分别选定点1、点2和点3，从而完成一个圆弧绘制。

2. "起点、圆心、端点"圆弧绘制方式

"起点、圆心、端点"圆弧绘制方式是指通过指定的起点、圆心及用于确定端点的第三点绘制圆弧，起点和圆心之间的距离确定半径，端点由从圆心引出的通过第三点的直线决定。在功能区"常用"选项卡的"绘图"面板中单击"起点、圆心、端点"按钮，接着在"指定圆弧的起点或 [圆心（C）]："提示下指定圆弧起点再指定圆心，或者选择"圆心"提示选项（先指定圆心再指定圆弧起点），指定圆弧起点和圆心位置后，最后指定圆弧的端点，从而完成绘制一个圆弧。

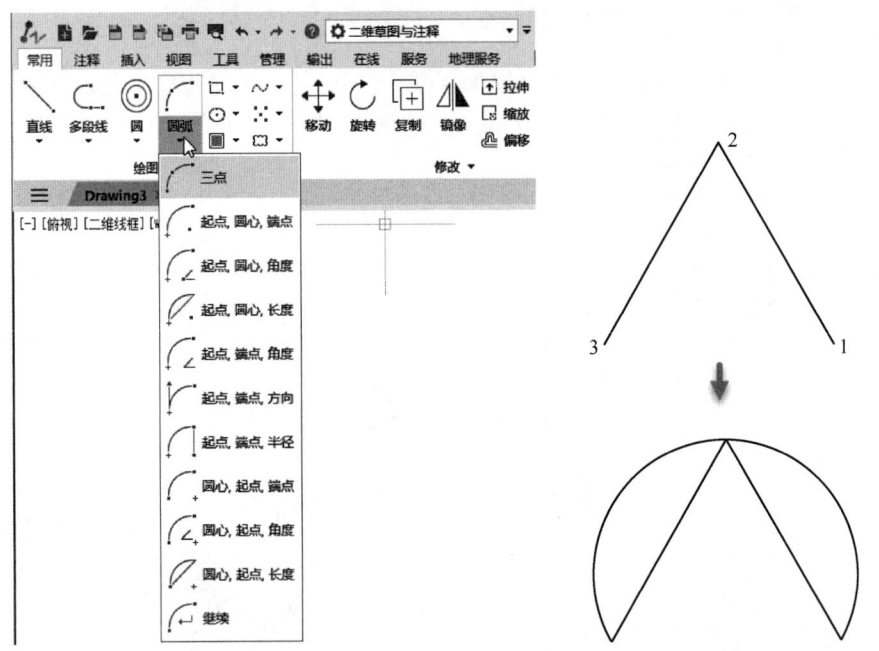

图 3-14　绘制圆弧的工具按钮　　　图 3-15　通过 3 个有效点绘制圆弧示例

● 3. "起点、圆心、角度" 圆弧绘制方式

"起点、圆心、角度" 圆弧绘制方式是指使用起点、圆心和夹角绘制圆弧，其中，通过起点和圆心之间的距离确定半径，圆弧的另一端通过指定将圆弧的圆心用作顶点的夹角来确定。在该绘制过程中，使用不同的选项，可以先指定起点，也可以先指定圆心。

● 4. "起点、圆心、长度" 圆弧绘制方式

"起点、圆心、长度" 圆弧绘制方式是指使用起点、圆心和弦长绘制圆弧，其中，通过起点和圆心之间的距离确定半径，圆弧的另一端通过指定圆弧的起点与端点之间的弦长来确定，而圆弧的弦长实际上决定包含角的角度。在该绘制过程中，使用不同的选项，可以先指定起点，也可以先指定圆心。

● 5. "起点、端点、角度" 圆弧绘制方式

"起点、端点、角度" 圆弧绘制方式是指使用起点、端点和夹角绘制圆弧，通过圆弧端点之间的夹角确定圆弧的圆心和半径。

● 6. "起点、端点、方向" 圆弧绘制方式

"起点、端点、方向" 圆弧绘制方式是指使用起点、端点和起点切向绘制圆弧，其中可以通过在所需切线上指定一个点或输入角度指定切向。注意：通过更改指定两个端点的顺序，可以确定由哪个端点控制切线。

● 7. "起点、端点、半径" 圆弧绘制方式

"起点、端点、半径" 圆弧绘制方式是指使用起点、端点和半径绘制圆弧，圆弧凸度的方向由指定其端点的顺序确定，可以通过输入半径或在所需半径距离上指定一个点来确定半径。

8. "圆心、起点、端点"圆弧绘制方式

"圆心、起点、端点"圆弧绘制方式是指通过指定圆弧圆心、圆弧起点和圆弧端点来绘制一个圆弧。

9. "圆心、起点、角度"圆弧绘制方式

"圆心、起点、角度"圆弧绘制方式是指通过指定圆弧圆心、圆弧起点和包含角来绘制一个圆弧。

10. "圆心、起点、长度"圆弧绘制方式

"圆心、起点、长度"圆弧绘制方式是指通过分别指定圆弧圆心、圆弧起点和弦长绘制圆弧。

11. "继续"圆弧绘制方式

可以创建圆弧使其相切于上一次绘制的直线或圆弧。其操作步骤是在绘制好直线或圆弧后,在功能区"常用"选项卡的"绘图"面板中单击"继续"按钮,此时以上一条直线或圆弧的末端点作为新圆弧的起点,接着指定新圆弧的端点即可。

在这里,介绍一个绘制圆弧的典型案例,以让读者即学即练,加深印象。

1️⃣ 在"快速访问工具栏"中单击"新建"按钮,弹出"选择样板"对话框,选择"zwcadiso.dwt"图形样板,单击"打开"按钮。

2️⃣ 切换至"二维草图与注释"工作空间,从功能区"常用"选项卡的"绘图"面板中单击"起点、端点和半径"按钮,根据命令提示进行以下操作。

命令:_arc
指定圆弧的起点或[圆心(C)]:120,0↙
指定圆弧的第二个点或[圆心(C)/端点(E)]:_E
指定圆弧的端点:0,0↙
指定圆弧的圆心(按住 Ctrl 键以切换方向)或[角度(A)/方向(D)/半径(R)]:_R
指定圆弧的半径(按住 Ctrl 键以切换方向):65↙

通过指定起点、端点和半径绘制的一段圆弧如图 3-16 所示。

3️⃣ 从功能区"常用"选项卡的"绘图"面板中单击"继续"按钮,接着在"指定圆弧的端点(按住 Ctrl 键以切换方向):"提示下输入"@60<150"并按〈Enter〉键,从而绘制图 3-17 所示的与上一条圆弧相切的圆弧。

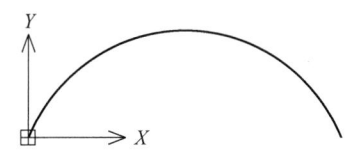
图 3-16 绘制一段圆弧

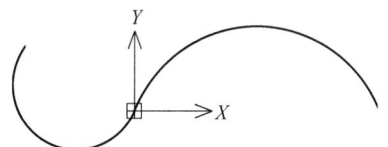
图 3-17 完成绘制第二段圆弧

3.6 绘制矩形

在中望 CAD 2025 中,可以通过指定矩形参数创建矩形多段线。在功能区"常用"选项卡的"绘图"面板中单击"矩形"按钮,则命令行将出现"指定第一个角点或[倒角(C)/标高(E)/圆角(F)/正方形(S)/厚度(T)/宽度(W)/倾斜(O)/同心(N)]:"的提示选项,下面简要地介绍这些提示选项。

- "指定第一个角点":指定矩形的一个角点,接着可以指定矩形的另一个角点以创建矩形。在指定矩形的一个角点后,还可以采用"面积""尺寸"或"旋转"方式来完成矩形绘制。
- "倒角":设定矩形的倒角距离。
- "标高":指定矩形的标高。
- "圆角":指定矩形的圆角半径。
- "正方形":通过指定正方形一条边的两个端点绘制正方形。
- "厚度":指定矩形的厚度,完成的将是一个长方体模型。
- "宽度":指定组成矩形的多段线的宽度。
- "倾斜":创建具有倾斜角度的矩形。
- "同心":通过指定矩形外接圆的圆心、半径(直径)或偏移距离绘制一系列同心矩形。

下面以表格形式介绍创建矩形的几个典型案例,每个案例涉及不同的矩形创建方法,如表 3-1 所示。

表 3-1 创建矩形的几个典型案例

矩形方法描述	操作步骤	图形结果(图例)
普通直角矩形	命令:_rectang　　//单击"矩形"按钮 指定第一个角点或 [倒角(C)/标高(E)/圆角(F)/正方形(S)/厚度(T)/宽度(W)/倾斜(O)/同心(N)]:100,0↙ 指定其他的角点或 [面积(A)/尺寸(D)/旋转(R)]:@100,55↙	
使用面积定义的直角矩形	命令:_rectang　　//单击"矩形"按钮 指定第一个角点或 [倒角(C)/标高(E)/圆角(F)/正方形(S)/厚度(T)/宽度(W)/倾斜(O)/同心(N)]:　　//在绘图区域任意单击一点 指定其他的角点或 [面积(A)/尺寸(D)/旋转(R)]:A↙ 输入以当前单位计算的矩形面积 <100>:4800↙ 计算矩形面积时依据 [长度(L)/宽度(W)] <长度>:↙ 输入矩形长度 <10>:100↙ 指定其他的角点或 [面积(A)/尺寸(D)/旋转(R)]:	
使用尺寸定义的直角矩形	命令:_rectang　　//单击"矩形"按钮 指定第一个角点或 [倒角(C)/标高(E)/圆角(F)/正方形(S)/厚度(T)/宽度(W)/倾斜(O)/同心(N)]:　　//在绘图区域任意单击一点 指定其他的角点或 [面积(A)/尺寸(D)/旋转(R)]:D↙ 指定矩形的长度 <100>:120↙ 指定矩形的宽度 <10>:75↙ 指定其他的角点或 [面积(A)/尺寸(D)/旋转(R)]: //在绘图区域适当位置处单击,确定矩形放置位置	
使用旋转定义的直角矩形	命令:_rectang　　//单击"矩形"按钮 指定第一个角点或 [倒角(C)/标高(E)/圆角(F)/正方形(S)/厚度(T)/宽度(W)/倾斜(O)/同心(N)]:100,100↙ 指定其他的角点或 [面积(A)/尺寸(D)/旋转(R)]:R↙ 指定旋转角度或 [拾取点(P)] <0>:30↙ 指定其他的角点或 [面积(A)/尺寸(D)/旋转(R)]:D↙ 指定矩形的长度 <120>:100↙ 指定矩形的宽度 <75>:69↙ 指定其他的角点或 [面积(A)/尺寸(D)/旋转(R)]:@50,50↙	

（续）

矩形方法描述	操作步骤	图形结果（图例）
带有倒角的矩形	命令：_rectang　　//单击"矩形"按钮 当前矩形模式：旋转＝30 指定第一个角点或 [倒角（C）/标高（E）/圆角（F）/正方形（S）/厚度（T）/宽度（W）/倾斜（O）/同心（N）]：C↵ 指定所有矩形的第一个倒角距离〈0.0000〉：5↵ 指定所有矩形的第二个倒角距离〈5.0000〉：↵ 指定第一个角点或 [倒角（C）/标高（E）/圆角（F）/正方形（S）/厚度（T）/宽度（W）/倾斜（O）/同心（N）]：300，100↵ 指定其他的角点或 [面积（A）/尺寸（D）/旋转（R）]：R↵ 指定旋转角度或 [拾取点（P）] 〈30〉：0↵ 指定其他的角点或 [面积（A）/尺寸（D）/旋转（R）]：@100，61.8↵	
带有圆角的矩形	命令：_rectang　　//单击"矩形"按钮 当前矩形模式：倒角＝5.0000×5.0000 指定第一个角点或 [倒角（C）/标高（E）/圆角（F）/正方形（S）/厚度（T）/宽度（W）/倾斜（O）/同心（N）]：F↵ 指定所有矩形的圆角距离〈0.0000〉：10↵ 指定第一个角点或 [倒角（C）/标高（E）/圆角（F）/正方形（S）/厚度（T）/宽度（W）/倾斜（O）/同心（N）]：//在绘图区域适当位置处单击以指定第一个角点 指定其他的角点或 [面积（A）/尺寸（D）/旋转（R）]：R↵ 指定旋转角度或 [拾取点（P）] 〈0〉：↵ 指定其他的角点或 [面积（A）/尺寸（D）/旋转（R）]：@100，61.8↵	
带有自定义线条宽度的矩形	命令：_rectang　　//单击"矩形"按钮 当前矩形模式：圆角＝10.0000 指定第一个角点或 [倒角（C）/标高（E）/圆角（F）/正方形（S）/厚度（T）/宽度（W）/倾斜（O）/同心（N）]：W↵ 指定所有矩形的宽度〈0.0000〉：2↵ 指定第一个角点或 [倒角（C）/标高（E）/圆角（F）/正方形（S）/厚度（T）/宽度（W）/倾斜（O）/同心（N）]：F↵ 指定所有矩形的圆角距离〈10.0000〉：0↵ 指定第一个角点或 [倒角（C）/标高（E）/圆角（F）/正方形（S）/厚度（T）/宽度（W）/倾斜（O）/同心（N）]：80，-100↵ 指定其他的角点或 [面积（A）/尺寸（D）/旋转（R）]：@68，40↵	

另外，"倾斜矩形"按钮和"同心矩形"按钮分别对应着矩形命令里的"倾斜"和"同心"选项。在下面的案例中分别应用这两个按钮创建相应的矩形对象。

1 绘制第一个倾斜的矩形。

命令：_rectang　　　　　//单击"矩形"按钮
当前矩形模式：宽度＝2.0000
指定第一个角点或 [倒角(C)/标高(E)/圆角(F)/正方形(S)/厚度(T)/宽度(W)/倾斜(O)/同心(N)]：W↵
指定所有矩形的宽度〈2.0000〉：0↵

53

指定第一个角点或［倒角(C)/标高(E)/圆角(F)/正方形(S)/厚度(T)/宽度(W)/倾斜(O)/同心(N)］：O↙
指定第一个角点：0,0↙
指定第二个角点或［角度(A)］：@200<30↙
指定矩形宽度 <50>：100↙

绘制的第一个倾斜的矩形如图3-18所示。

2 绘制第二个倾斜的矩形。

命令：_rectang　　　　　　　　　　//单击"倾斜矩形"按钮
指定第一个角点或［倒角(C)/标高(E)/圆角(F)/正方形(S)/厚度(T)/宽度(W)/倾斜(O)/同心(N)］：_o
指定第一个角点：　　　　　　　　//选择如图3-19所示的端点作为新矩形的一个新角点
指定第二个角点或［角度(A)］：@120<10↙
指定矩形宽度 <100>：75↙

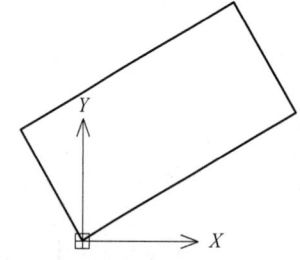 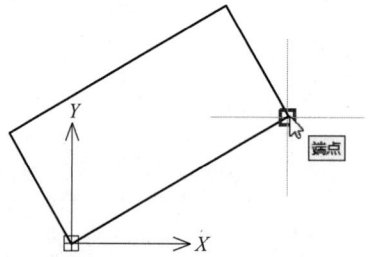

图3-18　绘制第一个倾斜的矩形　　　　图3-19　选择第一个新角点

完成绘制第二个倾斜的矩形，如图3-20所示。

3 绘制同心矩形。

命令：_rectang　　　　　　　　　　//单击"同心矩形"按钮
指定第一个角点或［倒角(C)/标高(E)/圆角(F)/正方形(S)/厚度(T)/宽度(W)/倾斜(O)/同心(N)］：_n
指定矩形的中心点或［偏移(O)］：218,0↙
指定矩形的外接圆半径 <0>：@75,39↙
指定矩形的外接圆半径或［偏移(O)/放弃(U)］<84.534>：50↙
指定矩形的外接圆半径或［偏移(O)/放弃(U)］<50>：↙

绘制的同心矩形如图3-21所示。

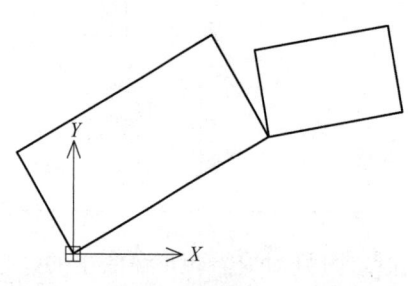 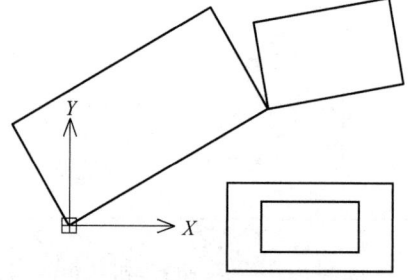

图3-20　完成绘制第二个倾斜矩形　　　　图3-21　绘制同心矩形

3.7　绘制正多边形

使用"POLYGON"命令（对应的工具按钮为"正多边形"按钮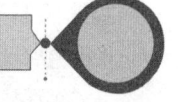），可以绘制等边三角形、正方形、正五边形、正六边形和其他多边形，边数的取值范围为3~1024之间的所有整数。绘制

正多边形的方法主要有"内接""外切"和"边",下面结合案例分别介绍。

1. 绘制内接正多边形

绘制内接正多边形的步骤是:在功能区"常用"选项卡的"绘图"面板中单击"正多边形"按钮⬠,或者在命令行的"命令"提示下输入"POLYGON"并按〈Enter〉键,接着在"命令"提示下输入边数,指定多边形的中心,在"输入选项 [内接于圆 (I) /外切于圆 (C)] <外切于圆>:"提示下选择"内接于圆"提示选项,然后输入半径长度。

"内接于圆":绘制的正多边形内接于圆,所生成的正多边形的各个顶点都位于圆上。

绘制内接等边三角形的典型案例如下。

命令:_polygon　　　　　　　　　　　　　　//单击"正多边形"按钮⬠
输入边的数目 <4> 或 [多个(M)/线宽(W)/同心(N)]:3↙
指定正多边形的中心点或 [边(E)]:0,0↙
输入选项 [内接于圆(I)/外切于圆(C)] <外切于圆>:I↙
指定圆的半径:80↙

绘制完成的等边三角形如图 3-22 所示。

2. 绘制外切正多边形

绘制外切正多边形的步骤是:在功能区"常用"选项卡的"绘图"面板中单击"正多边形"按钮⬠,或者在命令行的"命令"提示下输入"POLYGON"并按〈Enter〉键,接着在"命令"提示下输入边数,指定多边形的中心,在"输入选项 [内接于圆 (I) /外切于圆 (C)] <内接于圆>:"提示下选择"外切于圆"提示选项,然后指定圆的半径。

"外切于圆":绘制的正多边形外切于圆,正多边形的各条边都与圆相切。

请看如下外切正六边形的绘制案例。

命令:_polygon　　　　　　　　　　　　　　//单击"正多边形"按钮⬠
输入边的数目 <3> 或 [多个(M)/线宽(W)/同心(N)]:6↙
指定正多边形的中心点或 [边(E)]:0,0↙
输入选项 [内接于圆(I)/外切于圆(C)] <外切于圆>:C↙
指定圆的半径:80↙

外切正六边形的图形效果如图 3-23 所示。

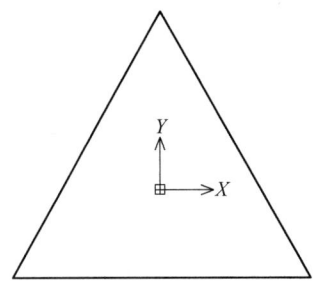

图 3-22　绘制等边三角形(内接)

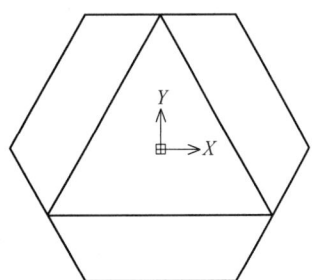

图 3-23　绘制外切正六边形

3. 通过指定一条边绘制正多边形

通过指定一条边绘制正多边形的步骤是:在功能区"常用"选项卡的"绘图"面板中单击"正多边形"按钮⬠,或者在命令行的"命令"提示下输入"POLYGON"并按〈Enter〉键,接着在"命令"提示下输入边数,在"指定正多边形的中心点或[边(E)]:"提示下选择"边(E)"选项,然后指定一条多边形线段的起点,再指定多边形线段的端点。请看以下使用该方法绘制正五边形的案例。

```
命令:_polygon                                    //单击"正多边形"按钮
输入边的数目 <6> 或 [多个(M)/线宽(W)/同心(N)]: 5
指定正多边形的中心点或 [边(E)]: E                //选择"边(E)"提示选项
指定边的第一个端点:                              //选择图 3-24 所示的端点 1
指定边的第二个端点:                              //选择图 3-24 所示的端点 2
```

通过指定一条边的两个端点绘制一个正五边形,结果如图 3-25 所示。

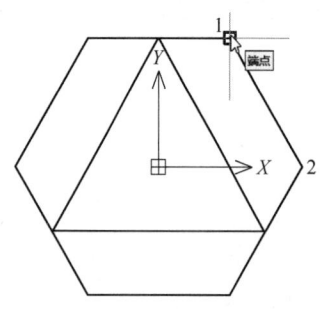 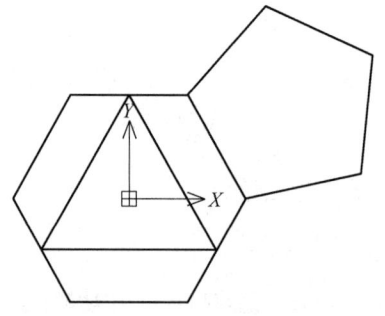

图 3-24 分别指定边的起点和端点   图 3-25 绘制的正五边形的图形效果

另外,可以为要绘制的正多边形指定线宽,如图 3-26 所示;还可以单击"同心正多边形"按钮 ,通过指定正多边形外接圆或内切圆的圆心、半径或偏移距离绘制一系列同心正多边形,如图 3-27 所示。

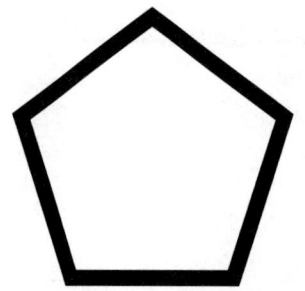 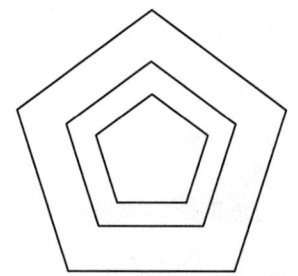

图 3-26 绘制具有指定线宽的正多边形   图 3-27 绘制同心正多边形

3.8 绘制椭圆

椭圆的造型由定义其长度和宽度的两个轴决定,即主轴和次轴,主轴又称为长轴,而次轴又称为短轴。绘制椭圆的方法主要有两种,一种是"中心点"法,另一种则是"轴、端点"法。此外,绘制同心椭圆有专门的工具按钮或选项。

3.8.1 使用"中心点"法绘制椭圆

使用"中心点"法绘制椭圆是指使用中心点、第一个轴的端点和第二个轴的长度来创建椭圆。在这里以一个简单例子介绍使用"中心点"法绘制椭圆的方法步骤。

在功能区"常用"选项卡的"绘图"面板中单击"中心点"按钮⊙，接着根据命令提示进行以下操作。

命令：_ellipse
指定椭圆的第一个端点或 [弧(A)/中心(C)/同心(N)]：_c
指定椭圆的中心：100,100↙
指定轴向第二端点：@80,20↙
指定其他轴或 [旋转(R)]：50↙
绘制的椭圆如图3-28所示。

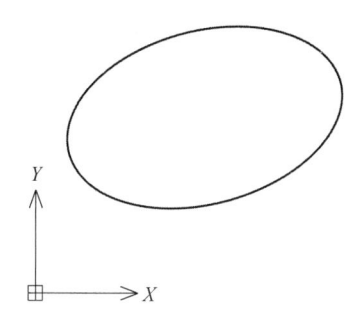

图3-28 绘制的椭圆一

如果在"指定其他轴或 [旋转（R）]："提示下选择"旋转"选项，那么需要指定绕长轴旋转的角度，从而通过绕第一条轴旋转圆来创建椭圆。如果输入绕长轴旋转的角度值（有效范围为0~89.4°）越大，则椭圆的离心率就越大，而输入该角度值为0时则定义一个圆。

3.8.2 使用"轴、端点"法绘制椭圆

使用"轴、端点"法绘制椭圆是根据两个端点定义椭圆的第一条轴，第一条轴的角度确定了整个椭圆的角度，第一条轴既可以定义椭圆的长轴，也可以定义短轴。

使用"轴、端点"法绘制椭圆的基本操作步骤是：在功能区的"常用"选项卡的"绘图"面板中单击"轴、端点"按钮⌒，接着指定第一条轴的第一个端点和第二个端点，然后从中点拖离定点设备（如鼠标）并单击以指定第二条轴二分之一长度的距离（半轴长度），亦可输入另一条半轴长度。请看下面这个简单操作案例。

命令：_ellipse   //单击"轴、端点"按钮⌒
指定椭圆的第一个端点或 [弧(A)/中心(C)/同心(N)]：
//在绘图区域任意指定一点作为椭圆的一个轴端点
指定轴向第二端点：@120,0↙   //通过输入相对坐标指定轴的
另一个端点
指定其他轴或 [旋转(R)]：36↙   //指定另一条半轴长度为36
完成绘制的椭圆如图3-29所示。

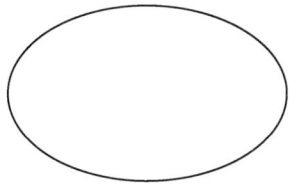

图3-29 绘制的椭圆二

3.8.3 绘制同心椭圆

在创建椭圆的命令执行过程中可以选择"同心（N）"选项，通过指定椭圆的中心线、外接圆半径或偏移距离来绘制一系列同心椭圆。在功能区"常用"选项卡的"绘图"面板中也提供了用于快速绘制同心椭圆的"同心椭圆"按钮◎。以下是绘制同心椭圆的一个典型案例。

命令：_ellipse   //单击"同心椭圆"按钮◎
指定椭圆的第一个端点或 [弧(A)/中心(C)/同心(N)]：_n
指定椭圆的中心或 [偏移(O)]：   //在绘图区域中任意指定一点作为椭圆的中心
输入椭圆的长短轴比 <1.5>：2↙   //输入椭圆的长短轴比为2
指定外接圆的半径 <0>：@100<15↙   //输入长轴的一端点的相对坐标可限定该轴外接圆的半径
指定外接圆的半径或 [偏移(O)/放弃(U)] <100>：50↙   //指定该外接圆的半径为50
指定外接圆的半径或 [偏移(O)/放弃(U)] <50>：O↙   //选择"偏移(O)"选项
指定偏移距离或 [半径(R)/多个(M)/放弃(U)] <25>：10↙   //指定偏移距离为10

指定偏移距离或［半径（R）/多个（M）/放弃（U）］<10>：*取消/按〈Esc〉键取消命令余下操作
完成绘制的 3 个同心椭圆如图 3-30 所示。

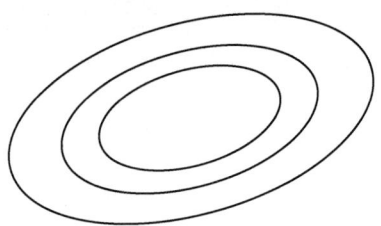

图 3-30　完成绘制的 3 个同心椭圆

 绘制椭圆弧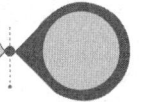

椭圆弧是椭圆中的一部分，绘制思路是在椭圆的基础上再分别指定其起止角度。

通过指定起点和终点角度可以定义椭圆弧，椭圆弧将从起点到端点按逆时针方向绘制。请看下面绘制椭圆弧的这个操作案例。

在功能区的"常用"选项卡的"绘图"面板中单击"椭圆弧"按钮，接着根据命令行提示进行以下操作。

命令：_ellipse
指定椭圆的第一个端点或［弧(A)/中心(C)/同心(N)］：_a
指定椭圆的第一个端点或［中心（C）］：　　　　//在绘图区域任意指定一点
指定轴向第二端点：@105,30↙
指定其他轴或［旋转（R）］：32↙
指定弧的起始角度或［参数（P）］：0↙
指定终止角度或［参数（P）/包含（I）］：210↙

完成绘制的椭圆弧如图 3-31 所示。

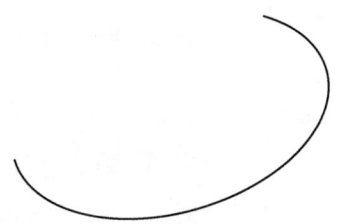

图 3-31　完成绘制的椭圆弧

 绘制样条曲线

样条曲线是经过或接近影响曲线形状的一系列点的平滑曲线。在默认情况下，中望 CAD 中的样条曲线是一系列 3 阶（也称为"三次"）多项式的过渡曲线段。这些曲线在技术上称为非均匀有理 B 样条（NURBS），只是我们将其简称为样条曲线。

在机械制图及其他工程制图中，经常会碰到因为图形太大而无法全部画出的情形，或者部分孔、槽等在某个视图上无法看出，此时需要在图中用样条曲线表示将部分图形"打断"或用作局部剖视的边界线。

用户既可以使用"拟合点"绘制样条曲线,也可以使用"控制点"绘制样条曲线,如图3-32所示,左侧的样条曲线是通过指定5个拟合点创建的,而右侧的样条曲线是通过依次指定6个控制点创建的。默认情况下,拟合点与样条曲线重合,而控制点定义控制框,所谓的控制框提供了一种便捷的方法,用来设置样条曲线的形状。两种方法各有优点。

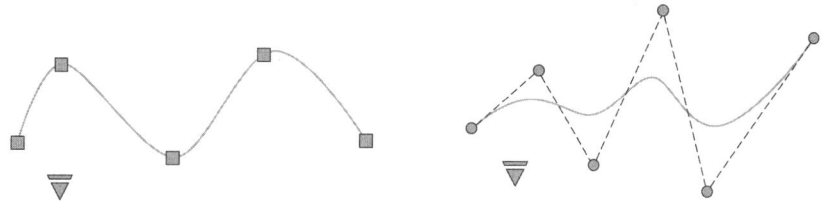

图3-32 "拟合点"样条曲线和"控制点"样条曲线

要使用拟合点绘制样条曲线,则在功能区的"常用"选项卡的"绘图"面板中单击"样条曲线拟合点"按钮 ~,接着指定第一个拟合点,并指定样条曲线的下一个点,根据需要继续指定点,按〈Enter〉键结束,或者输入"C"并按〈Enter〉键来选择"闭合"选项以使样条曲线闭合。以下是通过5个拟合点绘制一条样条曲线的命令历史记录及操作说明。

```
命令:_spline
当前设置:方式=控制点    次数=3
指定第一个点或 [方式(M)/次数(D)/对象(O)]:_m
输入样条曲线创建方式 [拟合(F)/控制点(CV)] <控制点>:_f
当前设置:方式=拟合    节点=弦
指定第一个点或 [方式(M)/节点(K)/对象(O)]:              //指定第1个拟合点
指定下一点:                                          //指定第2个拟合点
指定下一点或 [闭合(C)/拟合公差(F)/放弃(U)] <起点切向>:  //指定第3个拟合点
指定下一点或 [闭合(C)/拟合公差(F)/放弃(U)] <起点切向>:  //指定第4个拟合点
指定下一点或 [闭合(C)/拟合公差(F)/放弃(U)] <起点切向>:  //指定第5个拟合点
指定下一点或 [闭合(C)/拟合公差(F)/放弃(U)] <起点切向>:↙ //按〈Enter〉键接受默认的
"起点切向"
指定起点切向:        //选取一点来指定起点上的样条曲线的切点
指定端点切向:        //选取一点来指定终点上的样条曲线的切点
```

知识点拨:

在创建样条曲线的过程中,如果需要可以选择以下在命令提示中出现的选项来进行相关的操作。

- "方式(M)":选择是使用拟合点还是使用控制点来创建样条曲线。
- "节点(K)":该选项针对使用拟合点的样条曲线,用于指定节点参数化,它是一种计算方法,用来确定样条曲线中连续拟合点之间的分段曲线如何过渡。使用不同的节点参数化选项将获得不同形状的样条曲线。
- "对象(O)":将二维或三维的二次或三次样条曲线拟合多段线转换成等效的样条曲线。
- "拟合公差(F)":指定样条曲线可以偏离指定拟合点的距离,即控制样条曲线逼近拟合点的程度,拟合公差越小,则样条曲线越接近拟合点。公差值为0时则生成的样条曲线通过所有拟合点。如果将拟合公差设置得大一些，可以看到样条曲线不经过全部拟合点。公差值适用于所有拟合点（拟合点的起点和终点除外）。

- "闭合（C）"：通过定义与第一个点重合的最后一个点，闭合样条曲线。默认情况下，闭合的样条曲线为周期性的，沿整个环保持曲率连续性（C2）。
- "放弃（U）"：删除最后一个指定点。
- "起点切向（T）"：指定在样条曲线起点的相切条件。
- "端点相切（T）"：指定在样条曲线终点的相切条件。

使用控制点绘制样条曲线的过程和使用拟合点绘制样条曲线的过程类似。对于使用控制点的样条曲线，可以选择"阶次"选项设置生成的样条曲线的多项式阶数。在"绘图"面板中单击"样条曲线控制点"按钮 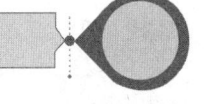，接着根据命令提示进行相关的操作，操作示例如下。

```
命令：_spline
当前设置：方式=拟合    节点=弦
指定第一个点或 [方式(M)/节点(K)/对象(O)]：_m
输入样条曲线创建方式 [拟合(F)/控制点(CV)] <拟合>：_cv
当前设置：方式=控制点   次数=3
指定第一个点或 [方式(M)/次数(D)/对象(O)]：         //指定第1个点
指定下一点：                                //指定第2个点
指定下一点或 [放弃(U)]：                     //指定第3个点
指定下一点或 [闭合(C)/放弃(U)]：              //指定第4个点
指定下一点或 [闭合(C)/放弃(U)]：              //指定第5个点
指定下一点或 [闭合(C)/放弃(U)]：C↙           //输入"C"，按<Enter>键
```

该示例完成的闭合样条曲线如图3-33所示。

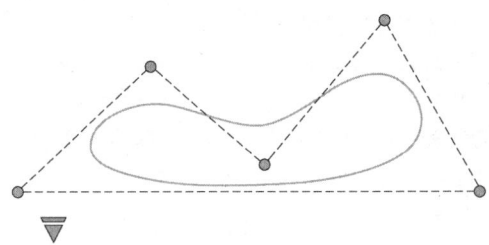

图3-33　完成的闭合样条曲线（控制点方式）

3.11　辅助制图实用技巧

在绘制二维草图的某些场景下，使用对象捕捉功能可以辅助精确绘制图形，巧用极轴追踪、对象捕捉追踪、正交模式等进行辅助制图通常也会提升制图效率。这些辅助制图工具集中在状态栏的中部区域。

3.11.1　巧用对象捕捉功能

在使用基本图形绘制工具的过程中，启动对象捕捉功能可以方便拾取一些典型的几何点，如端点、中点、圆心、节点、切点等。

要启动对象捕捉功能，主要分以下几种情形。

1）在执行某绘图工具的过程中要输入一个点时，可以通过事先在状态栏中单击以选中"对象捕捉"按钮来启动对象捕捉（或者按〈F3〉键），接着将鼠标光标移至要捕捉的特征点附近，便可以快速捕捉到所需点。右击状态栏的"对象捕捉"按钮可设置所需要的特征点，以及在"草图设置"对话框的"对象捕捉"选项卡中设置的特征点，在后续对象捕捉中将一直生效。

2）在绘图时需要在绘图区域捕捉对象时，可以通过以下方式为本次捕捉设置特征点（在下一次对象捕捉时失效，需要重新设置）。

- 按〈Shift〉键或〈Ctrl〉键的同时单击鼠标右键，打开对象捕捉快捷菜单，如图 3-34 所示。
- 在图形窗口单击鼠标右键，接着在弹出的快捷菜单中打开"捕捉替代"级联菜单，如图 3-35 所示。

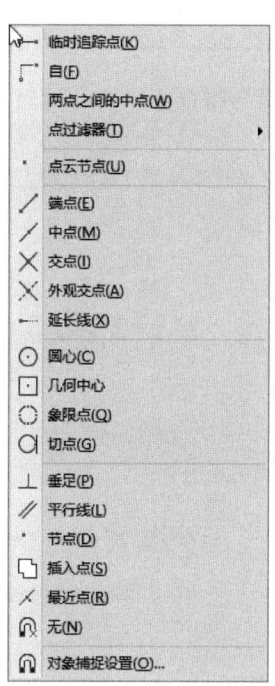

图 3-34　打开对象捕捉快捷菜单

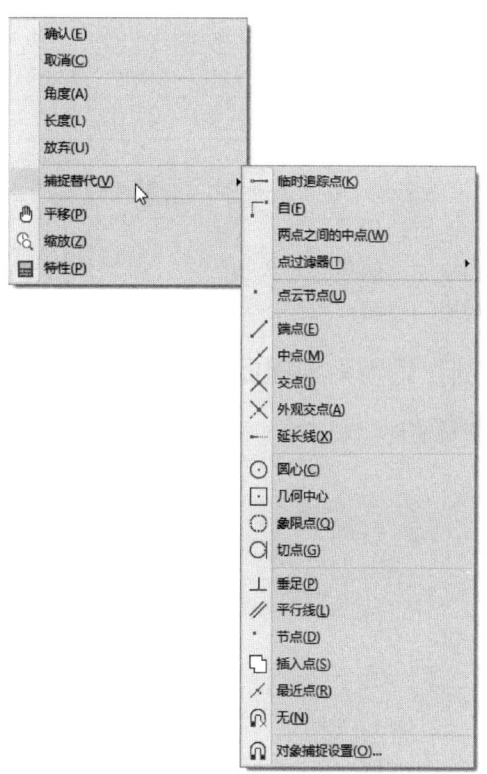

图 3-35　右键快捷菜单→"捕捉替代"

- 在命令行中直接输入特征点名称/对象捕捉代号，例如输入"MID"表示捕捉中点。常用对象捕捉工具及其代号如表 3-2 所示。

表 3-2　常用对象捕捉工具及代号

对象捕捉工具	代号	功能及备注
端点	END	捕捉线条端点
中点	MID	捕捉中点
交点	INT	捕捉交点
圆心	CEN	捕捉圆、圆弧、椭圆、椭圆弧的中心点
象限点	QUA	捕捉圆、椭圆在 0°、90°、180° 或 270° 位置处的点

(续)

对象捕捉工具	代号	功能及备注
节点	NOD	捕捉 POINT 命令创建的点对象
切点	TAN	捕捉递延切点
垂足	PER	捕捉垂足点
几何中心	GCEN	捕捉封闭多段线、多边形等形心
插入点	INS	捕捉图块、文字等图形对象的插入点
最近点	NEA	捕捉距离十字光标中心最近的几何对象上的点
自指定点偏移	FROM	先指定基点（已知点），接着输入相对坐标确定新点
两点之间的中点	M2P	捕捉两点之间连线的中点
临时追踪点	TT	启动对象捕捉追踪功能后，利用捕捉代号 TT 创建临时参考点，该点将作为追踪的起始点
延长线	EXT	捕捉延伸点，从线段端点开始向外沿着线段方向捕捉一点
平行线	PAR	平行捕捉，可先指定线段起点，再利用平行捕捉绘制平行线

3) 如果启用多个特征点捕捉，在某些位置可能存在多个点符合特征点条件，此时按〈Tab〉键可以进行遍历选择。

需要用户注意的是，对象捕捉功能仅对图形中的可见对象或对象的可见部分有效，对于图形中的隐藏对象、关闭或冻结图层上的对象都将无法执行对象捕捉。

【练习案例】巧用对象捕捉即学即练

打开素材文件"CH3/巧用对象捕捉即学即练.dwg"，已有练习图形如图 3-36 所示。

图 3-36　已有练习图形

1 启用对象捕捉功能。

在状态栏中确保选中"对象捕捉"按钮以启动捕捉功能，接着右击"对象捕捉"按钮，利用弹出的菜单列表设置要启用的对象捕捉特征点，如图 3-37 所示。也可以在该菜单列表中选择"设置"命令，弹出"草图设置"对话框，并自动切换至"对象捕捉"选项卡，设置对象捕捉类型为"端点""中点""圆心""节点""象限点""切点""交点"等，如图 3-38 所示，然后单击"确定"按钮。

2 在圆弧中心绘制一个圆。

命令:C✓
CIRCLE
指定圆的圆心或 [三点(3P)/两点(2P)/切点、切点、半径(T)/同心(N)]:　//捕捉图 3-39 所示的圆心
指定圆的半径或 [直径(D)]:10✓

完成绘制如图 3-40 所示的一个半径为 10 的小圆。

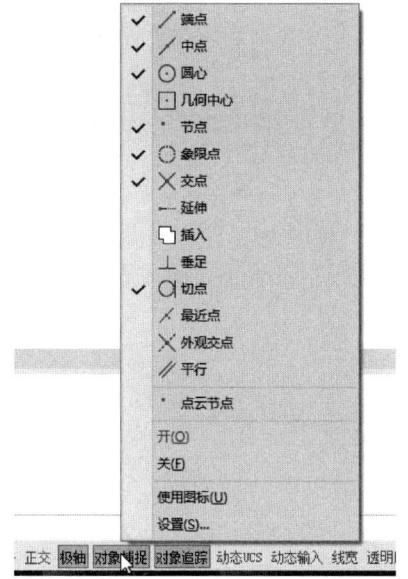

图 3-37 右击"对象捕捉"按钮

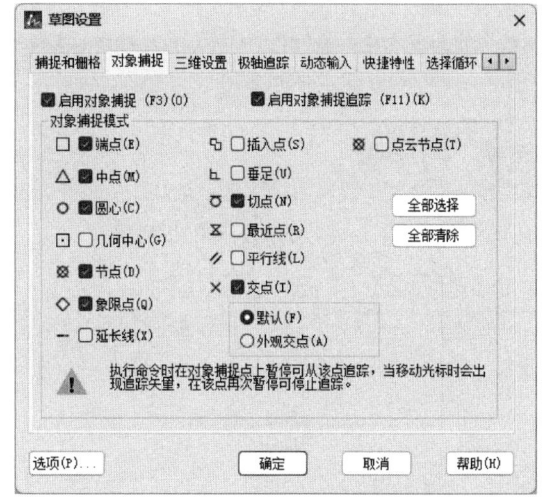

图 3-38 "草图设置"对话框

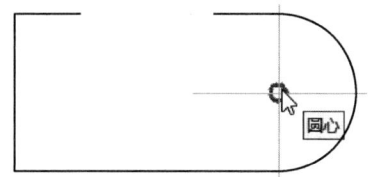

图 3-39 捕捉圆心

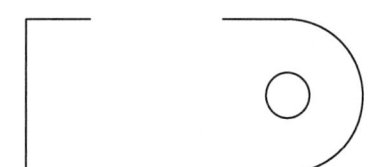

图 3-40 绘制一个半径为 10 的小圆

❸ 使用"圆弧：起点、圆心、端点"工具绘制一段圆弧。

在"绘图"面板中单击"圆弧：起点、圆心、端点"按钮，进行以下操作。

命令：_arc
指定圆弧的起点或 [圆心(C)]：　　　//捕捉图 3-41 所示的端点 1 作为圆弧的起点
指定圆弧的第二个点或 [圆心(C)/端点(E)]：_c
指定圆弧的圆心：M2P↙　　　//输入对象捕捉代号"M2P"，拟选取两点之间的中点
中点的第一点：　　　//选择图 3-41 所示的端点 1
中点的第二点：　　　//选择图 3-41 所示的端点 2
　指定圆弧的端点（按住 Ctrl 键以切换方向）或 [角度（A）/弦长（L）]：　　//选择端点 2 作为圆弧的端点

完成创建图 3-42 所示的一段圆弧。

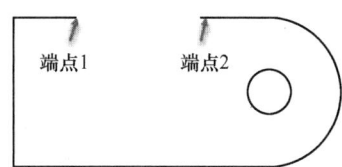

图 3-41 端点 1 和端点 2 示意

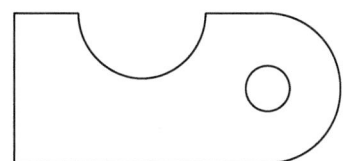

图 3-42 绘制一段圆弧

4 自某已知点绘制一个小圆。

在"绘图"面板中单击"圆：圆心、半径"⊙，接着根据命令提示进行以下操作。

命令：_circle　　　　　　　　　　　　//单击"圆：圆心、半径"⊙
指定圆的圆心或[三点(3P)/两点(2P)/切点、切点、半径(T)/同心(N)]：FROM↙
//输入"FROM"并按〈Enter〉键
基点：　　　　　　　　　　　　　　　　//使用鼠标光标捕捉图3-43所示的中点
<偏移>：@15<90↙　　　　　　　　　　//输入相对极坐标"@15<90"
指定圆的半径或[直径(D)]<10.0000>：5↙//输入圆的半径为"5"
完成绘制如图3-44所示的一个小圆。

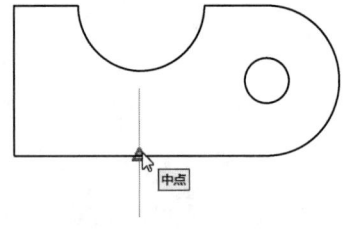
图3-43　捕捉中点

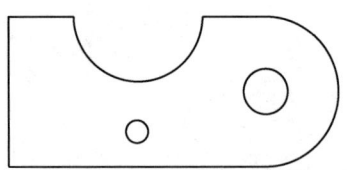
图3-44　完成绘制一个小圆

3.11.2　巧用极轴追踪、对象捕捉追踪

可以将极轴理解是从某一个点出发向外发散的射线，使用极轴追踪功能，当移动鼠标跨过极轴时，系统将显示极轴射线，此时光标可吸附并沿极轴方向移动。

在状态栏中单击"极轴追踪"按钮⊙，或者按〈F10〉键可以开启或关闭极轴追踪。右击"极轴追踪"按钮⊙并选择"设置"命令，弹出"草图设置"对话框且自动切换至"极轴追踪"选项卡，可以设置极轴角、对象捕捉追踪和极轴角测量方式等，如图3-45所示，例如，将极轴追踪的极轴增量角度设置为15°。如果选中"附加角"复选框，可以为极轴追踪设置其他追踪角度。

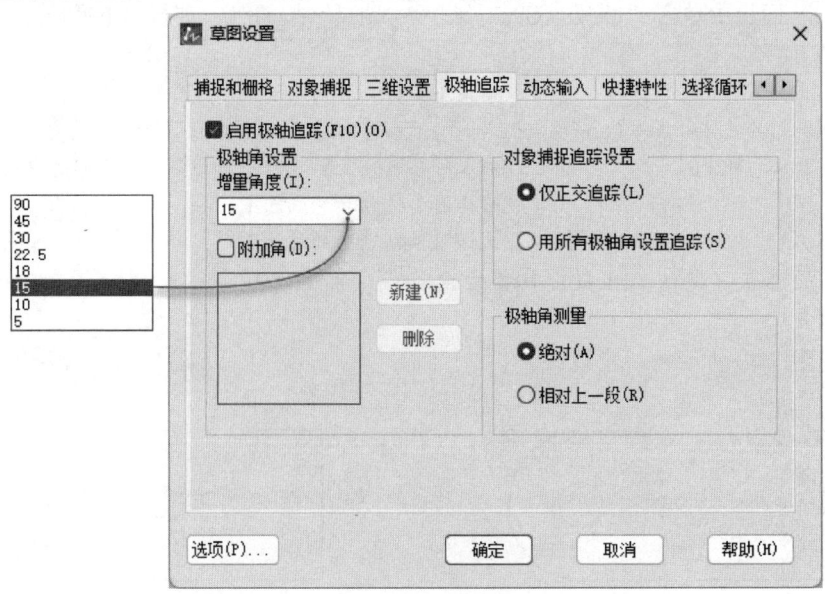
图3-45　"草图设置"对话框的"极轴追踪"选项卡

例如，使用极轴追踪绘制一条倾斜 30°、长度为 100 的线段。绘制方法为：单击"直线"按钮 ，指定直线起点，接着以该起点作为临时追踪点，通过极轴追踪在极轴角为 30°的极轴方向上输入"100"，按〈Enter〉键确定第二个点，从而完成绘制一条倾斜的直线段，如图 3-46 所示。

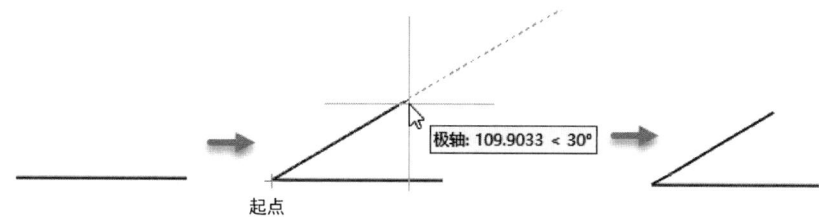

图 3-46 使用极轴追踪功能绘制一条倾斜的直线段

对象捕捉追踪主要用于快速找到与对象在空间位置上存在关联的特征点。通过以下这个简单案例基本上就能掌握对象捕捉追踪的应用技巧了。

【练习案例】巧用对象捕捉追踪功能即学即练

打开素材文件"CH3/对象捕捉追踪即学即练.dwg"，该文件已经绘制了一个长 200、宽 130 的长方形图形。

❶ 确保启用对象捕捉追踪功能。

在状态栏中单击"对象捕捉追踪"按钮 ，或者按〈F11〉键以确保开启对象捕捉追踪，同时确保启用对象捕捉和极轴追踪。

❷ 在长方形正中央绘制一个圆。

命令：CIRCLE↙

指定圆的圆心或 [三点(3P)/两点(2P)/切点、切点、半径(T)/同心(N)]：//先将光标悬停在长方形上方水平线的中点后移开，再将光标悬停到右侧垂直边的中点，然后移动鼠标光标直到两条极轴在长方形中央相交，此时单击鼠标左键即可选定该相交点(即矩形中心)作为圆心，如图 3-47 所示

指定圆的半径或 [直径(D)]：30↙

完成绘制的一个圆如图 3-48 所示。

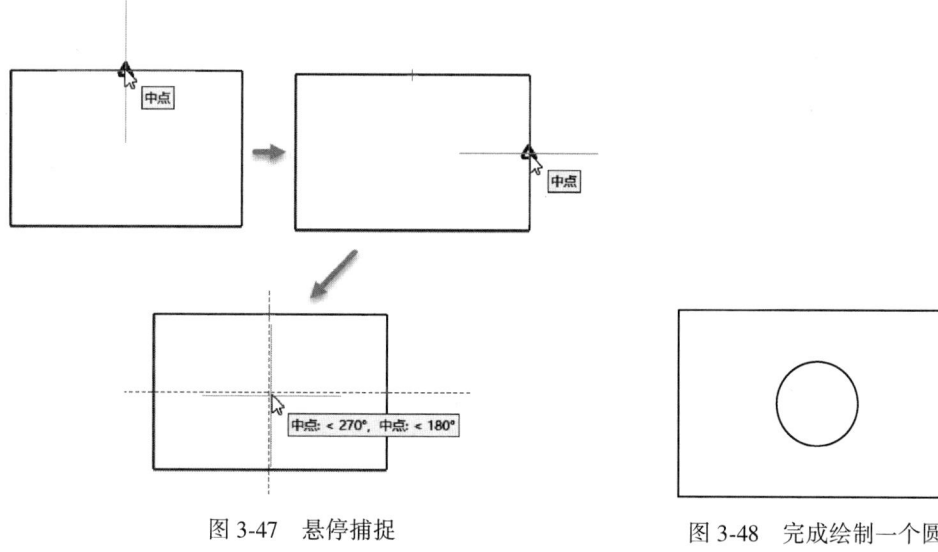

图 3-47 悬停捕捉　　　　图 3-48 完成绘制一个圆

3 在长方形外部指定距离处绘制圆。

命令:CIRCLE↙
指定圆的圆心或 [三点(3P)/两点(2P)/切点、切点、半径(T)/同心(N)]:TK↙　　//开始临时追踪
第一个追踪点:　　　　　　　　　　　　　　//将光标移动至长方形的右上顶点单击,如图 3-49 所示
下一点 (按 ENTER 键结束追踪):60↙
　　　　　　　　　　　　　　　　　　　　//将光标向右水平移动,如图 3-50 所示,输入极轴距离为 60
下一点 (按 ENTER 键结束追踪):50↙
　　　　　　　　　　　　　　　　　　　　//将光标向上垂直移动,如图 3-51 所示,输入极轴距离为 50
下一点 (按 ENTER 键结束追踪):↙　　　　//按〈Enter〉键确定圆心位置
指定圆的半径或 [直径(D)] <30.0000>:50↙　//输入半径为"50",按〈Enter〉键
完成绘制的该圆如图 3-52 所示。

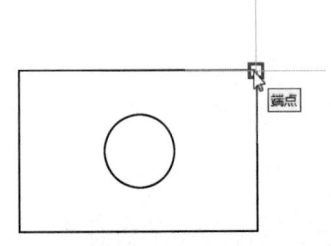
图 3-49　捕捉端点作为第一个追踪点

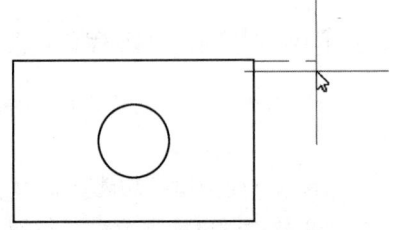
图 3-50　水平移动光标

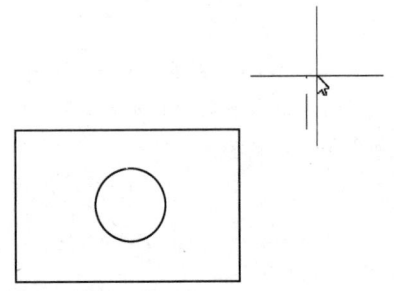
图 3-51　沿垂直方向移动光标

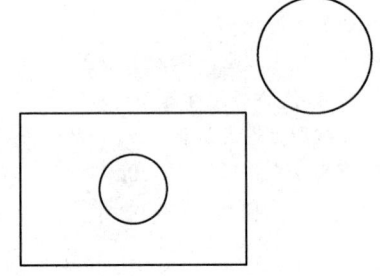
图 3-52　完成绘制第二个圆

3.11.3　巧用正交模式绘制图形

在状态栏中单击"正交模式"按钮，或者按〈F11〉键可以开启或关闭正交模式。在操作过程中按住〈Shift〉键可以临时关闭正交模式。

注意：正交模式和极轴追踪功能不能同时打开。

开启正交模式后，在创建或编辑图形时，只能沿着当前用户坐标系（USC）的水平（当前用户坐标系的 X 轴方向）或垂直方向（当前用户坐标系的 Y 轴方向）来指定目标点。直接输入点的坐标或使用对象捕捉将不受正交模式的影响。

在绘制直线时，巧用正交模式，在指定下一点时可以沿着水平或垂直方向直接输入长度值，而不用输入坐标值，快捷方便。

3.12 综合案例：绘制平面图形

本节讲解一个绘制基本图形的综合案例，让大家巩固一下本章所学的一些重点知识，以及掌握绘制平面图形的方法步骤及技巧。

本综合案例要完成的平面图形如图 3-53 所示。

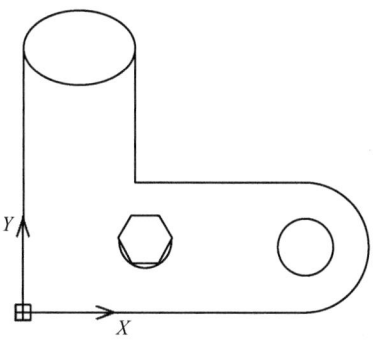

图 3-53 案例完成图形

1 新建图形文件。

在"快速访问工具栏"中单击"新建"按钮，弹出"选择样板文件"对话框，选择 zwcadiso.dwt 图形样板文件，单击"打开"按钮，使用"二维草图与注释"工作空间，打开对象捕捉和对象捕捉追踪功能。

2 绘制由直线和圆弧组成的二维多段线。

在"绘图"面板中单击"多段线"按钮，根据命令提示进行以下操作。

命令:_pline

指定多段线的起点: 0,0↙

当前线宽是 0.0000

指定下一点或 [圆弧(A)/半宽(H)/长度(L)/撤销(U)/宽度(W)]: 300,0↙

指定下一点或 [圆弧(A)/闭合(C)/半宽(H)/长度(L)/撤销(U)/宽度(W)]: A↙

指定圆弧的端点(按住 Ctrl 键以切换方向)或 [角度(A)/圆心(CE)/闭合(CL)/方向(D)/半宽(H)/直线(L)/半径(R)/第二个点(S)/宽度(W)/撤销(U)]: @136<90↙

指定圆弧的端点(按住 Ctrl 键以切换方向)或 [角度(A)/圆心(CE)/闭合(CL)/方向(D)/半宽(H)/直线(L)/半径(R)/第二个点(S)/宽度(W)/撤销(U)]: L↙

指定下一点或 [圆弧(A)/闭合(C)/半宽(H)/长度(L)/撤销(U)/宽度(W)]: @180<180↙

指定下一点或 [圆弧(A)/闭合(C)/半宽(H)/长度(L)/撤销(U)/宽度(W)]: @140<90↙

指定下一点或 [圆弧(A)/闭合(C)/半宽(H)/长度(L)/撤销(U)/宽度(W)]: ↙

完成绘制图 3-54 所示的二维多段线。

3 绘制一条线段。

命令:LINE↙

指定第一个点: 0,0↙

指定下一点或 [角度(A)/长度(L)/放弃(U)]: <正交 开> //启动正交模式,将光标悬停到 A 点后向左水平移动,单击确定 B 点位置作为直线段的终点,如图 3-55 所示

指定下一点或 [角度(A)/长度(L)/放弃(U)]: ↙

完成绘制该条直线段。

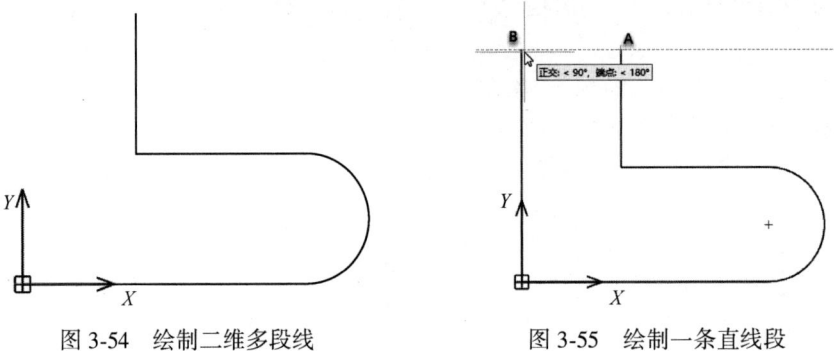

图 3-54　绘制二维多段线　　　　　图 3-55　绘制一条直线段

④ 绘制一个圆。

命令：CIRCLE↙

指定圆的圆心或 [三点(3P)/两点(2P)/切点、切点、半径(T)/同心(N)]：//捕捉图 3-56 所示的圆心

指定圆的半径或 [直径(D)]：30↙

完成绘制图 3-57 所示的一个小圆。

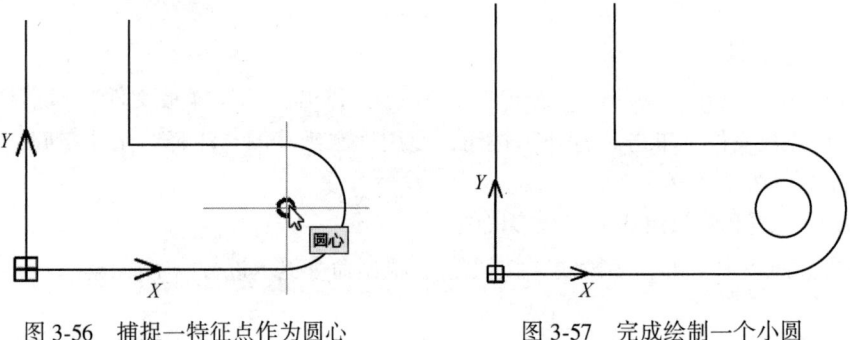

图 3-56　捕捉一特征点作为圆心　　　图 3-57　完成绘制一个小圆

⑤ 绘制一个椭圆。

在"绘图"面板中单击"椭圆：轴、端点"按钮◯，根据命令提示进行以下操作。

命令：_ellipse

指定椭圆的第一个端点或 [弧(A)/中心(C)/同心(N)]：　　//选择已画图形的左上端点

指定轴向第二端点：　　//选择已画图形的右上端点

指定其他轴或 [旋转(R)]：39↙

完成绘制如图 3-58 所示的椭圆。

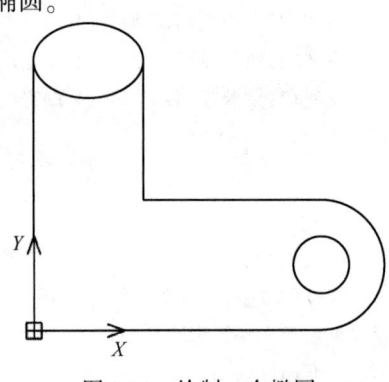

图 3-58　绘制一个椭圆

⑥ 绘制一个正六边形。

在"绘图"面板中单击"正多边形"按钮⬠，根据命令提示进行以下操作。

命令：_polygon
输入边的数目 <5> 或 [多个(M)/线宽(W)/同心(N)]：6↙
指定正多边形的中心点或 [边(E)]：FROM↙
基点：　　　　　　　//选择图3-59所示的端点
<偏移>：@10,-60↙
输入选项 [内接于圆(I)/外切于圆(C)] <外切于圆>：↙
指定圆的半径：25↙

完成绘制的一个正六边形如图3-60所示。

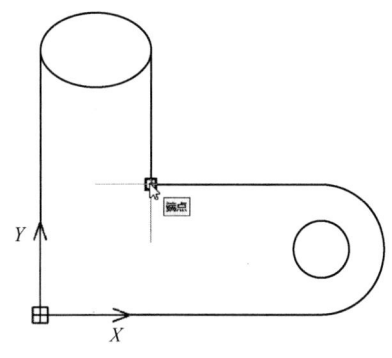

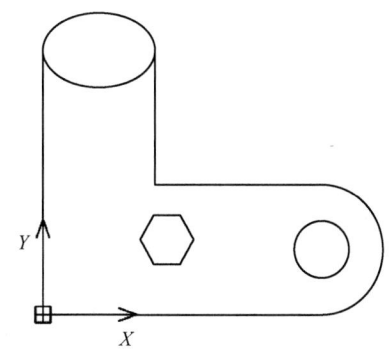

图3-59　选择一个端点作为基点　　　　　图3-60　完成绘制一个正六边形

⑦ 绘制三点圆弧。

在"绘图"面板中单击"三点圆弧"按钮⌒，根据命令提示进行以下操作。

命令：_arc
指定圆弧的起点或 [圆心(C)]：　　　　　//捕捉图3-61所示的端点1并单击
指定圆弧的第二个点或 [圆心(C)/端点(E)]：//捕捉图3-61所示的端点2并单击
指定圆弧的端点：　　　　　　　　　　　//捕捉图3-61所示的端点3并单击

从而完成图3-62所示的一段圆弧。

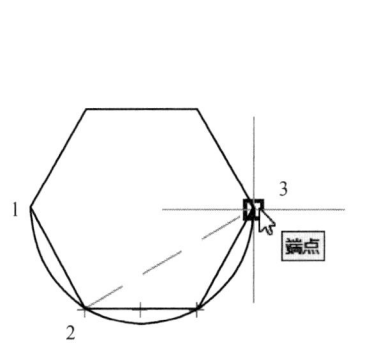

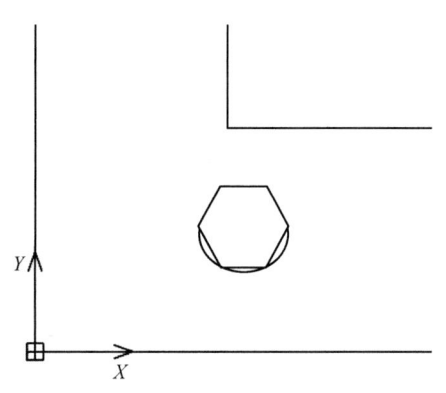

图3-61　选择3点绘制圆弧　　　　　　　图3-62　完成绘制圆弧

8 保存文件。

在"快速访问工具栏"中单击"保存"按钮，弹出"图形另存为"对话框，指定要保存到的文件夹，设置要保存的文件类型（默认为 *.dwg），输入文件名为"综合案例-绘制平面图形"，单击"保存"按钮。

3.13 思考与练习

1）射线和构造线有什么不同，分别用在什么场合？
2）什么是多段线？如何绘制多段线？
3）绘制圆有哪些方法？
4）绘制圆弧有哪些方法？
5）绘制一个正方形，可以有哪些方法？其中哪种方法比较高效？
6）如何绘制一个倾斜的矩形？
7）什么是正多边形，如何绘制正多边形？
8）什么是样条曲线，如何绘制它们？
9）对象捕捉、极轴追踪、对象捕捉追踪、正交模式都有哪些应用特点？
10）上机练习1：绘制图3-63所示的平面图形。

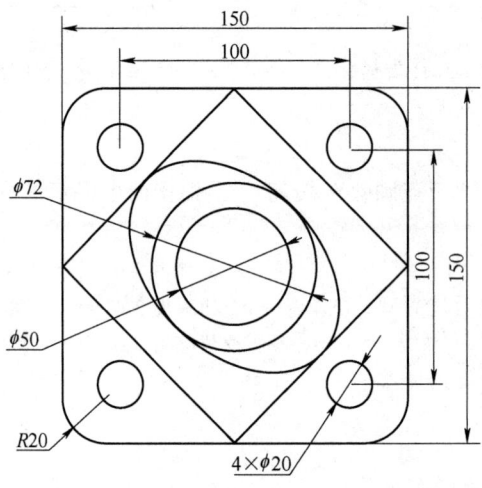

图3-63　上机练习参考图例1

11）上机练习2：绘制图3-64所示的平面图形，尺寸自定。

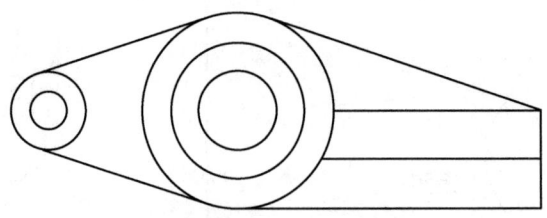

图3-64　上机练习参考图例2

第 4 章 修改图形

本章导读

掌握基本二维图形绘制工具命令是远远不够的,还需要掌握二维图形修改工具命令。事实上,绝大多数图形都需要经过修改才能成为最终想要的图形。二维图形修改主要包括圆角、倒角、修剪、延伸、打断、移动、复制、旋转、对齐、拉伸、拉长、缩放、镜像、阵列、使用夹点编辑等。

本章结合案例讲解中望 CAD 二维图形主要修改的方法和技巧等。

4.1 初识修改图形工具

在中望 CAD 中,以"二维草图与注释"工作空间为例,修改图形工具集中在功能区"常用"选项卡的"修改"面板中,如图 4-1 所示。

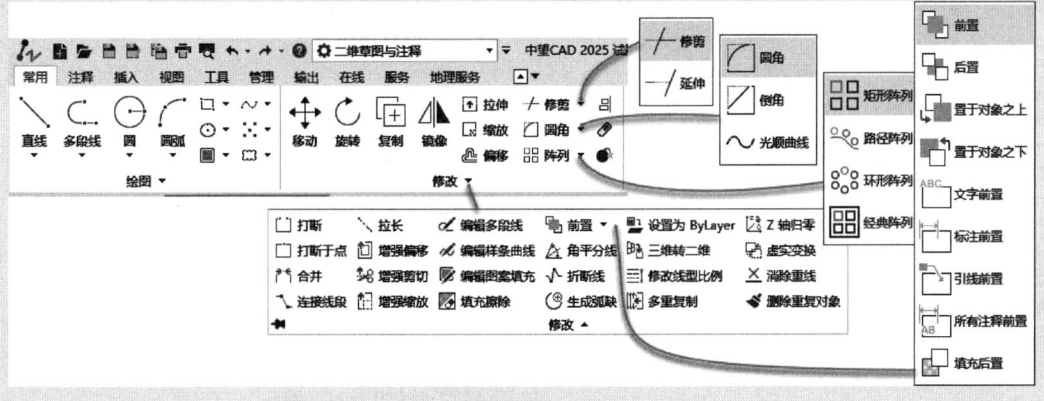

图 4-1 "修改"面板

修改图形工具命令如表 4-1 所示。

表 4-1 修改图形工具命令

序号	工具	命令名称	英文命令	功能说明或备注
1		圆角	FILLET	为选定对象创建圆角
2		倒角	CHAMFER	为选定对象创建倒角

(续)

序号	工具	命令名称	英文命令	功能说明或备注
3		光顺曲线	BLEND	为指定对象创建光顺样条曲线
4		修剪	TRIM	修剪对象超出指定边界的部分
5		延伸	EXTEND	延伸选定的对象，使之与另一对象相切/相交
6		移动	MOVE	在指定方向上按指定距离移动对象
7		旋转	ROTATE	绕基点旋转对象
8		复制	COPY	在指定方向上按指定距离复制对象
9		镜像	MIRROR	创建对象的镜像图像副本
10		拉伸	STRETCH	拉伸选取的图形对象，使其中一部分移动，同时维持与图形其他部分的连接
11		缩放	SCALE	以一定比例对选取对象进行放大或缩小
12		偏移	OFFSET	以指定的点或指定的距离将选取的对象偏移并复制，使对象副本与原对象平行
13		矩形阵列	ARRAYRECT	通过指定矩阵的行数、列数来复制并排列选定对象，创建矩形阵列
14		环形阵列	ARRAYPOLAR	通过指定的阵列的圆心或旋转轴来复制并排列选定对象，创建环形阵列
15		路径阵列	ARRAYPATH	通过指定路径来复制并排列选定对象，创建路径阵列；路径可以是线、弧、圆、椭圆、样条曲线、多段线或三维多段线
16		经典阵列	ARRAYCLASSIC	按指定的方式复制并排列选定对象，创建不关联的矩形或环形阵列
17		对齐	ALIGN	在二维和三维空间内将选定对象与其他对象对齐
18		删除	ERASE	删除图形文件中选取的对象
19		分解	EXPLODE	将由多个对象组合而成的合成对象分解为独立对象
20		打断	BREAK	将选取的对象在两点之间打断
21		打断于点	BREAKATPOINT	将选取的对象在指定点处打断
22		拉长	LENGTHEN	修改选择对象的长度，或修改圆弧与椭圆弧的包含角
23		合并	JOIN	将所选对象合并，形成一个新的对象
24		连接线段	JOINL	以直线或圆弧连接两条直线段或圆弧，选定要连接的对象类型必须是 LINE 或 ARC
25		增强偏移	EXOFFSET	该增强偏移的命令比标准的命令（包括图层控制，取消和多选项等）优越
26		增强剪切	TRIM	选择增强模式进行剪切
27		增强缩放	EXSCALE	以当前坐标系原点（0，0）为基点，按照指定的 X、Y 方向的缩放比例缩放指定的对象，缩放后，将根据对象的缩放结果设置当前视图的缩放比例，以保证图纸中所有对象都能显示在当前屏幕中
28		编辑多段线	PEDIT	对二维多段线、三维多段线和三维网格进行编辑

（续）

序号	工具	命令名称	英文命令	功能说明或备注
29		编辑样条曲线	SPLINEDIT	修改定义样条曲线的数据，包括拟合点/控制点数量、拟合公差、样条曲线端点切线、样条曲线的阶数等；同时，支持将样条拟合多段线转换为样条曲线
30		编辑图案填充	HATCHEDIT	编辑填充对象
31		填充擦除	DELHATCH	将填充对象中的填充颜色或图案清除，还原到未填充之前的状态
32		角平分线	ANGDIV	为两条直线绘制角平分线，或角平分线的平行线；若选择的两条直线互相平行，则绘制的直线平行于已选择的直线
33		折断线	BREAKLINE	创建包含折断线符号的多段线对象
34		生成弧缺	ARCCMP	根据已有的圆弧，生成能构成一个圆的另一部分圆弧
35		设置为 ByLayer	SETBYLAYER	将选定对象的特性更改为 Bylayer，可更改的特性包括颜色、线型、线宽、打印样式、透明度等
36		三维转二维	FLATTEN	将三维对象转换为二维多段线
37		修改线型比例	CHGLTSCA	修改对象的线型比例因子
38		多重复制	COPYM	在设置了重复、阵列、间距以及个数后，批量复制多个对象
39		Z 轴归零	ZVALTO0	将选定对象的 Z 轴坐标值修改为零
40		虚实变换	CON2DASH	转换实体对象的线型，控制指定对象的线型为实线线型或虚线线型；若选择对象的线型是实线线型，该命令将其转换为虚线线型，反之则转换为实线线型
41		消除重线	DELDUPL	删除相同图层上的重叠圆、弧以及直线
42		删除重复对象	OVERKILL	删除图纸中重复或部分重叠的对象，将部分重叠或连续的对象合并
43		前置	DRAWORDER	修改图形文件中选定对象的显示次序：使选定对象显示在所有对象之前
44		后置	DRAWORDER	修改图形文件中选定对象的显示次序：使选定对象显示在所有对象之后
45		置于对象之上	DRAWORDER	修改图形文件中选定对象的显示次序：使选定对象显示在指定的参照对象之前
46		置于对象之下	DRAWORDER	修改图形文件中选定对象的显示次序：使选定对象显示在指定的参照对象之后
47		文字前置	TEXTTOFRONT	更改图形中所有文字、引线或标注的绘图次序，使其置于其他所有对象之前，这里的处理对象是图形中所有文字
48		标注前置	TEXTTOFRONT	更改图形中所有标注的绘图次序，使其置于其他所有对象之前
49		引线前置	TEXTTOFRONT	更改图形中所有引线的绘图次序，使其置于其他所有对象之前
50		所有注释前置	TEXTTOFRONT	使所有注释对象显示在所有其他对象之前
51		填充后置	HATCHTOBACK	将图形中所有图案填充对象后置

下面将介绍一些常用的修改图形工具命令，个别修改图形工具命令会放在后面的章节里介绍。

4.2 圆角与倒角

在机械制图中，经常需要应用圆角和倒角图形元素。

4.2.1 圆角

圆角是使用与对象相切并且具有指定半径的圆弧连接两个对象。圆角有内圆角和外圆角之分。中望 CAD 中的圆角功能（命令为"FILLET"）是较为强大的，除了可以在选定的两个对象之间创建圆角之外，还可以使用单个命令为多段线的所有角点添加圆角，也可以使用"多个"选项为多组对象添加圆角而无须退出命令。在圆角绘制过程中，可以使用"修剪"选项来指定是否修剪选定的对象、将对象延伸到创建的圆弧的端点，或不作更改。

下面通过一个案例介绍如何在二维图形中创建圆角。

❶ 在"快速访问工具栏"中单击"打开"按钮 ，选择"圆角即学即练.dwg"图形文件来打开，文件中的原始图形如图 4-2 所示。

❷ 在功能区的"常用"选项卡的"修改"面板中单击"圆角"按钮 ，接着根据命令行的提示进行以下操作。

命令:_fillet
当前设置：模式 = 修剪,半径 = 0.0000
选取第一个对象或 [多段线(P)/半径(R)/修剪(T)/多个(M)/放弃(U)]：T↙
修剪模式：[修剪(T)/不修剪(N)] <修剪>：T↙
当前设置：模式 = 修剪,半径 = 0.0000
选取第一个对象或 [多段线(P)/半径(R)/修剪(T)/多个(M)/放弃(U)]：R↙
圆角半径<0.0000>：12↙
当前设置：模式 = 修剪,半径 = 12.0000
选取第一个对象或 [多段线(P)/半径(R)/修剪(T)/多个(M)/放弃(U)]：M↙
当前设置：模式 = 修剪,半径 = 12.0000
选取第一个对象或 [多段线(P)/半径(R)/修剪(T)/多个(M)/放弃(U)]：   //选择线段1
选择第二个对象或按住 Shift 键选择对象以应用角点：   //选择线段2
当前设置：模式 = 修剪,半径 = 12.0000
选取第一个对象或 [多段线(P)/半径(R)/修剪(T)/多个(M)/放弃(U)]：   //选择线段2
选择第二个对象或按住 Shift 键选择对象以应用角点：   //选择圆弧3
当前设置：模式 = 修剪,半径 = 12.0000
选取第一个对象或 [多段线(P)/半径(R)/修剪(T)/多个(M)/放弃(U)]：   //选择圆弧3
选择第二个对象或按住 Shift 键选择对象以应用角点：   //选择线段4
当前设置：模式 = 修剪,半径 = 12.0000
选取第一个对象或 [多段线(P)/半径(R)/修剪(T)/多个(M)/放弃(U)]：   //选择线段4
选择第二个对象或按住 Shift 键选择对象以应用角点：//选择线段5
当前设置：模式 = 修剪,半径 = 12.0000
选取第一个对象或 [多段线(P)/半径(R)/修剪(T)/多个(M)/放弃(U)]：↙   //按〈Enter〉键结束命令

对三组线段创建圆角得到的图形效果如图 4-3 所示。

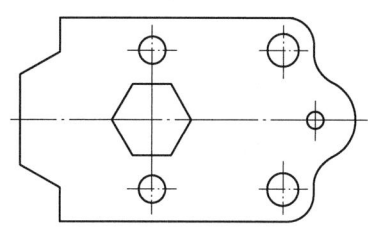

图 4-2 要创建圆角的原始图形　　图 4-3 创建圆角的图形效果

❸ 在功能区的"常用"选项卡的"修改"面板中单击"圆角"按钮，接着根据命令行的提示进行以下操作。

命令:_fillet
当前设置:模式 = 修剪,半径 = 12.0000
选取第一个对象或 [多段线(P)/半径(R)/修剪(T)/多个(M)/放弃(U)]: R↙
圆角半径<12.0000>: 8↙
当前设置:模式 = 修剪,半径 = 8.0000
选取第一个对象或 [多段线(P)/半径(R)/修剪(T)/多个(M)/放弃(U)]: P↙
选取圆角的二维多段线:　　　　　　　　　　　　　　　　　　　　　　//选择正六边形
当前多段线增加了 6 条圆弧段。

对正六边形多段线创建圆角后的图形效果如图 4-4 所示。

❹ 在功能区的"常用"选项卡的"修改"面板中单击"圆角"按钮，在图形中选择直线段 AB，接着在"选择第二个对象或按住 Shift 键选择对象以应用角点:"提示下按住〈Shift〉键选择直线段 CD，得到的操作结果如图 4-5 所示。

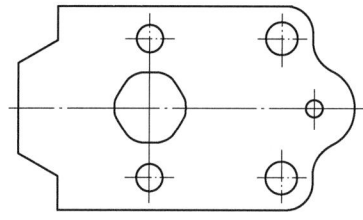
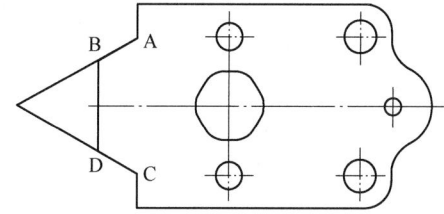

图 4-4 对多段线创建圆角　　图 4-5 特殊圆角操作的结果

❺ 在"快速访问工具栏"中单击"另存为"按钮，指定保存路径，将图形另存为"圆角即学即练完成效果.dwg"文件。

知识点拨:

可以为平行直线、构造线和射线创建圆角，其中第一个选定的对象必须是直线或射线，而第二个对象可以是平行的直线、构造线或射线，示例如图 4-6 所示。

图 4-6 为平行直线创建圆角
a) 选定第一条平行线　b) 选定第二条平行线　c) 平行线圆角结果

4.2.2 倒角

倒角用于连接两个对象，使它们以平角或倒角相接。倒角的创建方法和圆角的创建方法是相似的。除了可以在两个选定对象之间创建倒角，还可以为多段线中的两条线段倒角（例如，可以为相邻或只能用一条圆弧段分开的多段线的线段创建倒角，对于被圆弧段间隔的多段线线段，倒角将删除此圆弧并用倒角线替换它），也可以对整条多段线进行倒角（对整条多段线进行倒角时，每个交点都被倒角，但只对那些长度足够适合倒角距离的线段进行倒角）。

下面通过一个案例介绍如何在二维图形中创建倒角。

1 在"快速访问工具栏"中单击"打开"按钮 ，选择"倒角即学即练.dwg"图形文件来打开，文件中的原始图形如图4-7所示。

2 在功能区的"常用"选项卡的"修改"面板中单击"倒角"按钮 ，根据命令行提示进行以下操作。

命令：_chamfer
当前设置：模式 = 修剪,距离1 = 0.0000,距离2 = 0.0000
选择第一条直线或 [多段线(P)/距离(D)/角度(A)/方式(E)/修剪(T)/多个(M)/放弃(U)]：D↙
设置距离方式的倒角方式。
指定基准对象的倒角距离 <0.0000>：3↙
指定另一个对象的倒角距离 <3.0000>：↙
选择第一条直线或 [多段线(P)/距离(D)/角度(A)/方式(E)/修剪(T)/多个(M)/放弃(U)]：T↙
修剪模式：[修剪(T)/不修剪(N)] <修剪>：T↙
当前设置：模式 = 修剪,距离1 = 3.0000,距离2 = 3.0000
选择第一条直线或 [多段线(P)/距离(D)/角度(A)/方式(E)/修剪(T)/多个(M)/放弃(U)]：M↙
选择第一条直线或 [多段线(P)/距离(D)/角度(A)/方式(E)/修剪(T)/多个(M)/放弃(U)]： //选择线段1
选择第二个对象或按住Shift键选择对象以应用角点： //选择线段2
当前设置：模式 = 修剪,距离1 = 3.0000,距离2 = 3.0000
选择第一条直线或 [多段线(P)/距离(D)/角度(A)/方式(E)/修剪(T)/多个(M)/放弃(U)]： //选择线段2
选择第二个对象或按住Shift键选择对象以应用角点： //选择线段3
当前设置：模式 = 修剪,距离1 = 3.0000,距离2 = 3.0000
选择第一条直线或 [多段线(P)/距离(D)/角度(A)/方式(E)/修剪(T)/多个(M)/放弃(U)]： //选择线段4
选择第二个对象或按住Shift键选择对象以应用角点： //选择线段5
当前设置：模式 = 修剪,距离1 = 3.0000,距离2 = 3.0000
选择第一条直线或 [多段线(P)/距离(D)/角度(A)/方式(E)/修剪(T)/多个(M)/放弃(U)]： //选择线段6
选择第二个对象或按住Shift键选择对象以应用角点： //选择线段5
当前设置：模式 = 修剪,距离1 = 3.0000,距离2 = 3.0000
选择第一条直线或 [多段线(P)/距离(D)/角度(A)/方式(E)/修剪(T)/多个(M)/放弃(U)]： //选择线段7
选择第二个对象或按住Shift键选择对象以应用角点： //选择线段8
当前设置：模式 = 修剪,距离1 = 3.0000,距离2 = 3.0000
选择第一条直线或 [多段线(P)/距离(D)/角度(A)/方式(E)/修剪(T)/多个(M)/放弃(U)]： //选

线段 8
选择第二个对象或按住 Shift 键选择对象以应用角点： //选择线段 9
当前设置：模式 = 修剪,距离 1 = 3.0000,距离 2 = 3.0000
选择第一条直线或 [多段线(P)/距离(D)/角度(A)/方式(E)/修剪(T)/多个(M)/放弃(U)]：↙
完成创建多组倒角后的图形如图 4-8 所示。

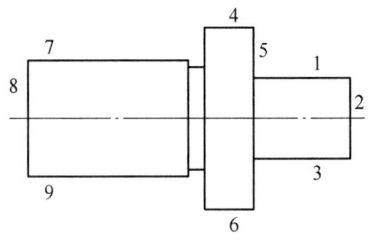
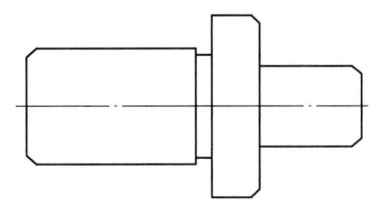

图 4-7　原始图形　　　　　　图 4-8　完成创建多组倒角后的图形

❸ 在功能区的"默认"选项卡的"绘图"面板中单击"直线"按钮，连接相关的顶点绘制所需的直线，如图 4-9 所示。完成绘制一条直线后，按〈Enter〉键可以快速启用上一个命令，这里指可以快速启用"直线"绘制命令。

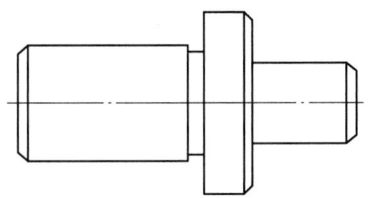

图 4-9　绘制相关直线段

4.3　修剪与延伸

修剪与延伸的操作类似，其中修剪操作经常使用。本节结合案例介绍修剪与延伸的实用知识。

4.3.1　修剪

在中望 CAD 中，可以修剪对象以与其他对象的边相接。在进行修剪操作过程中，可以通过选择"剪切边（T）"选项并指定对象作为边界，按〈Enter〉键结束边界选择后选择要修剪的对象。如果要将所有对象用作边界，则在首次出现"选取边界对象作修剪或 [模式（O）] <全选>:"提示时直接按〈Enter〉键。

以下是一个修剪即学即练的操作案例。

❶ 在"快速访问工具栏"中单击"打开"按钮，选择"修剪即学即练 . dwg"图形文件来打开，文件中的原始图形如图 4-10 所示。

❷ 在功能区的"常用"选项卡的"修改"面板中单击"修剪"按钮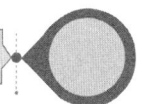，接着根据命令行提示进行以下操作。

命令：_trim

当前设置：投影 = 用户坐标系,边延伸模式 = 不延伸(N),模式 = 快速(Q)
选择要修剪的对象,或按住 Shift 键选择要延伸的对象,或 [剪切边(T)/窗交(C)/模式(O)/投影(P)/删除(R)/放弃(U)]：T✓　　　　　　　　　　　　//选择"剪切边(T)"选项
选取边界对象作修剪或 [模式(O)] <全选>：　//选择图 4-10 所示的线段 1
找到 1 个
选取边界对象作修剪或 [模式(O)] <全选>：　//选择图 4-10 所示的线段 2
找到 1 个,总计 2 个
选取边界对象作修剪或 [模式(O)] <全选>：✓　//单击鼠标右键选择"确认"选项,或按〈Enter〉键
选择要修剪的对象,或按住 Shift 键选择要延伸的对象,或 [剪切边(T)/窗交(C)/模式(O)/投影(P)/删除(R)/放弃(U)]：　　　　　　　　　　　　//选择图 4-10 所示的线段 3
选择要修剪的对象,或按住 Shift 键选择要延伸的对象,或 [剪切边(T)/窗交(C)/模式(O)/投影(P)/删除(R)/放弃(U)]：　　　　　　　　　　　　//选择图 4-10 所示的线段 4
选择要修剪的对象,或按住 Shift 键选择要延伸的对象,或 [剪切边(T)/窗交(C)/模式(O)/投影(P)/删除(R)/放弃(U)]：✓　　　　　　　　　　　　//按〈Enter〉键结束命令操作

修剪结果如图 4-11 所示。

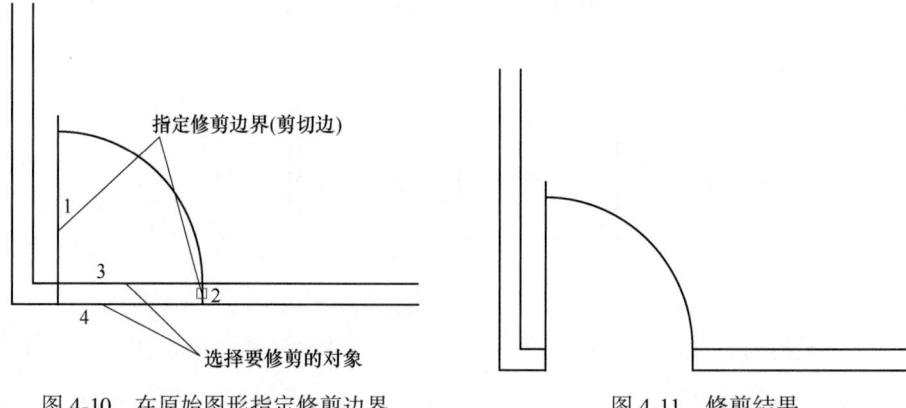

图 4-10　在原始图形指定修剪边界　　　　图 4-11　修剪结果

在本例中可以看到修剪模式为"快速（Q）"。修剪模式分 3 种工作模式,分别为"快速""标准"和"增强"。当进入"快速"模式,图形中的所有实体都将视为修剪边界,只需指定修剪对象即可快速完成修剪,如果修剪对象与修剪边界不相交,则将被直接删除；当进入"标准"模式,需要依次指定修剪边界和修剪对象；当进入"增强"模式,需依次指定修剪边界和修剪侧一点,图形中所有与修剪边界相交的对象都将被修剪。

当通过选择"模式（O）"选项来选择"标准"模式,此时,在指定修剪边界对象后,可以在"选择要修剪的对象,或按住 Shift 键选择要延伸的对象,或 [剪切边（T）/边延伸模式（E）/栏选（F）/窗交（C）/模式（O）/投影（P）/删除（R）/放弃（U）]："提示下根据绘制需要选择"边延伸模式（E）"选项来指定边延伸模式为"延伸"或"不延伸"。"延伸"表示沿修剪边界的延长线修剪选择的对象,"无延伸"表示只修剪在三维空间中与修剪边界相交的对象。

4.3.2　延伸

使用 EXTEND 命令（对应的工具为"延伸"按钮 ）可扩展对象以与其他对象的边相接。延伸操作与修剪操作类似,只是一个是延伸,一个是修剪。

下面介绍延伸操作的典型案例。

① 在"快速访问工具栏"中单击"打开"按钮，选择"延伸即学即练.dwg"图形文件来打开，文件中的原始图形如图 4-12 所示。

② 在功能区的"常用"选项卡的"修改"面板中单击"延伸"按钮，接着根据命令行提示进行以下操作。

命令: _extend
当前设置: 投影 = 用户坐标系, 边延伸模式 = 不延伸(N), 模式 = 快速(Q)
选择要延伸的对象, 或按住 Shift 键选择要修剪的对象, 或 [边界边(B)/窗交(C)/模式(O)/投影(P)/放弃(U)]: //在要延伸的一侧单击选择图 4-12 所示的线段 1
选择要延伸的对象, 或按住 Shift 键选择要修剪的对象, 或 [边界边(B)/窗交(C)/模式(O)/投影(P)/放弃(U)]: //在要延伸的一侧单击选择图 4-12 所示的线段 2
选择要延伸的对象, 或按住 Shift 键选择要修剪的对象, 或 [边界边(B)/窗交(C)/模式(O)/投影(P)/放弃(U)]: //在要延伸的一侧单击选择图 4-12 所示的线段 3
选择要延伸的对象, 或按住 Shift 键选择要修剪的对象, 或 [边界边(B)/窗交(C)/模式(O)/投影(P)/放弃(U)]: ↙ //按〈Enter〉键结束命令操作

完成延伸操作的图形结果如图 4-13 所示。

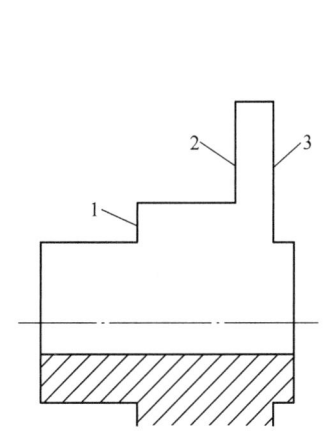 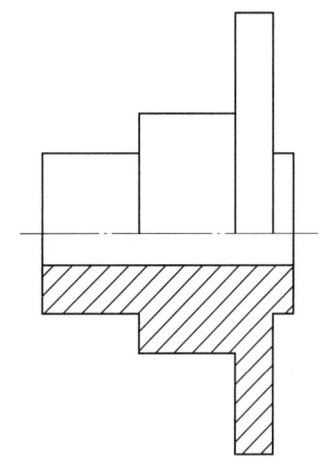

图 4-12　在原始图形选择要延伸的线段　　图 4-13　完成延伸操作的图形结果

延伸模式同样分多种工作模式，分别为"快速""标准"和"增强"模式。当使用"快速"模式时，需指定延伸对象，图形中的所有实体都将视作延伸边界；当进入"标准"模式，需依次指定延伸边界和延伸对象；当进入"增强"模式，需依次指定延伸边界和延伸侧一点，图形中所有能延伸至边界的对象都将被延伸。

4.4　打断对象

在中望 CAD 中，可以在两点之间打断选定对象，也可以在一点打断选定的对象。直线、圆弧、圆、椭圆、样条曲线、多段线、圆环以及其他几种对象类型都可以打断为两个对象或将其中的一端删除。对于圆而言，中望 CAD 将按逆时针方向删除圆上第一个打断点到第二个打断点之间的部分，从而将圆转换为圆弧。

要在两点之间打断选定对象，则在功能区的"常用"选项卡单击"修改"|"打断"按钮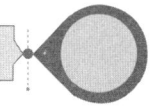，

接着选择要打断的对象（中望 CAD 程序将选择对象的选择点视为一个打断点），然后在"指定第二切断点或 [第一切断点（F）]："提示下指定第二个打断点，则两个指定点之间的对象部分将被删除。如果第二个点不在对象上，则会自动投影到该对象上。有一种特殊情况，这就是要将对象一分为二并且不删除某个部分（即两点之间没有间隙），输入的第一个点和第二个点应该相同，即通过输入"@0,0"或"@"可以使两点位于同一个位置。此外，"指定第二切断点或 [第一切断点（F）]："提示选项中的"第一切断点（F）"选项用于用指定的新点替换原来的第一个打断点。

还有一个实用的打断工具，这就是"打断于点"按钮□，它用于在单个点打断选定的对象，其操作方法步骤比较简单，即单击"打断于点"按钮□后，选择对象并指定第一个打断点即可。该打断工具主要针对非闭合对象（例如圆），即主要针对于直线、开放的多段线和圆弧这些有效对象。

下面介绍打断图形的典型操作案例。

❶ 在"快速访问工具栏"中单击"打开"按钮🗁，选择"打断即学即练.dwg"图形文件来打开，文件中的原始图形如图 4-14 所示。

❷ 在功能区的"常用"选项卡中单击"修改"|"打断"按钮□，接着在图 4-15 所示的位置处单击圆以选择该圆作为要打断的对象，然后指定第二个打断点，如图 4-16 所示，得到的打断结果如图 4-17 所示。

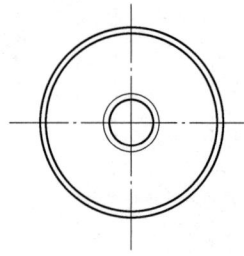
图 4-14　原始图形

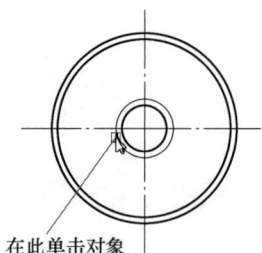
图 4-15　单击要打断的对象（指定第一个打断点）

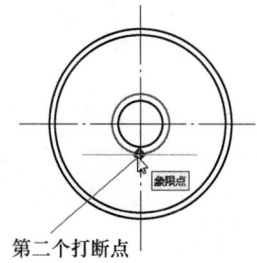
图 4-16　指定第二个打断点

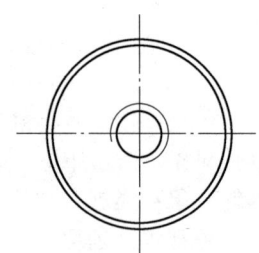
图 4-17　打断结果

❸ 在功能区的"默认"选项卡中单击"修改"|"打断于点"按钮□，根据命令行提示进行以下操作。

命令:_breakatpoint
选取切断对象：　　　　　　　　//单击竖直中心线
指定切断点：　　　　　　　　　//在竖直中心线要打断的合适位置处单击

执行该打断操作后，选择打断后的一条线段，可以看出竖直中心线已经被打断了，如图 4-18

所示。

④ 使用和上步骤同样的方法，再将两条中心线在适当的位置处打断，如图 4-19 所示。

⑤ 单击"删除"按钮 ，将不再需要的中心线删除，结果如图 4-20 所示。

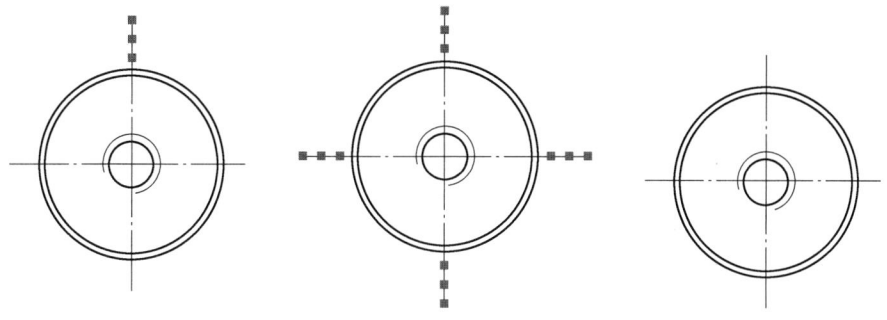

图 4-18　打断竖直中心线　　　图 4-19　打断中心线的结果　　　图 4-20　完成的图形

> **知识点拨：**
>
> 打断竖直中心线和水平中心线，也可以直接单击"打断"按钮 来完成，并可以将端点和第一打断点之间的部分打掉，而不用单击"删除"按钮 。

4.5 移动对象

可以从原对象以指定的角度和方向移动对象。为了精确移动对象，可以使用坐标、栅格捕捉、对象捕捉和其他有效工具。移动对象的方式主要有两种，一种是使用两点移动对象，另一种则是使用位移移动对象。

- 要使用两点移动对象，则在功能区的"常用"选项卡的"修改"面板中单击"移动"按钮 ，接着选择要移动的对象并按〈Enter〉键，指定移动基点和指定第二个点，则选定的对象将移动到由第一点和第二点间的方向和距离确定的新位置。如果在"指定第二点的位移或者 <使用第一点当作位移>:"提示下直接按〈Enter〉键，则第一点坐标值将用作相对位移，而不是基点位置，选定对象将移到由输入的相对坐标值确定的新位置。
- 要使用位移移动对象，则在功能区的"默认"选项卡的"修改"面板中单击"移动"按钮 ，接着选择要移动的对象并按〈Enter〉键，输入"D"确认选择"位移"选项，再以笛卡儿坐标值、极坐标值、柱坐标值或球坐标值的形式输入位移（无须包含前缀符号"@"，因为相对坐标是假设的）。

下面是一个移动即学即练的操作案例。

① 在"快速访问工具栏"中单击"打开"按钮 ，选择"移动即学即练.dwg"图形文件来打开，文件中的原始图形如图 4-21 所示。

② 切换至"二维草图与注释"工作空间，在功能区的"常用"选项卡的"修改"面板中单击"移动"按钮 ，接着根据命令行提示进行以下操作。

```
命令:_move
选择对象:                    //选择小车图块
找到 1 个
选择对象:↙
```

指定基点或 [位移(D)] <位移>:_int
交点   //选择后轮胎与地面直线的交点作为移动基点
指定第二点的位移或者 <使用第一点当作位移>: @1880,0↙

移动结果如图 4-22 所示。

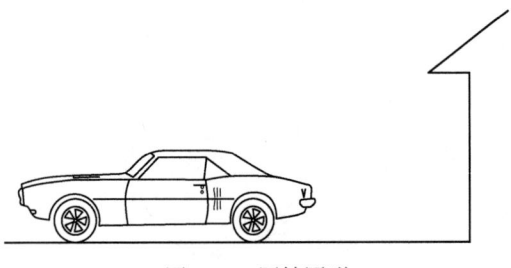

图 4-21 原始图形

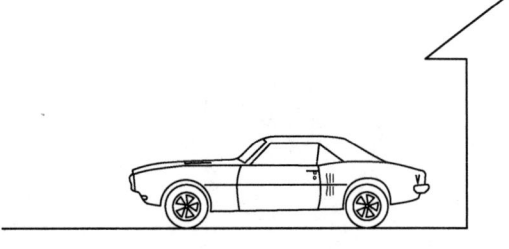

图 4-22 移动结果

4.6 复制对象

在绘图过程中，有时会遇到两个形状完全相同但放置位置不同的图形，如果都单独绘制则费时且烦琐，在这种情况下，可以先绘制好一个图形，再通过"复制"命令功能来完成另一个图形。

可以使用由基点及后跟的第二点指定的距离和方向复制对象。下面通过两个案例介绍复制选定图形的方法和技巧。首先看第 1 个复制操作案例。

❶在"快速访问工具栏"中单击"打开"按钮，选择"复制即学即练.dwg"图形文件来打开，该文件中已有的图形如图 4-23 所示。

❷切换至"二维草图与注释"工作空间，在功能区的"常用"选项卡的"修改"面板中单击"复制"按钮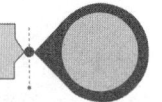，接着根据命令行提示进行以下操作。

命令:_copy
选择对象:
当前处于"窗口"套索模式,按空格键可循环浏览选项。
找到 4 个   //指定窗口选择组成跑道型的 4 个图形
选择对象:↙
当前设置: 复制模式 = 多个
指定基点或 [位移(D)/模式(O)] <位移>: O↙
输入复制模式选项 [单个(S)/多个(M)] <多个>: M↙   //此操作是为了演练如何设置复制模式
当前设置: 复制模式 = 多个
指定基点或 [位移(D)/模式(O)] <位移>:   //选择图 4-24 所示的圆心作为复制基点
指定第二个点或 [阵列(A)/等距(E)/等分(I)/沿线(P)] <使用第一点当作位移>:
//选择图 4-25 所示的新圆心
指定第二个点或 [阵列(A)/退出(X)/放弃(U)] <退出>:   //选择第 3 个圆心
指定第二个点或 [阵列(A)/退出(X)/放弃(U)] <退出>:   //选择第 4 个圆心
指定第二个点或 [阵列(A)/退出(X)/放弃(U)] <退出>:↙   //按〈Enter〉键结束命令

完成复制操作创建多个复制副本，结果如图 4-26 所示。在该复制操作中，如果将复制模式设置为"单个 (S)"，那么一次操作只能创建一个复制副本，这样便需要多次执行"复制"命令操作。

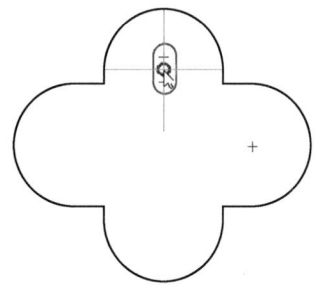

图 4-23　已有图形　　　　　　　图 4-24　选择要复制的对象

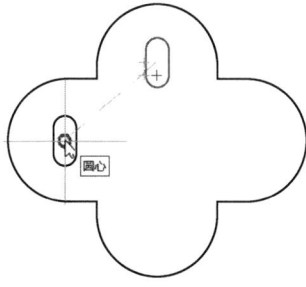
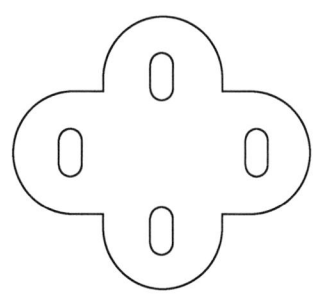

图 4-25　指定第二点　　　　　　图 4-26　指定其他放置位置

知识点拨：

如果在"指定基点或 [位移 (D) /模式 (O)] <位移>"提示下选择"位移"提示选项，则可以使用坐标指定相对距离和方向。指定的两点定义一个矢量，指示复制对象的放置离原位置有多远以及以哪个方向放置。如果在"指定第二个点"提示下按〈Enter〉键，则第一个点将被认为是相对 X、Y、Z 位移。例如，如果指定基点为"10, 2"并在下一个提示下按〈Enter〉键，对象将被复制到距其当前位置在 X 方向上 10 个单位、在 Y 方向上 2 个单位的位置。

③ 在"快速访问工具栏"中单击"另存为"按钮，指定保存路径，将图形另存为"复制即学即练完成效果 . dwg"文件。

在中望 CAD 中，在复制操作过程中，可以根据设计要求指定在线性阵列中排列的副本数量。请看以下第 2 个复制操作案例。

① 在"快速访问工具栏"中单击"打开"按钮，选择"复制即学即练 2. dwg"图形文件来打开，该文件中的原始图形如图 4-27 所示。

② 切换至"二维草图与注释"工作空间，在功能区的"常用"选项卡的"修改"面板中单击"复制"按钮，接着根据命令行提示进行以下操作。

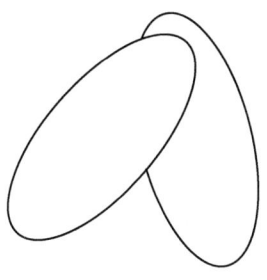

图 4-27　原始图形

```
命令:_copy
选择对象: 指定对角点: 找到 2 个
选择对象:↙                                  //选择全部图形作为要复制的对象
                                            //按〈Enter〉键结束对象选择
当前设置: 复制模式 = 多个
指定基点或 [位移(D)/模式(O)] <位移>:   //指定复制基点,如图 4-28 所示
指定第二个点或 [阵列(A)/等距(E)/等分(I)/沿线(P)] <使用第一点当作位移>: A↙
```

83

```
//选择"阵列"提示选项
输入要进行阵列的项目数：5↙                          //指定阵列项目数
指定第二个点或[布满(F)]：@60<30↙                    //指定第二个点相对坐标位置
指定第二个点或[阵列(A)/退出(X)/放弃(U)]<退出>：↙    //按〈Enter〉键
```

结果如图4-29所示。在"指定第二个点或[布满（F）]："提示下指定第二点，是为了确定阵列相对于基点的距离和方向。默认情况下，阵列中的第一个副本将放置在指定的位移，其他的副本使用相同的增量位移放置在超出该点的线性阵列中。"布满（F）"选项则用于在阵列中指定的位移放置最终副本，其他副本则布满原始选择集和最终副本之间的线性阵列。

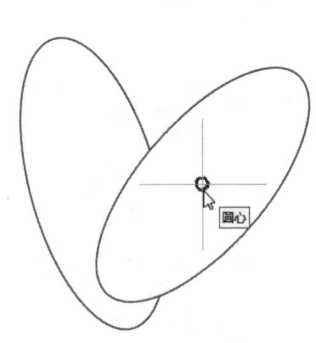
图4-28 指定复制基点

图4-29 复制的阵列结果

 在"快速访问工具栏"中单击"另存为"按钮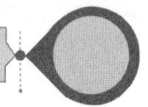，指定保存路径，将图形另存为"复制即学即练2完成效果.dwg"文件。

在使用"复制"按钮的过程中，除了可以使用"阵列"选项通过阵列的方式来复制选定对象，还可以使用"等距"选项按照相同距离沿直线复制选项对象，或者使用"等距"选项在指定距离内等距离复制选定对象，以及使用"沿线"选项沿指定路径来复制选定对象。

4.7 旋转及对齐对象

本节介绍如何旋转对象和对齐对象。

4.7.1 旋转对象

可以绕指定基点旋转图形中的选定对象。旋转对象的步骤如下。

① 在功能区的"常用"选项卡的"修改"面板中单击"旋转"按钮，或者在命令行的"命令"提示下输入"ROTATE"并按〈Enter〉键。

② 选择要旋转的对象，按〈Enter〉键。

③ 指定旋转基点。

④ 此时出现"指定旋转角度，或[复制（C）/参照（R）]<当前默认值>："的提示信息。执行以下操作之一。

- 输入旋转角度。输入正角度值可逆时针或顺时针旋转对象，具体取决于"图形单位"对话框中的基本角度方向设置。
- 绕基点拖动对象并指定旋转对象的终点位置点。为了更加精确，则使用"正交"模式、极轴追踪或对象捕捉。

- 输入"C"并按〈Enter〉键,创建选定的对象的副本。
- 输入"R"并按〈Enter〉键,将选定对象从指定参照角度旋转到绝对角度。

旋转图形的操作案例如下。

❶ 在"快速访问工具栏"中单击"打开"按钮,选择"旋转即学即练.dwg"图形文件来打开,该文件中的原始图形如图4-30所示。此时,确保使用"二维草图与注释"工作空间。

❷ 在功能区的"默认"选项卡的"修改"面板中单击"旋转"按钮,或者在命令行的"命令"提示下输入"ROTATE"并按〈Enter〉键,根据命令行提示进行以下操作。

```
命令:_rotate
选择对象:指定对角点:找到 4 个             //选择要旋转的图形
选择对象:↙                              //按〈Enter〉键
指定基点:_int
交点                                    //选择两条主中心线的交点作为旋转基点
指定旋转角度或 [复制(C)/参照(R)] <0>:R↙   //选择"参照"选项
指定参照角 <0>:_cen
圆心                                    //选择图 4-31 所示的圆心 A
请指定第二点获取角度:                    //选择图 4-31 所示的圆心 B
指定新角度或 [点(P)] <0>:                //捕捉并选择图 4-32 所示的端点
```

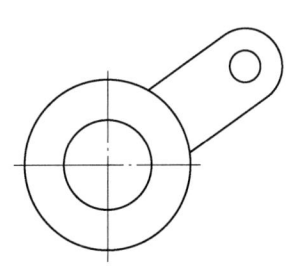 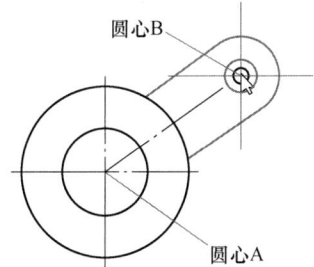 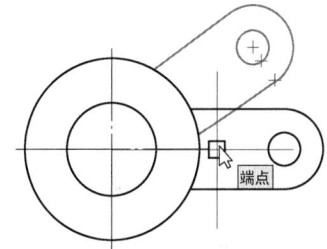

图 4-30 原始图形　　图 4-31 指定参照角和第二点　　图 4-32 指定新角度点

旋转1结果如图4-33所示。

❸ 继续进行旋转操作。在功能区的"常用"选项卡的"修改"面板中单击"旋转"按钮,或者在命令行的"命令"提示下输入"ROTATE"并按〈Enter〉键,根据命令行提示进行以下操作。

```
命令:_rotate
选择对象:指定对角点:找到 4 个//指定两个角点选择要旋转的图形
选择对象:↙                              //按〈Enter〉键
指定基点:_cen
圆心                                    //选择左侧圆心即两中心线的交点
指定旋转角度或 [复制(C)/参照(R)] <325>:C↙ //选择"复制(C)"选项
指定旋转角度或 [复制(C)/参照(R)] <325>:180↙ //输入旋转角度,按〈Enter〉键
```

旋转复制结果如图4-34所示。

❹ 在"快速访问工具栏"中单击"另存为"按钮,指定保存路径,将图形另存为"旋转即学即练完成效果.dwg"文件。

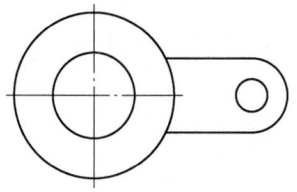   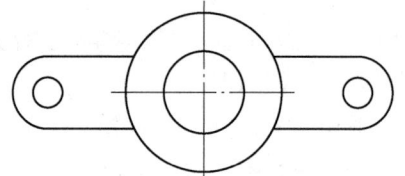

　　图 4-33　旋转 1 结果　　　　　　　　图 4-34　旋转复制结果

4.7.2　对齐对象

ALIGN 命令用于在二维和三维空间内将选定对象与其他对象对齐，可以选择一个或多个对象作为源对象，向源对象添加源点，向要与之对齐的对象（目标对象）添加目标点，从而使源对象与目标对象对齐。对齐的效果涉及移动、旋转和缩放。

在执行 ALIGN 命令进行对齐操作的过程中，最多可添加三对源点和目标点。

对齐图形的操作案例如下。

1　在"快速访问工具栏"中单击"打开"按钮，选择"对齐对象即学即练.dwg"图形文件来打开，该文件中的原始图形如图 4-35 所示。此时，确保使用"二维草图与注释"工作空间。

2　在功能区的"默认"选项卡的"修改"面板中单击"对齐"按钮，或者在命令行的"命令"提示下输入"ALIGN"或"AL"并按〈Enter〉键，根据命令行提示进行以下操作。

```
命令:_align
选择对象:指定对角点:找到 17 个              //指定两个对角点框选对象作为源对象
选择对象:✓                                  //按〈Enter〉键
指定第一个源点:                              //选择图 4-36 所示的点 A 作为源点 1
指定第一个目标点:                            //选择图 4-36 所示的点 B 作为目标点 1
指定第二个源点:                              //选择图 4-36 所示的点 C 作为源点 2
指定第二个目标点:                            //选择图 4-36 所示的点 D 作为目标点 2
指定第三个源点或 <继续>:✓                    //按〈Enter〉键
是否基于对齐点缩放对象?[是(Y)/否(N)] <否>:✓  //按〈Enter〉键,不基于对齐点缩放对象
```

对齐对象的结果如图 4-37 所示。

如果在"是否基于对齐点缩放对象?[是（Y）/否（N）] <否>:"的提示下输入"Y"并按〈Enter〉键，则对源对象进行了缩放操作，缩放对象的长度为第一目标点和第二目标点之间的距离，如图 4-38 所示。对象的缩放只有在使用两对点对齐对象时才能使用。

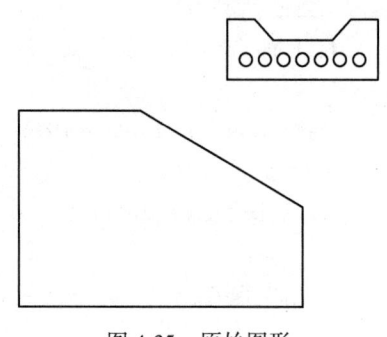   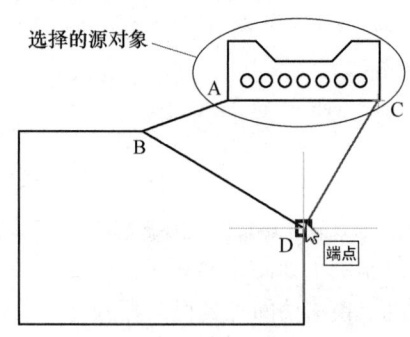

　　图 4-35　原始图形　　　　　　　　　图 4-36　对齐操作示例

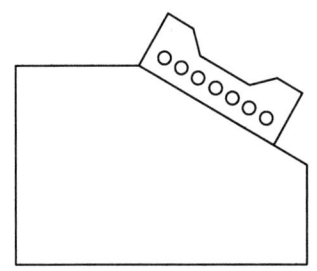
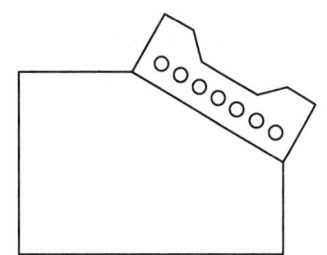

图 4-37　对齐图形结果 1　　　　　　　　图 4-38　对齐图形结果 2

4.8　拉伸与拉长图形

"拉伸"按钮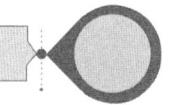（对应的命令为 STRETCH）用于拉伸与选择窗口或多边形交叉的对象，"拉长"按钮用于修改对象的长度和圆弧的包含角。这两个工具命令虽然从中文字面上看都带有一个"拉"字，但是在功能用途上却截然不同。

4.8.1　拉伸

这里所述的拉伸用于二维制图，将拉伸窗交窗口（即交叉窗口）部分包围的对象，以及将移动（而不是拉伸）完全包含在窗交窗口中的对象或单独选定的对象。需要用户注意的是，诸如圆、椭圆和块这些类型的对象无法被拉伸。拉伸图形的典型示例如图 4-39 所示。

下面通过一个操作案例介绍拉伸图形的一般方法步骤。

❶ 在"快速访问工具栏"中单击"打开"按钮，选择"拉伸即学即练.dwg"图形文件来打开，文件中的原始图形如图 4-40 所示。

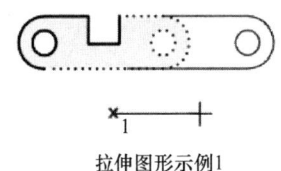

拉伸图形示例1

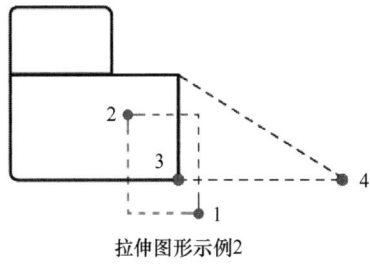

拉伸图形示例2

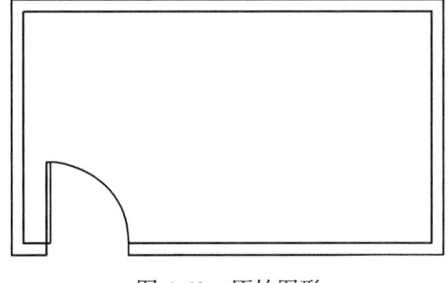

图 4-39　拉伸图形的典型示例　　　　　　　图 4-40　原始图形

❷ 在功能区的"常用"选项卡的"修改"面板中单击"拉伸"按钮，根据命令行提示进行以下操作。

命令：_stretch
选择对象：指定对角点：找到 9 个　　　　　　//依次指定点 1 和点 2 来选择对象，如图 4-41 所示

选择对象：✓   //按〈Enter〉键
指定基点或 [位移(D)] <位移>:：   //指定基点,如图4-42所示,可以启用正交模式
指定第二个点或 <使用第一个点作为位移>：@3000<0✓   //输入第二点相对坐标

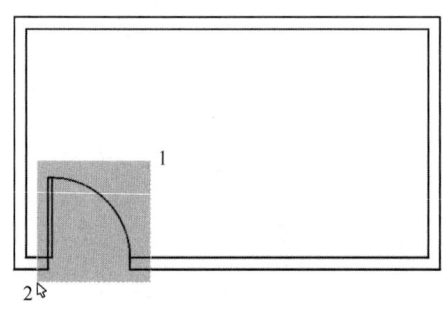

图 4-41　使用窗交选择选定对象

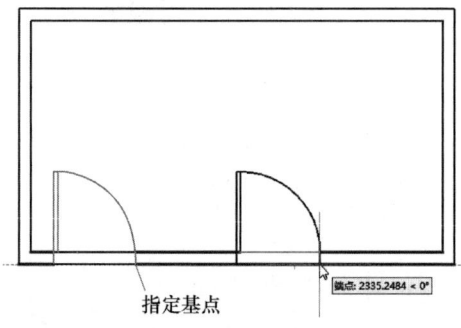

图 4-42　指定基点及在正交模式下移动光标

拉伸图形的结果如图4-43所示，墙体被拉伸，门的示意图线只是被移动。

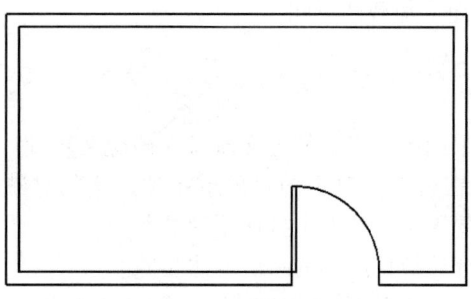

图 4-43　拉伸结果

4.8.2　拉长

单击"拉长"按钮，可以更改选定对象的长度和圆弧的包含角，拉长图形时，可以将更改指定为百分比、增量或最终长度或角度。

拉长选定图形对象的方法较为简单，即在功能区的"常用"选项卡的"修改"面板中单击"拉长"按钮，或者在命令行的"命令"提示下输入"LENGTHEN"并按〈Enter〉键，此时出现"选择要测量的对象或 [动态（DY）/递增（DE）/百分比（P）/总计（T）] <递增>："提示信息，从中选择"递增""百分比""总计"或"动态"选项来设置相应的参数，然后选择要拉长的对象，如直线段或圆弧，注意选择对象的单击位置。注意：LENGTHEN 命令不影响闭合的对象。

- "递增"：以指定的增量修改对象的长度或圆弧的角度，该增量从距离选择点最近的端点处开始测量。正值扩展对象，负值修剪对象。对于直线段，可以通过指定长度差值来修改对象的长度；对于圆弧，可以设置以指定的角度修改选定圆弧的包含角。
- "百分比"：通过指定对象总长度的百分比设定对象长度，或者指定总角度的百分比设置对象弧包含的角度。
- "总计"：通过指定从固定端点测量的总长度的绝对值来设定选定对象的长度。"总计"选项也按照指定的总角度设置选定圆弧的包含角。

- "动态":打开动态拖动模式。通过拖动选定对象的端点之一来更改其长度,其他端点保持不变。

拉长直线的典型示例如图 4-44 所示,该示例操作过程及说明如下。

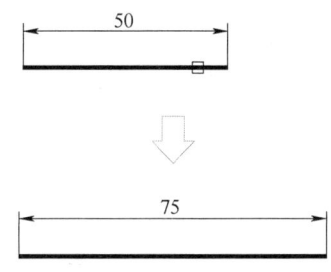

图 4-44　拉长直线的典型示例

命令:_lengthen　　　　　　　　　　　　　　　　　　　　　　//单击"拉长"按钮
选择要测量的对象或 [动态(DY)/递增(DE)/百分比(P)/总计(T)] <递增>:P✓　　//选择"百分比"选项
输入长度百分比 <100.0000>:150✓　　　　　　　　　　　　　　//指定长度百分比的值为"150"
选择要修改的对象或 [栏选(F)/方式(M)/撤销(U)]:　　　　　　　//选择要修改的直线
选择要修改的对象或 [栏选(F)/方式(M)/撤销(U)]:✓　　　　　　//按〈Enter〉键结束命令操作

4.9　按比例缩放图形

使用"缩放"工具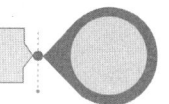(SCALE)可以放大或缩小选定对象,使缩放后对象的比例保持不变。要缩放对象,执行"缩放"工具命令后,通常要指定基点和比例因子,基点将作为缩放操作的中心并保持静止,比例因子大于 1 时将放大对象,比例因子介于 0 和 1 之间将缩小对象。在执行缩放操作的过程中,也可以通过选择"参照"选项来按参照长度和指定的新长度缩放所选对象。另外,还可通过选择"复制"选项来创建要缩放的选定对象的副本。

下面介绍一个缩放即学即练案例。

1️⃣ 在"快速访问工具栏"中单击"打开"按钮,选择"缩放即学即练.dwg"图形文件来打开,文件中的原始图形为一辆小车和一条表示地面的直线,如图 4-45 所示。

2️⃣ 切换至"二维草图与注释"工作空间,在功能区的"常用"选项卡的"修改"面板中单击"缩放"按钮。

3️⃣ 选择小车作为要缩放的对象,如图 4-46 所示,接着按〈Enter〉键结束对象选择。

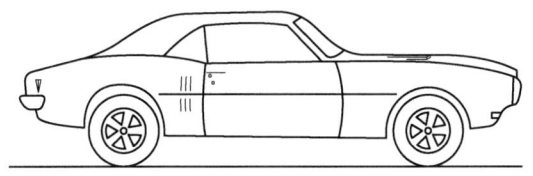　　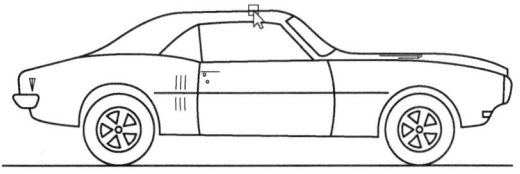

图 4-45　原始图形　　　　　　　　　图 4-46　选择要缩放的对象

4️⃣ 选择图 4-47 所示的轮胎象限点作为缩放基点。

5️⃣ 在"指定缩放比例或 [复制(C)/参照(R)] <1>"提示下输入比例因子为"0.5",按〈Enter〉键确认,缩放结果如图 4-48 所示。

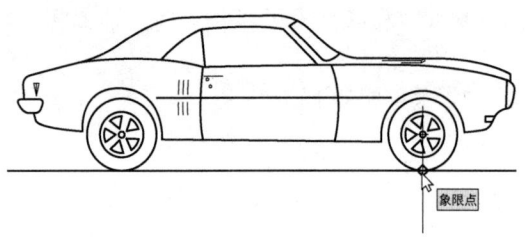
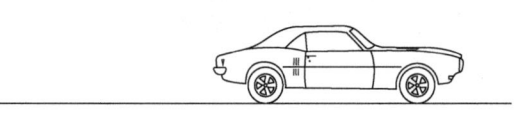

图 4-47　指定缩放基点　　　　　　　　　图 4-48　缩放结果（缩小到 0.5）

 在"快速访问工具栏"中单击"另存为"按钮 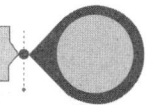，指定保存路径，将图形另存为"缩放即学即练完成效果.dwg"文件。

4.10　偏移

偏移对象以创建其形状与原始对象平行的新对象。例如，如果偏移圆或椭圆，那么会创建更大或更小的圆或圆弧，具体取决于指定为向哪一侧偏移。在实际设计中，经常会偏移对象，再修剪或延伸其端点，从而获得满足设计要求的图形，这也是一种常见的绘图技巧。

可以偏移的对象类型包括直线、圆弧、圆、椭圆和椭圆弧（形成椭圆形样条曲线）、二维多段线、构造线、射线和样条曲线。在进行偏移操作时，尤其要注意偏移多段线和样条曲线的以下情形。

- 二维多段线是作为单个线段来偏移，在线段之间产生交点或间隙，因此要完成偏移，应修剪相交线或填充间隙。系统变量 OFFSETGAPTYPE 控制着偏移多段线时处理线段之间的潜在间隙的方式。系统变量 OFFSETGAPTYPE 的默认值为 0，表示将线段延伸到投影交点；当将 OFFSETGAPTYPE 的值设置为 1 时，将线段在其投影交点处进行圆角，每个圆弧段的半径等于偏移距离；当将 OFFSETGAPTYPE 的值设置为 2 时，将线段在其投影交点处进行倒角，在原始对象上从每个倒角到其相应顶点的垂直距离等于偏移距离。偏移多段线的典型示例如图 4-49 所示，该示例的系统变量 OFFSETGAPTYPE 的默认值为 0。
- 二维多段线或样条曲线在偏移距离大于可调整的距离时将自动进行修剪，如图 4-50 所示。

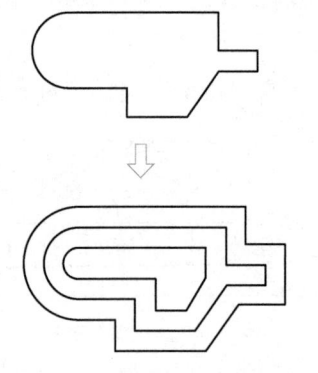
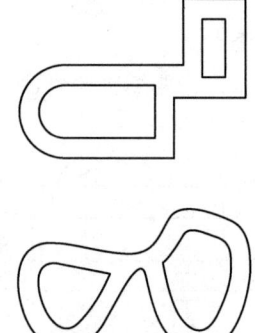

图 4-49　偏移多段线典型示例　　　　　　图 4-50　偏移距离大于可调整的距离时

偏移操作案例如下。

 在"快速访问工具栏"中单击"打开"按钮，选择"偏移即学即练.dwg"图形文件来打开，该文件中的原始图形如图 4-51 所示。此时，确保使用"二维草图与注释"工作空间。

② 在功能区的"常用"选项卡的"修改"面板中单击"偏移"按钮，或者在命令行的"命令"提示下输入"OFFSET"并按〈Enter〉键，接着根据命令行提示进行以下操作。

命令：_offset
指定偏移距离或 [通过(T)/擦除(E)/图层(L)] <通过>：T✓ //选择"通过(T)"选项
选择要偏移的对象或 [放弃(U)/退出(E)] <退出>：   //选择最外侧的圆
指定目标点或 [退出(E)/多个(M)/放弃(U)] <退出>：   //选择图 4-52 所示的端点作为通过点
选择要偏移的对象或 [放弃(U)/退出(E)] <退出>：✓   //按〈Enter〉结束命令操作

得到的偏移结果 1 如图 4-53 所示。

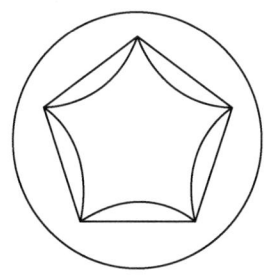 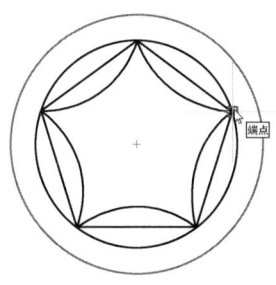 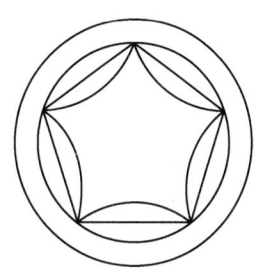

图 4-51　原始图形　　　　图 4-52　指定通过点　　　　图 4-53　偏移结果 1

③ 在功能区的"常用"选项卡的"修改"面板中单击"偏移"按钮，或者在命令行的"命令"提示下输入"OFFSET"并按〈Enter〉键，接着根据命令行提示进行以下操作。

命令：_offset
指定偏移距离或 [通过(T)/擦除(E)/图层(L)] <通过>：E✓
是否在偏移后擦除源对象？[是(Y)/否(N)] <是>：Y✓
指定偏移距离或 [通过(T)/擦除(E)/图层(L)] <通过>：84✓
选择要偏移的对象或 [放弃(U)/退出(E)] <退出>：   //选择最外侧的圆，如图 4-54 所示
指定目标点或 [退出(E)/多个(M)/放弃(U)] <退出>：   //在内侧单击任意一点
选择要偏移的对象或 [放弃(U)/退出(E)] <退出>：✓

完成第 2 次偏移操作的结果如图 4-55 所示。

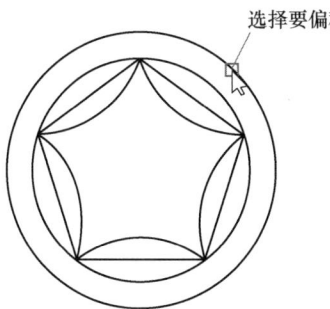 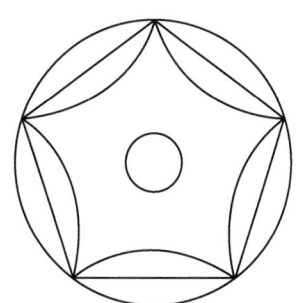

图 4-54　选择要偏移的对象　　　　图 4-55　偏移结果 2

④ 在"快速访问工具栏"中单击"另存为"按钮，指定保存路径，将图形另存为"偏移即学即练完成效果.dwg"文件。

4.11 镜像

在实际设计工作中会碰到很多图形是对称的,此时可以先创建表示半个图形的对象,接着选择这些对象并沿着指定的对称线进行镜像以创建另一半,如图 4-56 所示。

镜像图形的操作比较简单,即在单击"镜像"按钮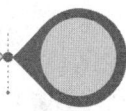,或者在命令行的"命令"提示下输入"MIRROR"并按〈Enter〉键,接着选择要镜像的图形对象,按〈Enter〉键完成对象选择。然后指定镜像线的第 1 点和第 2 点,指定的两个点将成为镜像线(直线)的两个端点,选定对象相对于这条镜像线(直线)被镜像,最后在提示下确定在镜像原始对象后是删除还是保留它们。

镜像图形的典型示例如下。

① 在"快速访问工具栏"中单击"打开"按钮,选择"镜像即学即练.dwg"图形文件来打开,该文件中的原始图形如图 4-57 所示。

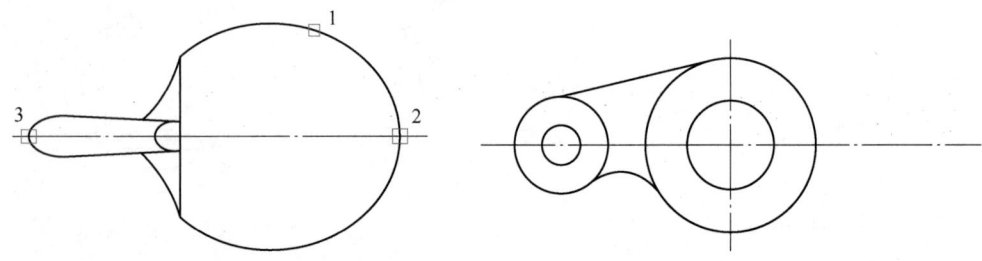

图 4-56 镜像示例   图 4-57 镜像前的原始图形

② 切换至"二维草图与注释"工作空间,在功能区的"常用"选项卡的"修改"面板中单击"镜像"按钮,接着根据命令行提示进行以下操作。

命令:_mirror
选择对象:指定对角点:找到 4 个   //指定图 4-58 所示的对角点 1 和对角点 2 选择对象
选择对象:↙   //按〈Enter〉键
指定镜像线的第一点: //在竖直中心线上选择端点 A 点,如图 4-59 所示
指定镜像线的第二点: //在竖直中心线上选择端点 B 点,如图 4-59 所示
是否删除源对象?[是(Y)/否(N)] <否(N)>:N↙ //选择"否"选项

镜像图形的结果如图 4-60 所示。

图 4-58 选择要镜像的图形   图 4-59 指定镜像线上的两点

③ 在"快速访问工具栏"中单击"另存为"按钮,指定保存路径,将图形另存为"镜像即学即练完成效果.dwg"文件。

如果在该例中，在"要删除源对象吗？[是（Y）/否（N）]<N>:"提示下选择"是（Y）"选项，那么最终得到的图形如图 4-61 所示。

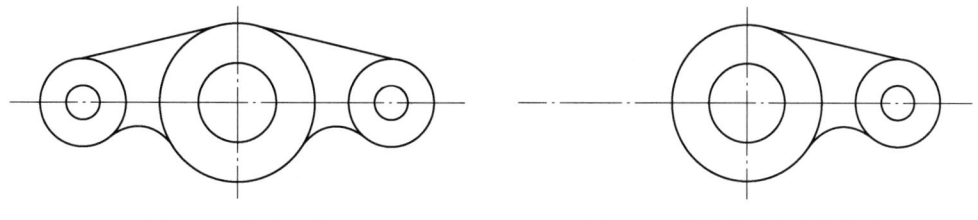

图 4-60　镜像结果　　　　　图 4-61　删除源对象的镜像结果

> **知识点拨：**
> 有时会遇到镜像文字对象的情况，在默认情况下，中望 CAD 镜像文字对象时不更改文字的方向。如果确实要反转文字，那么需要将 MIRRTEXT 系统变量设置为 1（其默认值为 0）。

4.12　阵列

中望 CAD 提供 4 种阵列工具，分别为"矩形阵列"按钮 、"环形阵列"按钮 、"路径阵列"按钮 和"经典阵列"按钮 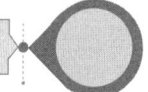。

4.12.1　矩形阵列

矩形阵列是应用较多的一种阵列，在矩形阵列中，项目分布到任意行、列和层的组合。用户可以通过拖动阵列夹点来增加或减小阵列中行和列的数量和间距。

创建矩形阵列的步骤简述如下。

❶ 在功能区的"常用"选项卡的"修改"面板中单击"矩形阵列"按钮 。

❷ 选择要阵列的对象，并按〈Enter〉键。此时将在图形窗口中显示默认的矩形阵列。

❸ 在阵列预览中，拖动相应的夹点以调整间距以及行数和列数，如图 4-62 所示。还可以在"阵列创建"上下文选项卡中修改相关的值。

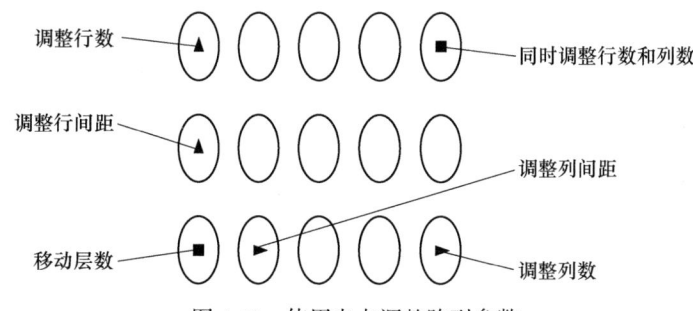

图 4-62　使用夹点调整阵列参数

❹ 在"阵列创建"上下文选项卡中单击"关闭阵列"按钮 。

下面介绍一个创建矩形阵列的案例。

❶ 在"快速访问工具栏"中单击"打开"按钮 ，选择"矩形阵列即学即练.dwg"图形

文件来打开，文件中的原始图形如图4-63所示。

② 确保切换至"二维草图与注释"工作空间，在功能区的"常用"选项卡的"修改"面板中单击"矩形阵列"按钮 。

③ 在图形窗口中从左到右指定两个角点来选择要阵列的图形对象，如图4-64所示，按〈Enter〉键结束对象选择。

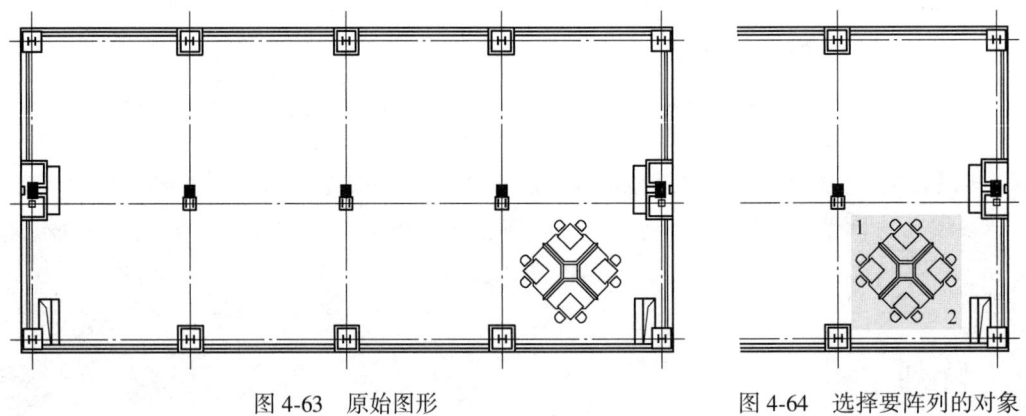

图4-63 原始图形　　　　　　　　图4-64 选择要阵列的对象

④ 在功能区出现的"阵列创建"上下文选项卡中修改矩形阵列的相关参数值，如图4-65所示。

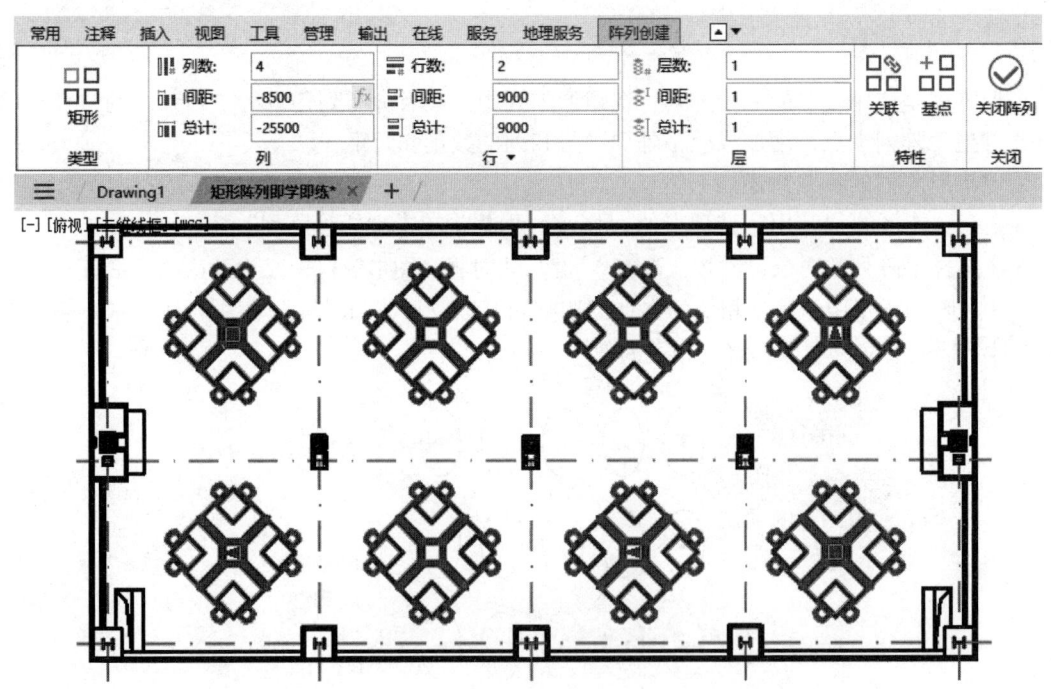

图4-65 在"阵列创建"上下文选项卡中修改矩形阵列的相关参数值

⑤ 在"阵列创建"上下文选项卡中单击"关闭阵列"按钮 。

⑥ 在"快速访问工具栏"中单击"另存为"按钮 ，指定保存路径，将图形另存为"矩形阵列即学即练完成效果.dwg"文件。

4.12.2 环形阵列

创建环形阵列是指围绕中心点或旋转轴在环形阵列中均匀分布对象副本。环形阵列又称极轴阵列。本节主要介绍在二维制图中使用环形阵列。

在创建阵列的过程中，可以设置阵列的关联性，即阵列可以为关联阵列或非关联阵列。所谓的关联性可以允许用户通过维护项目之间的关系快速在整个阵列中传递更改。

- 关联：项目包含在单个阵列对象中，类似于块。可编辑阵列对象的特性，例如，间距或项目数。替代项目特性或替换项目的源对象。编辑项目的源对象以更改参照这些源对象的所有项目。
- 非关联：阵列中的项目将创建为独立的对象。更改一个项目不影响其他项目。

下面通过一个案例介绍如何在二维制图中创建环形阵列对象。

① 在"快速访问工具栏"中单击"打开"按钮，选择"环形阵列即学即练.dwg"图形文件来打开，该文件中的方形桌子、椅子和卡位原始组合如图4-66所示。此时，确保使用"二维草图与注释"工作空间，并在状态栏中确保启动极轴追踪、对象捕捉和对象捕捉追踪模式。

② 在功能区的"常用"选项卡的"修改"面板中单击"环形阵列"按钮，接着在图形窗口中单击选择要阵列的对象，如图4-67所示，按〈Enter〉键完成对象选择。然后使用相关的追踪功能追踪到图4-68所示的点作为阵列的中心点。

图 4-66 原始图形　　图 4-67 选择要阵列的对象　　图 4-68 追踪指定阵列的中心点

③ 此时功能区出现"阵列创建"上下文选项卡，从中设置项目数为4，填充角度默认为360°，并设置其他参数和选项，如图4-69所示。

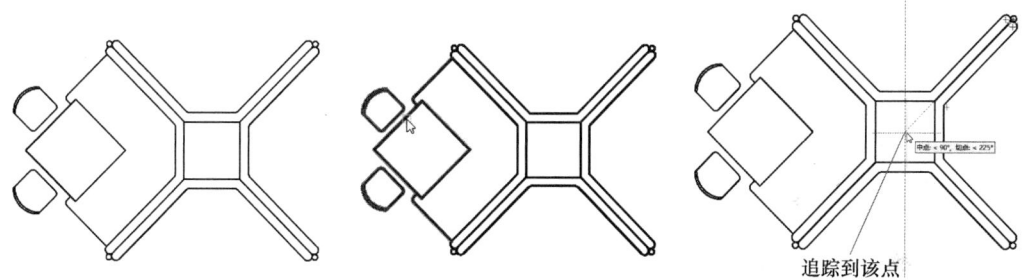

图 4-69 在"阵列创建"上下文选项卡中设置相关参数和选项

④ 在"阵列创建"上下文选项卡中单击"关闭阵列"按钮，完成创建的环形阵列结果如图4-70所示。

⑤ 在"快速访问工具栏"中单击"另存为"按钮，指定保存路径，将图形另存为"环形阵列即学即练完成效果.dwg"文件。

如果在步骤③中取消选中"旋转项目"按钮，那么最后得到的环形阵列结果如图4-71所示。"旋转项目"按钮用于设置是否围绕阵列旋转对象。

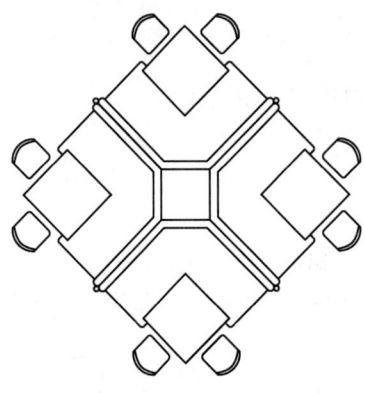 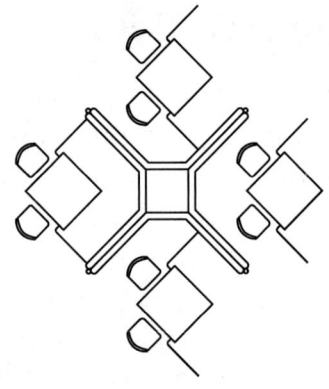

图 4-70 完成创建的环形阵列结果　　图 4-71 不选中"旋转项目"按钮时的环形阵列结果

> **知识点拨：**
>
> 如果关闭了功能区，从菜单栏中单击选择"修改"|"阵列"|"环形阵列"命令，则接着根据命令行提示选择要阵列的对象，并指定阵列的中心点，然后在命令行中根据提示选择所需选项来进行余下的操作，这和在"阵列创建"上下文选项卡中设置相关参数、选项的操作实际上是一样的。

4.12.3　路径阵列

路径阵列是指将选定对象沿着指定的路径均匀地分布，路径可以是直线、多段线、三维多段线、样条曲线、螺旋、圆弧、圆或椭圆。

创建路径阵列的步骤简述如下。

❶ 在功能区的"常用"选项卡的"修改"面板中单击"路径阵列"按钮。

❷ 选择要阵列的对象，并按〈Enter〉键。

❸ 选择所需对象（如直线、多段线、三维多段线、样条曲线、螺旋、圆弧、圆或椭圆）作为阵列的路径。

❹ 在功能区中出现图 4-72 所示的"阵列创建"上下文选项卡，从中指定沿着路径分布对象的方法。

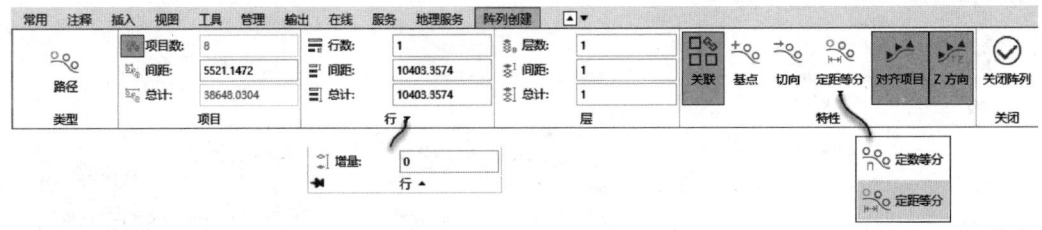

图 4-72　路径阵列的"阵列创建"上下文选项卡

- 要沿整个路径长度均匀地分布项目，则在"特性"面板中单击"定数等分"按钮。
- 要以特定间距分布对象，则在"特性"面板中单击"定距等分"按钮。

❺ 沿路径移动光标以进行调整，或者在"阵列创建"上下文选项卡中设置其他相关的选项

及参数值。

6️⃣ 按〈Enter〉键完成阵列，或者单击"关闭阵列"按钮✓以完成阵列。

请看以下一个使用路径阵列的案例。

1️⃣ 在"快速访问工具栏"中单击"打开"按钮，选择"路径阵列即学即练.dwg"图形文件来打开，文件中的原始图形如图4-73所示。

2️⃣ 在功能区的"常用"选项卡的"修改"面板中单击"路径阵列"按钮。

3️⃣ 在图形窗口中选择树叶图形对象作为要阵列的对象，按〈Enter〉键。

4️⃣ 在图4-74所示的大概位置处单击圆弧以将它作为阵列的路径。

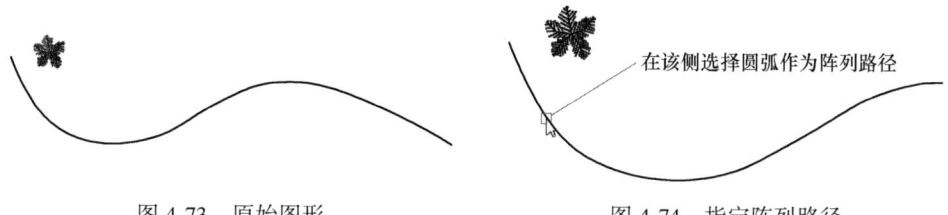

图4-73 原始图形　　　　图4-74 指定阵列路径

5️⃣ 在功能区出现的"阵列创建"上下文选项卡中，单击"特性"面板中的"定数等分"按钮，并单击且选中"关联"按钮，项目数为6、行数为1、层数为1，其他设置如图4-75所示。

图4-75 设置路径阵列的"阵列创建"上下文选项卡

6️⃣ 单击"关闭阵列"按钮✓，完成创建该路径阵列的结果如图4-76所示。

知识点拨：

本例中，如果在"阵列创建"上下文选项卡的"特性"面板中取消选中"对齐项目"按钮，那么最终得到的路径阵列效果如图4-77所示。"对齐项目"按钮用于指定是否对齐每个项目以与路径的方向相切，对齐相对于第一个项目的方向。而"Z方向"按钮则控制是否保持项目的原始Z方向或沿三维路径自然倾斜项目。"切向"按钮用于指定阵列中的项目如何相对于路径的起始方向对齐。

图4-76 完成创建路径阵列　　　　图4-77 取消选中"对齐项目"按钮得到的结果

7️⃣ 在"快速访问工具栏"中单击"另存为"按钮，指定保存路径，将图形另存为"路径阵列即学即练完成效果.dwg"文件。

4.12.4 经典阵列

"经典阵列"按钮用于使用经典的"阵列"对话框来创建矩形阵列和环形阵列，注意"阵列"对话框不支持关联阵列，如果要创建关联阵列，推荐使用 ARRAY 命令来创建。

单击"经典阵列"按钮，弹出图 4-78 所示的"阵列"对话框，接着选择"矩形阵列"单选按钮或"环形阵列"单选按钮，根据选择阵列类型的不同，将显示不同的设置选项。

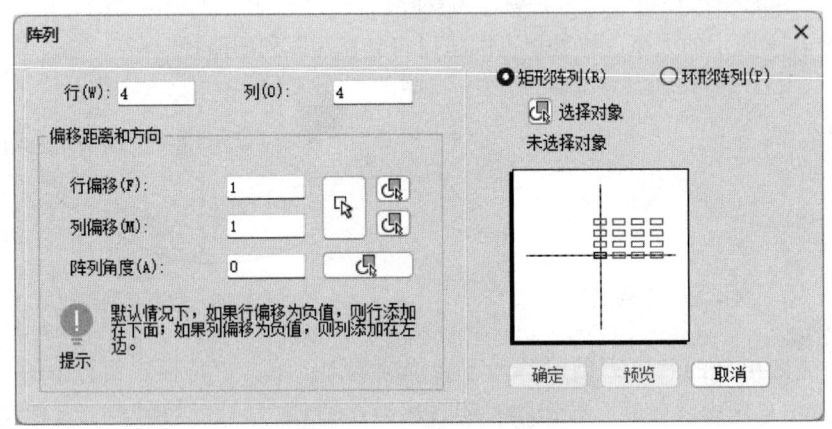

图 4-78 "阵列"对话框

"选择对象"按钮用于选择要阵列的对象，如果选择多个对象，则所有选择的对象都将被视为一个整体。

对于矩形阵列，需要设置矩形阵列的行数、列数、偏移距离和方向等参数、选项；对于环形阵列，需要设置环形阵列的中心点、阵列数目及角度等选项，还可以设置在复制时是否旋转项目，以及根据需要指定选定对象的基点。

预览框用于显示基于当前设置的阵列预览图像。

4.13 使用夹点编辑

在中望 CAD 中，可以使用不同类型的夹点和夹点模式来以特定方式重新塑造、移动或操纵对象。在没有执行相关命令的情况下使用定点设备（如鼠标）选择对象时，在所选对象上将显示有默认蓝色的小方格，有些对象还显示有小三角形，这便是夹点，夹点举例如图 4-79 所示。需要用户注意的是锁定图层上的对象不会显示夹点。

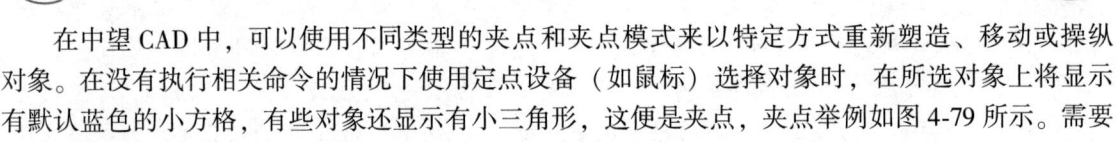

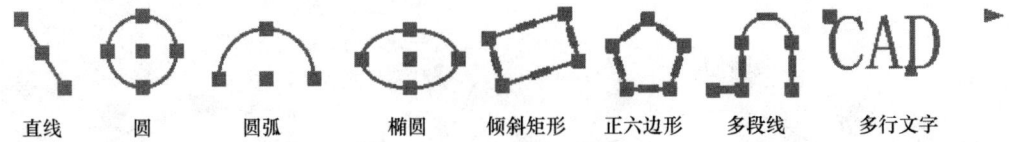

图 4-79 各举例对象上的夹点显示

对于直线、样条曲线、多段线和图案填充等对象，将十字光标悬停在对象夹点时将显示夹点菜单，如图 4-80 所示，此时使用鼠标或上下方向键可从夹点菜单中选择相关编辑选项。使用此方式编辑对象的过程中，按住〈Ctrl〉键可以保留原对象。

对于二维对象、三维实体及注释对象，选择它们的对象夹点时，在命令行中将显示提示信息，如图4-81所示。用户可根据提示信息通过当前夹点编辑选定对象，此时如果直接按〈Enter〉键或空格键可在"移动""旋转""缩放""镜像""拉伸"这些夹点模式之间遍历/切换，然后根据指定的夹点模式进行相关的操作，如移动定点设备并单击。

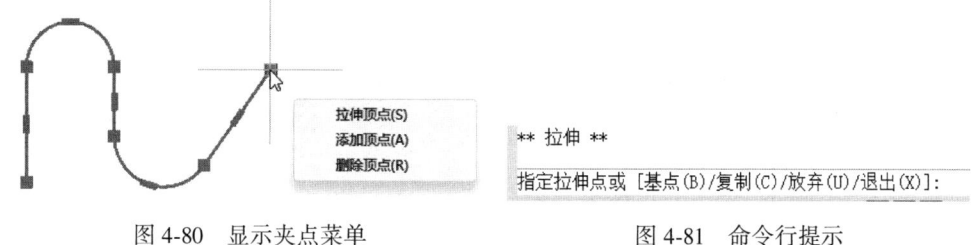

图4-80 显示夹点菜单　　　　　　　　图4-81 命令行提示

在选定夹点上右击，将弹出一个快捷菜单，该快捷菜单提供所有可用的夹点模式和其他选项。当通过夹点拉伸对象时，有以下几点需要注意。

- 按住〈Shift〉键可以选择多个夹点拉伸对象，此时对象处于多个夹点之间的部分将保持不变；
- 对圆或椭圆这些对象使用象限夹点进行拉伸操作时，显示的拉伸距离是从圆心测量的距离，而不是从夹点到指定点的距离。
- 选择直线中点、圆心、文字、块参照以及点对象上的夹点，拉伸操作仅改变对象的位置而不会拉伸对象。
- 二维对象的拉伸仅能在其创建平面上进行，不考虑当前UCS平面。

关于夹点的显示与否以及如何显示，用户可以通过"选项"对话框去设置。单击"应用程序"按钮，接着从打开的应用程序菜单中单击"选项"按钮，弹出"选项"对话框，切换至"选择集"选项卡。此时在"夹点大小"选项组中通过拖动滑块指定夹点尺寸，并可以在"夹点"选项组中设置启用夹点、未选中夹点颜色、选中夹点颜色、悬停夹点颜色、启用夹点提示、显示动态夹点菜单等，如图4-82所示。设置好后单击"确定"按钮。

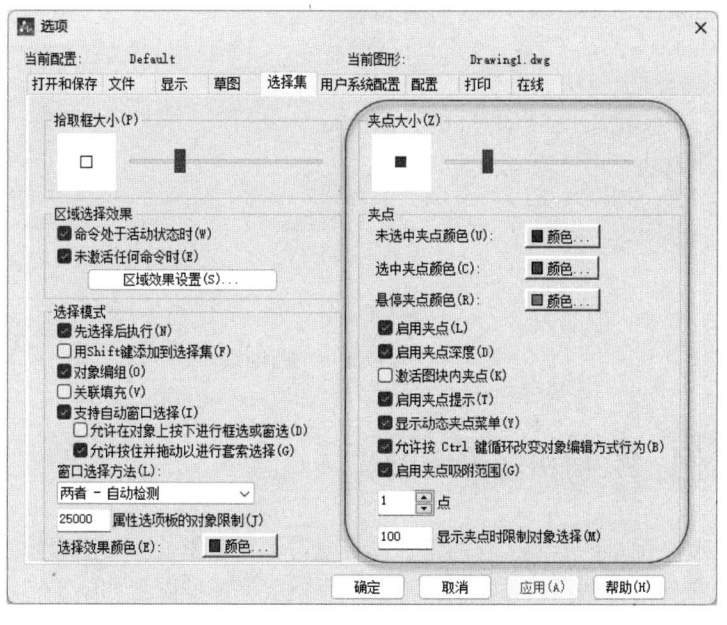

图4-82 设置夹点尺寸和夹点选项等

4.14 绘制折断线

使用"折断线"按钮（对应的命令为 BREAKLINE），可以创建包含折断线符号的多段线对象。

要绘制折断线，在"修改"溢出面板中单击"折断线"按钮，此时命令行显示图 4-83 所示的命令提示信息，包括提示当前用作折断线符号的块、折断线符号的大小，以及创建的多段线超出指定点的距离。

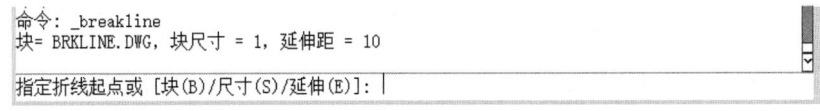

图 4-83　执行折断线（BREAKLINE）命令

- 折线起点：先指定折线的起点，再指定折线的终点，以及指定折断线符号在多段线上的位置（可以是起点到终点的任意为止）。
- "块"：该选项用于选定要用作折断点符号的图块，默认使用 BRKLINE.DWG 定义的块，允许用户自定义折断线符号块。
- "尺寸"：该选项用于确定折断线符号的大小。
- "延伸"：该选项用于确定多段线在指定起点和终点上延伸的长度。

绘制折断线的一个典型案例如下。

命令：BREAKLINE✓
块 = BRKLINE.DWG,块尺寸 = 1,延伸距 = 10
指定折线起点或 [块(B)/尺寸(S)/延伸(E)]：E✓
折线延伸距离 <10.0000>：3✓
块 = BRKLINE.DWG,块尺寸 = 1,延伸距 = 3
指定折线起点或 [块(B)/尺寸(S)/延伸(E)]：S✓
折线符号尺寸 <1.0000>：2✓
块 = BRKLINE.DWG,块尺寸 = 2,延伸距 = 3
指定折线起点或 [块(B)/尺寸(S)/延伸(E)]：100,0✓
指定折线终点：@20,0✓
指定折线符号的位置 <中点(M)>：✓

绘制的折断线如图 4-84 所示。

图 4-84　完成绘制的折断线

4.15 综合案例：绘制和修改图形

本节介绍一个复杂图形的绘制，目的是让读者复习本章所学的一些图形修改知识，并掌握绘制较为复杂的平面图形的方法及技巧。本案例要完成的图形如图 4-85 所示。

本案例的操作步骤如下。

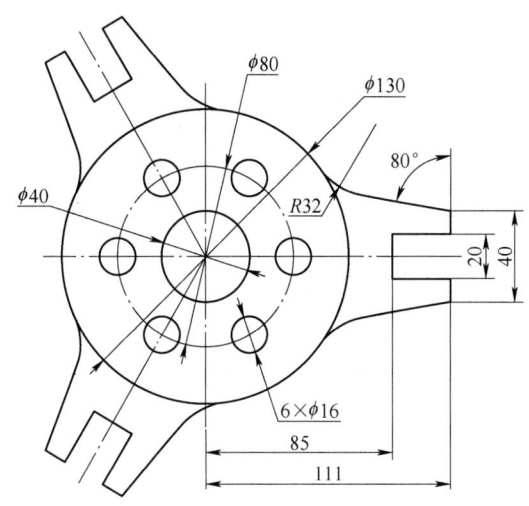

图 4-85 案例要完成的图形

1 新建一个图形文件。

在"快速访问工具栏"中单击"新建"按钮 以创建一个新图形文件,该图形文件以"HY_制图样板.dwt"为图形样板,所述"HY_制图样板.dwt"图形样板文件位于本随书配套资料包的"图形样板"文件夹中。新建图形文件后,选择"二维草图与注释"工作空间作为操作界面。

2 将当前图层设置为"粗实线"。

在功能区"常用"选项卡的"图层"面板中,从"图层特性"下拉列表框中选择"粗实线"。

3 绘制同心圆。

在功能区"常用"选项卡的"绘图"面板中单击"同心圆"按钮 ,接着根据命令提示进行以下操作。

命令:_circle
指定圆的圆心或 [三点(3P)/两点(2P)/切点、切点、半径(T)/同心(N)]: _n
指定圆的圆心: //在绘图区域任意指定一点
指定圆的半径或 [直径(D)/偏移(O)] <0.0000>: 20↙
指定圆的半径或 [直径(D)/偏移(O)/放弃(U)] <20.0000>: 40↙
指定圆的半径或 [直径(D)/偏移(O)/放弃(U)] <40.0000>: 65↙
指定圆的半径或 [直径(D)/偏移(O)/放弃(U)] <65.0000>: *取消   //按〈Esc〉键退出命令操作
绘制的 3 个同心圆如图 4-86 所示。

4 将半径第二大的圆所在图层更改为"中心线"层,如图 4-87 所示。

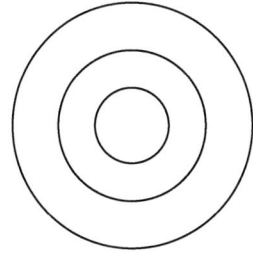   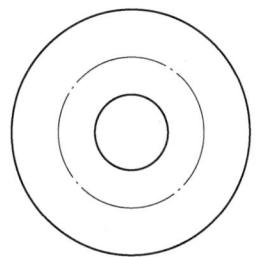

图 4-86 绘制同心圆   图 4-87 将第二个圆改为中心线

选择半径第二大的圆,接着在"图层"面板的"图层特性"下拉列表框中选择"中心线"图层,然后按〈Esc〉键取消该圆的选中状态。

⑤ 绘制多段线。

在"绘图"面板中单击"多段线"按钮⌐,接着根据命令提示进行以下操作。

命令:_pline
指定多段线的起点:FROM✓
基点: //选择同心圆的圆心位置作为基点
<偏移>:@85<0✓   //通过输入相对极坐标的方式确定偏移点作为多段线的起点
当前线宽是 0.0000
指定下一点或 [圆弧(A)/半宽(H)/长度(L)/撤销(U)/宽度(W)]:@10<90✓
指定下一点或 [圆弧(A)/闭合(C)/半宽(H)/长度(L)/撤销(U)/宽度(W)]:@26<0✓
指定下一点或 [圆弧(A)/闭合(C)/半宽(H)/长度(L)/撤销(U)/宽度(W)]:@10<90✓
指定下一点或 [圆弧(A)/闭合(C)/半宽(H)/长度(L)/撤销(U)/宽度(W)]:@69<170✓
指定下一点或 [圆弧(A)/闭合(C)/半宽(H)/长度(L)/撤销(U)/宽度(W)]:✓
完成绘制的多段线如图 4-88 所示。

⑥ 镜像多段线。

在"修改"面板中单击"镜像"按钮△,根据命令提示进行以下操作。

命令:_mirror
选择对象:找到 1 个   //选择刚绘制的多段线
选择对象:✓   //按〈Enter〉键
指定镜像线的第一点: //选择图 4-89 所示的圆心
指定镜像线的第二点: //选择图 4-90 所示的端点
是否删除源对象?[是(Y)/否(N)]<否(N)>:✓ //按〈Enter〉键
镜像结果如图 4-91 所示。

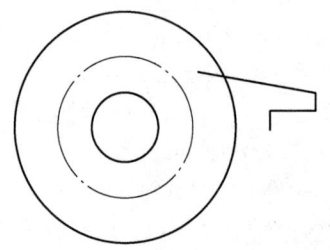
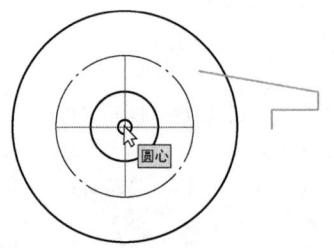

图 4-88　完成绘制的多段线　　　　图 4-89　指定镜像线的第一点(圆心)

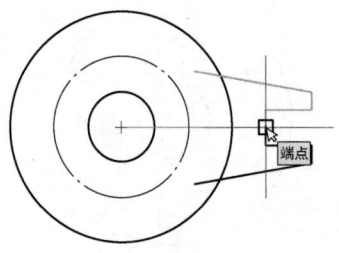
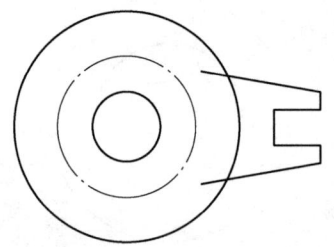

图 4-90　指定镜像线的第二点　　　　图 4-91　镜像结果

7 修剪图形。

在"修改"面板中单击"修剪"按钮 ，将图形修改成图 4-92 所示的效果。

8 阵列图形。

1)在"修改"面板中单击"环形阵列"按钮 ，选择图 4-93 所示的两个多段线对象作为要阵列的对象,按〈Enter〉键,接着选择圆心作为阵列的中心点。

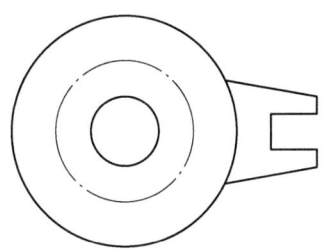

图 4-92 修剪图形的效果

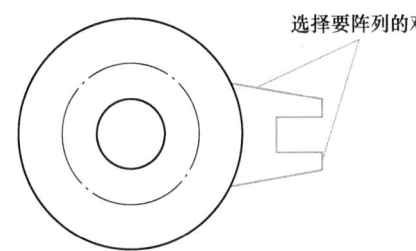

图 4-93 选择要阵列的对象

2)功能区出现"阵列创建"上下文选项卡,设置项目数为 3、角度为 120°、填充为 360°,相关设置如图 4-94 所示,这里取消选中"关联"按钮 。

图 4-94 "阵列创建"上下文选项卡

3)单击"关闭阵列"按钮 ，完成环形阵列操作后得到的图形效果如图 4-95 所示。

9 分解对象。

在"修改"面板中单击"分解"按钮 ，选择图形中的 6 条多段线对象,按〈Enter〉键,从而将所选的这 6 条多段线分解成若干线段。

10 创建圆角。

在"修改"面板中单击"圆角"按钮 ，创建 6 个圆角,圆角半径均为 32,效果如图 4-96 所示。

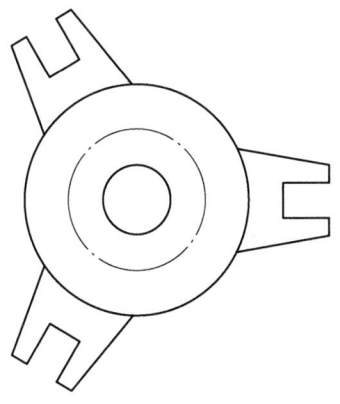

图 4-95 环形阵列操作效果

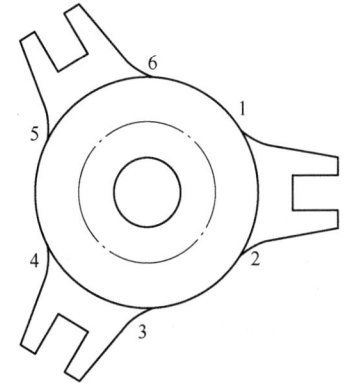

图 4-96 创建 6 个圆角

⑪ 创建一个圆。

在"修改"面板中单击"圆：圆心、半径"按钮⊙，选择图 4-97 所示的一个象限点作为圆心，设置半径为 8，绘制如图 4-98 所示的一个小圆。

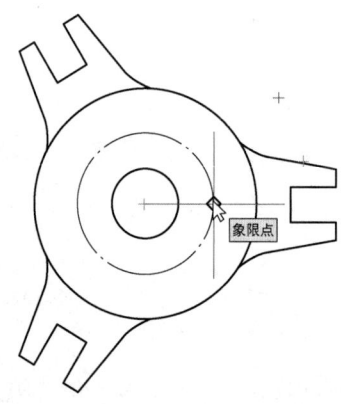
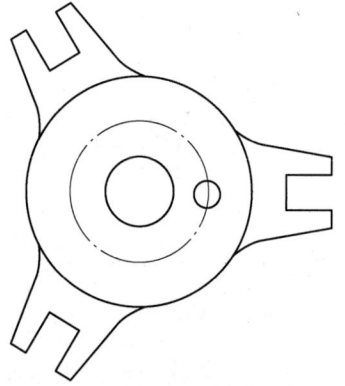

图 4-97　选择一个象限点作为圆心　　　　图 4-98　完成绘制一个小圆

⑫ 创建环形阵列。

在"修改"面板中单击"环形阵列"按钮，选择刚绘制的小圆作为要阵列的对象，按〈Enter〉键，接着选择先前同心圆的圆心作为阵列的中心点，接着在出现的"阵列创建"上下文选项卡中进行图 4-99 所示的设置，然后单击"关闭阵列"按钮⊘。

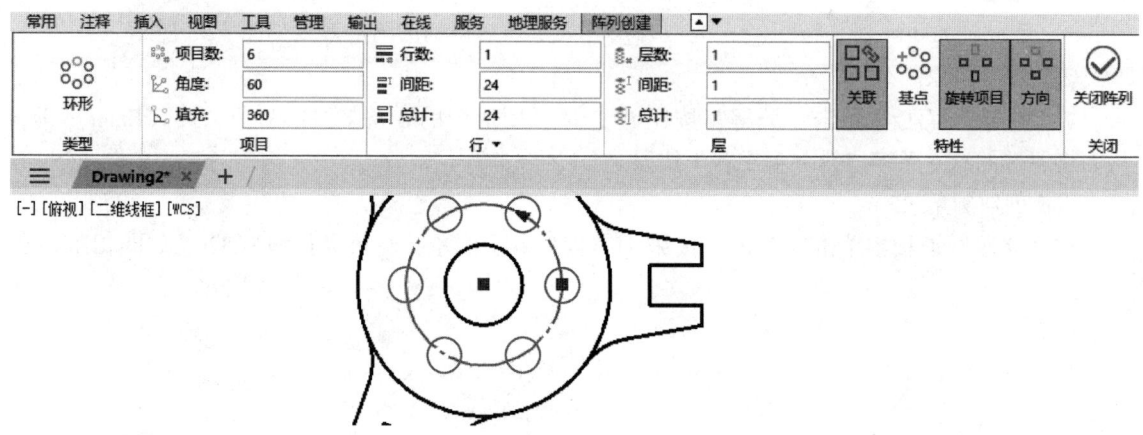

图 4-99　创建环形阵列操作

⑬ 绘制中心线。

在"图层"面板的"图层特性"下拉列表框中选择"中心线"层，接着单击"直线"按钮，绘制相关的中心线，必要时可结合"环形阵列"按钮等工具，在操作上比较灵活。绘制中心线如图 4-100 所示。

通过点选的方式选择全部中心线，在"特性"选项板中将"线型比例"设置为 0.5，如图 4-101 所示。

⑭ 保存文件。

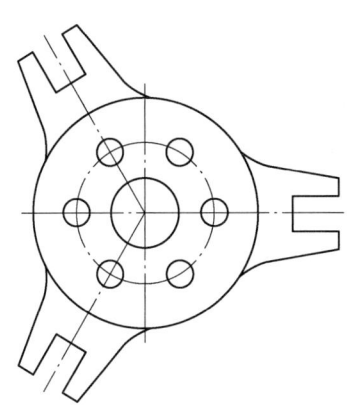

图 4-100　绘制中心线　　　　图 4-101　修改中心线的线型比例

4.16 思考与练习

1）如果两个对象或其延长线相交，可以使用"圆角"（FILLET）命令在对象或其延长线交点处创建圆弧吗？

2）修剪模式和延伸模式都有"快速""标准""增强"模式，这三种模式分别有什么不同，分别用在什么场合？

3）如果要打断对象，应该怎么操作？

4）阵列对象有哪些方法？

5）对齐对象有什么特点？在什么场景下使用对齐工具比较方便？可以举例说明。

6）上机练习 1：先使用"正多边形"按钮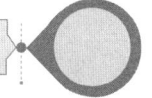绘制一个边长为 30 的等边三角形，接着使用"复制"按钮复制出另外两个同样的等边三角形，然后再分别执行以下操作。

- OFFSETGAPTYPE 系统变量默认为 0，使用"偏移"按钮，向外偏移第一个等边三角形，偏移距离为 6，此时偏移后的拐角不处理。
- 在命令行中输入"OFFSETGAPTYPE"，输入新值为"1"，再使用"偏移"按钮，向外偏移第一个等边三角形，偏移距离为 6，此时偏移后的拐角使用圆角，偏移距离将作为圆角半径。
- 在命令行中输入"OFFSETGAPTYPE"，输入新值为"2"，再使用"偏移"按钮，向外偏移第一个等边三角形，偏移距离为 6。此时偏移后的拐角使用倒角，偏移距离将作为顶点到倒角边的距离。

参考图例如图 4-102 所示。

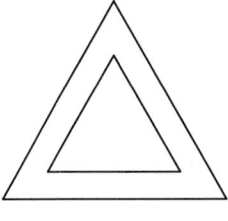　　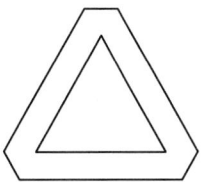

OFFSETGAPTYPE=0　　　OFFSETGAPTYPE=1　　　OFFSETGAPTYPE=2

图 4-102　上机练习参考图例 1

7）上机练习 2：根据图 4-103 所示的尺寸绘制图形。

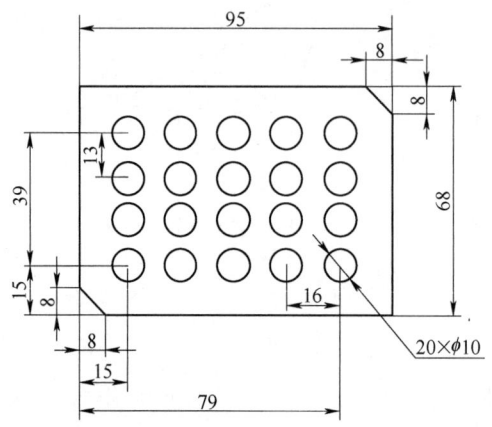

图 4-103　上机练习参考图例 2

8）上机练习 3：根据图 4-104 所示的尺寸绘制图形。

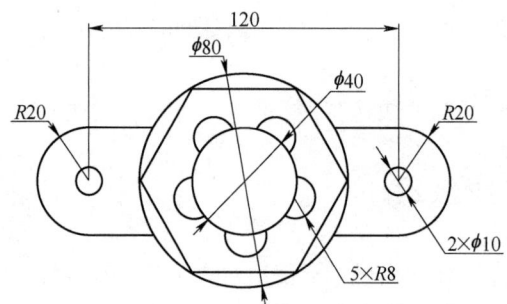

图 4-104　上机练习参考图例 3

9）上机练习 4：根据图 4-105 所示的尺寸绘制图形。

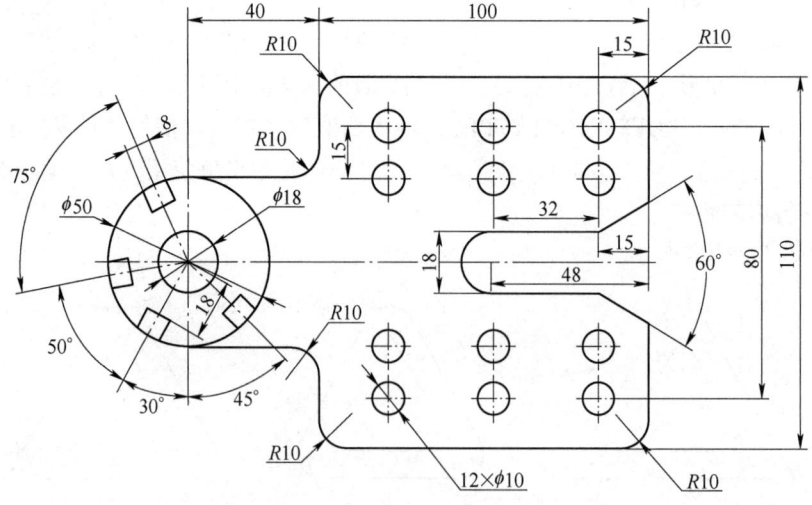

图 4-105　上机练习参考图例 4

第 5 章

进阶绘图与编辑

本章导读

要高效地处理绘图与编辑工作,还需要掌握一些进阶知识,例如本章介绍的编辑多段线与样条曲线,绘制与编辑多线,绘制点,绘制修订云线,填充,绘制圆环,区域覆盖对象,分解、合并及清理对象,面域与边界,编辑对象特性等。

5.1 编辑多段线与样条曲线

本节介绍如何编辑多段线与样条曲线。

5.1.1 编辑多段线

绘制好二维多段线后,可以使用"PEDIT"命令(其对应的工具按钮为"编辑多段线"按钮 )来编辑它。"PEDIT"命令的主要用途包括合并二维多段线、将线条和圆弧转换为二维多段线,以及将多段线转换为近似 B 样条曲线的曲线(即拟合多段线)。

要编辑已有的一条二维多段线,则在功能区的"常用"选项卡的"修改"溢出面板中单击"编辑多段线"按钮,接着在"选择要编辑的多段线或 [多条(M)]:"提示下选择要编辑的一条二维多段线,此时命令窗口出现图 5-1 所示的提示选项,从中选择所需的选项来完成编辑该多段线。

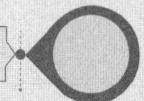

图 5-1 选择多段线后出现的提示选项

- "编辑顶点":编辑多段线的顶点。
- "闭合"或"打开":对于编辑原本开放的二维多段线,中望 CAD 将提供"闭合"选项,"闭合"选项用于创建多段线的闭合线,将多段线的首尾连接(将多段线的起点和最后一条线段的端点连接起来),典型示例如图 5-2 所示。对于编辑原本闭合的二维多段线,中望 CAD 将提供"打开"选项,"打开"选项用于删除多段线的闭合线段(即删除闭合多段线的起点和最后一条线段之间的线段)。

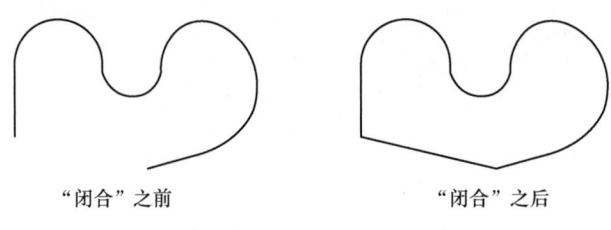

图 5-2　将开放的二维多段线修改为闭合状态

- "非曲线化"：删除由拟合或样条曲线插入的其他顶点并拉直所有多段线线段。
- "拟合"：在顶点间创建圆弧拟合多段线，该曲线通过多段线的所有顶点。典型示例如图 5-3 所示。

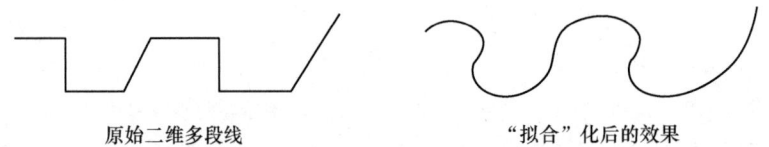

图 5-3　将多段线拟合化

- "连接"：将与多段线端点相连的直线、圆弧、多段线与被编辑的多段线连接为一条多段线。
- "线型模式"：变更多段线的线型模式。
- "反向"：反转多段线顶点的顺序，即改变多段线的方向。
- "样条曲线"：创建样条曲线的近似线，也就是使用选定多段线的顶点作为近似 B 样条曲线的曲线控制点或控制框架，该曲线（称为样条曲线拟合多段线）将通过第一个和最后一个控制点，除非原多段线是闭合的。曲线将会被拉向其他控制点但并不一定通过它们。在框架特定部分指定的控制点越多，曲线上这种拉拽的倾向就越大。可以生成二次和三次拟合样条曲线多段线。将二维多段线"样条曲线"化的典型示例如图 5-4 所示。

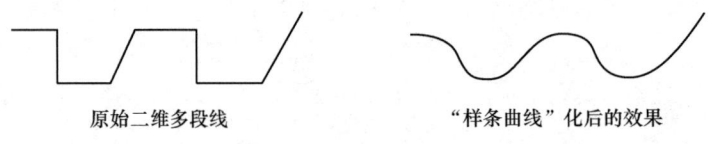

图 5-4　将二维多段线"样条曲线"化的典型示例

- "锥形"：设置多段线的起始宽度和终止宽度，创建锥状多段线。
- "宽度"：为整个多段线指定新的统一宽度。
- "撤销"：还原操作，用于放弃上一步操作，可以一直返回到 PEDIT 命令任务开始时的状态。
- "退出"：退出 PEDIT 命令。

读者可以打开本书配套的"编辑二维多段线即学即练.dwg"来进行编辑多段线的相关练习操作，以加深对上述提示选项的理解。

需要用户注意的是，在单击"编辑多段线"按钮 后，如果选择直线、圆弧或样条曲线，那么命令窗口将出现"选择的对象不是多段线。将它转化吗？<是（Y）>"的提示信息，输入"Y"并按〈Enter〉键以将对象转换为多段线，而若输入"N"并按〈Enter〉键则清除选择。中望 CAD 的多个系统变量将影响此转换。

5.1.2 编辑样条曲线

使用"SPLINEDIT"命令(其对应的工具按钮为"编辑样条曲线"按钮），可以修改样条曲线的参数，或者将样条拟合多段线转换为样条曲线。

定义样条曲线的数据表示格式有"控制框"和"拟合点"两种，用户可以根据需要进行格式更改。控制框数据包括控制点、样条曲线的多项式阶数和指定给每个控制点的权值；拟合点数据包括拟合点、节点参数化、拟合公差以及样条曲线端点处的切线。

> **知识点拨：**
> 将显示控制顶点切换为拟合点时，中望 CAD 会自动将选定样条曲线更改为 3 阶，那么最初使用更高阶数表达式创建的样条曲线可能因此更改形状。此外，如果样条曲线是使用正公差值创建的，拟合点将被重新定位到样条曲线中的节点，而且公差值将重置为 0。

下面介绍使用"SPLINEDIT"命令编辑样条曲线的一般方法步骤。

1 在功能区的"常用"选项卡的"修改"面板中单击"编辑样条曲线"按钮，或者在命令行的"命令"提示下输入"SPLINEDIT"并按〈Enter〉键。

2 选择样条曲线，此时命令提示为"输入选项 [拟合数据（F）/闭合（C）/编辑顶点（E）/转换为多段线（P）/合并（J）/反向（R）/撤销（U）/退出（X）] <退出>:"。

3 选择所需的提示选项来修改所选样条曲线的参数。例如，输入"P"以选择"转换为多段线"选项，接着指定精度值，则可以将样条曲线转换为多段线，其中设置的精度值决定生成多段线与样条曲线的接近程度，其精度有效值为 0~99 间的任意整数。

5.2 绘制与编辑多线

本节介绍绘制与编辑多线的实用知识，多线由多线样式控制。

多线由多条平行线组成，这些平行线被称为多线的元素。可以指定这些平行线的宽度，而且每条线都可以有自己的颜色和线型。

在建筑平面图中，经常使用"多线"来绘制内外墙。

绘制多线时，可以使用包含两个元素的"STANDARD"多线样式，也可以指定一个以前创建的多线样式。开始绘制之前，可以更改多线的对正和比例。多线对正将确定在光标的哪一侧绘制多线，或者是否位于光标的中心上，而多线的比例用来控制多线的全局宽度（使用当前单位）。多线比例不影响线型。用户可以根据设计需要创建多线的命名样式，这些命名样式用来控制元素的数量和每个元素的特性。多线的特性包括：元素的总数和每个元素的位置、每个元素与多线中间的偏移距离、每个元素的颜色和线型、每个顶点出现的称为 joints 的直线的可见性、使用的端点封口类型和多线的背景填充颜色等。

下面通过绘制墙体的一个典型案例来讲解如何创建多线样式、如何绘制多线图形，以及如何编辑多线图形。

1 在"快速访问工具栏"中单击"新建"按钮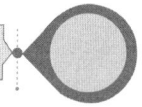，新建一个使用 zwcadiso.dwt 默认图形样板的图形文件。切换至"二维草图与注释"工作空间，通过"快速访问工具栏"设置显示菜单栏。

②从菜单栏中选择"格式"|"多线样式"命令，或者在命令行中输入"MLSTYLE"并按〈Enter〉键，系统弹出图5-5所示的"多线样式"对话框。

③在"多线样式"对话框中单击"添加"按钮，系统弹出"创建新多线样式"对话框，在"新样式名称"文本框中输入"WALL-1"新样式名，如图5-6所示，然后单击"继续"按钮。

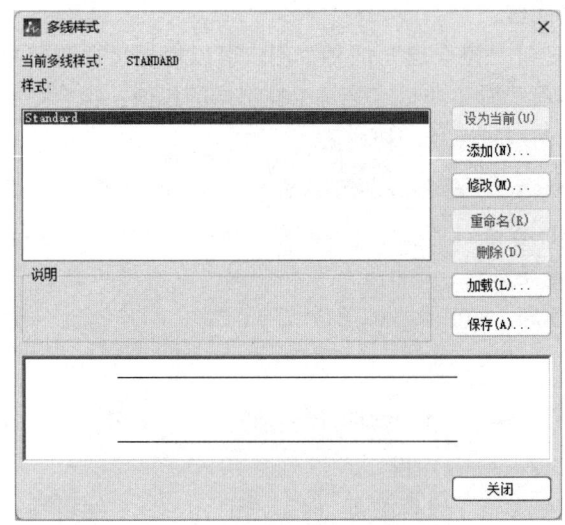
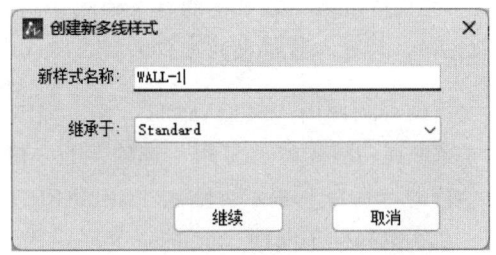

图5-5 "多线样式"对话框　　　　图5-6 "创建新多线样式"对话框

④系统弹出"新建多线样式：WALL-1"对话框。在"元素"选项组中单击"添加"按钮以添加一个图元，接着分别设置相应图元元素的偏移距离，即偏移距离分别为118、0、-118，并在"图元"选项组中选择偏移为0的图元元素，将其颜色设置为红色。另外，在"封口"选项组中将封口的起点和端点样式均设为直线形式。在"说明"文本框中输入"墙体多线样式"。具体设置如图5-7所示。

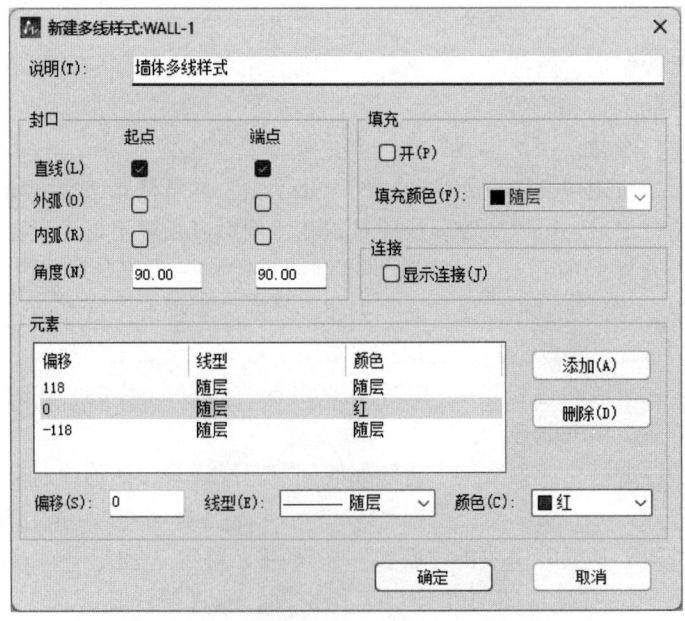

图5-7 "新建多线样式：WALL-1"对话框

110

> **知识点拨：**
> 多线可以有不同的封口，封口形式可以为直线、外弧和内弧等，起点和端点可以有不同的封口形式。在实际应用时要注意比较这些封口形式的异同之处。

⑤ 在"元素"选项组的图元列表框中选择偏移为 0 的图元元素，从"线型"下拉列表框中选择"其他"，打开图 5-8 所示的"线型管理器"对话框。接着在"线型管理器"对话框中单击"加载"按钮，打开"添加线型"对话框，从"可用线型"列表中选择"CENTER"线型，如图 5-9 所示。然后单击"确定"按钮，并在"线型管理器"对话框中选择刚加载的"CENTER"线型，单击"确定"按钮，从而将偏移为 0 的图元元素的线型设置为"CENTER"线型，如图 5-10 所示。

图 5-8 "线型管理器"对话框 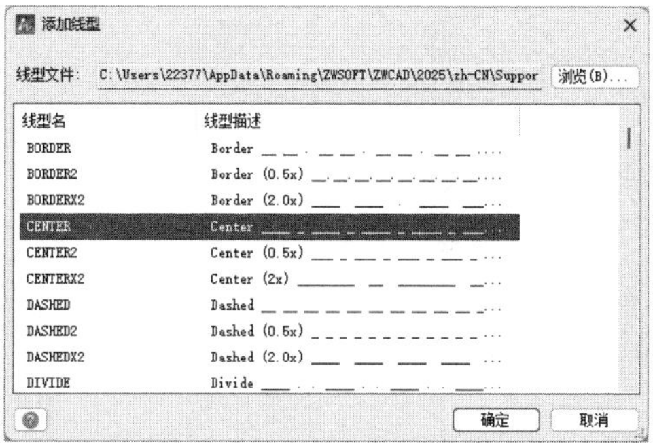　　　　　图 5-9 "添加线型"对话框

⑥ 在"新建多线样式：WALL-1"对话框中单击"确定"按钮，接着在"多线样式"对话框的"样式"列表框中选择"WALL-1"样式，单击"设为当前"按钮，然后单击"关闭"按钮，从而将该新多线样式设置为当前的多线样式。

⑦ 下面开始绘制墙体。在命令行的"命令"提示下输入"ML"并按〈Enter〉键，或者在功能区"常用"选项卡的"绘图"面板中单击"多线"按钮，接着根据命令行提示进行以下操作。

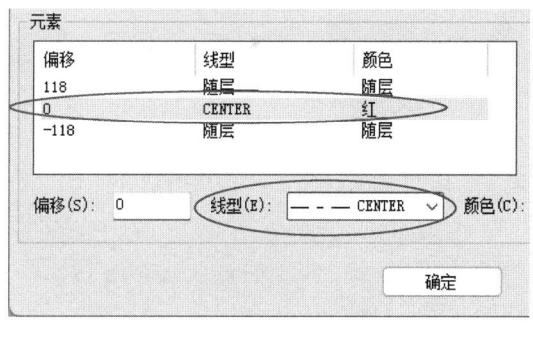

图 5-10 设置中间图元的线型

```
命令:ML↙                                //输入"MLINE"的命令别名
MLINE
当前设置：对正 = 上,比例 = 20.0000,样式 = WALL-1
指定起点或 [对正(J)/比例(S)/样式(ST)]:J↙   //选择"对正"选项
输入对正类型 [上(T)/无(Z)/下(B)] <上>:Z↙   //选择"无"选项
当前设置：对正 = 无,比例 = 20.0000,样式 = WALL-1
指定起点或 [对正(J)/比例(S)/样式(ST)]:S↙   //选择"比例"选项
输入多线比例 <20.0000>:1↙
当前设置：对正 = 无,比例 = 1.0000,样式 = WALL-1
指定起点或 [对正(J)/比例(S)/样式(ST)]:0,0↙
```

指定下一点：@0,4500↙
指定下一点或 [撤销(U)]：@7500,0↙
指定下一点或 [闭合(C)/撤销(U)]：@0,-6000↙
指定下一点或 [闭合(C)/撤销(U)]：@1200,0↙
指定下一点或 [闭合(C)/撤销(U)]：@0,-3900↙
指定下一点或 [闭合(C)/撤销(U)]：@8700<180↙
指定下一点或 [闭合(C)/撤销(U)]：@4500<90↙
指定下一点或 [闭合(C)/撤销(U)]：↙

初步绘制的墙体如图 5-11 所示。

8 继续使用"MLINE"命令绘制内墙体，如图 5-12 所示。

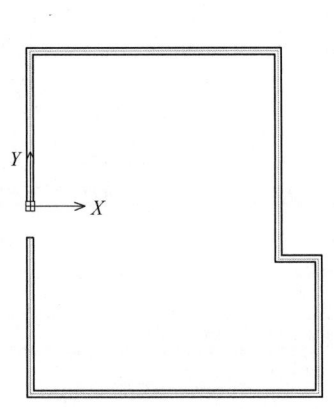
图 5-11　初步绘制的墙体

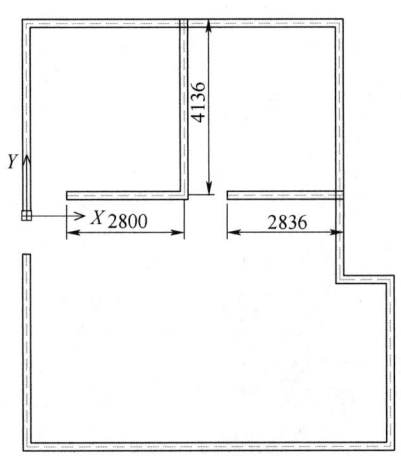
图 5-12　绘制内墙体

9 在命令行的"命令"提示下输入"MLEDIT"，按〈Enter〉键，弹出图 5-13 所示的"多线编辑工具"对话框。

10 在"多线编辑工具"对话框中单击"T形打开"图标，根据提示依次选择要编辑的相交多线进行修改，注意先选择内墙体多线，再选择相交的外墙。编辑结果如图 5-14 所示。

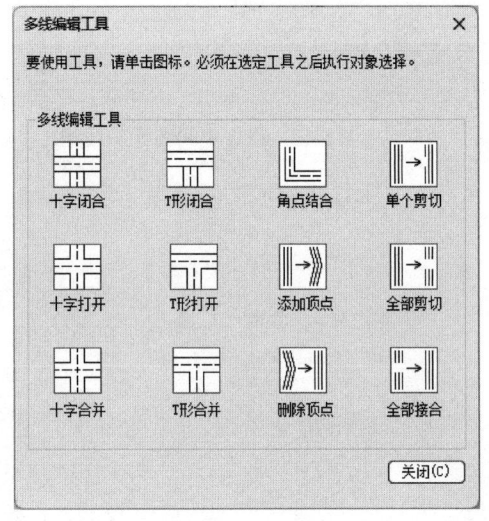
图 5-13　"多线编辑工具"对话框

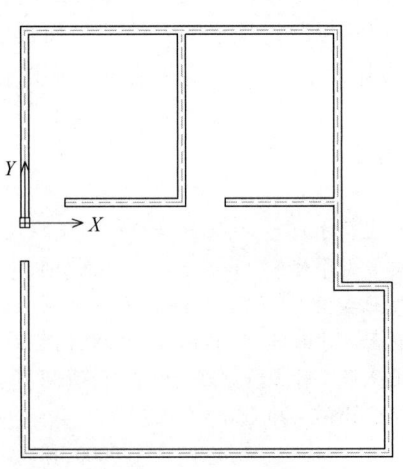
图 5-14　"T形打开"的效果

11 在"快速访问工具栏"中单击"保存"按钮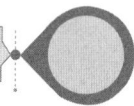，将该图形文件保存为"多线即学即练完成效果.dwg"。

5.3 绘制点

在中望 CAD 中，点的显示由点样式控制。如果不想采用默认的点样式，那么可以自定义点样式。

5.3.1 点样式

要设置点样式，在命令行中输入"DDPTYPE"，按〈Enter〉键，系统弹出图 5-15 所示的"点样式"对话框，从中可以指定点样式和点大小。"点样式"对话框提供 20 种点显示图像，通过选择点显示图像图标来更改点样式，在"点大小"文本框中设置点的显示大小，可以相对于屏幕设置点的大小，也可以按绝对单位设置点的大小。当按屏幕尺寸的百分比设定点的显示大小时，当进行缩放时，点的显示大小并不改变，点的大小默认为屏幕的 5%；当按"点大小"下指定的实际绝对单位设定点显示的大小时，进行缩放时，显示的点大小随之改变。

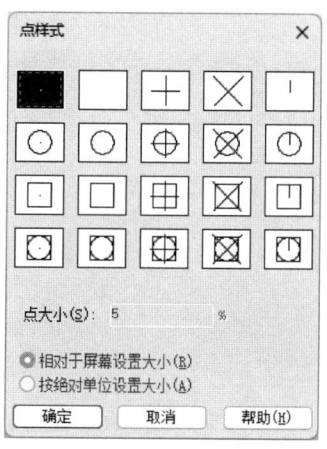

图 5-15 "点样式"对话框

5.3.2 创建点

要绘制点，通常可以在功能区的"常用"选项卡的"绘图"面板中单击"多个点"按钮，接着在绘图区域中指定点位置即可，可以继续创建其他的点，绘制好所需的点后，按〈Esc〉键退出命令。例如，在图 5-16 所示的示例中，绘制有 5 个点，分别位于椭圆中心和椭圆的各个象限点处。

用户也可以在命令行中输入"POINT"并按〈Enter〉键，接着指定位置来绘制一个点。

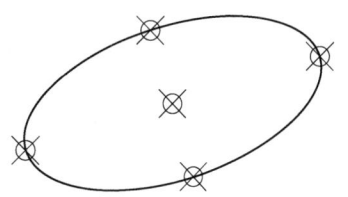

图 5-16 绘制多点示例

5.3.3 绘制定数等分点

定数等分点是通过指定点数量来在选定对象上创建等分点，要绘制定数等分点，则在功能区的"默认"选项卡的"绘图"面板中单击"定数等分"按钮，或者在命令行的"命令"提示下输入"DIVIDE"并按〈Enter〉键，接着选择要定数等分的对象，以及输入线段数目（即点的数目）即可。请看以下绘制定数等分点的一个案例。

① 在"快速访问工具栏"中单击"打开"按钮，弹出"选择文件"对话框，选择随书配套的"绘制定数等分点即学即练.dwg"文件来打开，原始图形如图 5-17 所示。

② 在命令行中输入"DDPTYPE"并按〈Enter〉键，打开"点样式"对话框，选择图 5-18 所示的点样式，并相对于屏幕设置大小，点大小为 3%，然后单击"确定"按钮。

③ 在功能区的"常用"选项卡的"绘图"面板中单击"定数等分"按钮，或者在命令行的"命令"提示下输入"DIVIDE"并按〈Enter〉键，选择椭圆弧作为要定数等分的对象，然后输入线段数目（即点的数目）为 7，结果如图 5-19 所示。

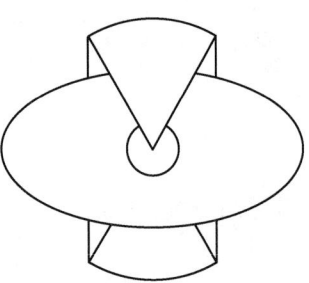

图 5-17　原始图形

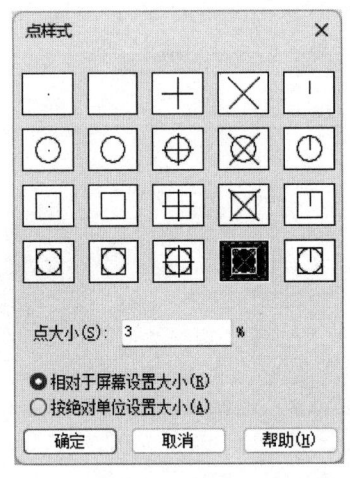

图 5-18　设置点样式

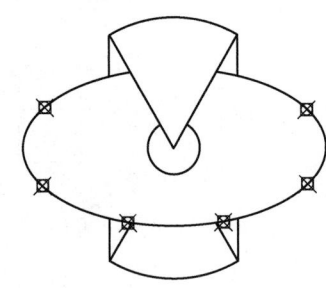

图 5-19　按 7 等分在选定对象上创建点

④ 在"快速访问工具栏"中单击"另存为"按钮，将图形另存为"绘制定数等分点即学即练完成效果.dwg"。

在创建定数等分点的命令执行过程中，会出现"输入分段数或 [块（B）]："提示信息，此时如果输入"B"来选择"块"选项，则可以通过指定块名和分段数来对选定的对象进行等分，等分标记为指定的块，可以设置是否将块与对象对齐。

5.3.4　绘制定距等分点

定距等分是将所选单独图形对象按照设定的距离进行等分，其中最后一段可能达不到指定的长度。

要绘制定距等分点，则在功能区"常用"选项卡的"绘图"面板中单击"定距等分"按钮，或者在命令行的"命令"提示下输入"MEASURE"并按〈Enter〉键，接着选择要定距等分的对象，以及输入线段长度（即要等分的距离）即可。请看以下绘制定距等分点的一个案例。

① 在"快速访问工具栏"中单击"打开"按钮，弹出"选择文件"对话框，选择随书配套的"绘制定距等分点即学即练.dwg"文件来打开，原始图形如图 5-20 所示。

② 在命令行中输入"DDPTYPE"并按〈Enter〉键，打开"点样式"对话框，选择图 5-21

所示的点样式，并相对于屏幕设置大小，点大小为3%，然后单击"确定"按钮。

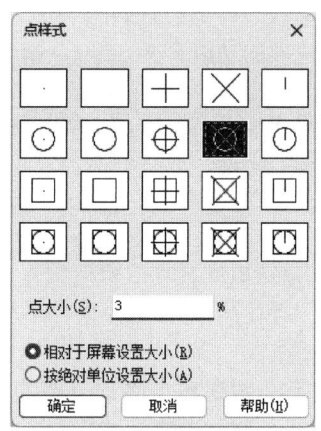

图5-20 已有的直线　　　　　　　　图5-21 定义点样式

③ 在功能区"常用"选项卡的"绘图"面板中单击"定距等分"按钮，或者在命令行的"命令"提示下输入"MEASURE"并按〈Enter〉键，在靠近左端点处选择直线作为要定距等分的对象，如图5-22所示，接着在"指定分段长度或［块（B）］:"提示下输入等分距离为35，结果如图5-23所示。

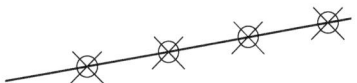

图5-22 选择要定距等分的对象　　　　图5-23 创建定距等分点的结果

④ 在"快速访问工具栏"中单击"另存为"按钮，将图形另存为"绘制定距等分点即学即练完成效果.dwg"。

> **知识点拨：**
>
> 进行定距等分操作时，选择开放图形的位置不同，其结果可能会不相同。这是因为中望CAD软件是从靠近用于选择对象的点的端点处开始放置，从该近端点处开始进行等分计算，而无法等分的那一段便留在最后。此外，闭合多段线的定距等分从它们的初始顶点（绘制的第一个点）处开始；如果选择的对象为圆，定距等分的起点为当前捕捉角度的方向与圆的交点，当捕捉角度为0时，从圆心为起点、圆与 X 轴正方向交点处开始，沿着逆时针方向放置等分标记。

5.4 绘制修订云线

修订云线是由连续圆弧组成的多段线，在形状上类似于"云线"，主要用于查看阶段提醒用户注意图形的某个部分。在查看或用红线圈阅图形时，可以使用修订云线功能亮显标记以提高工作效率。绘制有修订云线的示例如图5-24所示。在实际设计工程中，可以通过移动鼠标来从头开始创建修订云线，也可以将某些对象转换为修订云线，可以转换为修订云线的对象包括圆、椭圆、多段线和样条曲线。

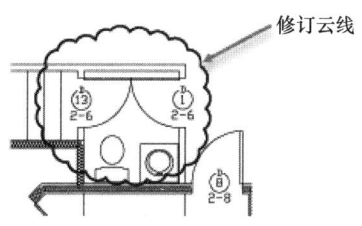

图5-24 修订云线示例

要创建修订云线，可以在命令行的"命令"提示下输入"REVCLOUD"并按〈Enter〉键，此时命令行窗口出现的提示信息如图 5-25 所示，接着根据命令行提示进行相应的操作。下面先简要地介绍各提示选项的功能含义。

图 5-25　REVCLOUD 命令提示信息

- "弧长"：指定组成修订云线的圆弧的弧长。所设置的最大弧长不能超过最小弧长的 3 倍。设置的最大和最小弧长将保存在系统注册表中，在下一次使用 REVCLOUD 命令时，此值便是当前值。
- "对象"：指定要转换为修订云线的对象。可选择闭合对象（如圆、椭圆、多段线或样条曲线）转化为修订云线，选择对象后，中望 CAD 系统会提示用户是否反转方向。
- "矩形"：使用指定的点作为对角点创建矩形修订云线。
- "多边形"：指定多边形的顶点来创建多边形修订云线。
- "椭圆"：指定椭圆的轴和端点来创建椭圆形修订云线。
- "圆"：指定圆心和半径来创建圆形修订云线。
- "自由绘制"：使用徒手画的方式绘制修订云线。
- "样式"：设置修订云线的样式。选择"样式"选项后，命令行出现"请选择圆弧样式[普通（N）/手绘（C）]<当前>："的提示信息，此时，可以指定修订云线的圆弧样式为"普通"或"手绘"。"普通"选项用于绘制起始线段宽度与终止线段宽度相同的修订云线，"手绘"选项用于像使用画笔绘图一样创建修订云线。
- "修改"：绘制新的修订云线以替代多段线或修订云线中的分段。

为了便于绘制修订云线，在功能区"常用"选项卡的"绘图"面板中提供有一个"修订云线"下拉菜单，该下拉菜单中提供了"矩形修订云线"按钮、"多边形修订云线"按钮、"椭圆修订云线"按钮、"圆形修订云线"按钮和"自由绘制修订云线"按钮。用户可以根据自己的需要选择相应的修订云线按钮来绘制所需的修订云线。

5.5　填充

在中望 CAD 中，可以使用选定的填充图案或渐变色来填充现有对象或封闭区域。

5.5.1　填充封闭区域

在功能区"常用"选项卡的"绘图"面板中单击"图案填充"按钮，则在功能区中打开图 5-26 所示的"图案填充创建"上下文选项卡。"图案填充创建"上下文选项卡包括以下几个面板。

- "边界"面板：该面板提供了"拾取点""选择""删除""重新创建"工具。其中，"拾取点"工具用于通过选择由一个或多个对象形成的封闭区域内的点来确定图案填充边界；"选择"工具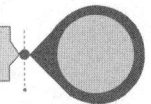用于指定基于选定对象的图案填充边界，使用此选择选项时，不会自动检测内容对象，为了在文字周围创建不填充的空间，则将文字包括在选择集中；"删除"工具用于从边界定义中删除之前添加的任何对象；"重新创建"工具则用于围绕选定的图案填充或填充对象创建多段线或面域，并使其与图案填充对象相关联（可选）。

图 5-26 "图案填充创建"上下文选项卡

- "图案"面板：显示所有预定义和自定义图案的预览图像，用户从中选择所需的图案。当选择"SOLID"实体填充图案时，可以实现纯色填充。
- "特性"面板：在该面板中可以查看并设置图案填充类型、图案填充颜色或渐变色1、背景色或渐变色2、图案填充透明度、图案填充角度、填充图案缩放、图案填充间距和图层名等。
- "原点"面板：该面板用于控制填充图案生成的起始位置，例如，在该面板上单击"设定原点"按钮，可直接指定新的图案填充原点。某些图案填充（如砖块图案）需要与图案填充边界上的一点对齐，默认情况下，所有图案填充原点都对应于当前的 UCS 原点。
- "选项"面板：控制几个常用的图案填充或填充选项，如关联性、注释性、特性匹配、创建独立的图案填充和孤岛检测选项等。其中，若选中"关联"按钮，则指定图案填充或填充为关联图案填充，关联的图案填充或填充在用户修改其边界时将会更新。孤岛检测选项包括"普通孤岛检测""外部孤岛检测""忽略孤岛检测"和"无孤岛检测"，"普通孤岛检测"用于从外部边界向内填充（如果遇到内部孤岛，填充将关闭，直到遇到孤岛中的另一个孤岛），"外部孤岛检测"用于从外部边界向内填充（此选项仅填充指定的区域，不会影响内部孤岛），"忽略孤岛检测"用于忽略所有内部的对象。
- "关闭"面板：在该面板中单击"关闭图案填充创建"按钮，则退出"HATCH"并关闭"图案填充创建"上下文选项卡。

需要用户注意的是，如果当前工作界面没有激活功能区，在菜单栏中选择"绘图"|"图案填充"命令时，或者在命令行输入"HATCH"命令并按〈Enter〉键，那么将弹出图 5-27 所示的"填充"对话框，在该对话框中进行图案填充操作和在功能区出现的"图案填充创建"上下文选项卡上进行图案填充操作实际上是一样的。

> **知识点拨：**
>
> 中望 CAD 功能区关闭后怎么调出来？
>
> 可以通过两种方法重新将功能区调出来。方法一是在状态栏右边区域单击"设置工作空间"按钮，然后在打开的上拉菜单中勾选"功能区"复选项即可；方法二是在命令行输入"RIBBON"并按〈Enter〉键即可。

下面介绍一个图案填充的操作案例，即在一个机械零件的剖面图形中绘制剖面线。

① 在"快速访问工具栏"中单击"打开"按钮，弹出"选择文件"对话框，选择随书配套的"绘制剖面线即学即练.dwg"文件来打开，原始图形如图 5-28 所示。

② 切换至"二维草图与注释"工作空间，在功能区"常用"选项卡的"绘图"面板中单击"图案填充"按钮，打开"图案填充创建"上下文选项卡。

③ 在"图案填充创建"上下文选项卡的"图案"面板中选择"ANSI31"图案，并在"特性"面板中设置角度值为 0，填充图案比例为 0.618，如图 5-29 所示。

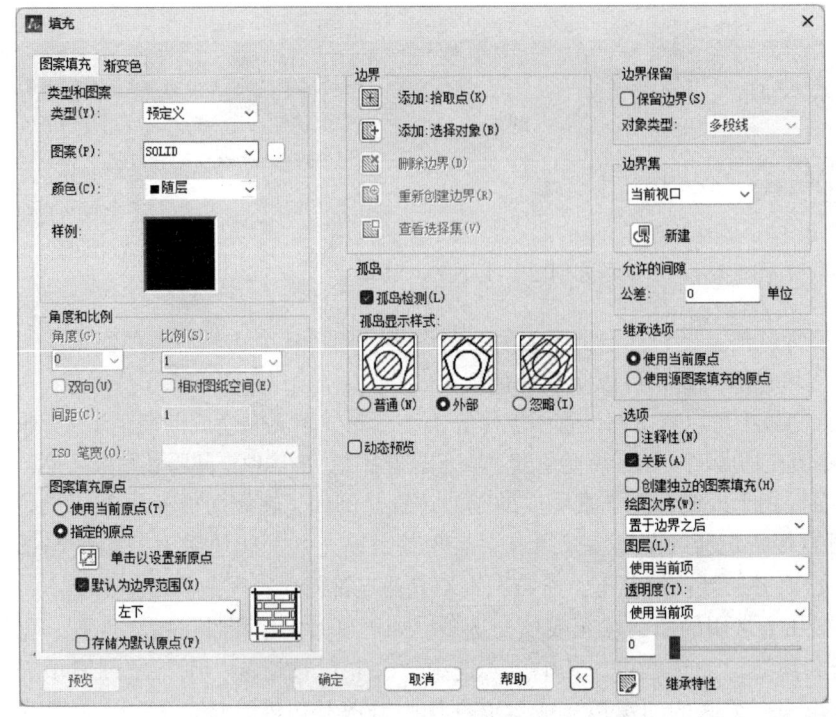

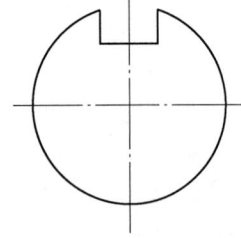

图 5-27 "填充"对话框　　　　　图 5-28 原始图形

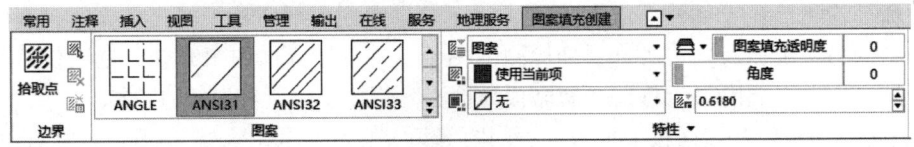

图 5-29 指定要填充的图案及相关的特性

④ 在"边界"面板中单击"拾取点"按钮，接着在图形窗口的区域 1、区域 2、区域 3 和区域 4 内依次任意单击一点，以选择这些区域作为要填充图案的闭合区域，如图 5-30 所示。

⑤ 确保在"选项"面板中选中"关联"按钮，在"关闭"面板中单击"关闭图案填充创建"按钮，则退出"HATCH"并关闭"图案填充创建"上下文选项卡。完成绘制的剖面线如图 5-31 所示。

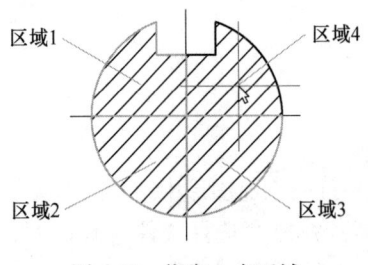
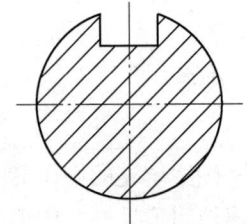

图 5-30 指定 4 个区域　　　　图 5-31 完成绘制剖面线（图案填充）

5.5.2 填充不封闭区域

在中望 CAD 中，可以填充不封闭的区域，其主要方法是设置系统变量（HPGAPTOL）的允许间隙范围，让开口处的间隙在允许的间隙范围之内。

请看下面一个案例解析。

⬛1 在"快速访问工具栏"中单击"打开"按钮📂，弹出"选择文件"对话框，选择随书配套的"填充不封闭区域即学即练.dwg"文件来打开，原始图形如图 5-32 所示，很明显该图形存在一个间隙为 2 的开口。

⬛2 在"绘图"面板中单击"图案填充"按钮▦，打开"图案填充创建"上下文选项卡，接着选择 ANSI37 图案，在"边界"面板单击"拾取点"按钮▦，在图形相对内部区域拾取一点，如图 5-33 所示，系统弹出一个对话框提示边界定义错误，主要是边界不闭合造成的。

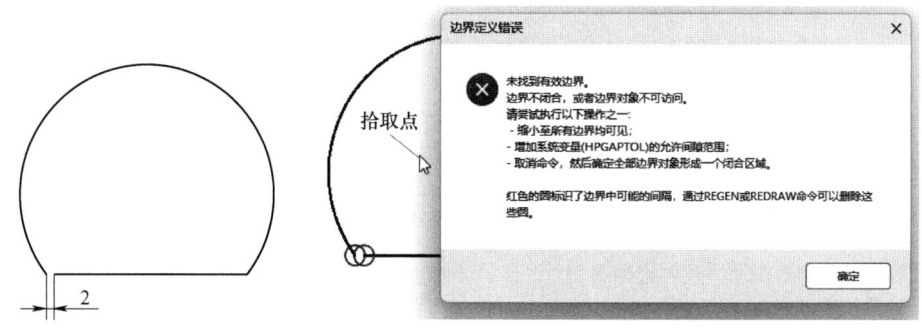

图 5-32　原始图形　　　　图 5-33　提示边界定义错误

⬛3 此时，关闭该对话框，在命令行的"拾取内部点或 [选择对象 (S) /放弃 (U) /设置 (T)]："提示下输入"T"并按〈Enter〉键，或者在"图案填充创建"上下文选项卡的"选项"面板中单击"图案填充设置"按钮◢，弹出"填充"对话框，展开全部选项后，在"允许的间隙"选项组中将公差设置为 3 单位，如图 5-34 所示，然后单击"确定"按钮。

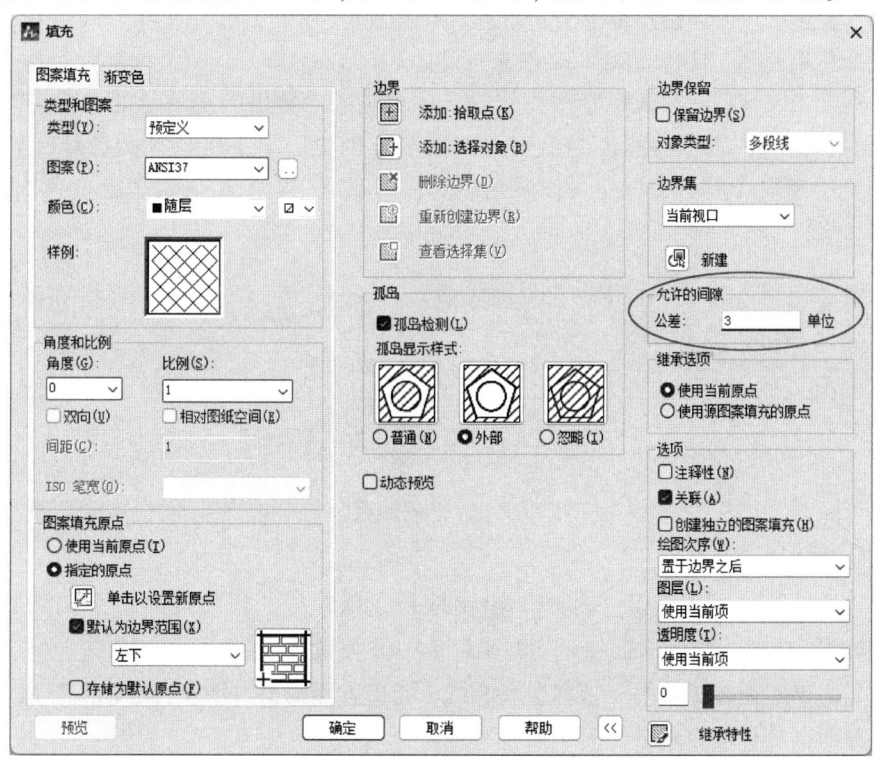

图 5-34　在"填充"对话框设置公差

④ 再次选择"拾取点"按钮，在图形的内部区域内单击，弹出"开放边界警告"对话框，如图 5-35 所示，提示指定的图案填充边界未闭合，但是间隙却在设置的允许间隙范围内，单击"是"按钮，则由于存在的间隙小于设定的允许间隙，系统将忽略此间隙而认为边界是闭合的，最后单击"关闭图案填充创建"按钮，结果如图 5-36 所示。

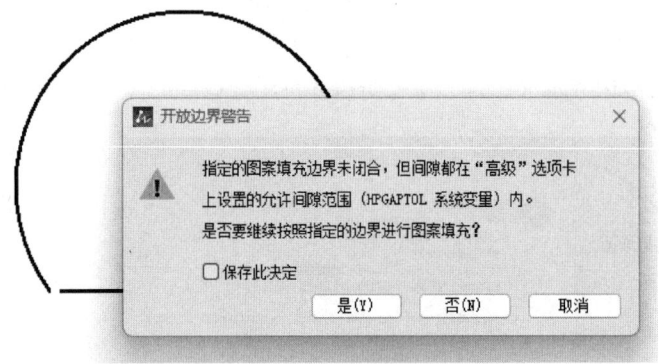
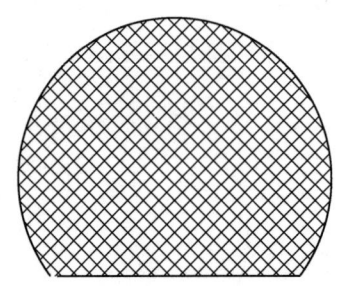

图 5-35　开放边界警告　　　　　　　　图 5-36　填充不封闭区域的结果

5.5.3　渐变色填充

渐变色填充是指以一种渐变色填充封闭区域，渐变色填充可显示为明（一种与白色混合的颜色）、暗（一种与黑色混合的颜色）或两种颜色之间的平滑过渡。渐变色填充的操作与图案填充的操作是类似的。下面以一个案例进行介绍。

① 在"快速访问工具栏"中单击"打开"按钮，弹出"选择文件"对话框，选择随书配套的"渐变色填充即学即练.dwg"文件来打开。

② 切换至"二维草图与注释"工作空间，从功能区"常用"选项卡的"绘图"面板中单击"渐变色"按钮，则在功能区中出现"图案填充创建"上下文选项卡，从"特性"面板的"图案填充类型"下拉列表框中可以看到当前的图案填充类型默认为"渐变色"，如图 5-37 所示。

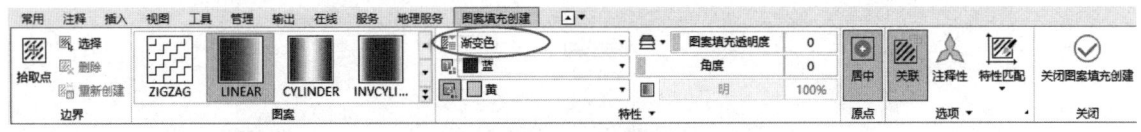

图 5-37　图案填充类型默认为"渐变色"

③ 在"图案"面板中选择"LINEAR"渐变色图案，在"特性"面板中设置渐变色 1 为蓝色，渐变色 2 为黄色。

④ 在"选项"面板中单击"选项"溢出按钮，接着从"孤岛检测"下拉列表框中选择"普通孤岛检测"选项，如图 5-38 所示，并确保选中"关联"按钮。

⑤ 在"边界"面板中单击"选择"按钮，接着在图形窗口中通过指定两个角点来选择全部的图形，此时渐变色填充效果如图 5-39 所示。

⑥ 在"关闭"面板中单击"关闭图案填充创建"按钮。

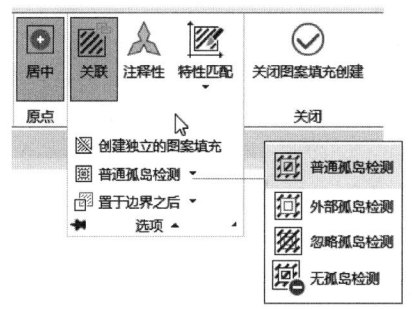 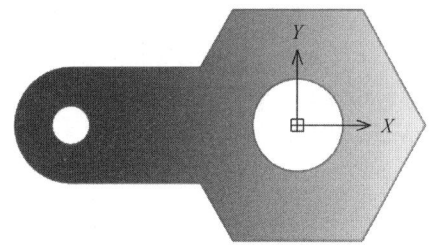

图 5-38　指定孤岛检测方式　　　　　图 5-39　渐变色填充效果

5.5.4　编辑填充剖面图案

编辑填充剖面图案比较简单，在图形窗口中双击要编辑的填充剖面图案，系统弹出"填充"对话框以及在功能区"图案填充编辑器"上下文选项卡，利用"填充"对话框对剖面图案进行相应的编辑，包括类型、图案、颜色、角度、比例和图案填充原点等。

也可以在功能区"常用"选项卡的"修改"溢出面板中单击"编辑图案填充"按钮，选择填充对象，接着利用弹出的"填充"对话框，修改选定图案填充的各项属性，如切换填充图案、更改填充比例、更改填充颜色等。

5.5.5　创建注释性填充图案

在工程图 CAD 中，填充剖面图案主要用于表示不同的材料、纹理或区域，使得图纸的可读性和细节表达更强。非注释性的填充图案，在打印图纸时，填充图案会随视口比例的放大、缩小而变疏、变密，而创建了注释性填充图案，在同一张图纸里不同视口中的同一个注释性填充打印出来的疏密度是相同的。

要创建注释性填充图案，在执行"图案填充"命令的过程中，在"填充"对话框的"选项"选项组中勾选"注释性"复选框，如图 5-40 所示。在默认情况下，注释性填充图案的比例值采用系统当前设置值，可以在状态栏中设定当前注释比例，如图 5-41 所示。

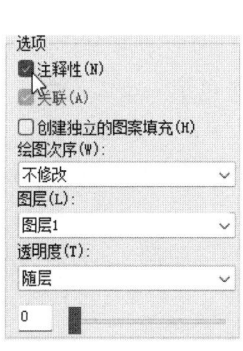 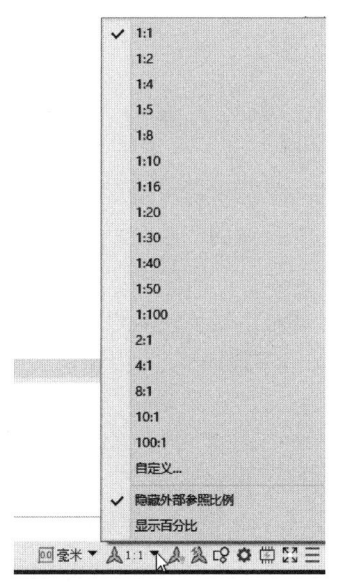

图 5-40　勾选"注释性"复选框　　　　　图 5-41　查看及设置注释比例

5.6 绘制圆环

圆环是由闭合宽多段线构成的填充环或实体填充圆,属于带有宽度的实际闭合多段线。圆环多用在电路图中和某些特殊图标图案上。要创建圆环,需要指定它的内外直径和圆心位置。通过指定不同的中心点(圆心位置),可以继续创建具有相同直径的多个圆环副本。如果要创建实体填充圆,即绘制一个实心圆,那么可将内圆直径(内径值)设置为0。

下面结合案例介绍创建圆环的步骤。

① 在功能区"常用"选项卡的"绘图"面板中单击"圆环"按钮 ⊙。

② 指定圆环的内径。在本例中,指定内径为16。

③ 指定圆环的外径。在本例中,指定外径为25。

④ 指定圆环的圆心。在本例中,指定圆环圆心的绝对坐标值为"130,0"。

⑤ 指定另一个圆环的中心点,或者按〈Enter〉键结束命令。在本例中,按〈Enter〉键结束命令,绘制的一个圆环如图5-42所示。

> **知识点拨:**
> 可以使用系统变量"FILL"控制圆环的填充,默认时"FILL"输入模式为"开(ON)",表示绘制的圆环为填充圆环;当将"FILL"输入模式更改为"关(OFF)",则绘制的圆环为不填充形式的圆环,如图5-43所示。更改"FILL"输入模式后,为了看设置后的圆环效果,可以在命令行的"命令"提示下输入"RE"或"REGEN"并按〈Enter〉键以重生成图形。

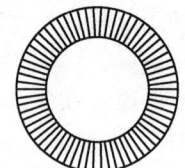

图5-42 绘制圆环　　　　　　图5-43 不填充形式的圆环

5.7 区域覆盖对象

区域覆盖对象是一块多边形区域,它可以使用当前背景色屏蔽底层的对象。区域覆盖区域是由区域覆盖边框定义的,用户可以打开此边框来进行编辑,也可以关闭此边框来进行打印操作。

要遮罩绘图区域,则在功能区"常用"选项卡的"绘图"面板中单击"区域覆盖"按钮,接着在定义被屏蔽区域周边的点序列中指定点,也可以从"指定第一点或[边框(F)/圆或多段线(P)]<圆或多段线>:"提示选项中选择"圆或多段线(P)"选项并单击要使用的现有圆或多段线(该多段线必须闭合,仅包含线段且宽度为0),最后按〈Enter〉键结束命令。创建区域覆盖对象的典型示例如图5-44所示。

如果要切换区域覆盖边框,则在功能区"常用"选项卡的"绘图"面板中单击"区域覆盖"按钮,接着在"指定第一点或[边框(F)/圆或多段线(P)]<圆或多段线>:"提示下选择"边框(F)",然后指定"开""关"或"显示但不打印"。

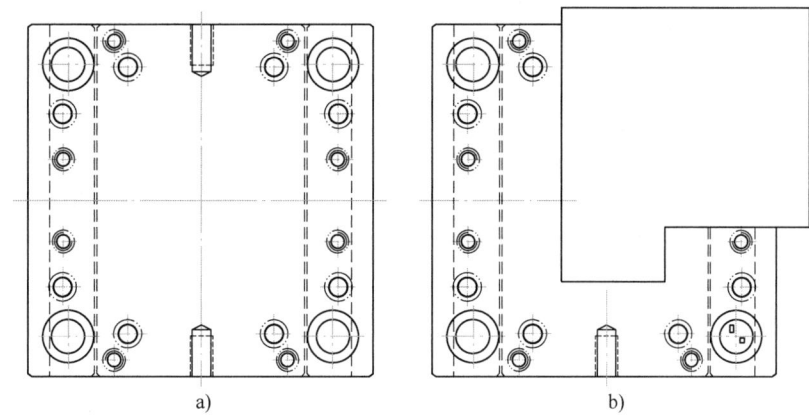

图 5-44 创建区域覆盖对象的典型示例
a）原图 b）在原图上创建一个区域覆盖对象

5.8 分解、合并及清理对象

本节介绍分解、合并及清理对象等操作。

5.8.1 分解对象

使用 EXPLODE 命令（对应的工具为"分解"按钮），可以将譬如多段线、图案填充、标注、图形块等复合对象分解，将复合对象转换为组成对象的多个独立元素。将复合对象分解后，可以对分解后的独立元素进行编辑。

分解对象的步骤很简单，在功能区"常用"选项卡的"修改"面板中单击"分解"按钮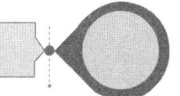，或者在命令行中输入"EXPLODE"并按〈Enter〉键，接着选择要分解的对象，按〈Enter〉键即可。如果选择要分解的对象是多段线，则该多段线会分解为直线和圆弧的组合，其中，宽多段线会丢失线宽特性，分解后的直线和圆弧将沿原宽多段线的中心线放置。

5.8.2 合并对象

之前介绍过打断对象的操作，而合并对象与打断对象有些相反，合并对象指的是将两个或多个对象合并为单个对象。

在中望 CAD 中，使用 JOIN 命令（对应的工具为"合并"按钮），可以将直线、圆弧、椭圆弧、多段线、样条曲线、螺旋线以及三维多段线合并为单个对象。

- 将共线的对象合并成单线对象。
- 由 BREAK 命令打断的对象，可通过合并操作恢复。
- 对于单个圆弧或椭圆弧，通过 JOIN 命令生成完整的圆或椭圆。
- 如果要合并的对象具有不同特性，如线宽、颜色、图层等特性，合并后的对象将默认使用第一个对象的特性。

打开"合并对象即学即练.dwg"图形文件，进行合并对象的操作演练。

在功能区"常用"选项卡的"修改"溢出面板中单击"合并"按钮，或者在命令行中输入"JOIN"并〈Enter〉键，接着选择源对象或一次要合并的多个对象，这里先选择首尾相连的多段线 1 和多段线 2。选择好所需对象后按〈Enter〉键，则所选两条多段线合并成单一的多段线。对于共线的对象，在执行 JOIN 命令时，分别选择共线的两个对象，按〈Enter〉键，即可合并生成一条单一的直线段，如图 5-45 所示。

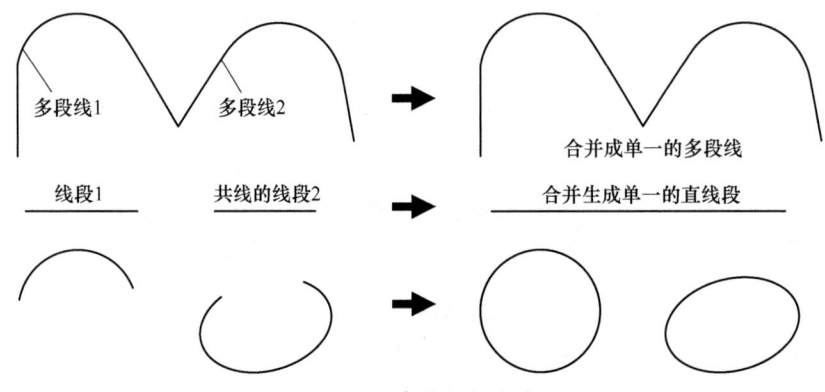

图 5-45　合并对象演练

对于圆弧或椭圆弧，在执行 JOIN 命令并选择圆弧或椭圆弧后，再在命令行中输入"L"以选择"关闭（L）"选项，按〈Enter〉键，即可成功闭合圆弧或椭圆弧。

5.8.3　清理对象

对于图形文件中没有用到的命名对象，如块定义和图层，可以将其清理干净，从而减少图形文件的大小，提高运行效率。清理对象的命令为 PURGE，其对应的命令位于应用程序菜单里的"图形实用工具"|"清理"命令，如图 5-46 所示。

在命令行中输入"PURGE"并按〈Enter〉键，或者单击"菜单浏览器"按钮，接着在应用程序菜单里选择"图形实用工具"|"清理"命令，弹出"清理"对话框，如图 5-47 所示。选择

图 5-46　"清理"命令

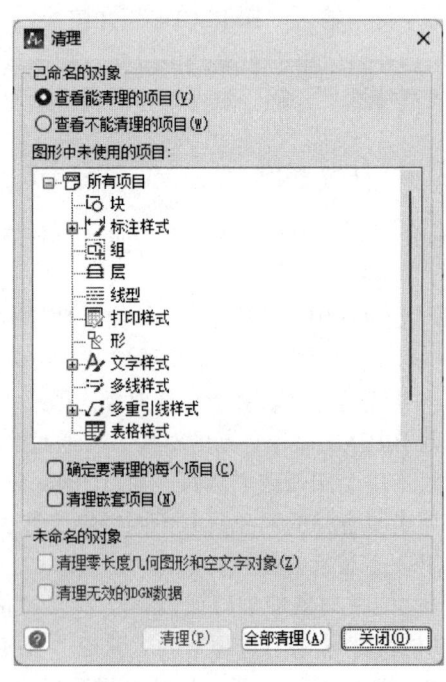

图 5-47　"清理"对话框

"查看能清理的项目"单选按钮，在"图形中未使用的项目"列表框中显示当前图形未被使用且能够被清理的命名项目，可通过单击对象类型前的加号来浏览当前类型包含的所有可被清理的对象，选择未使用的已命名对象后，单击"清理"按钮删除选定的未使用对象。如果单击"全部清理"按钮，则图形中所有可以清理的未使用对象都会被删除。注意"确定要清理的每个项目"复选框和"清理嵌套项目"复选框的应用。

5.9 面域与边界

本节介绍面域与边界，两者均可用来创建面域对象，但要注意它们在使用上的异同之处。

5.9.1 创建面域与面域布尔运算

面域是具有物理特性（如质心）的二维封闭区域。在实际设计中，可以将现有面域合并到单个复杂面域。面域通常用于提取设计信息，应用填充和着色，使用布尔操作将简单对象合并到更复杂的对象。

可以从形成闭环的对象创建面域，所谓的环可以是封闭某个区域的直线、多段线、圆、圆弧、椭圆、椭圆弧和样条曲线的组合。

创建面域的方法步骤如下。

① 在功能区"常见"选项卡的"绘图"面板中单击"面域"按钮◎，或者在命令窗口的命令行中输入"REGION"并按〈Enter〉键。

② 选择对象以创建面域。这些对象必须各自形成闭合区域，如圆、椭圆或闭合多段线。

③ 按〈Enter〉键，命令提示下的信息指出检测到了多少个环以及创建了多少个面域。

创建好若干面域后，可以对面域进行布尔运算（如并运算、差运算、交运算）以获得所需的单一面域对象。

- 并运算：命令为 UNION（命令别名为 UNI），可将所有参与运算的面域合并为一个新面域。
- 差运算：命令为 SUBTRACT（命令别名为 SU），可从一个面域中减去一个或多个面域，从而生成一个新的面域。
- 交运算：命令为 INTERSECT（命令别名为 IN），可求出各个相交面域的公共部分。

【案例】创建面域与面域布尔运算

① 在"快速访问工具栏"中单击"打开"按钮，弹出"选择文件"对话框，选择随书配套的"创建面域与面域布尔运算即学即练.dwg"文件来打开，原始图形如图 5-48 所示。

② 在功能区"常见"选项卡的"绘图"溢出面板中单击"面域"按钮◎，接着选择圆，按〈Enter〉键，生成第一个面域。

③ 再次按〈Enter〉键或空格键，重复执行上一个命令，这里重复执行"REGION"命令，多次使用窗口选择方式分别选择 4 个梯形图形，如图 5-49 所示，按〈Enter〉键，系统提示"提取了 4 个环。"

④ 进行并运算。

命令:UNION↙   //在命令行中输入"UNION"并按〈Enter〉键
选择对象求和：找到 1 个   //选择圆形面域

选择对象求和：找到 1 个,总计 2 个　　　　　//选择其中一个梯形面域
选择对象求和：找到 1 个,总计 3 个　　　　　//选择第二个梯形面域
选择对象求和：找到 1 个,总计 4 个　　　　　//选择第三个梯形面域
选择对象求和：找到 1 个,总计 5 个　　　　　//选择第四个梯形面域
选择对象求和：✓　　　　　　　　　　　　　 //按〈Enter〉键

对面域进行并运算后得到的新面域图形如图 5-50 所示。

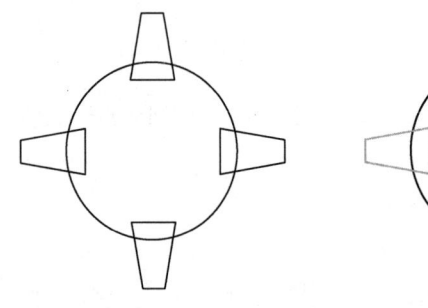 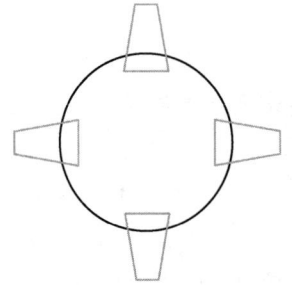 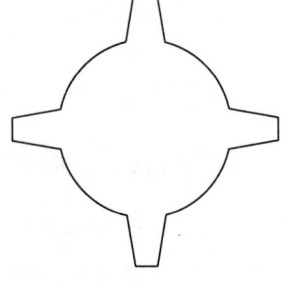

图 5-48　原始图形　　　　图 5-49　选择 4 个梯形图形　　　　图 5-50　并运算后的新面域

5.9.2　创建边界

使用"BOUNDARY（边界）"命令,可以从封闭区域创建面域或多段线。该命令对应的工具按钮为"边界"按钮▢。

在功能区"常用"选项卡的"绘图"面板中单击"边界"按钮▢（如图 5-51 所示），或者在命令行的"命令"提示下输入"BOUNDARY"并按〈Enter〉键，弹出图 5-52 所示的"边界创建"对话框。利用该对话框，基于封闭指定点的对象定义对象类型（可供选择的对象类型选项有"面域"和"多段线"）、边界集及孤岛检测选项，从而创建面域或多段线。在这里，先介绍"边界创建"对话框中的各工具按钮、复选框、下拉列表框及其选项的功能含义。

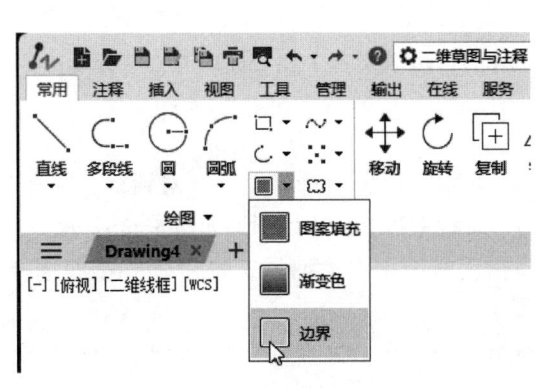 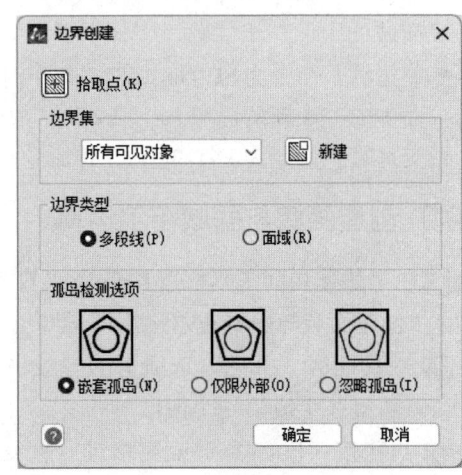

图 5-51　单击"边界"按钮　　　　　　　　图 5-52　"边界创建"对话框

- "拾取点"按钮▣：单击此按钮，在闭合区域内拾取点来定义边界，距拾取点最近的闭合对象将创建为边界。
- "边界集"选项组：该选项组用于指定对象边界集，将基于选择集中的对象创建边界。

- "边界类型"选项组：在该选项组中选择"多段线"单选按钮或"面域"单选按钮，以控制新创建边界的类型为多段线还是面域。
- "孤岛检测选项"选项组：控制"BOUNDARY（边界）"命令是否检测内部闭合边界，该边界称为孤岛。如果选择集中的闭合区域内包含闭合对象，设置内部闭合对象是否参与边界构造，可选选项有"嵌套孤岛""仅限外部""忽略孤岛"。"嵌套孤岛"表示封闭区域内的所有闭合对象都将创建为边界；"仅限外部"用于设置封闭区域内的最外层闭合底线才会创建为边界；"忽略孤岛"用于设置封闭区域内的所有闭合对象都不会创建为边界。

请看使用"BOUNDARY（边界）"命令创建一个面域的操作案例。

1 在"快速访问工具栏"中单击"打开"按钮，弹出"选择文件"对话框，选择随书配套的"边界即学即练.dwg"文件来打开，原始图形如图5-53所示。

2 在功能区"默认"选项卡的"绘图"面板中单击"边界"按钮，或者在命令行的"命令"提示下输入"BOUNDARY"并按〈Enter〉键，打开"边界创建"对话框。

3 确保选中"嵌套孤岛"单选按钮，在"边界类型"选项组中选择"面域"单选按钮，从"边界集"下拉列表框中默认选择"所有可见对象"选项，如图5-54所示。

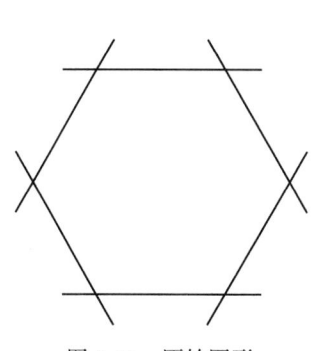

图 5-53 原始图形

图 5-54 "边界创建"对话框

4 在"边界创建"对话框中单击"拾取点"按钮，在图5-55所示的图形封闭区域内任意单击一点以拾取内部点。

5 按〈Enter〉键，可以从命令窗口中看到操作结果为："已创建1个面域。"

此时，如果在状态栏中选中"选择循环"按钮以打开选择循环模式，接着在图形窗口中单击封闭边界任意中间一段，如图5-56所示，则弹出"选择集"对话框，其中显示有生成的面域对象。

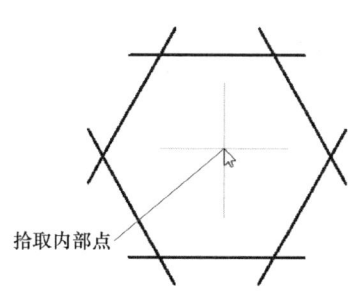

图 5-55 拾取内部点

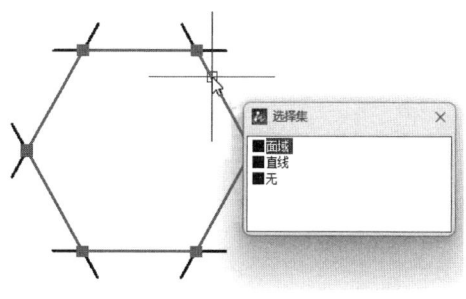

图 5-56 显示有生成的面域对象

> **知识点拨：**
>
> 使用 REGION 命令和 BOUNDARY 命令均可以创建面域，但在本例中只能使用 BOUNDARY 命令创建面域，而不能使用 REGION 命令，因为 REGION 命令只能由端点首尾相连形成封闭的图形来创建面域。

5.10 编辑对象特性

编辑图形对象的特性有不少的方法，比较常用的主要有使用"特性"选项板和对象特性匹配工具。

5.10.1 使用"特性"选项板改变对象特性

对象特性控制着对象的外观和行为，并用于组织图形。在中望 CAD 中，每个图形对象都具有常规特性和类型所特有的特性，其中，常规特性主要包括其图层、颜色、线型、线型比例、线宽、透明度和打印样式。

单击〈Ctrl+1〉快捷键，可打开或关闭"特性"选项板。在命令行中输入"PROPERTIES"命令并按〈Enter〉键，也可以开启"特性"选项板。

"特性"选项板提供了所有特性设置的完整列表。如果没有选定对象，那么在"特性"选项板中可以查看和更改要用于所有新对象的当前特性；如果选定单个对象，那么在"特性"选项板中可以查看并更改所选对象的常规特性和其所特有的特性；如果选定多个对象，那么在"特性"选项板中可以查看并更改它们的常用特性。

下面介绍如何通过"特性"选项板来修改一个圆对象。

 打开"特性编辑即学即练.dwg"文件，该图形文件中已有的图形如图 5-57 所示。

 单击〈Ctrl+1〉快捷键，以打开"特性"选项板，接着在图形窗口中选择以中心线显示的圆，则"特性"选项板显示该圆的所有特性，如图 5-58 所示。

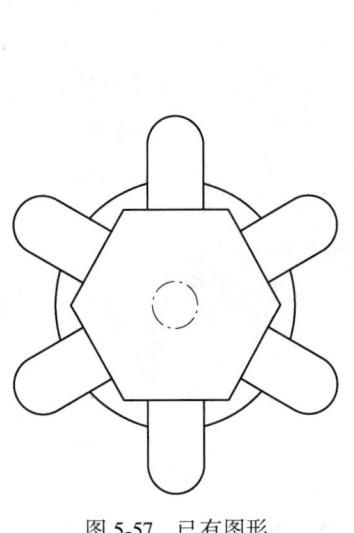

图 5-57 已有图形

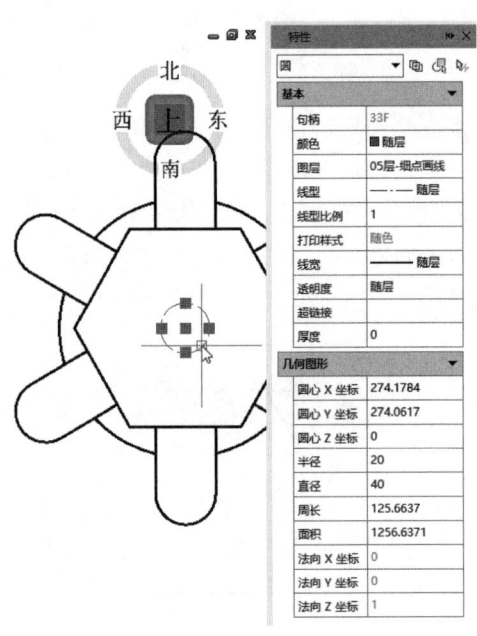

图 5-58 显示圆的所有特性

③ 在"特性"选项板的"基本"选项组中，将"图层"更改为"01层-粗实线"，并在"几何图形"选项组的"半径"框中输入"50"并按〈Enter〉键确认，此时直径跟随半径自动变化，如图5-59所示。

④ 将光标置于绘图窗口中，按〈Esc〉键取消对象选择。再次单击〈Ctrl+1〉快捷键可以关闭"特性"选项板。更改圆特性后的图形效果如图5-60所示。

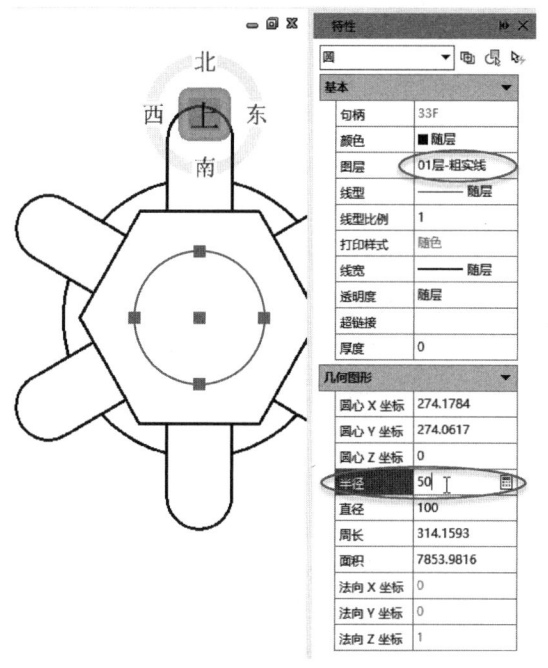
图 5-59 修改对象的相关特性

图 5-60 更改圆特性后的图形效果

在实际设计中，经常使用"特性"选项板来为选定对象设置独立的尺寸公差，这在后面的章节中将有详细介绍。

5.10.2 对象特性匹配

"特性匹配"按钮 位于功能区"常用"选项卡的"剪切板"面板中，它用于将选定对象的特性应用于其他对象。可以应用的特性类型包括颜色、图层、线型、线型比例、线宽、打印样式、透明度和其他指定的特性。

可以按照以下方法步骤进行特性匹配操作。

命令:'_matchprop   //单击"特性匹配"按钮
选择源对象：   //选择所需特性的一个对象作为源对象
当前活动设置： 颜色 图层 线型 线型比例 线宽 透明度 厚度 打印样式 文字 标注 填充图案 多段线 视口 表格
选择目标对象或 [设置 (S)]:   //指定要将源对象的特性复制到其上的对象

也可以在"选择目标对象或 [设置 (S)]:"提示下选择"设置"选项，系统弹出"特性设置"对话框，如图5-61所示，从中控制要将哪些对象特性复制到目标对象。默认情况下，中望CAD选定所有对象特性进行复制。在"特性设置"对话框中设置好基本特性和特殊特性后，单击"确定"按钮，然后再指定目标对象。

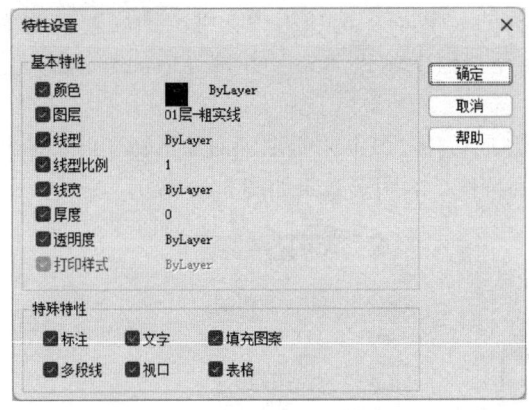

图 5-61 "特性设置"对话框

5.11 综合案例：带轮旋转截面绘制与编辑

本章综合案例的目的主要是应用本章的一些重要知识点进行 CAD 制图。具体的操作步骤如下。

1 在"快速访问工具栏"中单击"打开"按钮 ，弹出"选择文件"对话框，选择随书配套的"第 5 章综合案例.dwg"文件来打开，原始图形如图 5-62 所示。

2 使用"特性"选项板修改选定线段的图层和线型比例。确保打开"特性"选项板（使用〈Ctrl+1〉快捷键可以打开或关闭"特性"选项板），选择位于主图形最下方的水平直线段，在"特性"选项板的"基本"选项组中，将其所在的图层更改为"中心线"层，在"线型比例"文本框中输入"0.25"，如图 5-63 所示。然后，将鼠标指针置于图形窗口中，按〈Esc〉键取消对象的选中状态。

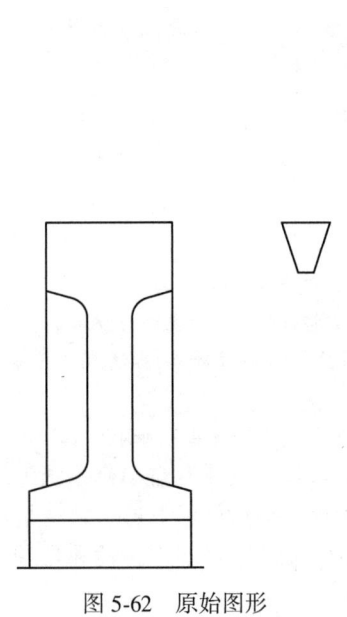

图 5-62 原始图形

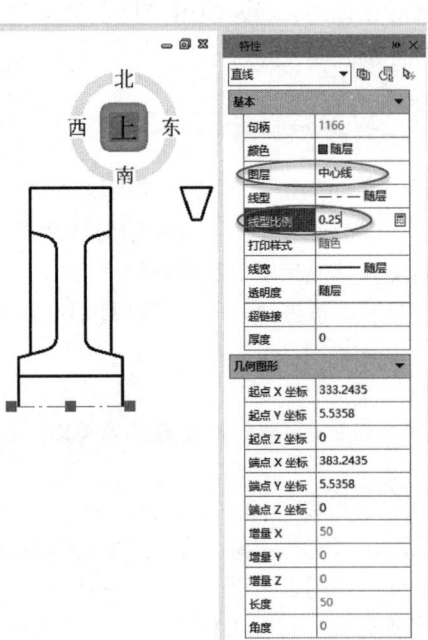

图 5-63 修改选定线段的图层和线型比例

3 创建多点。

1) 在命令行中输入"DDPTYPE"并按〈Enter〉键,打开"点样式"对话框,选择图 5-64 所示的点样式,并按绝对单位设置大小,点大小为 2 单位,然后单击"确定"按钮。

2) 在功能区"常用"选项卡的"绘图"面板中单击"多个点"按钮，根据命令行提示进行以下操作。

命令:_point
指定点定位或 [设置(S)/多次(M)]:_m
指定点定位或 [设置 (S)]:FROM↙
基点: //在主图形中选择左上端点作为偏移基点
<偏移>:@9.5<0↙
指定点定位或 [设置 (S)]:@15<0↙
指定点定位或 [设置 (S)]:↙

完成创建的两个点对象如图 5-65 所示。

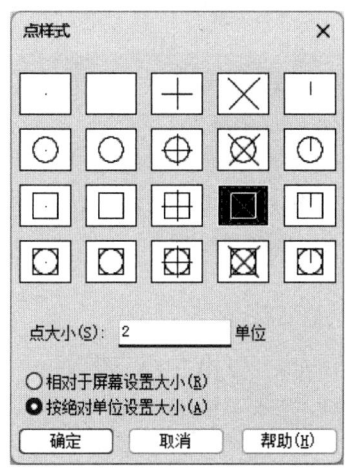

图 5-64 "点样式"对话框

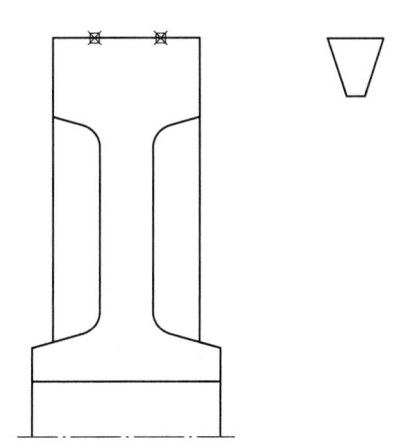

图 5-65 完成创建的两个点对象

4 创建面域。

1) 在"修改"面板中单击"修剪"按钮，将图形修剪成如图 5-66 所示。

2) 在"绘图"溢出面板中单击"面域"按钮，在图形窗口中指定角点 1 和角点 2 以选中组成两个封闭图形的所有图元,如图 5-67 所示,按〈Enter〉键确认,系统提示"提取了 2 个环"。

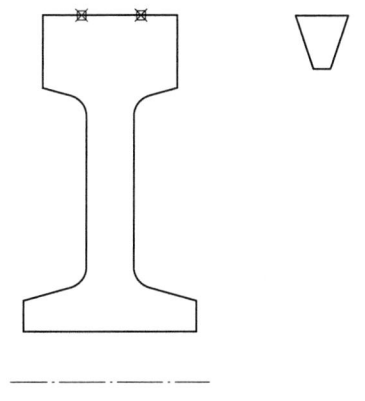

图 5-66 修剪图形

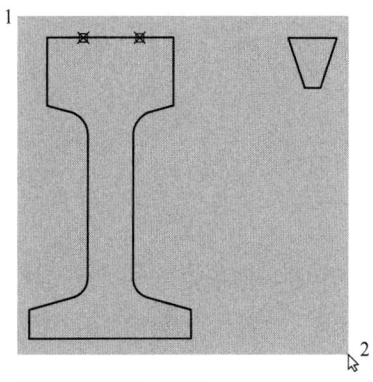

图 5-67 指定两个角点创建面域

5 复制梯形面域。

在"修改"面板中单击"复制"按钮，根据命令行提示进行以下操作。

命令：_copy
选择对象：找到 1 个   //选择梯形面域
选择对象：↙   //按〈Enter〉键
当前设置：复制模式 = 多个
指定基点或 [位移(D)/模式(O)] <位移>：   //选择梯形面域的水平长线段的中点,如图 5-68 所示
指定第二个点或 [阵列(A)/等距(E)/等分(I)/沿线(P)] <使用第一点当作位移>：//选择点 A
指定第二个点或 [阵列(A)/退出(X)/放弃(U)] <退出>：   //选择点 B
指定第二个点或 [阵列(A)/退出(X)/放弃(U)] <退出>：↙   //按〈Enter〉键
在指定的两个点处复制梯形面域的结果如图 5-69 所示。

6 对面域执行差运算。

命令：SU↙   //输入差运算的命令别名,按〈Enter〉键
SUBTRACT
选择要从中减去的实体、曲面和面域：找到 1 个   //选择最大的面域
选择要从中减去的实体、曲面和面域：↙   //按〈Enter〉键
选择要减去的实体、曲面和面域：找到 1 个   //选择其中一个梯形面域
选择要减去的实体、曲面和面域：找到 1 个,总计 2 个 //选择另一个梯形面域
选择要减去的实体、曲面和面域：↙   //按〈Enter〉键
结果如图 5-70 所示。

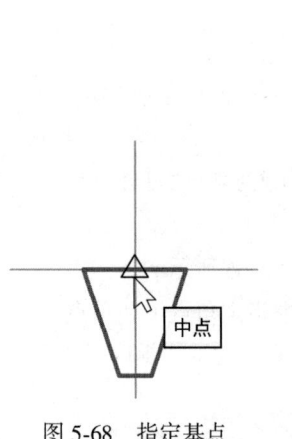
图 5-68 指定基点

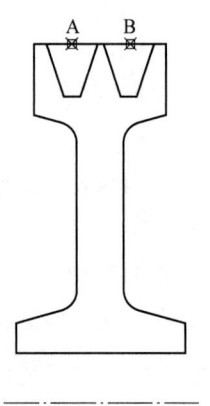
图 5-69 在指定的两个点处
复制梯形面域的结果

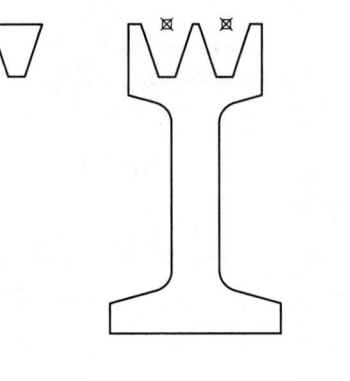
图 5-70 面域求差的结果

7 绘制剖面线。

1）在"图层"面板的"图层特性"下拉列表框中选择预设好的"标注及剖面线"图层作为当前图层。

2）在"绘图"面板中单击"图案填充"按钮，打开"图案填充创建"上下文选项卡，选择 ANSI31 图案，设置填充角度为 0，填充图案比例为 1，选中"关联"按钮，在主面域的内部区域任意拾取一个内部点，如图 5-71 所示，然后单击"关闭图案填充创建"按钮，完成绘制剖面线。

> **知识点拨：**
> 如果将填充角度设置为 90°，那么最终获得的剖面线效果如图 5-72 所示。

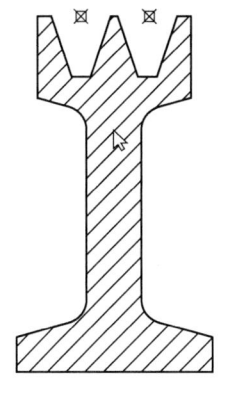

图 5-71 拾取内部点生成剖面线　　　　图 5-72 设置填充角度为 90°时的剖面线

⑧ 在"快速访问工具栏"中单击"另存为"按钮，将该图形文件保存为"第 5 章综合案例完成效果.dwg"。

5.12 思考与练习

1）如果要将某圆弧转换为多段线，那么应该如何操作？
2）如何编辑样条曲线？可以举例说明。
3）用什么工具命令来编辑关联阵列？如何操作？
4）什么是多线？如何创建和编辑多线？
5）如何创建点样式？什么是定数等分点和定距等分点？
6）圆环是不是宽多段线？请自定义尺寸创建一个圆环对象，然后将圆环对象分解，看看分解后的圆环会变成什么？
7）使用"特性"选项板可以进行哪些设计工作？
8）扩展知识：在状态栏中提供了一个"快捷特性"按钮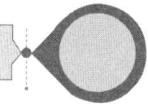以供用户打开或关闭"快捷特性"模式。打开"快捷特性"模式时，选择图形对象时将自动弹出该对象的"快捷特性"选项板（也称快捷特性浮动面板，在"快捷特性"选项板中仅显示简洁的特性内容），从中可修改其特性。请自行练习通过"快捷特性"选项板来修改图形对象。
9）上机练习 1：请在新建的图形文件中绘制一个半径为 50 的圆，然后通过"特性"选项板将其半径更改为 88，然后在该圆中练习绘制剖面线。
10）上机练习 2：按照图 5-73 所示的尺寸绘制图形，在以点画线（中心线）表示的半圆弧上生成 4 个定数等分点，有剖面线的封闭区域是一个独立的面域。

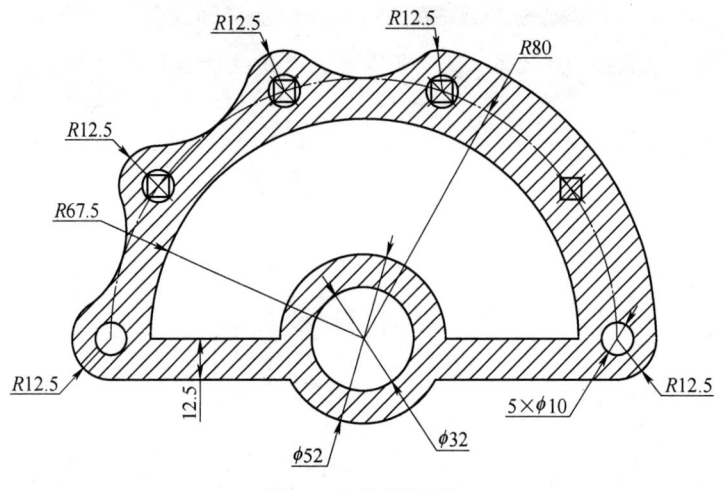

图 5-73 绘制图形

第 6 章

文字与表格

本章导读

工程制图除了图形表达设计信息之外，很多时候还需要加上适当的文字注释（如技术要求、技术参数表格及材料说明等）等，这样才能使整张图纸要表达的设计信息更清晰明了，更能表达全部的设计意图和技术参数。在中望 CAD 中，文字与表格都有各自相应的样式来控制其大小外观等。

本章介绍文字与表格相关的知识内容。

文字样式

在中望 CAD 中，在创建文字注释之前，要设定好当前文字样式以确定所有新文字的外观，也就是说文字的大多数特征由文字样式控制。所谓的文字样式包括字体、字号、倾斜角度、方向和其他文字特征。用户可以根据设计需要设置当前文字样式，系统最初的文字样式默认为 Standard 文字样式。在一个图形中可以创建多种文字样式以适应不同对象的需要。

6.1.1 创建文字样式

在一个新图形文件中已经有一个自动建立的名为"Standard"的文字样式，但这还不够，因为不同国家或不同行业的制图标准都对文字做出了相应的规定，这就要求用户根据相应标准建立相应的文字样式。

要创建文字样式，则在命令行的"命令"提示下输入"STYLE"并按〈Enter〉键，或者在功能区"常用"选项卡的"文字"面板中单击相应的"文字样式"按钮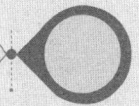，弹出"文字样式管理器"对话框，如图 6-1 所示。该对话框用于创建、修改或指定文字样式。

"文字样式管理器"对话框中各主要按钮和选项的功能含义解释如下。

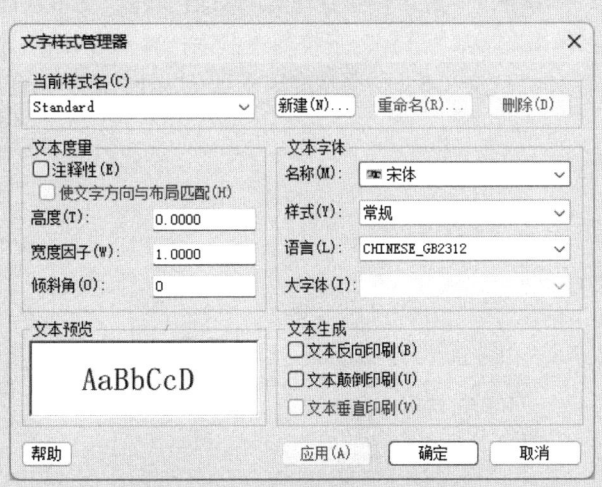

图 6-1 "文字样式管理器"对话框

1）"当前样式名"下拉列表框：显示当前的文字样式名称，可以从该下拉列表框中选择所需的一个文字样式作为当前文字样式。

2)"新建"按钮：单击此按钮，将弹出"新建文字样式"对话框，用于创建新的文字样式。

3)"重命名"按钮：单击此按钮，将弹出"重命名文字样式"对话框，用于修改当前文字样式的名称。注意不可修改默认的文字样式名"Standard"。

4)"删除"按钮：用于删除当前字体样式，不可删除默认的 Standard 文字样式名，也不可删除当前正在使用的文字样式。

5)"文本度量"选项组：用于修改文字高度、宽度因子和倾斜角等。

6)"文本字体"选项组：用于修改或编辑文本的字体样式。

7)"文本生成"选项组：用于设置文本的印刷方式，包括文本反向印刷、文本颠倒印刷和文本垂直印刷。

8)"文本预览"选项组：在该选项组的预览区域显示不同文字样式的显示效果。

9)"应用"按钮：用于保存当前对话框上各选项的设置及修改。

10)"确定"按钮：用于保存当前对话框上各选项的设置及修改，并关闭对话框。

11)"取消"按钮：用于放弃当前修改并退出对话框。

【案例】 定制符合国家标准的一种文字样式

案例步骤如下。

① 打开"创建文字样式.dwg"文件，切换到"二维草图与注释"工作空间。

② 在命令行的"命令"提示下输入"STYLE"并按〈Enter〉键，打开"文字样式管理器"对话框。

③ 在"文字样式管理器"对话框中单击"新建"按钮，打开"新建文字样式"对话框。

④ 在"新建文字样式"对话框中的"样式名称"框中输入"HY 文字-H3.5"（文字样式名可自定），如图 6-2 所示。然后单击"确定"按钮，返回到"文字样式管理器"对话框，此时新建的"HY 文字-H3.5"文字样式的名称显示在"当前样式名"下拉列表框中，并且该新文字样式处于当前样式名状态。

⑤ 在"文字样式管理器"对话框的"文本字体"选项组中，从"名称"下拉列表框中选择"仿宋"，从"语言"下拉列表框中选择"CHINESE_GB2312"；在"文本度量"选项组中，设置字体高度为 3.5，接受宽度因子默认为 1，倾斜角度默认为 0，如图 6-3 所示。

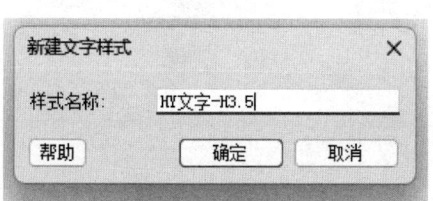

图 6-2 "新建文字样式"对话框

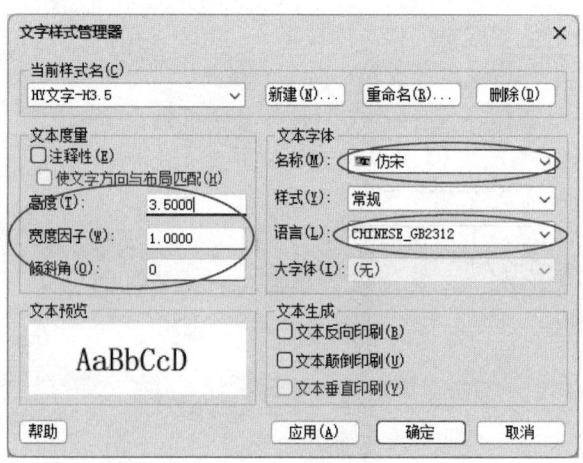

图 6-3 设置文本字体和文本度量

⑥单击"应用"按钮。

⑦在"文字样式管理器"对话框中单击"确定"按钮。

6.1.2 修改文字样式

要修改文字样式,可以在功能区"注释"选项卡的"文字"面板中,从"文字样式"下拉列表框中可快速选择所需的已经命名的文字样式,或者选择"管理文字样式"选项,如图6-4所示,系统弹出"文字样式管理器"对话框,利用"文字样式管理器"修改文字样式。

图6-4 选择"管理文字样式"选项

6.2 单行文字

可以使用TEXT(单行文字)命令创建一行或多行文字,所创建的每一行文字都是独立的对象,用户可以对其进行重定位、调整格式或进行其他修改。通常将创建的单行文字用作标签文本或其他简短注释。

执行TEXT(单行文字)命令时,命令窗口出现的命令行提示信息如图6-5所示。除了指定文字的起点之外,还可以为单行文字指定文字样式并设置对正(对齐)方式。其中文字样式用来指定文字对象要继承的文字样式(文字样式决定文字字符的外观);对正方式则控制文字的对正,即决定着字符的哪一部分与插入点对齐。

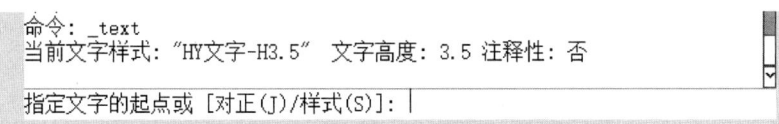

图6-5 用于创建单行文字的命令行提示信息

6.2.1 创建单行文字

以使用默认的文字样式和对正方式为例,创建单行文字的步骤如下。

1)在命令行中输入"TEXT"并按〈Enter〉键,或者在功能区"注释"选项卡的"文字"面板中单击"单行文字"按钮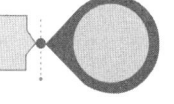。

2)指定文字的起点(即第一个字符的插入点)。如果在"指定文字的起点或 [对正(J)/样式(S)]:"提示下直接按〈Enter〉键,那么中望CAD系统将在上一次创建的文字对象(如果有的话）下一行定位新的文字起点。

3）指定文字的高度。只有当文字高度在当前文字样式中设定为 0 时才要求指定文字高度，此时，一条拖引线从文字起点附着到光标上，如图 6-6 所示。如果在某一个合适点单击，则可由拖引线的长度定义文字的高度。

4）指定文字的旋转角度。

5）输入文字。在每一行结尾按〈Enter〉键（通过按〈Enter〉键结束每一行文字），可以根据需要输入另一行的文字。若使用鼠标在图形区域中指定另一个点，则光标将移到该点处，可以在该点处继续输入文字，如图 6-7 所示。每次按〈Enter〉键或指定点时，都会开始创建新的文字对象。

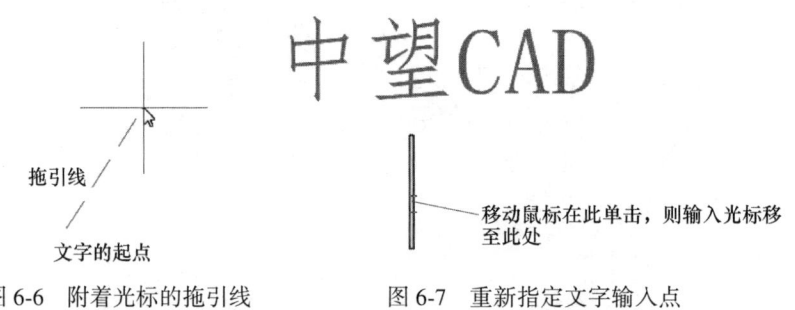

图 6-6　附着光标的拖引线　　　图 6-7　重新指定文字输入点

6）直到在空行处按〈Enter〉键结束命令。

6.2.2　单行文字的对齐方式

在创建单行文字时可以设置单行文字的对正方式，其一般步骤如下。

1）在命令行中输入"TEXT"并按〈Enter〉键，或者单击"单行文字"按钮 [A_]。

2）当前命令行提示为"指定文字的起点或［对正（J）/样式（S）］:"时，输入"J"并按〈Enter〉键确认选择"对正（J）"选项。

3）当前命令行提示为"输入选项［对齐（A）/布满（F）/居中（C）/中间（M）/左对齐（L）/右对齐（R）/左上（TL）/中上（TC）/右上（TR）/左中（ML）/正中（MC）/右中（MR）/左下（BL）/中下（BC）/右下（BR）］:"时，选择一个对正选项，如输入"MC"并按〈Enter〉键来确认选择"正中（MC）"选项。

4）继续根据命令行提示执行创建单行文字的操作。

图 6-8 形象地给出了 9 种方式的对正（对齐）点。

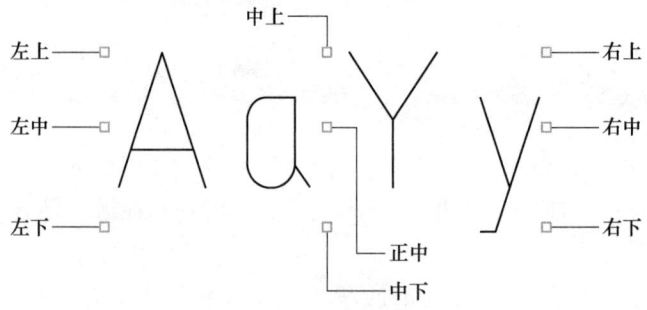

图 6-8　单行文字的对正点

6.2.3 特殊字符的应用

在中望 CAD 中，通过输入控制代码或 Unicode 字符串可以在水平行输入一些特殊字符或符号。

表 6-1 给出了 3 种常见符号的控制码与 Unicode 字符串。

表 6-1 3 种常见符号的控制码与 Unicode 字符串

序　号	控　制　码	Unicode 字符串	结果（对应符号）
1	%%d	\U+00B0	度符号（°）
2	%%p	\U+00B1	公差符号（±）
3	%%c	\U+2205	直径符号（φ）

例如，要在图形区域中输入"φ80±0.5"单行文本，如图 6-9 所示，可以按照如下步骤操作。

1）以使用"二维草图与注释"工作空间为例，在命令行的"命令"提示下输入"TEXT"并按〈Enter〉键，或者在功能区"注释"选项卡的"文字"面板中单击"单行文字"按钮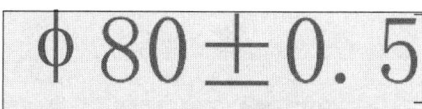。

图 6-9 输入特殊符号

2）指定单行文字起点以及指定文字的旋转角度。

3）在文字输入框内输入"%%c80%%p0.5"，或者输入"\U+220580\U+00B10.5"（系统支持 Unicode 字符串输入的话），系统自动显示为"φ80±0.5"，如图 6-9 所示，按〈Enter〉键。

4）再次按〈Enter〉键，结束单行文字命令。

6.3 多行文字

单个多行文字对象由任意数目的文字行或段落组成。在需要较长的、较为复杂的注释内容时可以考虑多行文字，尤其需要具有内部格式的较长注释和标签时使用多行文字。多行文字使用内置编辑器，可以格式化文字外观、列和边界等。

多行文字的应用比单行文字的应用要灵活很多，多行文字的编辑选项也比单行文字要多。例如，在多行文字对象中，可以通过将格式（如下画线、粗体、颜色和不同的字体）应用到单个字符来替代当前文字样式，还可以创建堆叠文字（如分数或几何公差），以及插入特殊字符（其中包括用于 TrueType 字体的 Unicode 字符）。

6.3.1 创建多行文字的步骤

输入多行文字之前，需要指定文字边框的对角点，所述的"文字边框"用于定义多行文字对象中段落的宽度。多行文字的创建步骤如下。

1）在命令行的"命令"提示下输入"MTEXT"并按〈Enter〉键，或者在功能区"注释"选项卡的"文字"面板中单击"多行文字"按钮。

2）指定边框的两个对角点以定义多行文字对象的宽度。如果功能区处于活动状态，则中望 CAD 会打开"文字编辑器"功能区上下文选项卡和显示一个多行文字输入框，如图 6-10 所示。如果功能区未处于活动状态，则显示文字编辑器。

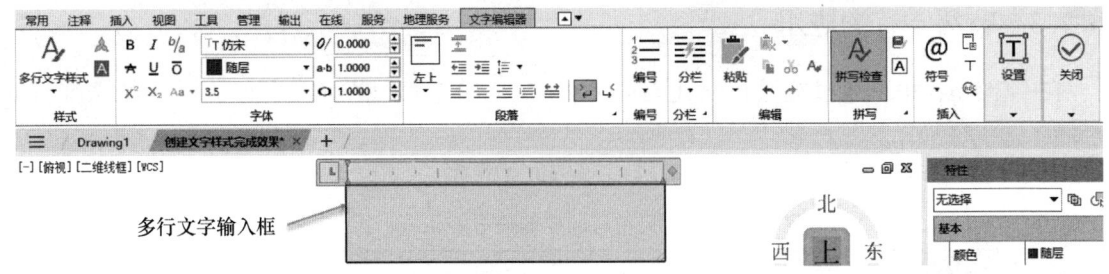

图 6-10 显示"文字编辑器"和多行文字输入框

> **知识点拨：**
>
> 可以设置多行文字输入框顶部是否带有标尺，其方法是在"文字编辑器"功能区上下文选项卡的"选项"面板中单击选中"标尺"按钮▬或取消选中它。可以利用标尺上的相应滑块来设置首行缩进和段落缩进。

3) 利用"文字编辑器"设置所需要的文字样式和文字格式。

4) 在多行文字输入框内输入文字。可以利用"插入"面板中提供的按钮（如"符号"按钮@）来设置添加一些特殊符号。

5) 如果需要，可以设置段落形式、对齐方式、部分字符的特殊格式等。还可以选择多行文字中的某些文字字符，并为它们更改相应格式。

6) 在功能区"文字编辑器"上下文选项卡中单击"关闭文字编辑器"按钮⊙，或者按〈Ctrl+Enter〉组合键，保存更改并退出编辑器，从而完成多行文字的创建。

6.3.2 在多行文字中插入符号

在中望 CAD 的多行文字中可以插入一些所需的特殊符号，例如"直径"符号、"公差"符号、"几乎相等"符号、"不相等"符号和"地界线"符号等。

执行 MTEXT（多行文字）命令时，在功能区"文字编辑器"上下文选项卡的"插入"面板中单击"符号"按钮@，展开"符号"下拉菜单，如图 6-11 所示；然后从中选择某种符号选项以在多行文字中插入所需的符号。例如，从该下拉菜单中选择"几乎相等"选项，则在多行文字中插入"≈"符号。

如果在"符号"下拉菜单中选择"其他"选项，则弹出图 6-12 所示的"字符映射表"对话框。"字符映射表"对话框列出了所选字体中可用的字符，这些字符集包括 Windows、DOS 和 Unicode。可以将"字符映射表"对话框中的单个字符或字符组复制到剪贴板中，然后再将其粘贴到可以显示它们的任何程序中（即将其粘贴到其他任何兼容程序中），甚至可以通过直接将字符从"字符映射表"拖入空文档中。

在"字符映射表"对话框中选择一种字体，并在该字体包含的可用字符中选择一个字符，单击"选择"按钮，则该字符出现在"复制字符"文本框中，接着单击对话框中的"复制"按钮。然后在多行文字输入框内指定输入位置后单击鼠标右键，再从弹出的快捷菜单中选择"粘贴"命令，如图 6-13 所示，可以将选定的字符粘贴到编辑器文本框中。在粘贴时注意字符字体的匹配。

第 6 章
文字与表格

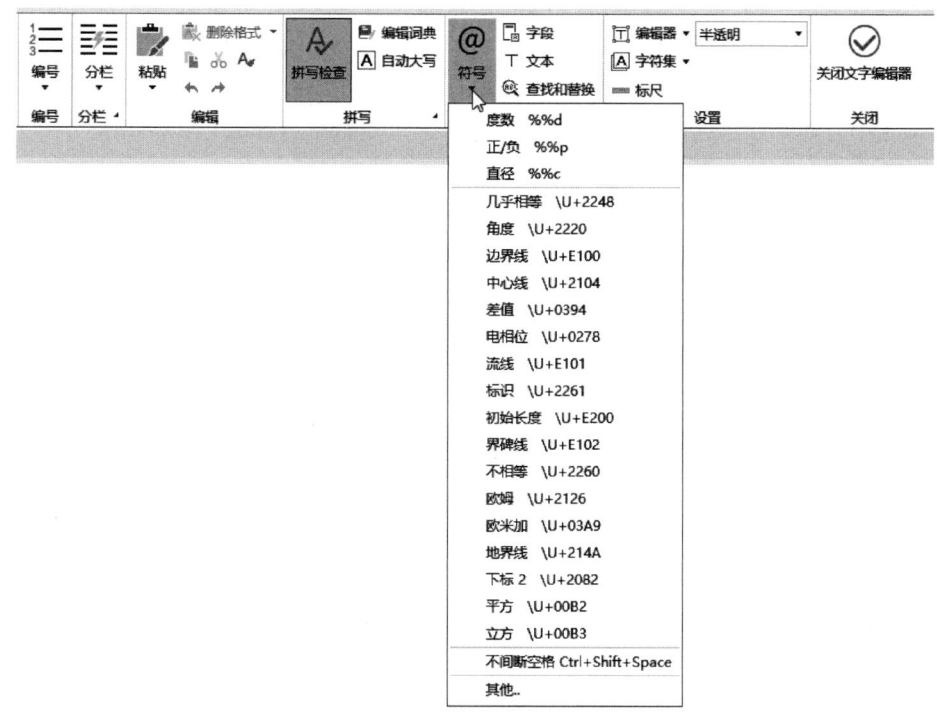

图 6-11　展开"符号"下拉菜单

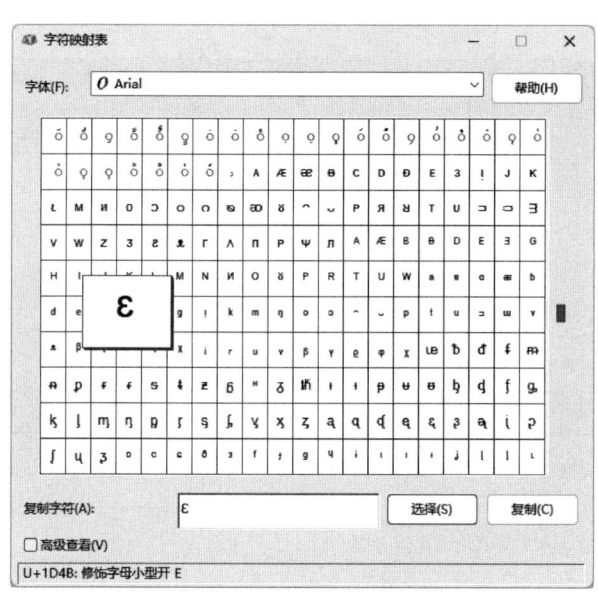

图 6-12　"字符映射表"对话框

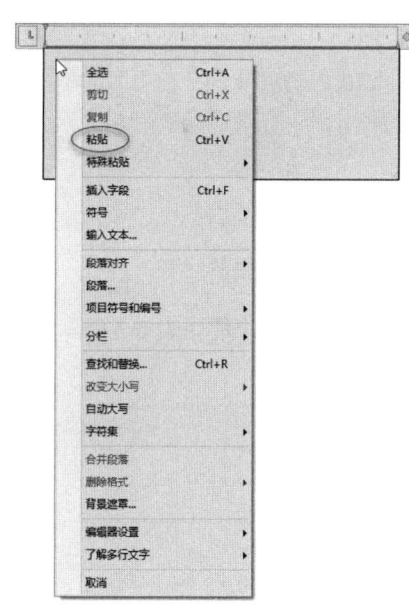

图 6-13　在快捷菜单中选择"粘贴"命令

6.3.3　向多行文字对象添加不透明背景或进行填充

如果功能区处于活动状态,那么在创建或编辑多行文字的过程中,在功能区"文字编辑器"上下文选项卡中单击"遮罩"按钮,也可以在编辑器文本框中单击鼠标右键并从弹出的快捷菜

141

单中选择"背景遮罩"命令，系统弹出图6-14所示的"背景遮罩"对话框。

在"背景遮罩"对话框中选中"使用背景遮罩"复选框，接着输入边界偏移因子的值（该值基于文字高度）。偏移因子的默认值为1.5，表示会使背景扩展出文字高度的0.5倍。在"填充颜色"选项组中，如果取消选中"使用图形背景颜色"复选框，那么可以利用位于"使用图形背景颜色"复选框右侧的"颜色"下拉列表框来指定一种背景色。给多行文字对象添加不透明背景色的典型示例如图6-15所示。

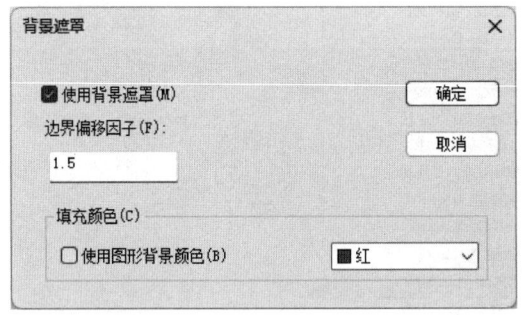

图6-14 "背景遮罩"对话框 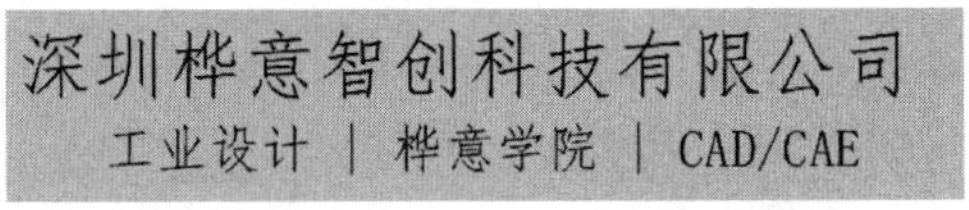　　　　图6-15 给多行文字对象添加背景色

6.3.4 创建堆叠文字

堆叠文字是指应用于多行文字对象和多重引线中的字符的分数和公差格式。在图6-16所示的几组文字中均具有堆叠文字。

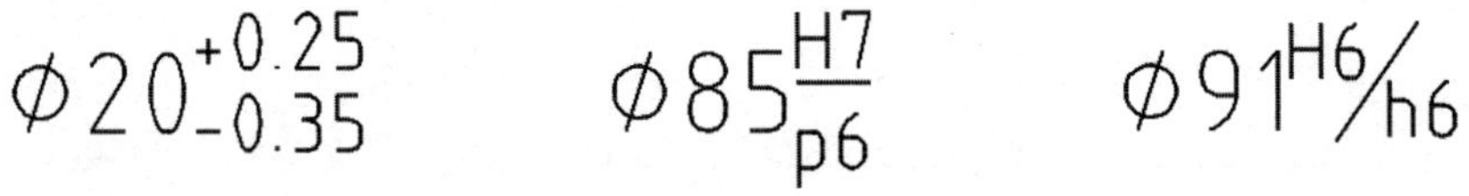

图6-16 堆叠文字的典型示例

1. 用来定义堆叠的字符

在中望CAD中使用表6-2所示的特殊符号可以指示选定文字的堆叠位置。

表6-2 定义堆叠的常用字符表

序号	定义堆叠的字符	堆叠结果	堆叠举例
1	斜杠"/"	以垂直方式堆叠文字，由水平线分隔	3/5 ⇒ 3/5
2	磅字符（井号）"#"	以对角形式堆叠文字，由对角线分隔	3#5 ⇒ ³⁄₅
3	插入符"^"	创建概公差形式的堆叠（垂直堆叠，且不用直线分隔）	3^5 ⇒ 3/5

2. 手动堆叠字符

以使用"二维草图与注释"工作空间界面为例，在执行MTEXT（多行文字）命令时，在功能区"文字编辑器"上下文选项卡中采用手动的方式堆叠字符，那么需要在输入文字（包括特殊的堆叠字符）后，选择其中要堆叠的文字，然后在"字体"面板中单击"堆叠"按钮 b/a。

例如，在文字输入框中输入"φ60+0.036^-0.028"，接着选择"+0.036^-0.028"，如图 6-17 所示，再在"字体"面板中单击"堆叠"按钮 b/a，则堆叠结果如图 6-18 所示，然后单击"关闭文字编辑器"按钮 ⊘。

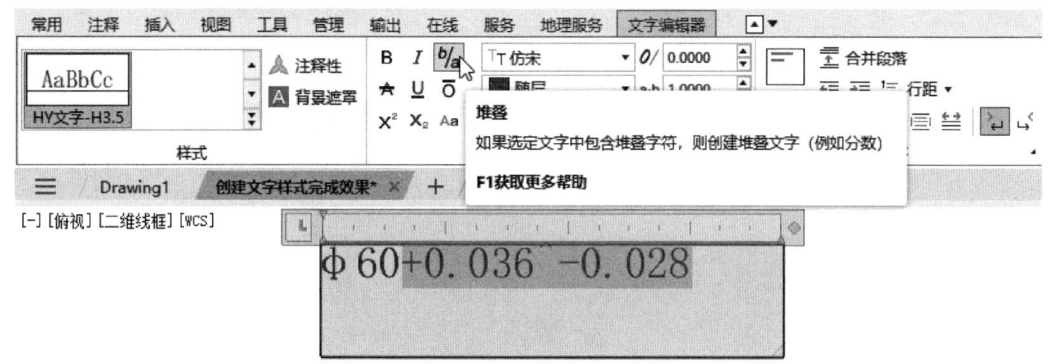

图 6-17　选择要进行格式设置的文字

图 6-18　堆叠结果

> **知识点拨：**
> 如果要将堆叠文字更改为非堆叠文字，那么在双击要修改的文字后，在文字编辑器输入框中选择堆叠文字，然后单击"堆叠"按钮 b/a 以关闭堆叠状态即可。

3. 自动堆叠文字

自动堆叠功能仅应用于堆叠斜杠、磅字符或插入符号前后紧邻的数字字符，对于公差堆叠，+、-和小数点字符也能自动堆叠。在初始默认情况下，中望 CAD 将自动堆叠斜杠、磅字符或插入符号前后输入的数字字符。例如，默认启动自动堆叠功能，如果用户输入"4#5"，接着输入非数字字符或空格，则结果自动显示为 4/5。此时，单击在堆叠文字下方出现的按钮 ⚡，则打开图 6-19 所示的下拉菜单以及时对自动堆叠做出反应，从中可选择选项更改堆叠效果或切换至非堆叠状态，并可以进行"堆叠特性"的设置操作。用户可以设置自动堆叠的特性，稍后会介绍。

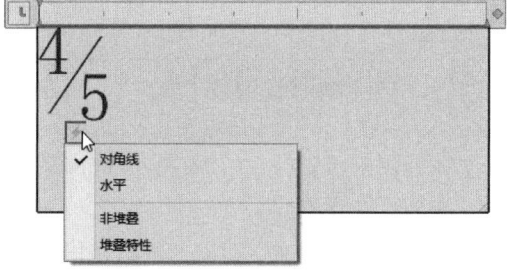

图 6-19　及时对自动堆叠做出反应

4. 设置堆叠特性

可以更改堆叠文字特性，其方法是双击要编辑的多行文字对象，选中堆叠文字并单击鼠标右键，接着从弹出的快捷菜单中选择"堆叠特性"命令，弹出图 6-20 所示的"堆叠特性"对话框。在该对话框中根据需要更改相关设置，包括上、下文本和堆叠外观（如样式、位置和大小）。

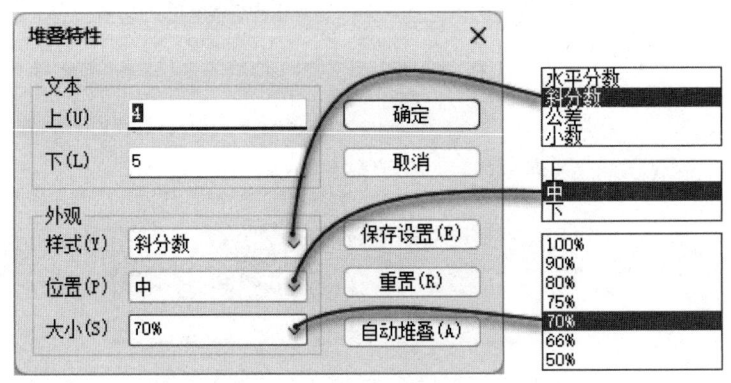

图 6-20 "堆叠特性"对话框

如果要设定自动堆叠的特性，那么在"堆叠特性"对话框中单击"自动堆叠"按钮，弹出图 6-21 所示的"自动堆叠特性"对话框，从中设置自动堆叠字符的默认值。注意：选中"启用自动堆叠"复选框时则自动堆叠在"^""#"或"/"前后输入的数字字符。

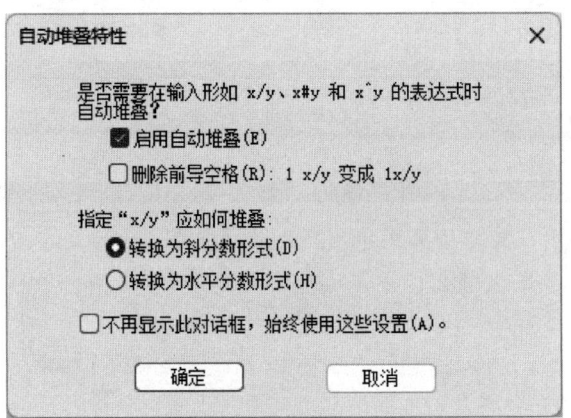

图 6-21 "自动堆叠特性"对话框

6.4 注释性文字对象

在使用中望 CAD 时，注释性可以使同一图形在不同比例的视口布局中的文字和标注文字保持一致的显示高度。

要创建注释性文字对象，可以使用具有注释性特性的文字样式，以控制文字对象在模型空间或布局空间中显示的比例和尺寸，可以在"文字样式管理器"对话框中勾选"注释性"复选框，以及通过勾选"使文字方向与布局匹配"复选框来指定图纸空间视口中的注释性文字对象的方向和布局方向一致，如图 6-22 所示。

当使用具有注释性特性的文字样式时,在单击"多行文字"按钮 并指定两个角点定义输入框之后,在功能区"文字编辑器"上下文选项卡的"样式"面板中可以看到"注释性"按钮 默认处于被选中的状态,如图 6-23 所示,意味着为新文字或选定文字启用"注释性"。使用其他文字样式时,使用此"注释性"按钮 可以为新文字或选定文字启用或禁用"注释性"。

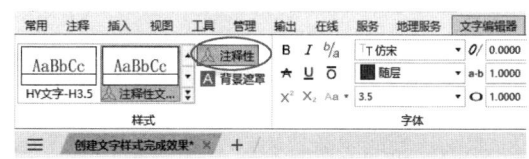

 图 6-22 设置具有注释性的文字样式　　　　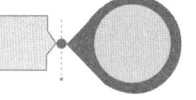 图 6-23 启用或禁用"注释性"

6.5 表格

表格是工程制图一个不可忽视的对象。本节重点介绍创建表格样式、创建表格、在表格对象中填写文字、编辑表格和使用链接数据建立表格等实用知识。

6.5.1 创建表格样式

表格样式控制着表格的外观。中望 CAD 在初始时提供默认的表格样式 STANDARD,用户既可以使用该默认表格样式创建表格,也可以根据需要建立自己的表格样式来创建表格。

在使用 TABLESTYLE 命令创建新的表格样式时,可以先指定一个起始表格,所谓起始表格是图形中用作设置新表格样式格式的样例表格。选定起始表格,意味着用户指定了要从此表格复制到表格样式的结构和内容。

在命令行的"命令"提示下输入"TABLESTYLE"并按〈Enter〉键,或者在功能区"注释"选项卡的"表格"面板中单击"表格样式"按钮 ,弹出图 6-24 所示的"表格样式管理器"对话框。"表格样式管理器"对话框主要用于设置当前表格样式,创建、修改和删除表格样式。

"表格样式管理器"对话框的"当前表格样式"信息行用于显示应用于所创建表格的表格样式的名称,即显示当前表格样式的名称,"样式"列表框则用于显示表格样式列表。在"样式"列表框下方是"列出"下拉列表框,用于控制"样式"列表框显示的表格样式列表的内容。"预览"框则位于对话框的中部,用于显示在"样式"列表框中选定样式的预览图像。对话框的右部区域提供"置于当前"按钮、"新建"按钮、"修改"按钮和"删除"按钮。其中,"置于当前"按钮用于将在"样式"列表框中选定的表格样式设定为当前样式,所有新表格都将使用此表格样式来创建;"新建"按钮用于创建新的表格样式;"修改"按钮用于修改选定的表格样式;"删除"按钮则用于删除在"样式"列表框中选定的表格样式,但不能删除图形中正在使用的表格样式。

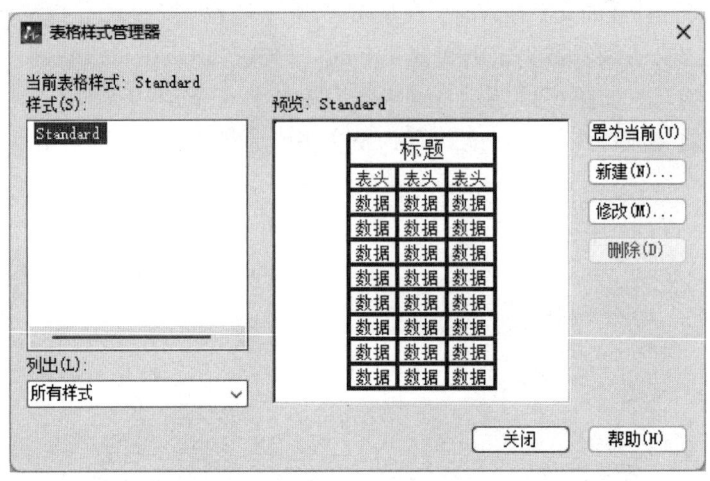

图 6-24 "表格样式管理器"对话框

要创建新的表格样式,在"表格样式管理器"对话框中单击"新建"按钮,弹出"创建新的表格样式"对话框,如图 6-25 所示,从中选择基础样式,指定样式名,接着单击"继续"按钮,弹出图 6-26 所示的"新建表格样式:副本 Standard"对话框。下面介绍"新建表格样式:副本 Standard"对话框各组成部分的功能含义。

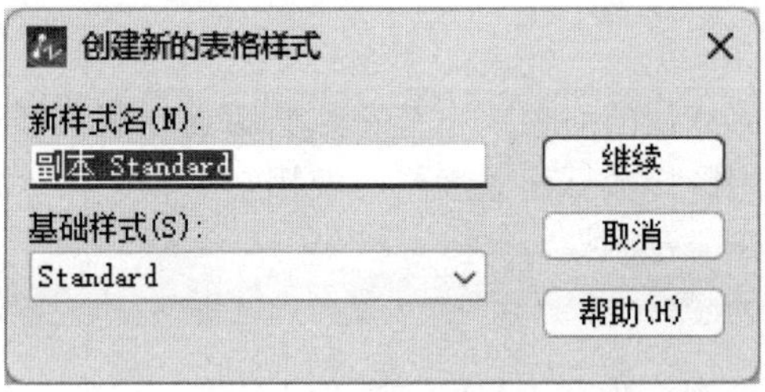

图 6-25 "创建新的表格样式"对话框

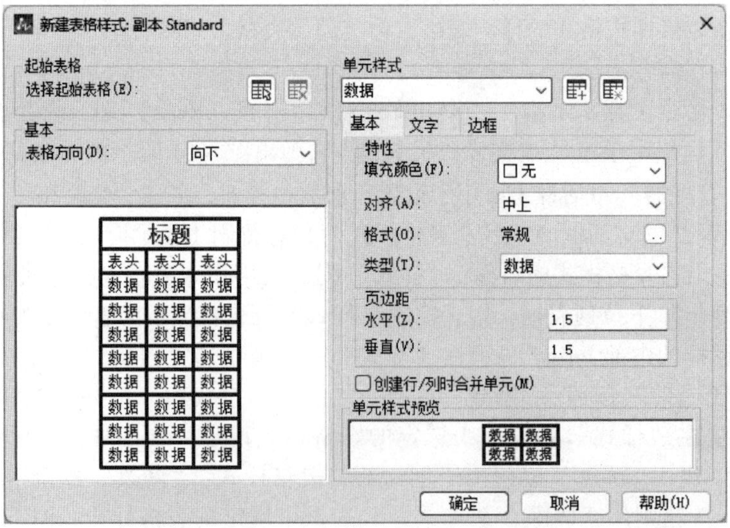

图 6-26 "新建表格样式:副本 Standard"对话框

1)"起始表格"选项组:用于指定起始表格,单击"选择表格"按钮,可以在图形中选择一个表格用作样例来设置此新表格样式的格式,选择起始表格后,可以指定要从该表格复制到表格样式的结构和内容。如果单击"删除表格"按钮,则可以从当前表格样式中删除起始表格。

2)"基本"选项组:在该选项组的"表格方向"下拉列表框中选择"向下"或"向上"选项。选择"向下"选项时将创建由上而下读取的表格,其标题行和列标题行位于表格的顶部;选择"向上"选项时将创建由下而上读取的表格,其标题行和列标题行位于表格的底部。

3)"预览"框:显示所设置的表格样式的预览效果。

4)"单元样式"选项组:用于定义新的单元样式或修改现有单元样式。可以根据实际情况创建设定数量的单元样式。"单元样式"选项组包含的内容解释如下。

- "单元样式"下拉列表框:显示表格中可用的单元样式,从中选择一个选项。
- "创建新单元样式"按钮:单击此按钮,弹出图 6-27 所示的"创建新单元样式"对话框,接着指定基础样式,并指定新单元样式名,单击"继续"按钮以创建新单元样式。
- "管理单元样式"按钮:单击此按钮,弹出图 6-28 所示的"管理单元样式"对话框,该对话框显示了当前表格样式中的所有单元样式,用户可以通过该对话框创建、重命名或删除单元样式。

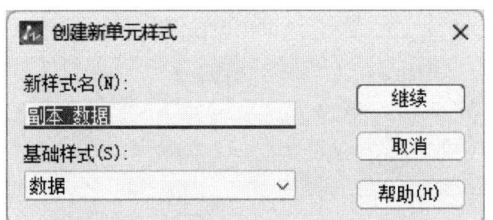

图 6-27 "创建新单元样式"对话框

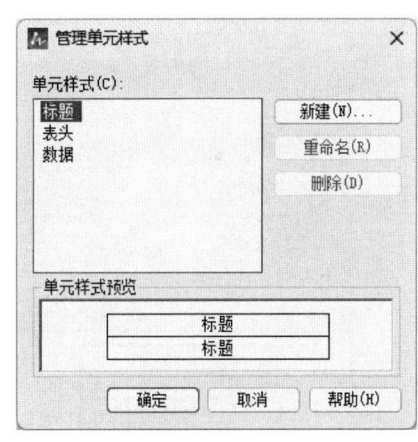

图 6-28 "管理单元样式"对话框

- "基本"选项卡:用于设置单元样式的相关常规特性和页边距等,常规特性包括填充颜色、对齐、格式和类型,页边距参数用于控制单元样式边框和单元样式内容之间的间距,单元样式边距设置应用于表格中的所有单元。
- "文字"选项卡:用于设置单元样式的文字特性,包括文字样式、文字高度、文字颜色和文字角度,如图 6-29 所示。
- "边框"选项卡:用于设置单元样式的边框特性,包括线宽、线型、颜色和间距等,如图 6-30 所示。

5)"单元样式预览"框:用于显示所设置的单元样式的预览效果。

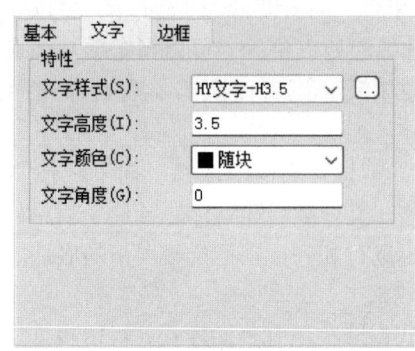
图 6-29　单元样式的"文字"选项卡

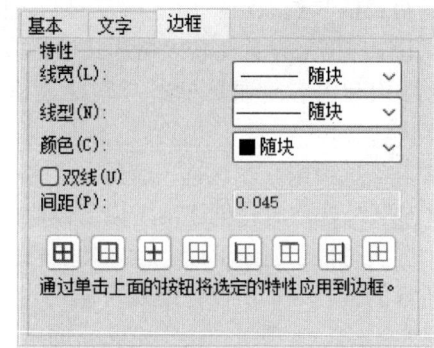
图 6-30　单元样式的"边框"选项卡

6.5.2　创建表格

表格是在行和列中包含数据的复合对象。在中望 CAD 中，既可以通过空的表格或表格样式创建空的表格对象，也可以将表格链接至 Microsoft Excel 电子表格中的数据。创建好表格之后，可以对表格进行编辑，表格的编辑操作较为灵活。

在命令行的"命令"提示下输入"TABLE"并按〈Enter〉键，或者在功能区"注释"选项卡的"表格"面板中单击"表格"按钮，系统弹出图 6-31 所示的"插入表格"对话框。使用该对话框可以在图形中创建（插入）空的表格对象。下面对该对话框的主要组成要素进行介绍。

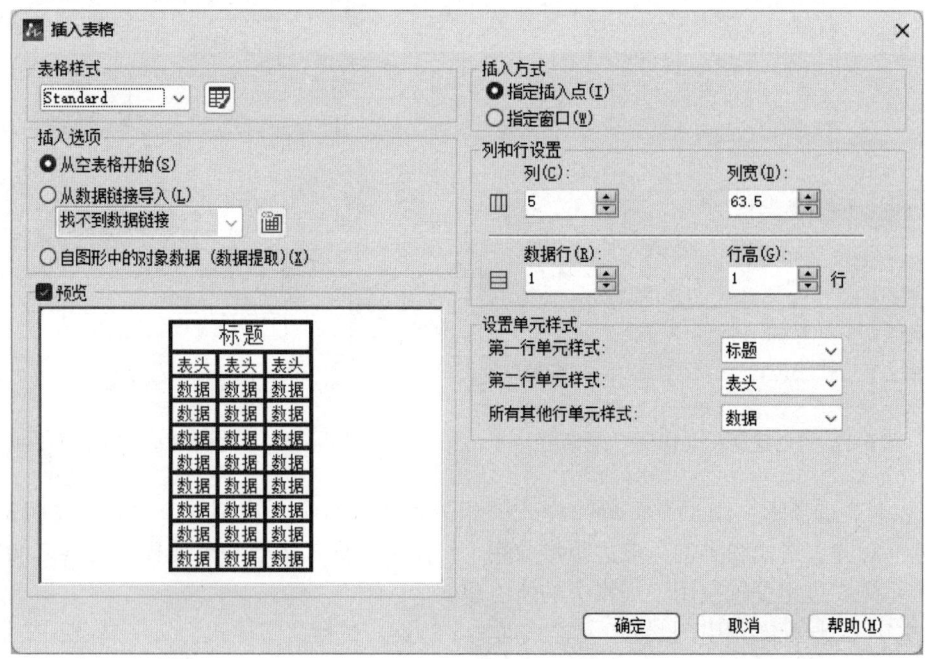
图 6-31　"插入表格"对话框

1）"表格样式"选项组：在该选项组的下拉列表框中选择当前图形中的表格样式，或者单击下拉列表框旁边的"启动'表格样式'对话框"按钮以创建新的表格样式。

2）"插入选项"选项组：用于指定插入表格的方式，一共有以下 3 种方式。

- "从空表格开始"：在图形中插入一个空表格，可以手动为该空表格填充数据。
- "从数据链接导入"：使用外部电子表格中的数据创建表格。
- "自图形中的对象数据（数据提取）"：用于启动"数据提取"向导，从当前图形提取数据来创建表格。

3)"预览"复选框及其预览显示框："预览"复选框控制是否显示预览。如果从空表格开始，则预览将显示表格样式的样例。如果创建表格链接，则预览将显示结果表格。对于大型表格，通常可以取消选中"预览"复选框以提高性能。

4)"插入方式"选项组：用于指定在图形中插入表格的方式，有两种插入方式，一种是"指定插入点"，另一种则是"指定窗口"。

- "指定插入点"：指定表格插入点的位置，在默认情况下，插入点位于表格的左上角。可以使用定点设备（如鼠标），也可以在命令提示下输入坐标值。如果表格样式将表格的方向设定为由下而上读取，则插入点位于表格的左下角。
- "指定窗口"：指定一个窗口作为表格的大小和位置。可以使用定点设备（如鼠标），也可以在命令提示下输入坐标值。选定此插入方式时，行数、列数、列宽和行高取决于窗口的大小以及列和行设置。

5)"列和行设置"选项组：用于设置表格列和行的数目以及大小。

6)"设置单元样式"选项组：对于那些不包含起始表格的表格样式，指定新表格中行的单元格式。"第一行单元样式"下拉列表框用于指定表格中第一行的单元样式（默认情况下，使用标题单元样式），"第二行单元样式"下拉列表框用于指定表格中第二行的单元样式（默认情况下，使用表头单元样式），"所有其他行单元样式"下拉列表框中用于指定表格中所有其他行的单元样式（默认情况下，使用数据单元样式）。

这里以从空表格开始，插入方式为"指定插入点"、列数为 5、列宽 40、数据行数为 4、行高为 1 行、第一行单元样式为"标题"、第二行单元样式为"表头"、所有其他行单元样式为"数据"，单击"确定"按钮，接着在图形窗口中指定插入点，则创建图 6-32 所示的空表格，此时标题栏单元格自动处于活动编辑状态，用户可以在单元格中输入文字注释，然后单击"关闭文字编辑"按钮◯。

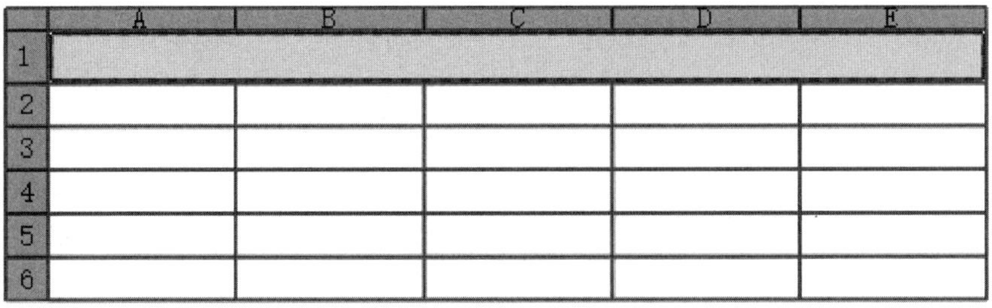

图 6-32 创建空表格示例

6.5.3 在表格对象中填写文字

在表格的指定单元格里双击，可以在该单元格里填写文字，可利用"文字编辑器"上下文选项卡来设置文字样式、字体和对正等。

即学即练 1：为零件图自行制作简单的标题栏，内容至少包含有用于填写图样名称、图号、单位、比例、件数（数量）、材料、重量、制图签名及其签名时间、审核签名及其签名时间，如

图 6-33 所示。

图 6-33 简单的标题栏

即学即练 2：自行制作由下往上读取数据的明细表，要求包含有"序号""代号""名称""数量""材料""质量"和"备注"列等，如图 6-34 所示。

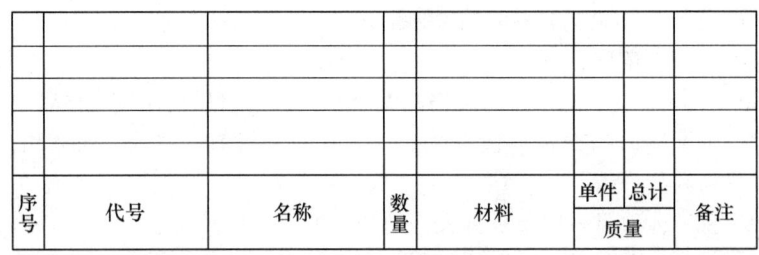

图 6-34 明细表

6.5.4 编辑表格

同其他对象一样，可以使用夹点和"特性"选项板来编辑表格，如调整表格的列宽、行高等参数。

双击某个单元格，可以进入该单元格的文本输入状态，此时可以输入或更改该单元格的文本注释。

编辑表格的一大方面是编辑表格单元。在表格中选择某一个表格单元（在单元内单击以选中它）时，会在功能区中显示"表格单元"上下文选项卡，如图 6-35 所示，同时被选中的表格单元会显示相应夹点（通过拖动单元上的相应夹点可以使单元及其列或行更宽或更小）。利用"表格单元"上下文选项卡可以进行从上方插入行、从下方插入行、删除行、从左侧插入列、从右侧插入列、删除列、匹配单元、单元对正、编辑边框、单元锁定和链接单元等操作。

图 6-35 选择表格单元时，会在功能区中显示"表格单元"上下文选项卡

如果在表格中先选择一个单元，接着按住〈Shift〉键的同时选择另一个单元，则选中这两个单元以及它们之间的所有单元。要选择多个单元，还可以先单击一个单元并在多个单元上拖动来

完成。选中多个单元时,可以进行合并单元等操作,当然不满意也可以进行取消合并单元的操作。

6.5.5 数据链接

在中望 CAD 中,可以将表格链接(对应命令为(DATALINK))至 Microsoft Excel(XLS、XLSX 或 CSV)文件中的数据。用户可以将其链接至 Microsoft Excel 中的整个电子表格、各行、列、单元或单元范围。

将数据从 Microsoft Excel 中引入表格的方式主要有表 6-3 所示的 3 种。

表 6-3 将数据从 Microsoft Excel 中引入表格的方式

序 号	方 式 说 明
1	通过附着了支持的数据格式的公式
2	通过在 Microsoft Excel 中计算公式得出的数据(未附着支持的数据格式)
3	通过在 Microsoft Excel(附着了数据格式)中计算公式得出的数据

在命令行的"命令"提示下输入"DATALINK"并按〈Enter〉键,或者在功能区"注释"选项卡的"表格"面板中单击"数据链接"按钮,弹出图 6-36 所示的"数据链接管理器"对话框。下面先介绍该对话框的各主要选项。

1)"链接"树状图:以树状图的形式显示当前图形中所有的 Microsoft Excel 数据链接,还提供用于创建新数据链接的选项——"创建新的 Excel 数据链接"。

- "Excel 链接":列出图形中的 Microsoft Excel 数据链接。如果图标显示已链接的链,则数据链接有效;如果图标显示已中断的链,则数据链接已中断。
- "创建新的 Excel 数据链接":选择该选项时,启动一个对话框,用户可以在其中输入新数据链接的名称。创建名称后,将弹出"新建 Excel 数据链接"对话框。

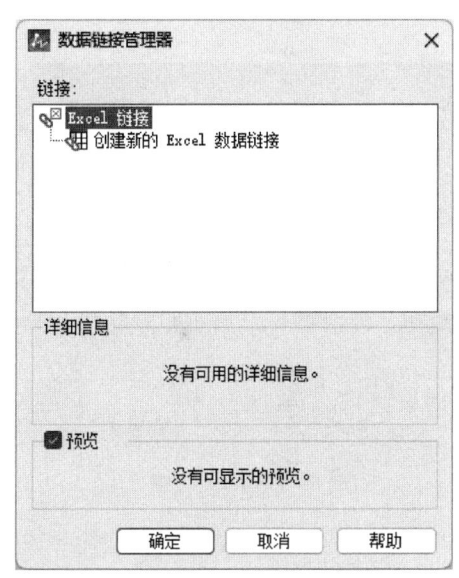

图 6-36 "数据链接管理器"对话框

2)"详细信息"选项组:用于查看树状图中指定链接的链接名、文件名等详细信息。

3)"预览"复选框:选中此复选框时,显示链接树状图中当前选中数据链接的预览。如果当前未选择数据链接,则不会显示任何区域预览。

6.5.6 应用数据链接的表格案例

下面介绍一个应用数据链接的表格案例。

❶使用"二维草图与注释"工作空间,在功能区"注释"选项卡的"表格"面板中单击"表格"按钮,弹出"插入表格"对话框。

❷在"表格样式"选项组的"表格样式"下拉列表框中选择"Standard",在"插入选项"选项组中选择"从数据链接导入"单选按钮,如图 6-37 所示,接着单击"启动数据链接管理器"

按钮▦，弹出"选择数据链接："对话框。"选择数据链接："对话框其实与由 DATALINK 命令打开的"数据链接管理器"对话框是一样的。

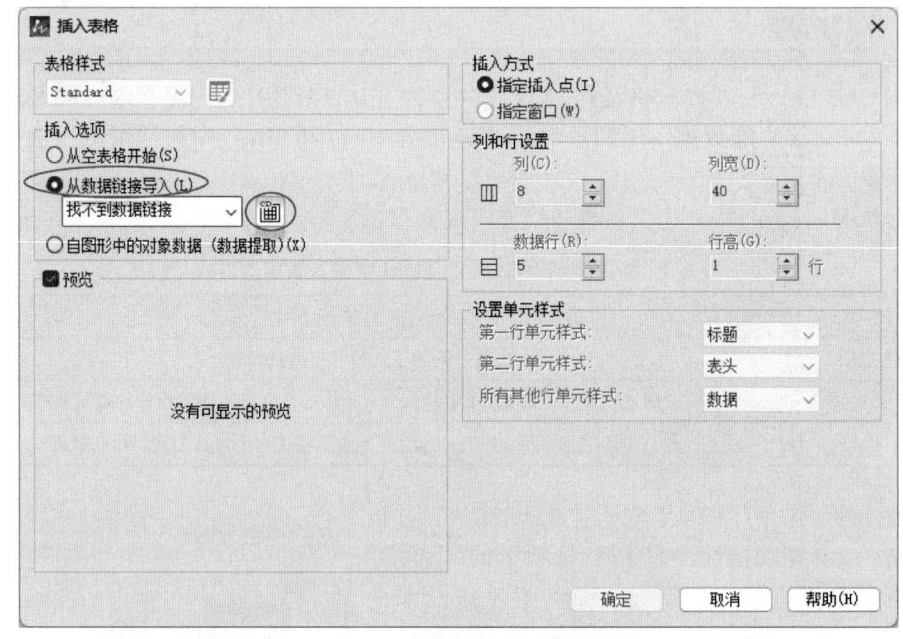

图 6-37 选择"从数据链接导入"单选按钮

③在"选择数据链接："对话框的"链接"列表框中选择"创建新的 Excel 数据链接"选项，弹出"输入数据链接名称"对话框，从中输入数据链接名称，如图 6-38 所示，单击"确定"按钮，弹出图 6-39 所示的"新建 Excel 数据链接：HY-SJLJ-EX"对话框。

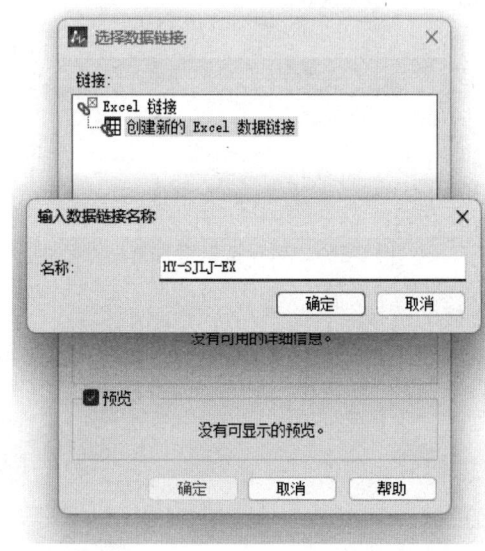

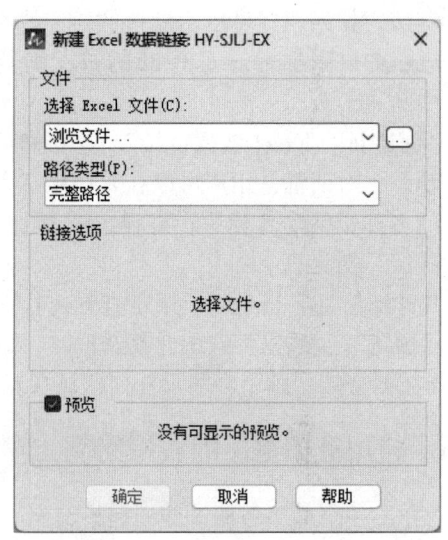

图 6-38 创建新的 Excel 数据链接　　图 6-39 "新建 Excel 数据链接：HY-SJLJ-EX"对话框

④在"文件"选项组的"路径类型"下拉列表框中选择"完整路径"选项，接着单击"浏览"按钮▦，选择本书配套的"HY-SJLJ.xls"，单击"打开"按钮，此时"新建 Excel 数据链

接:HY-SJLJ-EX"对话框如图 6-40 所示,启用"预览"时可以在对话框中预览表格效果。

⑤单击"确定"按钮,返回到"选择数据链接:"对话框,可以查看当前数据链接的详细信息和预览效果,如图 6-41 所示。

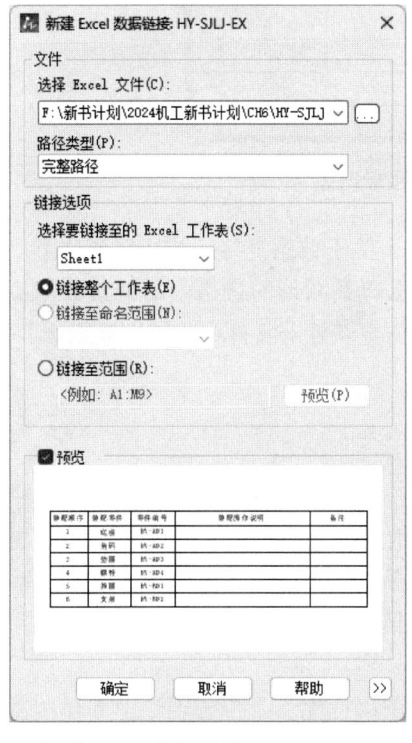
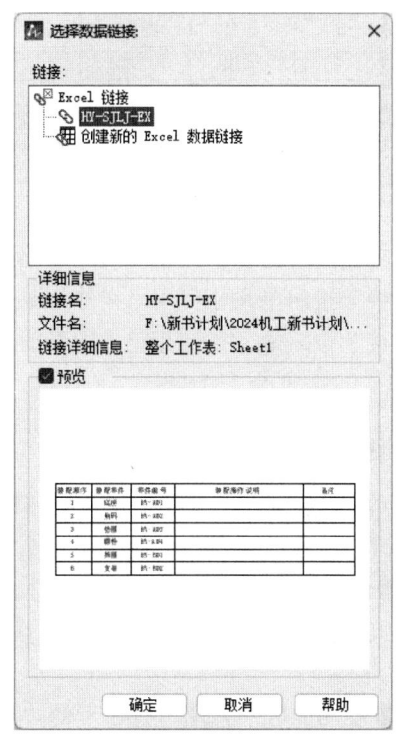

图 6-40 "新建 Excel 数据链接:HY-SJLJ-EX"对话框　　图 6-41 "选择数据链接:"对话框

⑥在"选择数据链接:"对话框中单击"确定"按钮,返回"插入表格"对话框。
⑦在"插入表格"对话框中单击"确定"按钮。
⑧在图形窗口中指定插入点,从而完成创建图 6-42 所示的包含数据链接的表格。

装配顺序	装配零件	零件编号	装配操作说明	备注
1	底座	HY-A01		
2	角码	HY-A02		
3	垫圈	HY-A03		
4	螺栓	HY-A04		
5	挡圈	HY-B01		
6	支架	HY-B02		

图 6-42 完成创建的数据链接表格

在表格中合适位置处单击,包含数据链接的表格将在链接的单元周围显示标识符,如图 6-43 所示。如果将光标悬停在数据链接上,将显示有关数据链接的信息。在默认情况下,中望 CAD 将数据链接锁定而无法编辑,从而防止对链接的电子表格进行不必要的更改。在很多场合下,可以锁定单元以防止更改数据、更改格式等。要解锁数据链接,那么在选定表格单元时打开的功能区"表格单元"上下文选项卡中单击"单元锁定"按钮,接着选择"解锁"选项。

图 6-43　表格中的数据链接标识符

在功能区"注释"选项卡的"表格"面板中，这两个关于数据链接的按钮需要注意："更新数据连接"按钮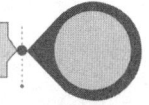用于使用已在外部源文件中更改的数据更新图形的表格中的链接数据；"写入数据链接"按钮用于使用已在图形的表格中更改的数据更新外部文件中的链接数据。

6.6　综合案例：绘制标准的标题栏

在本综合案例中，介绍使用直线和偏移等绘图工具绘制标准的标题栏图线，接着使用"多行文字"工具在标题栏相应单元格内添加文字信息。

1 打开"绘制标题栏.dwg"文件，切换到"二维草图与注释"工作空间，在状态栏中确保选中"线宽"按钮。在该文件中，已经创建好所需的图层，以及准备好相应的文字样式。

2 在功能区"常用"选项卡的"图层"面板的"图层特性"下拉列表框中选择"粗实线"层，接着使用 LINE、OFFSET、TRIM 等命令绘制图 6-44 所示的图线（图中给出了相关的尺寸），注意将部分内部线段更改为"细实线"层、线宽随层或为 0.18。

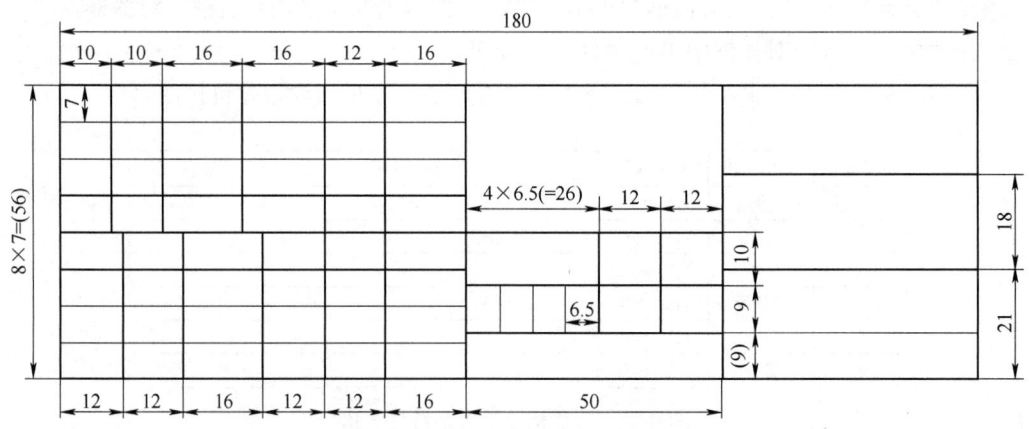

图 6-44　绘制标题栏的相关图线

3 设置当前文字样式。在功能区切换至"注释"选项卡，从"文字"面板的"文字"下拉列表框中选择"HY 文字-H3.5"或自行创建使用仿宋体、字高为 3.5 的文字样式。

4 在指定单元格里插入多行文字。

1）在"文字"面板中单击"多行文字"按钮。

2）在标题栏的左下角分别选择图 6-45 所示的端点 A 和端点 B，以选定一个单元格作为输入框。

3) 输入"工艺",接着从"对正"下拉列表框中选择"正中"选项,如图6-46所示。

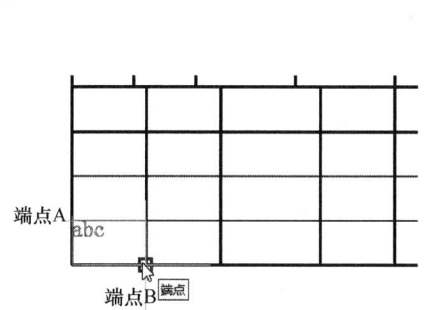
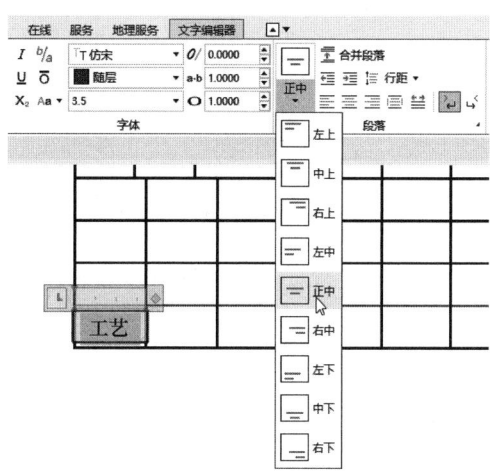

图 6-45 选中两个端点定义输入框　　图 6-46 输入文字以及设置对正选项

4) 单击"关闭文字编辑器"按钮 ✓,完成在该单元格输入文字。

使用同样的方法,在其他单元格输入相应的文字,完成结果如图6-47所示。

标记	处数	分区	更改文件号	签名	年、月、日	(材料标记)			(单位名称)
设计	(签名)	(年月日)	标准化	(签名)	(年月日)	阶段标记	重量	比例	(图样名称)
审核									(图样代号)
工艺			批准			共　张		第　张	(投影符号)

图 6-47 填写标题栏的文字内容

知识点拨:

对于有些宽度比较窄的单元格,如果输入的文字在正常间距和宽度因子下无法安放在单元格内时,那么可以在"文字编辑器"上下文选项卡的"字体"面板中使用"追踪因子" a·b 和"宽度因子" O,"追踪因子" a·b 用于增大或减小选定字符之间的空间,"宽度因子" O 用于扩展或搜索选定字符。

思考与练习

1) 文字样式有什么作用?如何创建和修改文字样式?
2) 单行文字和多行文字有什么不同?分别用在什么场合?
3) 什么是注释性文字对象?在中望CAD中使用注释性文字有什么用处?
4) 总结一下常见特殊字符的应用知识,以及堆叠文字。
5) 如何创建表格样式?可以举例说明。

6）数据链接指的是什么？如何应用？

7）上机练习1：创建图6-48所示的文字对象。

$$\phi 90 \pm 1 \qquad 45° \pm 1° \qquad \phi 30^{+0.35}_{-0.29}$$

$$\phi 78\tfrac{H7}{P6} \qquad \phi 91^{H6}/_{h6} \qquad 技术要求$$

图6-48　上机练习1：文字对象

8）上机练习2：自定义一个简易的标题栏，可以使用表格形式来创建。

第 7 章

图块与实用工具应用

本章导读

中望 CAD 提供图块与一些实用工具。使用图块工具主要有利于在不同的图形文件中快速创建重复的对象。其他一些实用工具可以提升绘图效率。

本章主要讲解中望 CAD 的图块与其他一些实用工具的应用知识。

7.1 图块

7.1.1 图块的概念

在中望 CAD 中，可以将一些常用的组合图形创建成图块，在以后需要时便可以采用插入块的方式来快速地建立图形，而不需要再从头开始创建，故能提高设计效率。图块可以是绘制在几个图层上的不同特性对象（如不同颜色、线型和线宽特性的对象）的组合。图形块作为中望 CAD 中的单个对象，可以对其进行插入、缩放、旋转、移动、分解和阵列等编辑处理。

7.1.2 创建图块

创建图块主要有两种典型方法，一种是块定义（BLOCK），另一种是写块（WBLOCK）。

● 1. 块定义

使用 BLOCK（块定义）命令可以从选定的对象中创建一个块定义。每个块定义都包括块名、一个或多个对象、用于插入块的基点坐标值和所有相关的属性数据。

在命令行的"命令"提示下输入"BLOCK"并按〈Enter〉键，或者在功能区"常用"选项卡的"块"面板中单击"创建块"按钮，弹出"块定义"对话框，如图 7-1 所示。下面介绍该对话框各主要选项和工具的功能含义。

1)"名称"框：用于指定块的名称，块的命名规则由系统变量 EXTNAMES 决定。块名称及块定义将保存在当前图形中。

2)"说明"框：用于设置块的文字说明。

3)"基点"选项组：用于指定块的插入基点。可以在相应的文本框中输入 X、Y、Z 坐标值，也可以通过单击"拾取基点"按钮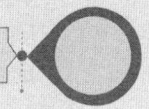在当前图形中拾取插入基点，还可以选中"在屏幕上指定"

复选框以在关闭对话框时提示用户指定基点。

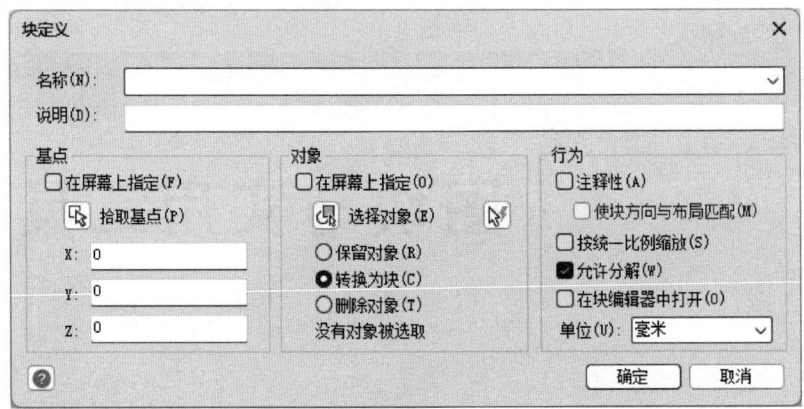

图 7-1 "块定义"对话框

4)"对象"选项组：用于指定新块中要包含的对象，以及创建块之后如何处理这些对象，是保留还是删除选定的对象，或者是将它们转换成块实例。

- "在屏幕上指定"复选框：选中此复选框时，则设置在关闭对话框时，将提示用户指定对象。
- "选择对象"按钮：单击此按钮，临时关闭"块定义"对话框，由用户选择要组成块的对象，选择完对象后按〈Enter〉键返回到"块定义"对话框。
- "快速选择"按钮：单击此按钮，弹出"快速选择"对话框，从中定义选择集。
- "保留对象"单选按钮：创建块以后，将选定对象保留在图形中作为区别对象。
- "转换为块"单选按钮：创建块以后，将选定对象转换成图形中的块实例。
- "删除对象"单选按钮：创建块以后，将选定的对象从图形中删除。

5)"行为"选项组：用于设置创建块的行为，包括指定块是否具有注释性，是否按统一比例缩放，是否允许分解以及是否在块编辑器中打开，在"单位"下拉列表框中设置块参照的插入单位。

请看以下创建图形块的一个简单案例。

① 打开配套的"块定义_三极闸流晶体管.dwg"文件。

② 在命令行中输入"BLOCK"并按〈Enter〉键，弹出"块定义"对话框。

③ 在"名称"文本框中输入"三极闸流晶体管"，接着在"对象"选项组中选择"转换为块"单选按钮，单击"选择对象"按钮，暂时关闭"块定义"对话框，在图形窗口中指定角点 1 和角点 2 来窗选整个图形，如图 7-2 所示，按〈Enter〉键返回到"块定义"对话框。在"基点"选项组中单击"拾取基点"按钮，选择图 7-3 所示的中点作为新块的基点。

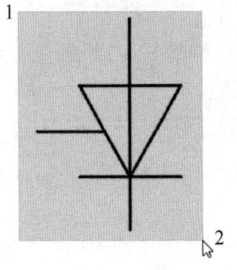
图 7-2 选择对象

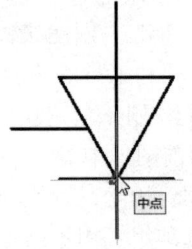
图 7-3 指定基点

④在"块定义"选项组中继续设置其他选项,例如在"行为"选项组中勾选"允许分解"复选框,然后单击"确定"按钮。

此外,用户也可以在命令行的"命令"提示下输入"-BLOCK",此时将不弹出"块定义"对话框,而是根据命令行提示进行相应的操作。

命令:-BLOCK↙   //输入"-BLOCK"并按〈Enter〉键
输入新块名称或 [?]: NEWBLOCK↙   //输入新建图块的名称
指定插入基点或 [注释性(A)]:   //指定插入基点
选取写块对象:指定对角点:找到 n 个   //选择要创建块的对象
选取写块对象:↙   //按〈Enter〉键

● 2. 写块

使用 WBLOCK(写块)命令,可以将选定对象保存到指定的图形文件或将块转换为指定的图形文件。如果需要作为相互独立的图形文件来创建几种版本的符号,或者要在不保留当前图形的情况下创建图形文件,通常可以使用 WBLOCK 命令。

虽然 WBLOCK 命令和 BLOCK 命令都可以定义块,但两者还是有明显差异的。BLOCK 命令创建的块保存在当前所属的图形文件中,只能在该图形文件中使用。WBLOCK 命令则可以将块、选择集或整个图形作为一个单独的图形文件保存在磁盘上,其定义的块本身既是一个可以被其他图形引用的图形文件,也可以单独打开,这样的块被称为写块或全局块。

在命令行的"命令"提示下输入"WBLOCK"并按〈Enter〉键,或者在功能区"插入"选项卡的"块"面板中单击"写块"按钮,弹出图 7-4 所示的"保存块到磁盘"对话框。该对话框用于将当前图形的对象保存到不同的图形文件,或者将指定的块定义另存为一个单独的图形文件。

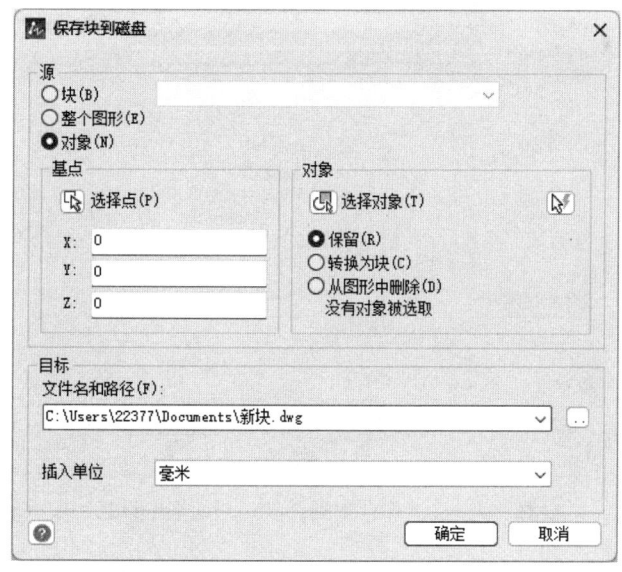

图 7-4 "保存块到磁盘"对话框

"保存块到磁盘"对话框各主要组成元素的功能含义如下。
1)"源"选项组:用于指定块或对象,将其写入到新的图形文件并指定插入点。
 ● "块"单选按钮:用于指定要另存为文件的现有块。选择此单选按钮时,从"块名"下拉列表框中选择块名称。
- "整个图形"单选按钮：用于将当前图形写入到新的图形文件中。
- "对象"单选按钮：用于选择要写入到新的图形文件中的对象。选择该单选按钮时，"基点"子选项组和"对象"子选项组可用。"基点"子选项组用于指定块的基点，有两种方法，一是拾取点，二是输入 X、Y、Z 坐标值。如果在"对象"子选项组中单击"选择对象"按钮，则可以临时关闭"保存块到磁盘"对话框，接着在图形窗口中选择要写入到新图形文件中的对象；"快速选择"按钮则用于通过打开"快速选择"对话框来过滤选择集；"保留"单选按钮用于在完成写块操作后，在当前图形文件中保留选取的对象；"转换为块"单选按钮用于将选定对象另存为文件后，在当前图形中将它们转换为块；"从图形中删除"单选按钮则用于在完成写块操作后，从当前图形中删除选取的对象。

2)"目标"选项组：用于指定新文件的名称和保存路径，以及设定插入块时所用的单位。

这里介绍一个写块的操作案例，要求将当前图形文件中的一个图块另存为一个单独的新块文件，其方法步骤如下。

❶打开配套的"写块操练.dwg"图形文件，在命令行的"命令"提示下输入"WBLOCK"并按〈Enter〉键，或者在功能区"插入"选项卡的"块"面板中单击"写块"按钮，弹出"保存块到磁盘"对话框。

❷在"源"选项组中选择"块"单选按钮，接着从"块名"下拉列表框中选择"标题栏"块名称，如图 7-5 所示。

图 7-5 在"保存块到磁盘"对话框中设置

❸在"目标"选项组中单击位于"文件名和路径"下拉列表框右侧的省略号按钮，弹出"要创建的.DWG文件名"对话框，如图 7-6 所示，为选定块指定写块的保存位置和文件名，单击"保存"按钮，返回到"保存块到磁盘"对话框。

❹插入单位默认为"毫米"，单击"确定"按钮，从而将图形中的选定块转换为指定的图形文件。

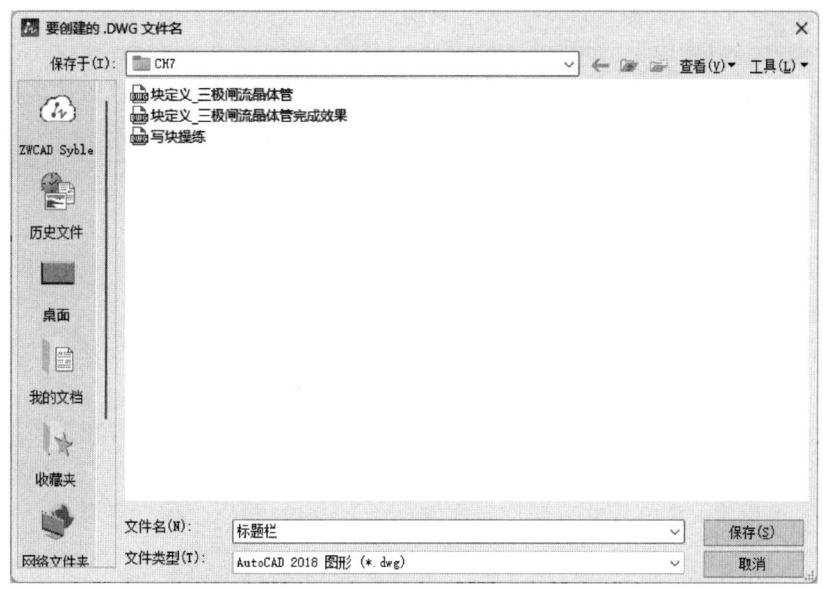

图 7-6 "要创建的.DWG 文件名"对话框

如果在命令行的"命令"提示下输入"-WBLOCK"并按〈Enter〉键,弹出"保存块"对话框(与 FILEDIA 系统变量的值设置相关,以 FILEDIA=1 为例),如图 7-7 所示,指定保存位置和文件名后,单击"保存"按钮,命令行出现"输入现有块的名称或 [&(选取多个块) / *(整个图形)] <选取对象>:"的提示信息,根据命令行提示进行相关的操作即可。

图 7-7 "保存块"对话框

- "输入现有块的名称":输入已经存在的块名称,并将此块写入到输出文件中。
- "&(选取多个块)":输入符号"&"后按〈Enter〉键,输入块名,将指定块写入到输出文件中。

- "*（整个图形）"：输入符号"*"后按〈Enter〉键，将当前图形中的所有对象写入到输出文件中，其中模型空间对象和图纸空间对象分别被写入到模型空间和图纸空间。
- "<选取对象>"：按〈Enter〉键，指定基点并选取对象写入到输出文件中。

7.1.3 创建及使用块的属性

块属性是附属于块的非图形信息，其应用思路是在创建存储属性特征的属性定义后，将其附着到块中使其成为块属性。所谓的属性是将数据附着到块上的标签或标记。属性中可能包含的数据包括零件编号、价格、注释和物主的名称等。

ATTDEF 命令（对应的工具为"定义属性"按钮 ）的功能用途是创建用于在块中存储数据的属性定义。

在命令行的"命令"提示下输入"ATTDEF"并按〈Enter〉键，或者在功能区"插入"选项卡的"块定义"面板中单击"定义属性"按钮 ，弹出图 7-8 所示的"定义属性"对话框。利用该对话框，可以定义属性模式、属性名称（标记）、属性提示、属性默认值、插入点和属性文字设置等。

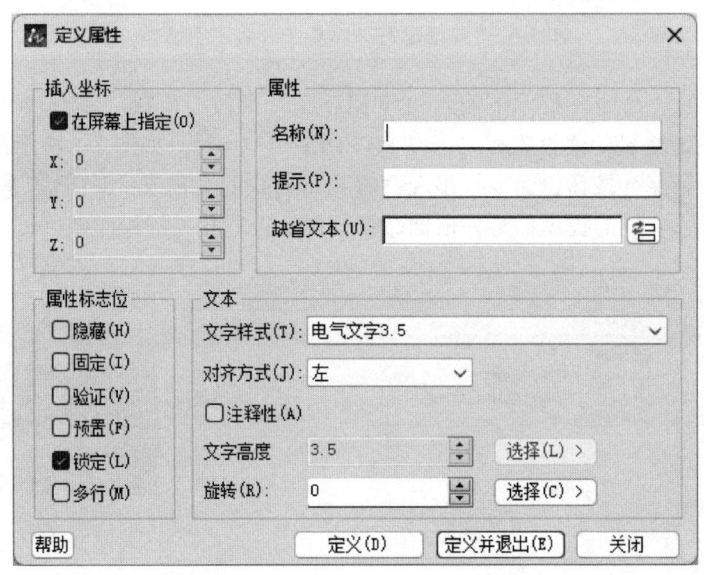

图 7-8 "定义属性"对话框

创建好一个或多个属性定义之后，可以在创建块定义时，将属性定义选择作为要包含到块定义中的对象。将属性定义合并到块中后，在插入包含属性定义的块时，将弹出的"编辑属性"对话框以供用户根据属性定义中设定的提示信息输入相应的属性值。

下面介绍一个典型案例，操作知识点包括创建属性定义和将属性附着到块上。

❶单击"打开"按钮 ，弹出"选择文件"对话框，选择本书配套的"电阻.dwg"文件，单击对话框中的"打开"按钮，该文件的原始图形如图 7-9 所示。

❷使用"二维草图与注释"工作空间，在功能区"常用"选项卡的"图层"面板的"图层特性"下拉列表框中选择"注释"层，以将该层设置为当前图层。

❸在功能区的"插入"选项卡的"块定义"面板中单击"定义属性"按钮 ，或者在命令行的"命令"提示下输入"ATTDEF"并按〈Enter〉键，弹出"定义属性"对话框。

④在"属性标志位"选项组中只选中"锁定"复选框;在"插入坐标"选项组中选中"在屏幕上指定"复选框;在"属性"选项组的"名称"文本框中输入"R",在"提示"文本框中输入"请输入电阻器的大小(Ω)或标识";在"文本"选项组的"对齐方式"下拉列表框中选择"中",在"文字样式"下拉列表框中选择"电气文字3.5",如图7-10所示。

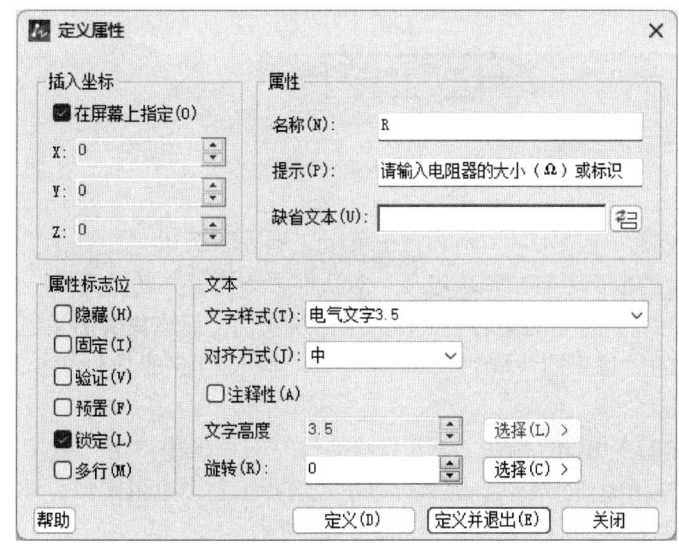

图7-9 电阻(原始图形)　　图7-10 在"定义属性"对话框中进行相关设置

⑤在"定义属性"对话框中单击"定义并退出"按钮。

⑥在电阻图形正上方的合适位置处单击一点以放置该属性,如图7-11所示。可以通过夹点编辑方式对属性的放置位置进行微调。

⑦在命令行的"命令"提示下输入"BLOCK"并按〈Enter〉键,或者单击"创建块"按钮,弹出"块定义"对话框。

⑧在"名称"文本框中输入新块名称为"电阻-水平放置",在"对象"选项组中选择"转换为块"单选按钮,在"行为"选项组中选中"允许分解"复选框,以及从"单位"下拉列表框中选择"毫米"选项,如图7-12所示。

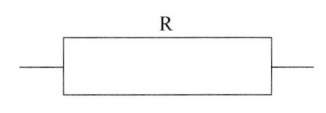

图7-11 完成创建一个属性定义　　图7-12 在"块定义"对话框中设置

⑨在"对象"选项组中单击"选择对象"按钮,分别指定角点1和角点2以使用窗口选择方式选择整个电阻图形和属性定义,如图7-13所示,按〈Enter〉键,返回至"块定义"对

话框。

⑩在"基点"选项组中单击"拾取基点"按钮，系统临时关闭"块定义"对话框，选择图 7-14 所示的端点作为块的插入基点。指定插入基点后，系统自动返回"块定义"对话框。

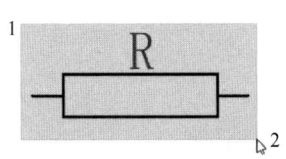
图 7-13　选择整个电阻图形和属性定义

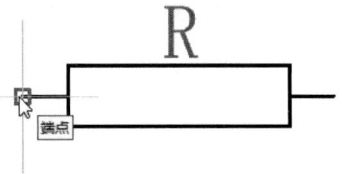
图 7-14　指定块的插入基点

⑪在"块定义"对话框中单击"确定"按钮。

⑫由于之前在"块定义"对话框中选择了"转换为块"单选按钮，则中望 CAD 系统在创建块以后，将选定对象转换成图形中的块实例，而该块实例又包含了属性定义，则系统弹出图 7-15 所示的"编辑图块属性"对话框。若输入相应的属性值，则该值将显示在转换而成的块实例中。

⑬本例，直接在"编辑图块属性"对话框中单击"确定"按钮。此时，如果在图形窗口中单击电阻的任意图线，那么可以发现选择了整个电阻图形，即该电阻图形已成为块实例，且块夹点显示在块的插入基点处，如图 7-16 所示。

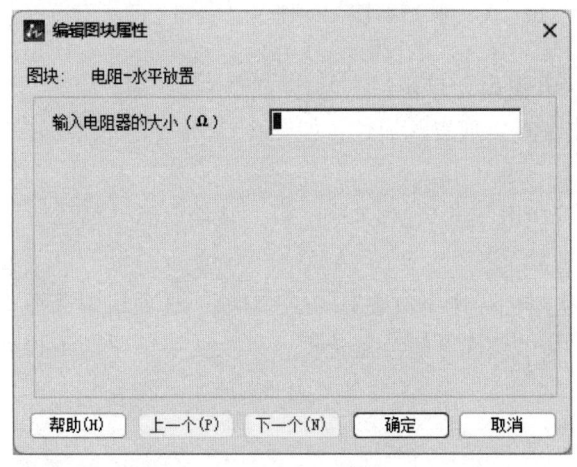
图 7-15　"编辑图块属性"对话框

图 7-16　将选定对象转换成块实例

7.1.4　编辑属性定义

"编辑单个属性"按钮、"编辑多重属性"按钮都可用于编辑属性定义，它们位于"块定义"面板中。

先介绍使用"编辑单个属性"（对应的命令为 EATTEDIT）在选定块参照中编辑属性，包括编辑块中每个属性的值、文字选项和特性。

在功能区"插入"选项卡的"块定义"面板中单击"编辑单个属性"，或者在命令行的"命令"提示下输入"EATTEDIT"并按〈Enter〉键，接着在图形中选择附有属性的块参照，则系统弹出"增强属性编辑器"对话框，如图 7-17 所示。"增强属性编辑器"对话框包含"属性"

选项卡、"文字选项"选项卡和"特性"选项卡，即利用此对话框可以对块中的每个属性的值、文字选项和特性进行编辑。

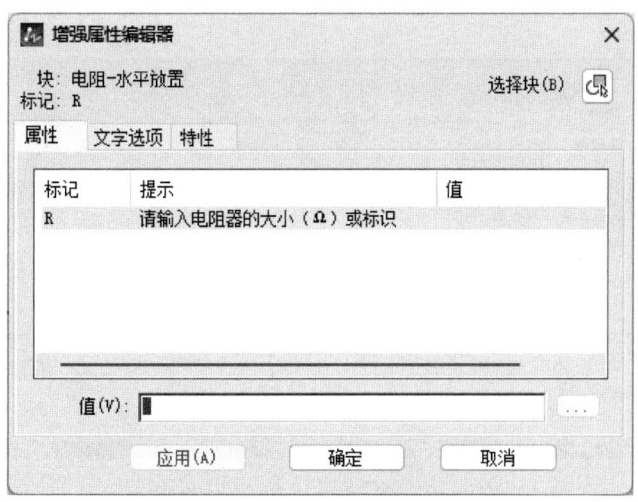

图 7-17 "增强属性编辑器"对话框

- "属性"选项卡：用于显示属性信息，不能重新定义属性信息，但是可以对各属性的特定值进行修改。选择要编辑的属性，接着在"值"文本框中修改其属性值。
- "文字选项"选项卡：设定用于定义图形中属性文字的显示方式和特性，具体设置内容如图 7-18 所示。

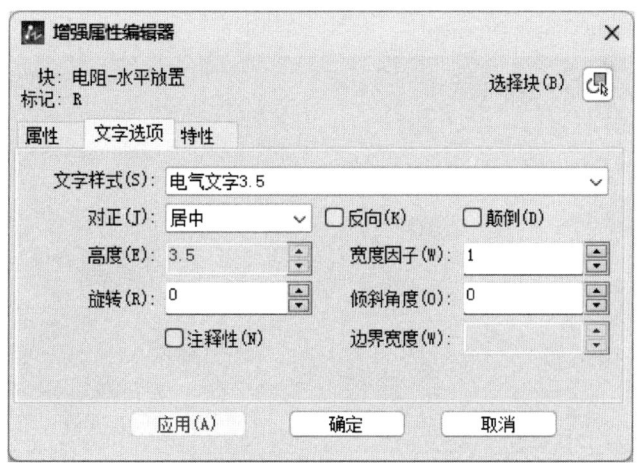

图 7-18 "文字选项"选项卡

- "特性"选项卡：用于定义属性所在的图层以及属性文字的线宽、线型和颜色，如图 7-19 所示。如果图形使用打印样式，可以使用该选项卡为属性指定打印样式。

以前面讲到的在当前图形中转换生成的电阻图形块（带有属性）为例，在"增强属性编辑器"对话框的"属性"选项卡中，在属性列表中选择"标记"为"R"的属性，接着在"值"文本框中输入"60Ω"，单击"应用"按钮或"确定"按钮，则电阻图形块中在标记位置处显示该属性值，如图 7-20 所示。

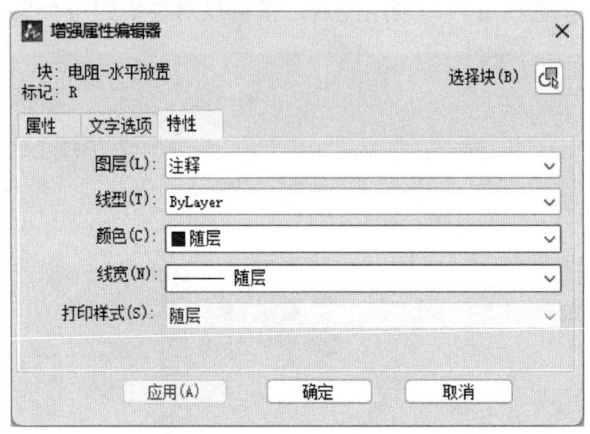

图7-19 "特性"选项卡

图7-20 编辑块属性的结果

> **知识点拨：**
> 在图形窗口中双击带有属性的块时，可以快速弹出"增强属性编辑器"对话框，从中可编辑附着到该块的属性值。

也可以使用 ATTEDIT 命令更改块中的属性信息。

在命令行中输入"ATTEDIT"并按〈Enter〉键，接着选择块参照（带有属性定义的），系统弹出"编辑图块属性"对话框，如图7-21所示。从中可直观地编辑选定块的一个或多个属性值。

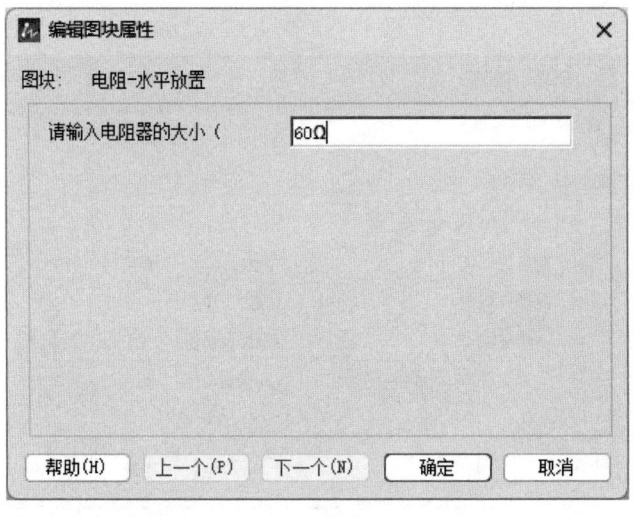

图7-21 "编辑图块属性"对话框

如果单击"编辑多重属性"按钮 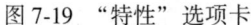（等效输入"-ATTEDIT"命令），可根据命令行提示，修改独立于块的属性值和属性特性。

7.1.5 编辑块的属性

BATTMAN 命令（对应的工具为"块属性管理器"按钮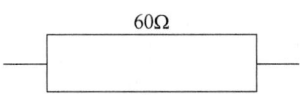）用于管理选定块定义的属性。

在命令行中输入"BATTMAN"并按〈Enter〉键，或者在功能区"插入"选项卡的"块定义"面板中单击"块属性管理器"按钮 ，弹出图 7-22 所示的"块属性管理器"对话框。利用该对话框，可以在块中编辑属性定义、从块中删除属性以及更改插入块时系统提示用户输入属性值的顺序。对于每一个选定块，属性列表下的说明都会标识在当前图形和在当前模型空间或布局中相应块的实例数目。为了让读者更好地掌握管理属性的知识，这里还是有必要介绍一下"块属性管理器"对话框各主要工具选项的功能含义。

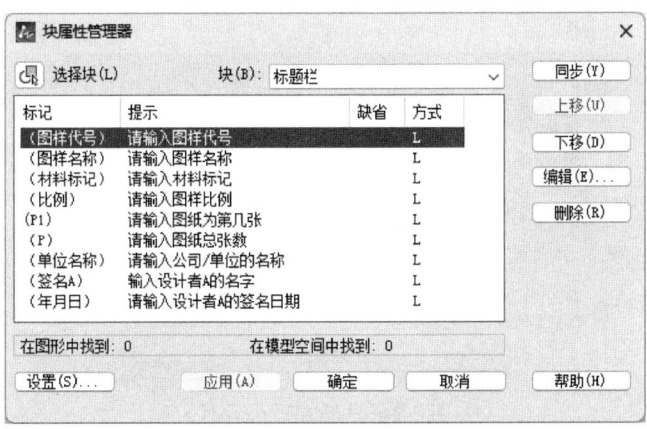

图 7-22 "块属性管理器"对话框

- "选择块"按钮 ：单击此按钮，"块属性管理器"对话框将被关闭，接着在图形窗口中选择块，完成选择后返回"块属性管理器"对话框。如果修改了块的属性，并且未保存所做的更改便选择一个新块，那么系统将提示在选择其他块之前先保存更改。
- "块"下拉列表框：列出当前图形中具有属性的所有块定义，从中选择要修改属性的块。
- 属性列表：显示所选块中每个属性的特性。
- "同步"按钮：单击此按钮，将更新具有当前定义的属性特性的选定块的全部实例。注意此操作不会影响每个块中赋给属性的值。
- "上移"按钮：在提示序列的早期阶段移动选定的属性标签。注意选定固定属性时，此按钮不可用。
- "下移"按钮：在提示序列的后期阶段移动选定的属性标签。注意选定固定属性时，此按钮不可使用。
- "编辑"按钮：单击此按钮，弹出图 7-23 所示的"编辑属性"对话框，从中可以修改属性特性。

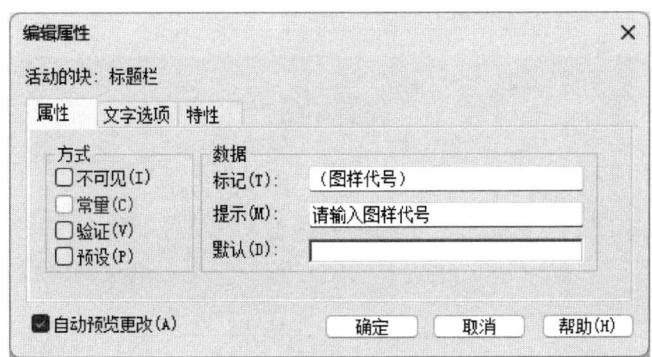

图 7-23 "编辑属性"对话框

- "删除"按钮：用于从块定义中删除选定的属性。如果在单击"删除"按钮之前已经选择了块属性"设置"对话框中的"将修改应用到现有参照"复选框，那么将删除当前图形中全部块实例的属性。对于仅具有一个属性的块，"删除"按钮不可用。
- "设置"按钮：单击此按钮，系统打开图7-24所示的"设置"对话框，从中可以自定义"块属性管理器"对话框中的属性信息的列出方式（属性列表的显示外观）等。

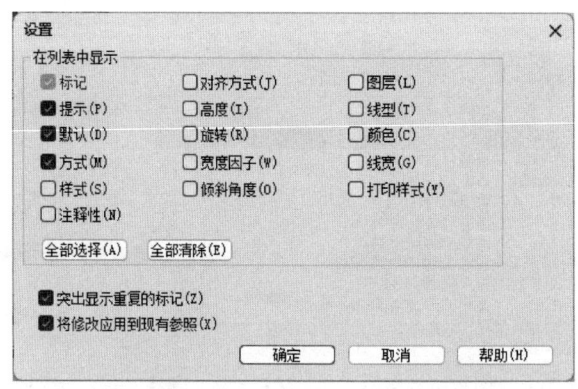

图7-24 "设置"对话框

- "应用"按钮：应用所做的更改，但不关闭"块属性管理器"对话框。
- "确定"按钮：应用所做的更改，并关闭"块属性管理器"对话框。
- "取消"按钮：取消所做的更改，并关闭"块属性管理器"对话框。

7.1.6 插入图块或外部文件

完成块定义后，在以后工作需要时可以采用"插入块"的方式来调用该块图形，而不必重新开始一一绘制。将图块插入到图形中后，可以对其进行相应的编辑处理。

可以从这些源插入块：当前图形中定义的块、作为块插入到当前图形中的其他图形文件、其他图形文件（称为块库图形）中定义的块（可以插入到当前图形中）、由联机供应商和服务创建的块。

要在图形中插入图块，则可以按照以下的方法步骤进行。

① 在功能区"插入"选项卡的"块"面板中单击"插入"按钮，弹出"插入图块"对话框，如图7-25所示。

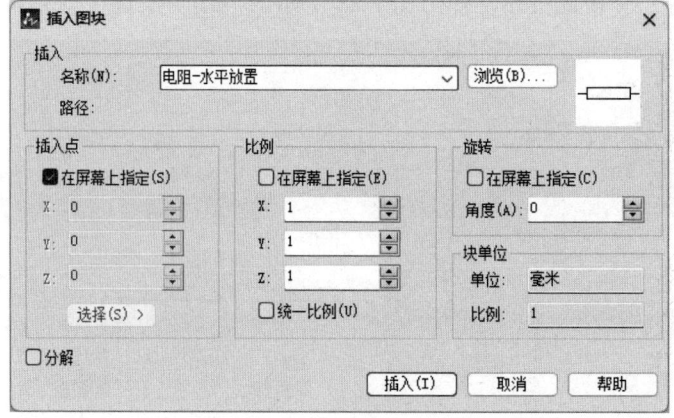

图7-25 "插入图块"对话框

②从"插入"选项组的"名称"下拉列表框中选择所需的图块名称,亦可单击"浏览"按钮打开"插入块"对话框,从中选择要插入的文件名。

③在"插入点"选项组、"比例"选项组和"旋转"选项组分别设置相关的选项。

④需要时,可以勾选"分解"复选框。当勾选此复选框时,将块分解为单独的对象插入到当前图形文件中。勾选"分解"复选框,则仅可以按统一比例插入块或文件。

⑤根据命令行提示进行相应的操作,完成在图形中插入图块。

【操作案例】 绘制并联电阻

①打开"绘制并联电阻.dwg"图形文件。

②在功能区"插入"选项卡的"块"面板中单击"插入"按钮,或者在命令行中输入"INSERT"并按〈Enter〉键,弹出"块"选项板,弹出"插入图块"对话框。

③在"插入"选项组的"名称"下拉列表框中选择"电阻-水平放置"块名称。

④在"插入点"选项组中勾选"在屏幕上指定"复选框;在"比例"选项组中勾选"统一比例"复选框,设置统一比例为1;在"旋转"选项组中设置旋转角度为0;确保取消勾选"分解"复选框,然后单击"插入"按钮。

⑤在图形窗口中任意单击一点以作为第一个电阻图块的插入点,系统弹出"编辑图块属性"对话框,如图7-26所示,输入该电阻器的标识为"R1",单击"确定"按钮,插入的第1个电阻块如图7-27所示。

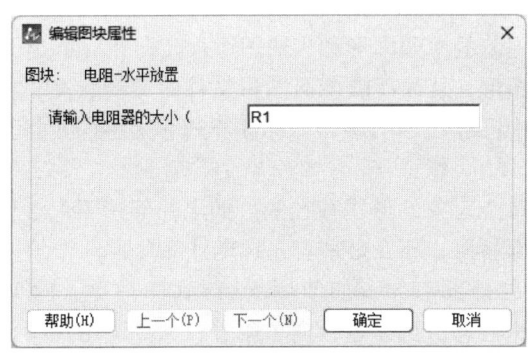

图7-26 "编辑图块属性"对话框

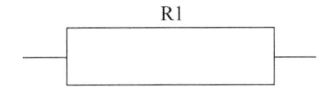

图7-27 插入第1个电阻块

⑥在功能区"插入"选项卡的"块"面板中单击"插入"按钮,弹出"插入图块"对话框,选择"电阻-水平放置"块名。

⑦接受默认的插入点、比例和旋转设置,单击"插入"按钮。

⑧在命令行的"指定块的插入点或 [基点(B)/比例(S)/旋转(R)]:"提示下输入"@0,-13"并按〈Enter〉键,弹出"编辑图块属性"对话框,设置该电阻块的标识为"R2",单击"确定"按钮,完成插入第2个电阻块,如图7-28所示。

⑨使用同样的方法,执行INSERT命令,插入第3个电阻块R3,该插入点相对坐标为"@0,-13",插入效果如图7-29所示。

⑩将"粗实线"层设置为当前图层,使用LINE命令绘制相应的直线段,结果如图7-30所示。

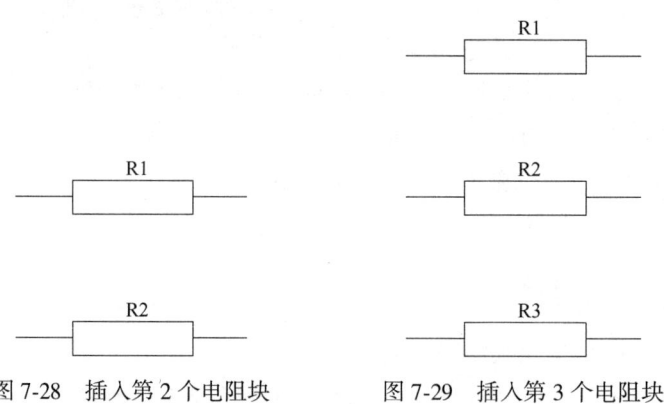

图 7-28 插入第 2 个电阻块　　　图 7-29 插入第 3 个电阻块

在中望 CAD 中，可以将任意图形文件插入到当前图形中作为外部参照，但这并不是真正的插入，而是"链接"，即附着的外部参照链接至当前图形中，参照图形中所做的更改将反映到当前图形中，因此使用外部参照可以生成图形而不会显著增加图形文件的大小。使用外部的参照图形，用户可以通过在图形中参照其他用户的图形协调用户之间的工作，从而与其他设计师所做的更改保持同步，也可以使用组成图形装配一个主图形，主图形将随工程

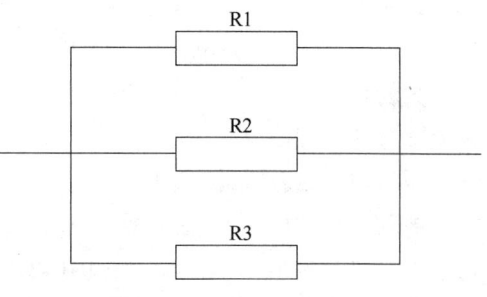

图 7-30 绘制相应的直线段

的开发而被更改。当工程完成并准备归档时，将附着的参照图形和当前图形永久合并（绑定）到一起。另外，打开图形时，将自动重载每个参照图形，从而反映参照图形文件的最新状态。在使用外部参照时，注意不要在图形中使用参照图形中已存在的图层名、标注样式、文字样式和其他命名元素，以免出现混乱。

与块参照相同，外部参照在当前图形中是以单个对象的形式存在的。如果外部参照包含任何可变块属性，那么它们将被忽略。如果要分解外部参照，那么必须首先绑定外部参照。

在中望 CAD 中，用户可以使用多种方法附着外部参照，如使用 XATTACH 命令、EXTERNALREFERENCES 命令和设计中心等。使用设计中心时，可以进行简单附着、预浏览图形参照及其描述、通过拖动快速地放置外部参照等。

查询图形信息

在 CAD 制图工作中，利用一些测量查询工具可以提升设计效率。

7.2.1 获取点的坐标

要获取某个点的坐标，可以在功能区"工具"选项卡的"测量"面板中单击"点坐标"按钮 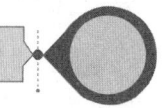（对应的命令为 ID），接着在图形窗口中选择要查询的点即可，如查询图 7-31 所示的圆心，则在命令窗口中显示该点的 X、Y、Z 坐标值，并将指定点的坐标存储为最后一点。如果在接下来的绘图操作中，在要求输入点的下一个提示中输入带"@"的相对坐标可应用之前的最后一点。

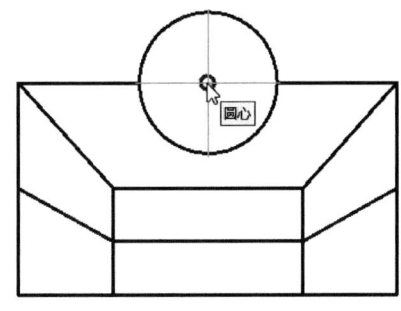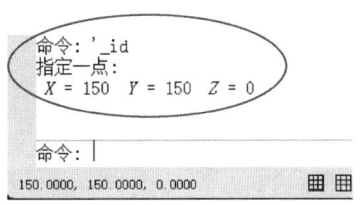

图 7-31 查询圆心的坐标

7.2.2 测量距离

"测量距离"按钮（对应的命令为 DIST）用于测量指定两点或多个点之间的距离，其操作方法很简单，即在功能区"工具"选项卡的"测量"面板中单击"测量距离"按钮后，接着分别指定第一点和第二点，则在命令窗口中显示以下信息。

距离 = 计算出的距离，XY 面上角 = 角度，与 XY 面夹角 = 角度

X 增量 = X 坐标变化，Y 增量 = Y 坐标变化，Z 增量 = Z 坐标变化

其中，距离是指两点之间的三维距离，XY 面上角指的是相对于当前 X 轴的角度；与 XY 面夹角指的是相对于当前 XY 平面的角度。

如果在"指定第二个点或 [多个点（M）]:"的提示下输入"M"并按〈Enter〉键，则可以指定多个点并记录总距离。

【案例】测量两个圆心之间的距离

① 打开"查询即学即练.dwg"文件，原始图形文件如图 7-32 所示。

② 在功能区"工具"选项卡的"测量"面板中单击"测量距离"按钮，接着分别选择图 7-33 所示的圆心 1 和圆心 2，测量距离的结果如图 7-34 所示。

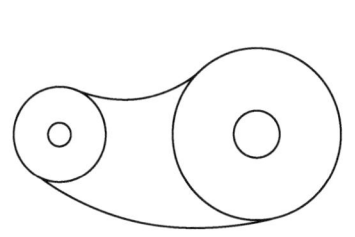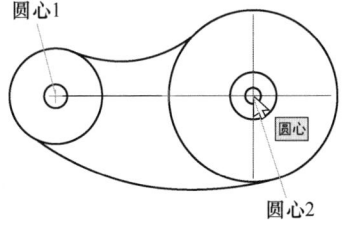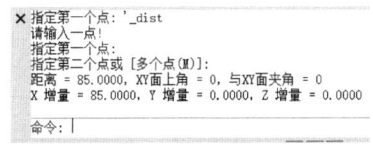

图 7-32 原始图形文件　　图 7-33 分别选择两个圆心　　图 7-34 测量距离的结果

7.2.3 测量半径

"测量半径"按钮用于测量指定圆或圆弧的半径和直径。

单击"测量半径"按钮，接着选择一个圆或圆弧，在命令窗口中便会显示该圆或圆弧的半径和直径，如图 7-35 所示。

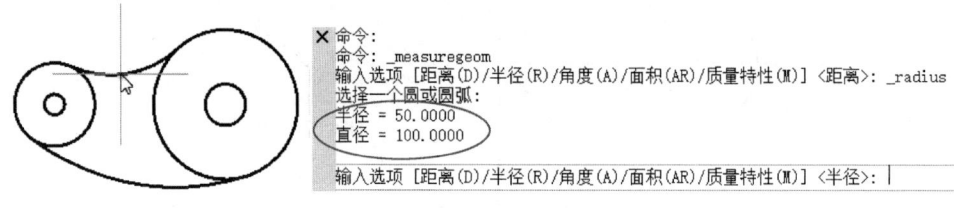

图 7-35 测量半径示例

7.2.4 测量连续线的长度

"直线总长"按钮 （对应的命令为 LINESUM）用于计算直线或多段线的总长度。请看以下这个案例。

① 打开"查询 2 即学即练.dwg"文件，原始图形文件如图 7-36 所示。

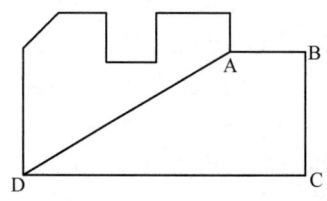

图 7-36 原始图形文件

② 在功能区"工具"选项卡的"测量"面板中单击"直线总长"按钮 ，根据命令行提示进行以下操作。

命令：_linesum
选择直线或多段线：找到 1 个   //选择线段 AB
选择直线或多段线：找到 1 个, 总计 2 个   //选择线段 BC
选择直线或多段线：找到 1 个, 总计 3 个   //选择线段 CD
选择直线或多段线：↙   //按〈Enter〉键
总长 = 162.7216。

7.2.5 测量角度

"测量角度"按钮 用于测量指定对象或指定点形成的角度，包括两直线的夹角、圆心分别连接指定第一点和第二点形成的角度、圆心分别连接圆弧的两端点形成的角度、顶点分别连接两端点形成的角度。

例如，在功能区"工具"选项卡的"测量"面板中单击"测量角度"按钮 ，执行以下操作。

命令：_measuregeom
输入选项 [距离(D)/半径(R)/角度(A)/面积(AR)/质量特性(M)] <距离>：_angle
选择直线、圆、圆弧或 <指定顶点>：   //选择线段 AD
选择第二条直线：   //选择线段 DC
角度 = 30°   //测量的夹角为 30°

7.2.6 计算图形面积及周长

"面积"按钮用于计算对象或定义区域的面积和周长。
请看以下这个案例。

① 打开"查询3即学即练.dwg"文件,原始图形文件如图7-37所示。
② 在功能区"工具"选项卡的"测量"面板中单击"面积"按钮,进行以下操作。

命令:_area
指定第一点或 [对象(O)/添加(A)/减去(S)] <对象>: A↙
指定第一点或 [对象(O)/减去(S)]: O↙
选取添加面积的对象: //选择图7-38所示的大面域
面积 = 29780.9154,周长 = 619.6183
总面积 = 29780.9154
总长度 = 619.6183
选取添加面积的对象:↙
面积 = 29780.9154,周长 = 619.6183
总面积 = 29780.9154
总长度 = 619.6183
指定第一点或 [对象(O)/减去(S)]: S↙
指定第一点或 [对象(O)/添加(A)]: O↙
选取减去面积的对象: //选择图7-39所示的圆1
面积 = 314.1593,周长 = 62.8319
总面积 = 29466.7562
总长度 = 556.7865
选取减去面积的对象: //选择图7-39所示的圆2
面积 = 1256.6371,周长 = 125.6637
总面积 = 28210.1191
总长度 = 431.1227
选取减去面积的对象: *取消*   //按〈Esc〉键

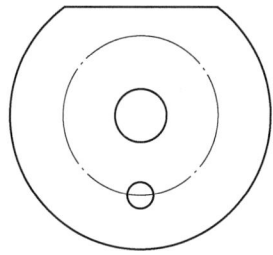
图7-37 原始图形文件

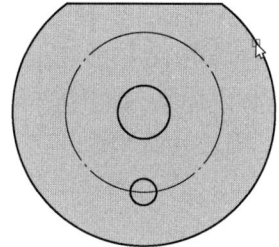
图7-38 选择大面域

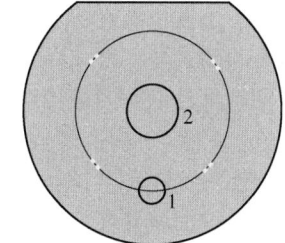
图7-39 选择要减去面积的对象

另外,"面积总和"按钮用于计算选定闭合对象的总面积;"面积表格"按钮用于标注封闭区域或对象的名称或面积,并根据标注的内容生成或输出面积表格。

7.2.7 列出对象的图形信息

利用"列表"按钮(对应的命令为LIST),可以显示选定对象的图形信息,其操作方法很简单,在功能区"工具"选项卡的"测量"面板中单击"列表"按钮,选择要列出的对象,按〈Enter〉键，系统弹出图 7-40 所示的 ZWCAD 文本窗口，列出所选取底线的图形信息，按〈Enter〉键继续。

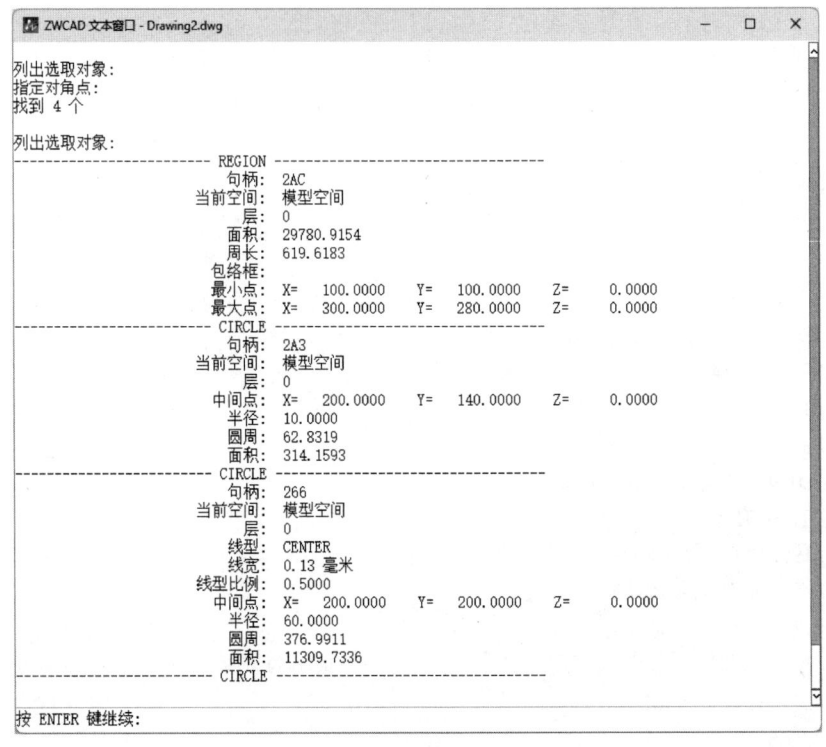

图 7-40　ZWCAD 文本窗口

7.2.8　查询面域/质量特性

"面域/质量特性"按钮用于计算选取面域或三维实体对象的质量特性，并可将计算结果保存为文本文件。

操作方法是在功能区"工具"选项卡的"测量"面板中单击"面域/质量特性"按钮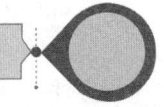，接着选择要查询的对象，按〈Enter〉键，系统弹出 ZWCAD 文本窗口列出所选对象的质量特性，并提示用户是否将显示的质量特性写入到文本文件中。对于选择的对象是面域时，则显示其面域的以下质量特性：面积（面域的封闭面积）、周长（面域的内环和外环的总长度）、包络框、质心、惯性矩、惯性积、回转半径、主力矩与质心的 X-Y 方向。如果同时选择多个面域，则系统将只接受与第一个选定面域共面的面域。

7.3　中望 CAD 设计中心

中望 CAD 设计中心是一个集成化的辅助绘图工具，利用"设计中心"窗口，可以很方便地浏览和组织设计内容，支持将命名对象拖动到当前图形文件中。所述的命名对象包括块、标注样式、图层、布局、文字样式、线型和外部参照。

利用功能区"工具"选项卡的"选项板"面板中的"设计中心"按钮，可以打开或关闭"设计中心"窗口。"设计中心"窗口包含"文件夹""打开的图形""历史记录"3 个选项卡，如图 7-41 所示。切换到"文件夹"选项卡或"打开的图形"选项卡,"设计中心"窗口主要分为两个部分,左侧窗口为树状图,右侧窗口为内容区域。

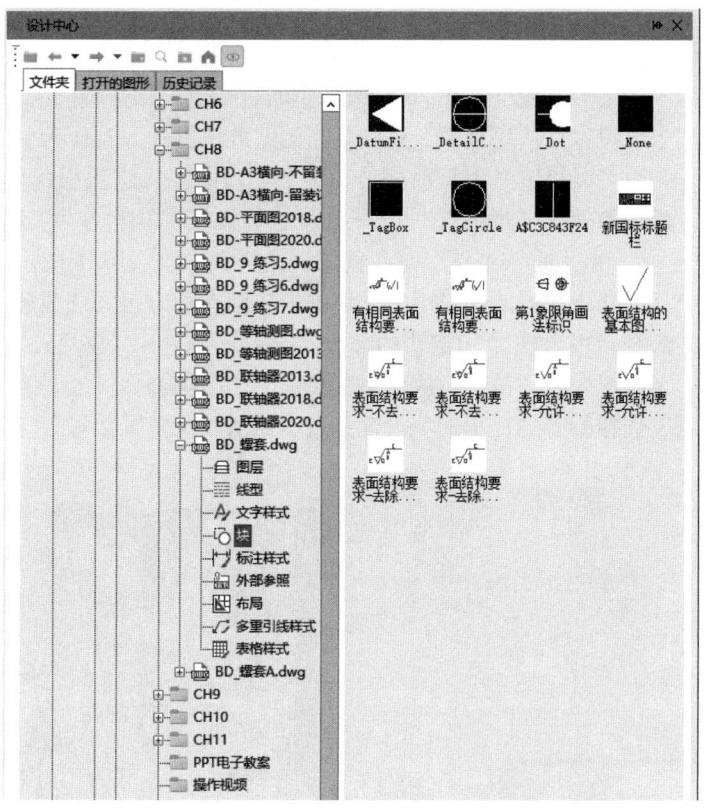

图 7-41 "设计中心"窗口

在内容区域中,可以通过拖动、双击对象、对选定对象右击等方式向当前图形添加命名对象。

例如,通过"设计中心"选择所需的图形文件,再展开下一级来选择"块",接着在内容区域中选择要插入到当前图形中的块定义并右击,如图 7-42 所示,然后从弹出的快捷菜单中选择"插入块"命令,则打开图 7-43 所示的"插入图块"对话框,利用此对话框完成在当前图形中插入块的操作。

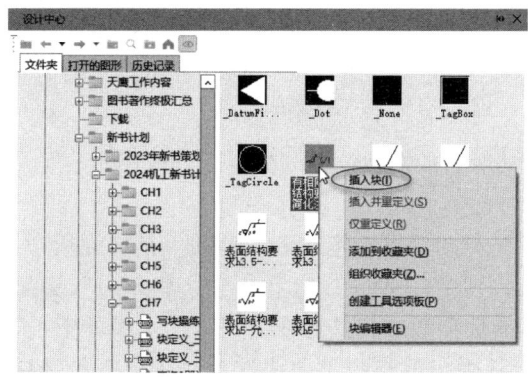

图 7-42 在设计中心中进行相关操作

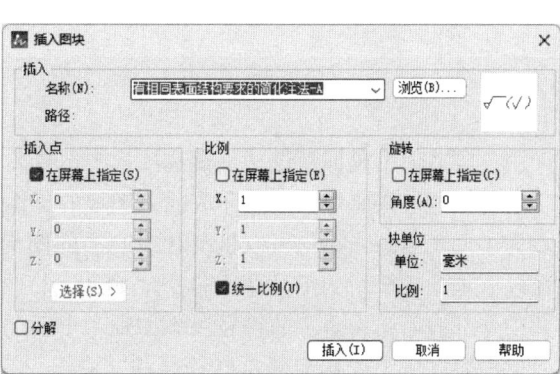

图 7-43 "插入图块"对话框

7.4 工具选项板

如果当前工作界面没有显示工具选项板，那么可以在功能区"工具"选项卡的"选项板"面板中单击"工具选项板"按钮 来打开图 7-44 所示的包含所有选项板的"工具选项板"窗口。所谓的工具选项板用于组织包括从块到命令再到填充图案的工具，并且作为"工具选项板"窗口的一部分进行显示。用户可以自定义工具选项板，每个创建的工具选项板都代表"工具选项板"窗口的一个选项卡。默认的"工具选项板"窗口提供了"机械""电力""建筑""修改""绘图""填充图案""建模"和"命令工具"等一些图例或样例，以供用户选用。

通常，要使用工具选项板在当前图形中插入块图形，则在相应工具选项板中选择（单击）所需的图块，此时，在命令行中出现"指定块的插入点或 [比例（S）/X/Y/Z/旋转（R）]："的提示，将鼠标光标移至绘图区域则该图形块依附着光标，如图 7-45 所示，在绘图区域指定插入点放置此图块，当然可以选择所需的提示选项设置基点、比例和旋转参数等。

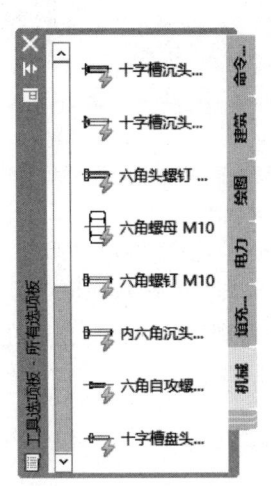

图 7-44　"工具选项板"窗口

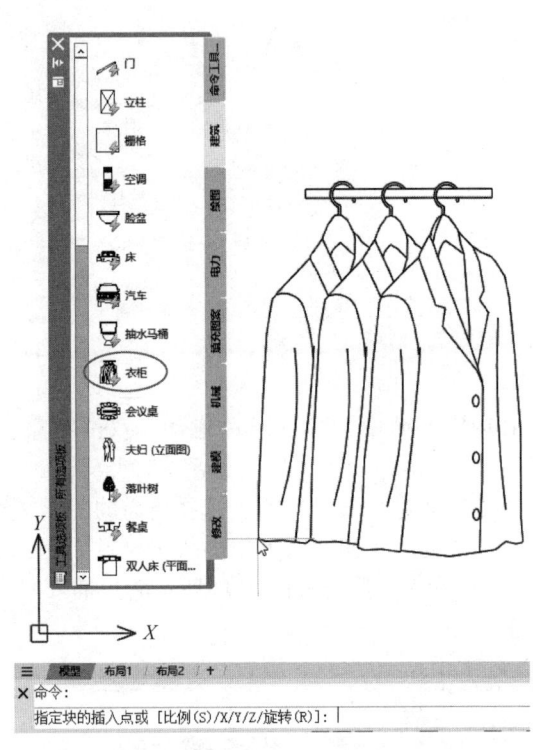

图 7-45　从工具选项板插入图块

用户可以使用鼠标左键从工具选项板中选择并拖动所需的图块，将其拖至图形区域的某处释放，即可快速地按照默认设置完成插入图块的操作。

为了便于制图，用户可以将设计中心中的图形、块和图案填充拖动到当前的工具选项板中，也可以添加到一个新的工具选项板中。例如，将自己创建的"表面结构要求符号库.dwg"图形文件中全部表面结构要求的符号块添加到一个新的工具选项板中，其操作方法是在"设计中心"窗口的内容区域中选择全部这些符号块，右击，接着从弹出的快捷菜单中选择"创建工具选项板"命令，如图 7-46 所示，则在"工具选项板"窗口出现一个表面结构要求符号库工具选项板

（选项卡），如图 7-47 所示。可以重新命名该新工具选项板（选项卡）。

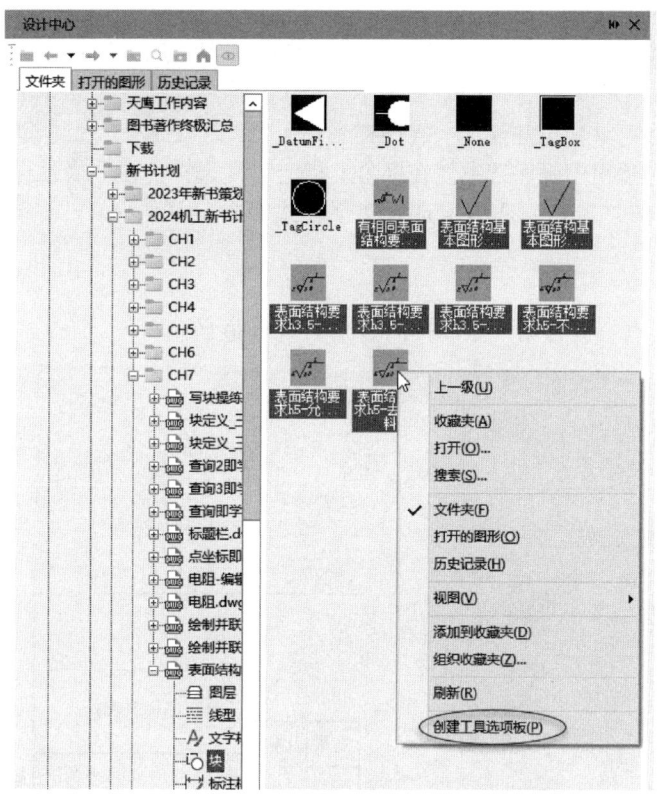
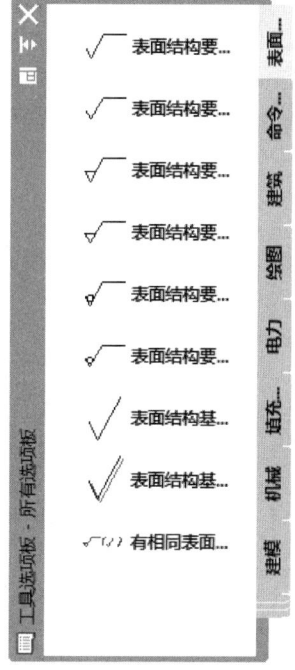

图 7-46 在设计中心的选定块创建工具选项板　　图 7-47 创建工具选项板

需要用户注意的是，将已添加到工具选项板中的图形拖动到另一个图形中时，图形将默认作为块插入。

7.5 综合案例：创建 A3 图幅

本章综合案例的主要知识点包括创建属性定义、创建图块、插入块、生成图形样板文件等。具体的操作步骤如下。

1 打开素材文件。在"快速访问工具栏"中单击"打开"按钮 ，弹出"选择文件"对话框，选择配套的"7_本章综合案例素材 .dwg"图形文件，单击"打开"按钮，该文件已经存在图 7-48 所示的标题栏。

标记	处数	分区	更改文件号	签名	年、月、日				
设计			标准化			阶段标记	重量	比例	
审核									
工艺			批准			共　　张	第　　张	投影符号：	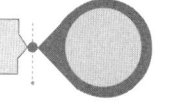

图 7-48 已经存在的标题栏

2 创建一个属性定义。

1）确保"标注及剖面线"层为当前图层。

2）在功能区切换至"插入"选项卡，在"块定义"面板中单击"定义属性"按钮，弹出"定义属性"对话框。

3）在"属性"选项组的"名称"文本框中输入"（图样名称）"，在"提示"文本框中输入"输入图样名称"；在"插入坐标"选项组中确保选中"在屏幕上指定"复选框；在"属性标志位"选项组中只勾选"锁定"复选框；在"文本"选项组选择文字样式为自定义的"HY 文字-H5"，对齐方式为"中"，如图 7-49 所示。

4）单击"定义"按钮。

5）在图形中指定该属性的插入点，放置第一个属性的效果如图 7-50 所示。

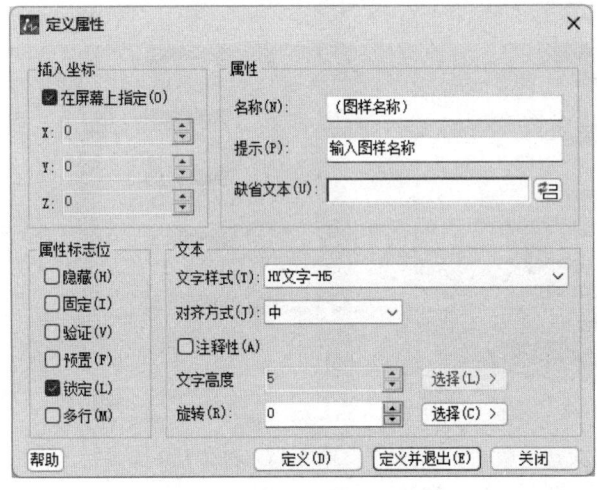

图 7-49 "定义属性"对话框

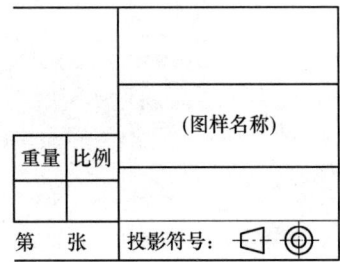

图 7-50 创建第一个属性定义

3 创建其他属性定义。利用"定义属性"对话框，在标题栏图形中创建其他相关的属性定义，相关属性定义的内容（属性名称/标记、属性提示、文字对正形式和文字样式）如表 7-1 所示。

表 7-1 在标题栏中创建的属性定义一览表

序 号	属性名称/标记	属性提示	文字对正形式	文字样式
1	（图样名称）	输入图样名称	中	HY 文字-H5
2	（图样代号）	输入图样代号	中	HY 文字-H5
3	（单位名称）	输入设计单位名称	中	HY 文字-H5
4	（材料标记）	输入材料标记	中	HY 文字-H5
5	（比例）	输入制图比例	中	HY 文字-H3.5
6	（重量）	输入零部件重量	中	HY 文字-H3.5
7	P	输入图纸总张数	中	HY 文字-H3.5
8	P1	输入第几张图纸	中	HY 文字-H3.5
9	（签名）	输入第一设计者名字	中	HY 文字-H3.5
10	（年月日）	输入第一设计者签名日期	中	HY 文字-H3.5

创建好上述所需的属性后，此时标题栏图形如图 7-51 所示。

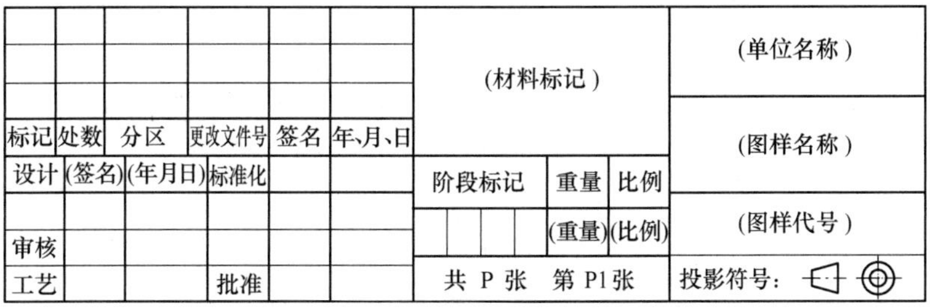

图 7-51 创建好全部属性定义的标题栏图形

④ 创建标题栏图块。

1）在功能区"插入"选项卡的"块"面板中单击"创建块"按钮，弹出"块定义"对话框。

2）在"块定义"对话框的"名称"框中输入新块名称为"GB 标题栏-HY"或其他名称。

3）在"对象"选项组中选择"删除对象"单选按钮，单击"选择对象"按钮，中望 CAD 系统临时关闭"块定义"对话框，指定两个合适的角点来选择整个标题栏（当然包括所有属性定义），按〈Enter〉键返回"块定义"对话框。

4）在"基点"选项组中确保取消勾选"在屏幕上指定"复选框，单击"拾取基点"按钮，在图形窗口中捕捉单击标题栏的右下角点作为插入基点，如图 7-52 所示。此时返回到"块定义"对话框。

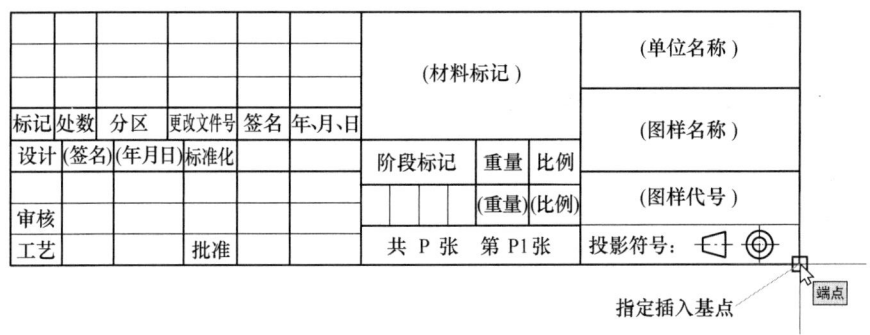

图 7-52 指定插入基点

5）在"说明"框中输入块定义的说明文本信息，并设置行为选项和块单位等，如图 7-53 所示

⑤ 绘制无装订边的 A3 图框线。

使用"直线"按钮，绘制 A3 图框线，外框线尺寸为 297×420，以细实线显示，内框线与相应外框线的偏移距离为 10，内框线以粗实线显示，如图 7-54 所示。

⑥ 插入标题栏。

1）在功能区"插入"选项卡的"块"面板中单击"插入块"按钮，弹出"插入图块"对话框。

2）从"插入"选项组的"名称"下拉列表框中选择"GB 标题栏-HY"，其他设置如图 7-55 所示。

图 7-53 在"块定义"对话框中设置

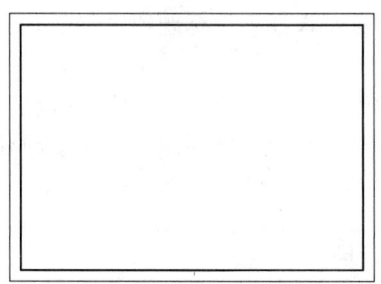

图 7-54 绘制无装订边的 A3 图框线

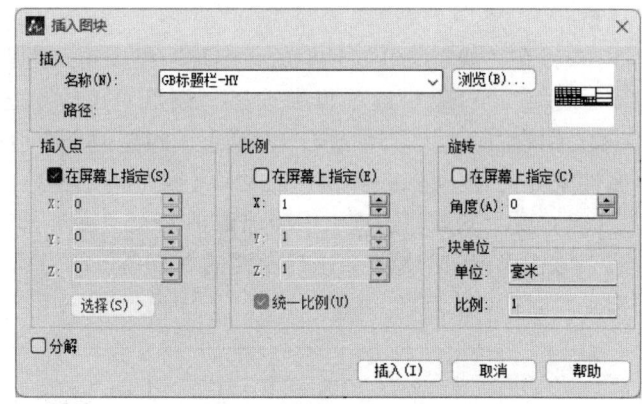

图 7-55 在"插入图块"对话框中设置

3）单击"插入"按钮，选择内框右下角点作为标题栏图块的插入点，如图 7-56 所示。

4）在系统弹出的图 7-57 所示的"编辑图块属性"对话框中无须输入相关属性值，直接单击"确定"按钮。

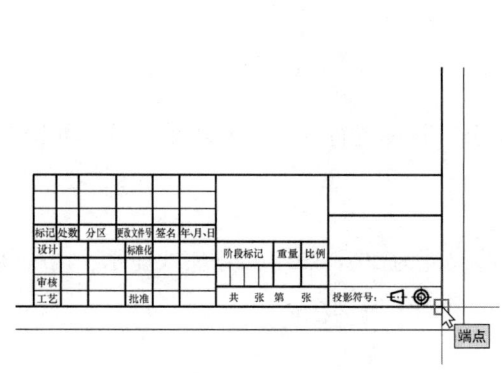

图 7-56 指定块的插入点

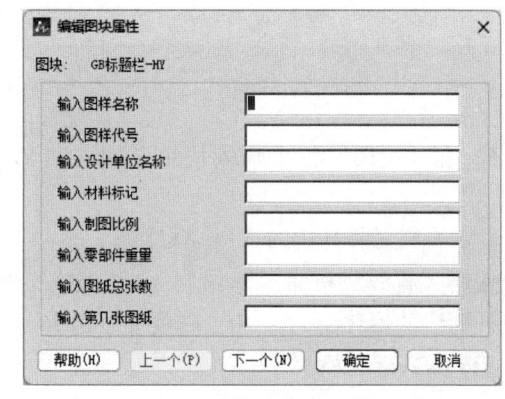

图 7-57 "编辑图块属性"对话框

完成插入的标题栏如图 7-58 所示。

在命令行中执行以下操作，在图形窗口中显示全部图形。

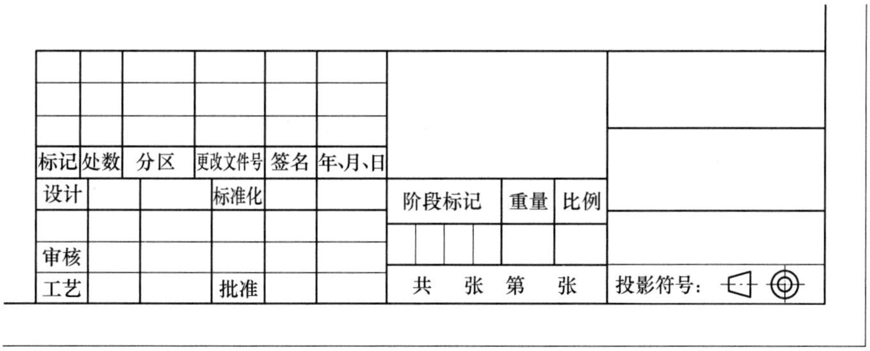

图 7-58 完成插入的标题栏

命令:ZOOM↙

指定窗口的角点,输入比例因子(nX 或 nXP),或者[全部(A)/中心(C)/动态(D)/范围(E)/上一个(P)/比例(S)/窗口(W)/对象(O)]<实时>:A↙

⑧ 另存为图形样板文件。

在"快速访问工具栏"中单击"另存为"按钮，弹出"图形另存为"对话框，在"文件类型"下拉列表框中选择"图形样板(*.dwt)"选项，在"文件名"文本框中输入"无装订边 A3 图幅",如图 7-59 所示,单击"保存"按钮。

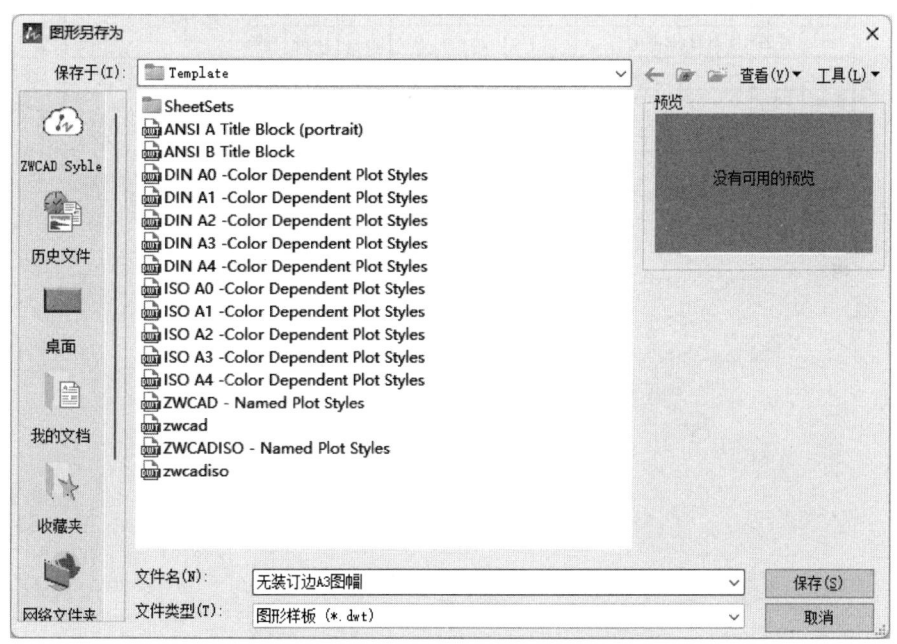

图 7-59 "图形另存为"对话框

7.6 思考与练习

1) 块定义与写块有什么不同?
2) 简述插入块的一般方法及步骤。

3)如何编辑块的属性?

4)中望 CAD 提供了哪些测量图形的工具?分别用于什么场景?

5)上机操作 1:绘制图 7-60 所示的表面粗糙度符号(去除材料),并分别创建 A、B、C、D、E 属性定义,然后将整个图形定义成一个表面粗糙度块。最短的水平线段与图形最下端点的距离为 5,其他尺寸根据图形效果自行确定。

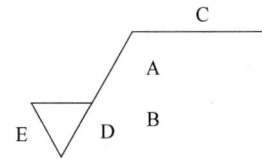

图 7-60 表面粗糙度符号(去除材料)

6)上机操作 2:新建一个 dwg 文档,绘制一个标题栏,并在相应的常用单元格内进行属性定义,最后将它们定义成一个包含若干属性定义的标准标题栏块,如图 7-61 所示。

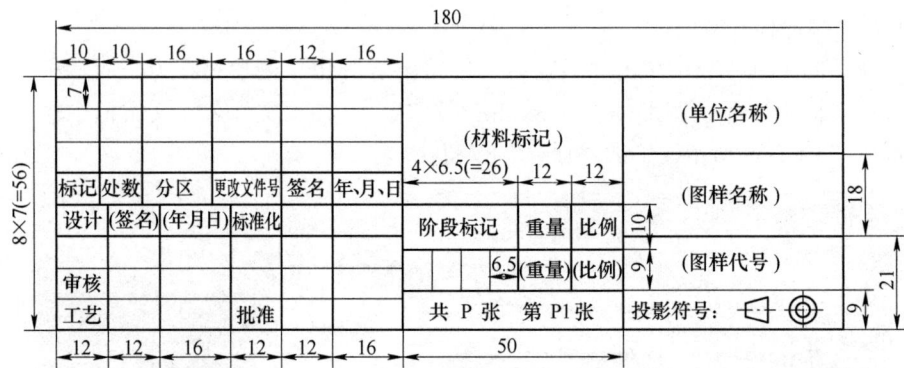

图 7-61 标题栏块

第 8 章 图样标注

本章导读

图样标注是制图的一个不可或缺的环节。本章首先介绍尺寸标注的基本概念，接着分别介绍创建标注样式、尺寸标注、多重引线标注、标注尺寸公差与几何公差、编辑尺寸标注和创建圆心标记等实用知识。

8.1 尺寸标注基本概念

尺寸标注在制图工作中具有举足轻重的地位，例如机件的大小是以图样上标注的尺寸数值为制造和检验依据的。尺寸标注是否合理、正确，会直接影响图样的质量。为了保证不会因为误解而造成差错，尺寸标注必须要遵循相应行业统一的规则标准和方法。

在机械制图中，尺寸标注的基本规则可以归纳出以下主要几点。其他行业尺寸标注的基本规则也类似。

1) 图样上标注的尺寸数值是机件实际大小的数值，该数值与绘图时采用的缩放比例和精确度都无关。图样上标注的尺寸是机件的最后完工尺寸，否则要另加说明。

2) 图样上的尺寸默认以 mm（毫米）为计量单位，不需要标注单位名称或代号。如果应用其他计量单位，则必须注明相应计量单位的名称或代号。

3) 机件的每个尺寸，一般只在反映该结构最清楚的图形上标注一次。

4) 定形尺寸尽可能标准在反映形状特征的视图上，同一形体的尺寸尽量集中标注，尽可能避免在虚线上标注尺寸，务必要合理安排尺寸。

下面介绍尺寸标注的要素组成。尺寸标注一般包括尺寸界线、尺寸线、尺寸数字和尺寸线终端结构（箭头或斜线），如图 8-1 所示。

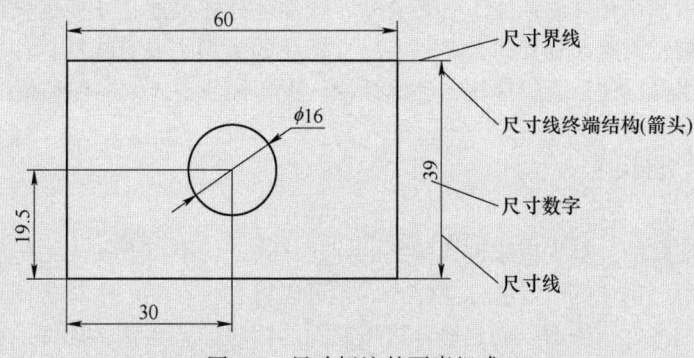

图 8-1　尺寸标注的要素组成

1. 尺寸界线

尺寸界线用细实线绘制,并由图形的轮廓线、对称中心线、轴线等处引出。也可以利用轮廓线、对称中心线、轴线作为尺寸界线。尺寸界线一般与尺寸线垂直,必要时才允许与尺寸线倾斜(例如,当尺寸界线过于贴近轮廓线时,允许将其倾斜画出)。

2. 尺寸线与尺寸线终端结构

尺寸线用细实线绘制,尺寸线的终端可以有箭头或 45°细倾斜线两种形式,如图 8-2 所示。只有当尺寸线和尺寸界线相互垂直时,尺寸线的终端才采用细倾斜线这种形式。为了统一而且不致引起误解,倾斜线终端应该以尺寸线为准沿逆时针方向旋转 45°。倾斜线这种形式常用于构架图及建筑图。在机械图样中一般采用箭头作为尺寸线的终端结构。

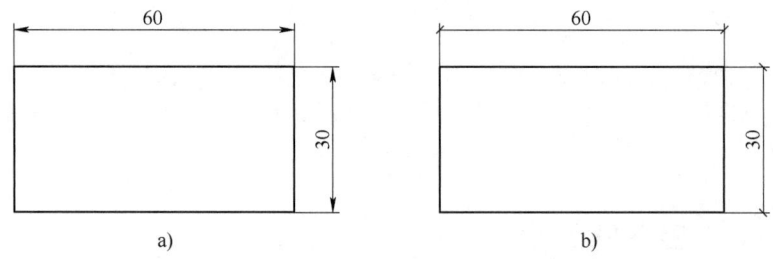

图 8-2 尺寸线终端结构的两种典型形式
a) 尺寸线终端结构为箭头 b) 尺寸线终端结构为 45°细倾斜线

需要用户注意的是:在同一张图样中,当尺寸线和尺寸界线相互垂直时,尺寸线的终端只能采用一种形式。

对于未完整表示的要素,可以仅在尺寸线的一端画出箭头,而尺寸线应该超过该要素的中心线或断裂处。例如对称机械的图形只画出一半或略大于一半时,尺寸线应略超过对称中心线或断裂处的边界,此时只需在尺寸线的一端画出箭头。

当尺寸较小没有足够的位置画箭头时,允许用户用圆点或细倾斜线代替箭头。

3. 尺寸数字

线性尺寸的尺寸数字一般应注写在尺寸线的上方,也允许注写在尺寸线的中断处。在某些场合,还允许尺寸数字注写在引出线处。在机械制图中,标注角度的数字一律写成水平方向,一般注写在尺寸线的中断处,必要时也可引出标注,或将数字书写在尺寸线的上方。

在中望 CAD 中,绘制好图形后,在标注尺寸之前通常要建立所需的标注样式并将其设置为当前标注样式,接着使用相关的标注工具来清晰、合理地标注尺寸,并根据设计要求为相关尺寸指定尺寸公差,为指定对象添加几何公差等。尺寸标注的类型主要有线性标注、对齐标注、角度标注、弧长标注、半径标注、直径标注、坐标标注、折弯标注、连续标注和基线标注等。

 8.2 创建标注样式

在进行尺寸标注之前,首先应该创建所需的标注样式。各个行业使用的标注样式可能不尽相同,这需要用户注意。创建好所需的标注样式后,可以将它保存在一个样板图形中,便于以后制图时调用该样板图形文件。下面以创建适合机械制图的标注样式为例,详细地介绍创建标注样式的一般方法和步骤。在该案例中,除了创建"机械制图"标注样式外,还需要为该标注样式创建子标注样式以满足特定对象标注的标准要求。

❶ 打开"创建标注样式即学即练.dwg"文件,确保使用"二维草图与注释"工作空间。

❷ 在功能区的"常用"选项卡的"注释"面板中单击"标注样式"按钮 (见图 8-3),系统弹出图 8-4 所示的"标注样式管理器"对话框。利用此对话框可创建新标注样式、设定当前标注样式、修改标注样式、设定当前样式的替代以及比较样式。

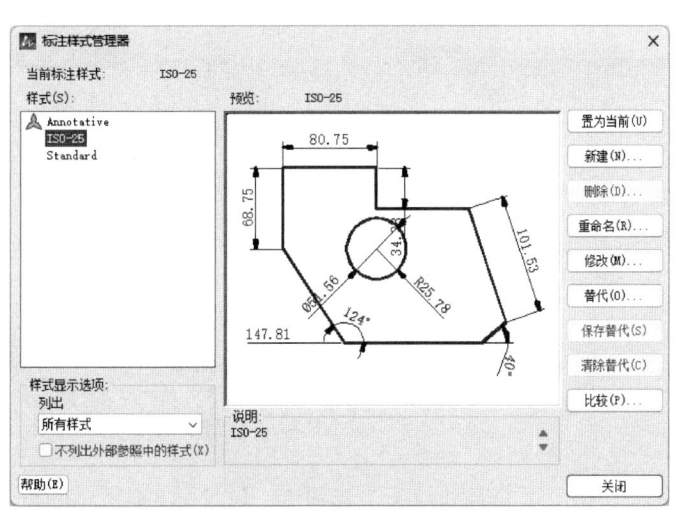

图 8-3 在"注释"面板单击工具　　　图 8-4 "标注样式管理器"对话框

❸ 在"标注样式管理器"对话框中单击"新建"按钮,弹出"新建标注样式"对话框,输入新样式名为"机械制图",基本样式默认为"ISO-25",默认用于所有标注,如图 8-5 所示,然后单击"继续"按钮,系统弹出"新建标注样式:机械制图"对话框。

❹ 切换至"文字"选项卡,在"文字样式"下拉列表框中选择"HY 文字-H3.5"文字样式;在"文字方向"选项组中,在"在尺寸界线外"下拉列表框中选择"水平",在"在尺寸界线内"下拉列表框中选择"与直线对齐";在"文字位置"选项组中分别设置垂直、水平和视图方向选项,设置从尺寸线偏移的值为 0.875,如图 8-6 所示。

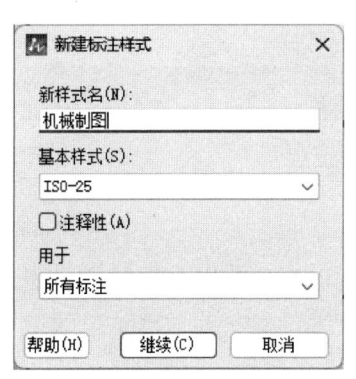

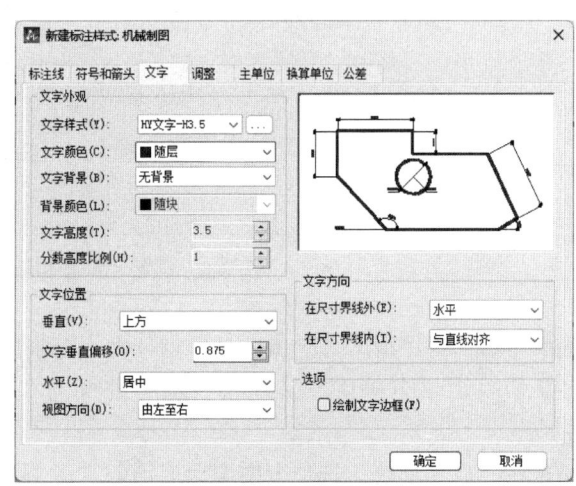

图 8-5 "新建标注样式"对话框　　　图 8-6 设置"文字"选项卡

⑤ 切换至"标注线"选项卡，设置图8-7所示的选项和参数。

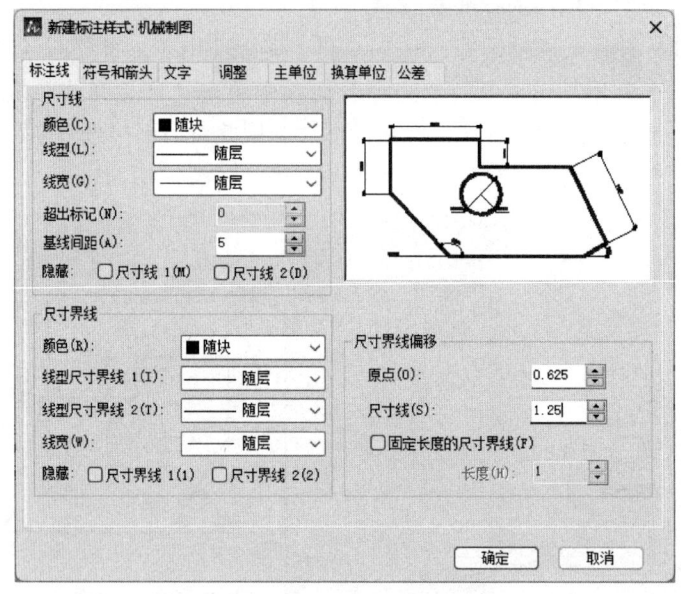

图 8-7　设置"标注线"选项卡

⑥ 切换至"符号和箭头"选项卡，设置图8-8所示的符号和箭头内容。

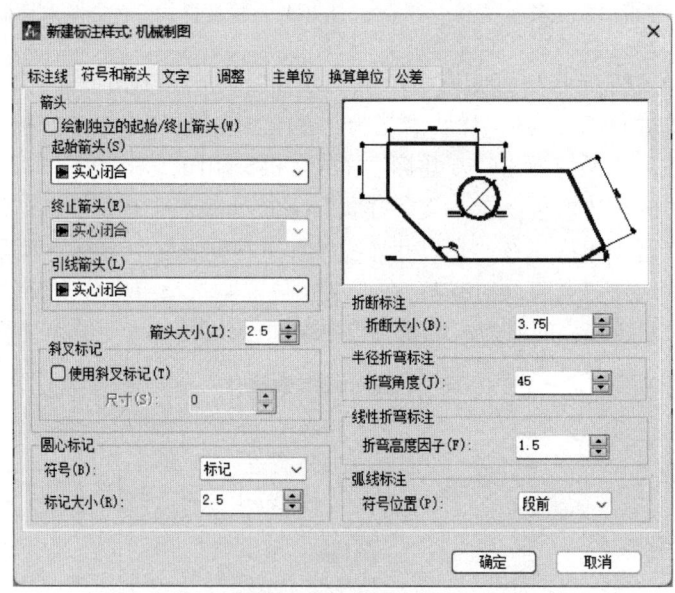

图 8-8　设置"符号和箭头"选项卡

⑦ 切换至"调整"选项卡，从中进行图8-9所示的设置。

⑧ 切换至"主单位"选项卡，从中进行图8-10所示的设置，其中小数分隔符为"."（句号）。

⑨ 在"换算单位"选项卡中确保取消勾选"显示换算单位"复选框；而在"公差"选项卡中，在"公差格式"选项组的"方式"下拉列表框中默认选择"无"选项。

图 8-9 设置"调整"选项卡

图 8-10 在"主单位"选项卡中设置内容

⑩ 单击"新建标注样式:机械制图"对话框中的"确定"按钮,返回到"标注样式管理器"对话框。

⑪ 确保在"样式"列表框中选择刚创建的"机械制图"标注样式,单击"新建"按钮,弹出"新建标注样式"对话框,在"用于"下拉列表框中选择"角度标注"选项,如图 8-11 所示,然后单击"继续"按钮。

⑫ 在弹出的"新建标注样式:机械制图:角度"对话框中打开"文字"选项卡,在"文字方向"选项组的"在尺寸界线内"下拉列表框中选择"水平"选项,如图 8-12 所示。然后单击

"确定"按钮,返回到"标注样式管理器"对话框。

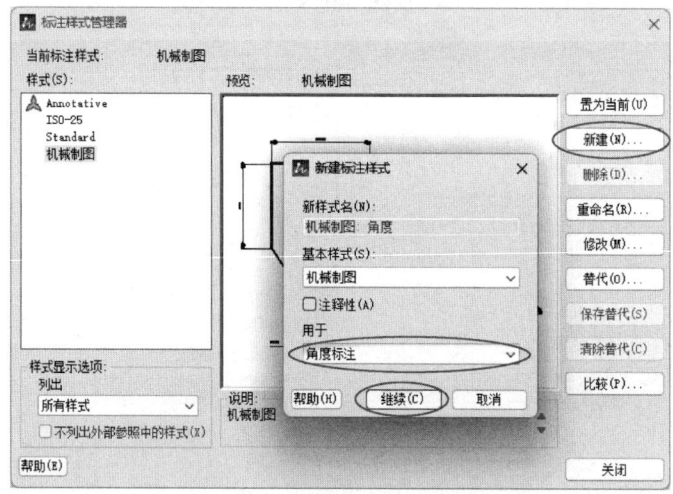

图 8-11 创建新的子标注样式

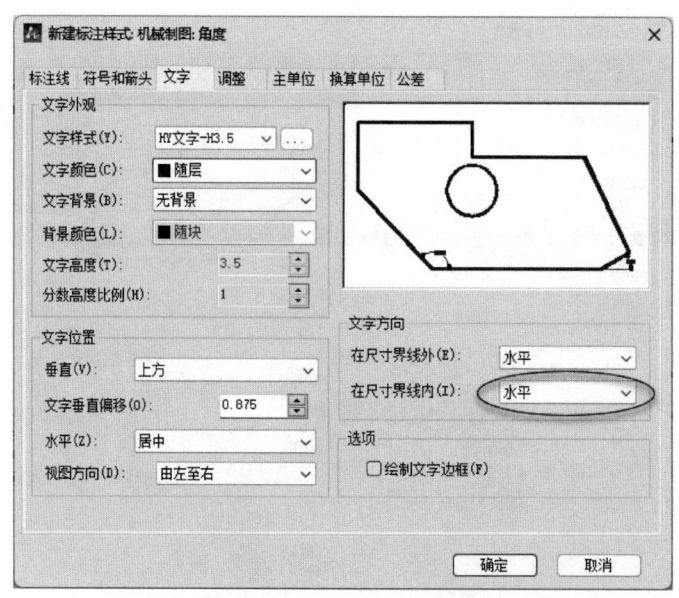

图 8-12 设置角度标注的文字对齐方式为"水平"

13 在"标注样式管理器"对话框的"样式"列表框中可以看到本例创建的"机械制图"标注样式及其相应的"角度"子标注样式。如果要更改当前标注样式,那么可以在"样式"列表框中选择某一个标注样式,然后单击"置为当前"按钮即可。在本例中,接受刚创建的"机械制图"标注样式作为当前标注样式,如图 8-13 所示。

14 在"标注样式管理器"对话框中单击"关闭"按钮。

15 在"快速访问工具栏"中单击"另存为"按钮,指定合适的保存路径,将其保存为"创建标注样式即学即练完成效果.dwg"。

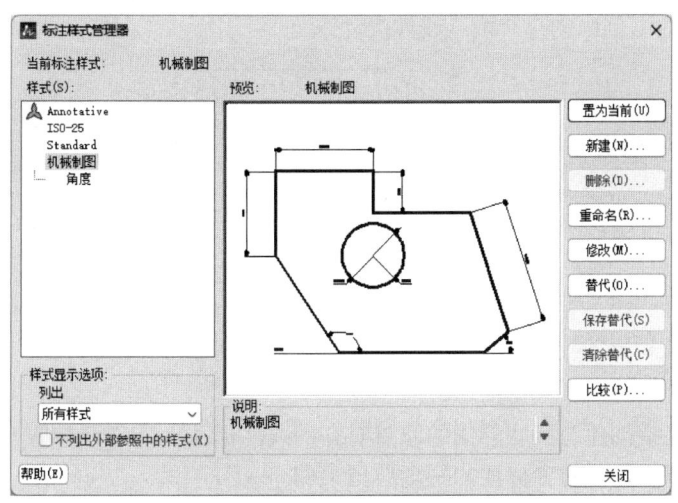

图 8-13 "标注样式管理器"对话框

8.3 尺寸标注

尺寸标注的类型主要包括线性标注、对齐标注、角度标注、弧长标注、半径标注、直径标注、坐标标注、折弯标注、连续标注和基线标注。为了描述的简洁,如果没有特别说明,本节提及的尺寸标注工具均位于功能区"注释"选项卡的"标注"面板中。

8.3.1 线性标注

可以使用水平、竖直或旋转的尺寸线创建线性标注。要创建线性标注,则单击"线性"按钮,接着指定第一个尺寸界线原点,以及指定第二个尺寸界线原点,然后在"指定尺寸线位置或[多行文字(M)/文字(T)/角度(A)/水平(H)/垂直(V)/旋转(R)]:"提示下指定尺寸线位置即可创建一个线性尺寸标注。用户可以在指定尺寸线位置之前选择以下提示选项来进行设置。

- "多行文字":选择此选项时,打开文字编辑器以用来编辑标注文字。
- "文字":选择此选项时,则在命令行中直接输入标注文字内容,或按〈Enter〉键接收测量值,如果要在标注文字中包含测量值,可以输入一对尖括号(<>)来表示生成的测量值。
- "角度":选择此选项时,修改标注文字的显示角度。
- "水平":选择此选项时,将创建水平方向的线性标注。
- "垂直":选择此选项时,将创建垂直方向的线性标注。
- "旋转":选择此选项时,将创建具有一定角度的旋转线性标注。

用户也可以按照以下方法步骤来创建线性标注。

命令:_dimlinear   //单击"线性"按钮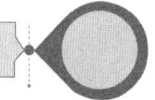
指定第一条尺寸界线原点或<选择对象>:✓   //按〈Enter〉键
选取标注对象: //选择要标注的对象
指定尺寸线位置或[多行文字(M)/文字(T)/角度(A)/水平(H)/垂直(V)/旋转(R)]:
//移动鼠标光标在适当位置处单击以指定尺寸线位置
标注注释文字 = 50

在图 8-14 所示的图例中创建有两个线性尺寸。

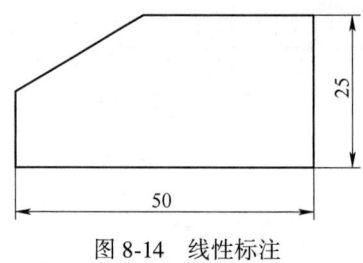

图 8-14　线性标注

8.3.2　对齐标注

创建对齐标注是指创建与尺寸界线的原点对齐的线性标注，其创建步骤和创建线性标注的步骤基本一致，请看以下创建对齐标注的一个典型案例。

命令:_dimaligned   //单击"对齐"按钮
指定第一条尺寸界线原点或 <选择对象>:   //选择图 8-15 所示的顶点 1
指定第二条尺寸界线原点: //选择图 8-15 所示的顶点 2
指定尺寸线位置或 [角度(A)/多行文字(M)/文字(T)]:
//在适当位置处单击以指定尺寸线位置
标注注释文字 = 25
完成创建的对齐标注如图 8-15 所示。

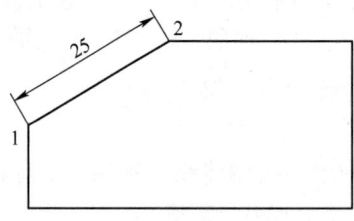

图 8-15　对齐标注

8.3.3　角度标注

角度标注测量选定的几何对象或 3 个点之间的角度。角度标注的 4 种典型示例如图 8-16 所示。

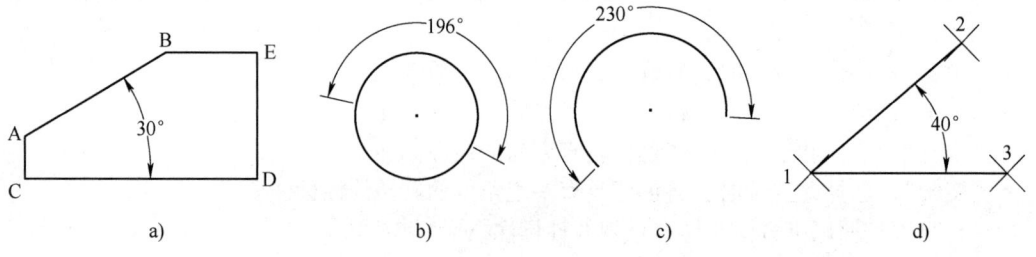

图 8-16　角度标注
a）标注两直线间的角度　b）选择圆标注指定点的圆心角　c）标注圆弧角度　d）创建基于指定 3 点的角度标注

创建角度标注的步骤简述如下。

① 单击"角度标注"按钮，此时命令行出现"选择直线、圆弧、圆或 <指定顶点>:"的提示信息。

2 使用以下方法之一。
- 要标注两条直线之间的角度，则分别选择所需的两条直线，如依次选择图 8-16a 所示的直线段 AB 和直线段 CD，显示的角度将取决于光标位置。
- 要标注圆，则在角的第一个端点选择圆，然后指定角的第二个端点（该点无须位于圆上），中望 CAD 系统将默认圆的圆心作为角度的顶点。
- 要标注圆弧角度，则选择要标注的圆弧，选定圆弧的端点将作为三点角度标注的定义点（圆弧端点成为尺寸界线的原点），且圆弧的圆心是角度的顶点。
- 要创建基于指定 3 点的角度标注，则按〈Enter〉键，接着指定角的顶点，然后指定角的第一个端点，再指定角的第二个端点。如依次选择图 8-16d 所示的点 1、点 2 和点 3。

3 此时，命令行出现"指定标注弧线的位置或 [多行文字（M）/文字（T）/角度（A）]："的提示信息，根据需要选择其中的提示选项进行操作。
- 要编辑标注文字内容，则选择"文字"或"多行文字"选项。
- 要编辑标注文字角度，则选择"角度"选项。

4 指定尺寸线圆弧的位置。

8.3.4 弧长标注

弧长标注用于测量圆弧或多段线圆弧段上的弧长，其典型用法包括测量围绕凸轮的距离或表示电缆的长度。弧长标注的尺寸数字前方会带有一个用细实线显示的圆弧符号"⌒"，如图 8-17 所示，圆弧符号也被俗称为"帽子"或"盖子"。圆弧符号的放置可在标注样式中设定。

要创建弧长标注，则单击"弧长"按钮 ，接着选择圆弧或多段线圆弧段，然后指定尺寸线的放置位置即可。

8.3.5 半径标注与直径标注

半径标注测量选定圆弧或圆的半径，直径标注测量选定圆弧或圆的直径。半径标注的尺寸数字前面会带有字母 R，而直径标注的尺寸数字前面会带有直径符号"φ"。通常对于圆弧，多使用半径标注，而对于圆则使用直径标注，如图 8-18 所示。

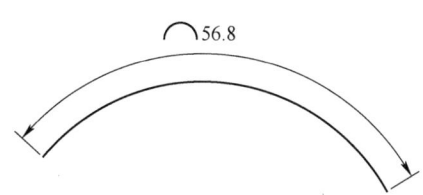
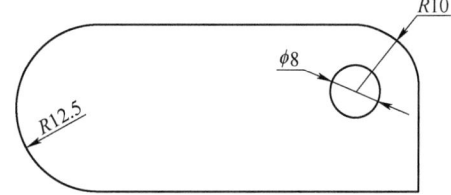

图 8-17 弧长标注示例　　　　图 8-18 半径标注与直径标注的典型示例

要创建半径标注，则单击"半径"按钮 ，接着选择圆弧、圆或多段线圆弧段，然后指定尺寸线（引线）的位置即可。

要创建直径标注，则单击"直径"按钮 ，接着选择要标注的圆或圆弧，然后指定尺寸线（引线）的位置即可。

8.3.6 坐标标注

坐标标注用于测量从原点（称为基准）到要素（如部件上的一个孔）的水平或垂直距离。坐标标注通过保持特征要素与基准点之间的精确偏移量来避免误差增大。

坐标标注由 X 或 Y 值和引线组成。X 基准坐标标注沿着 X 轴测量特定点与基准点的距离，Y 基准坐标标注沿 Y 轴测量距离。有关坐标值是由当前 UCS 的位置和方向所确定的，因此在创建坐标标注之前，通常要设定 UCS 原点以与基准相符。

创建坐标标注的典型案例如下。

① 打开"坐标标注即学即练.dwg"文件，原始图形如图 8-19 所示。接受此文件中默认的当前标注样式和当前图层。

② 在命令窗口中进行以下操作。

命令：UCS↙   //在当前命令行中输入"UCS"并按〈Enter〉键
当前在世界 UCS。
指定 UCS 的原点或 [？/面(F)/3 点(3)/删除(D)/对象(OB)/原点(O)/上一个(P)/还原(R)/保存(S)/视图(V)/X/Y/Z 轴(ZA)/世界(W)] <世界>：
//在原始图形中选择左下顶点
指定 X 轴上的点或 <接受>：   //在原始图形中选择右下顶点
指定 XY 平面上的点或 <接受>：   //原始图形中选择左上顶点

从而设定 UCS 原点与所要求的基准相符，如图 8-20 所示。

> **知识点拨：**
> 用户也可以设置显示菜单栏，从菜单栏中选择"工具"|"新建 UCS"|"原点"命令（见图 8-21），接着在"指定新原点"提示下选择原始图形的左下顶点作为原点，此操作更为简便。指定的原点用于定义指定给坐标标注的值。

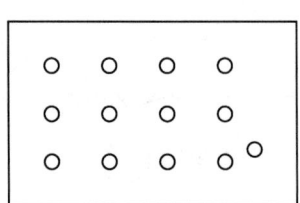
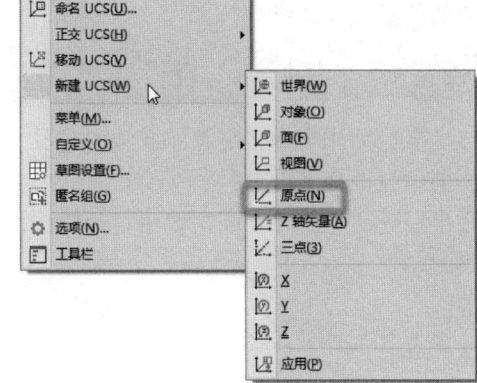

图 8-19　原始图形　　　图 8-20　设定 UCS 原点　　　图 8-21　新建 UCS 的菜单命令

③ 确保打开正交模式，单击"坐标"按钮，根据命令行提示进行以下操作。

命令：_dimordinate
指定坐标标注点：   //选择图 8-22 所示的圆心
指定引线端点或 [文字(T)/多行文字(M)/角度(A)/X 基准(X)/Y 基准(Y)]：　//在图 8-23 所示的位置单击
标注注释文字 = 15

完成的第一处坐标标注如图 8-24 所示，标注的是选定圆心点的 X 坐标。

④ 使用和上步骤相同的方法，在相应指定位置点的下方放置其 X 坐标，结果如图 8-25 所示。

⑤ 使用同样的方法，在相关位置点的左方或右方放置其 Y 坐标，结果如图 8-26 所示。

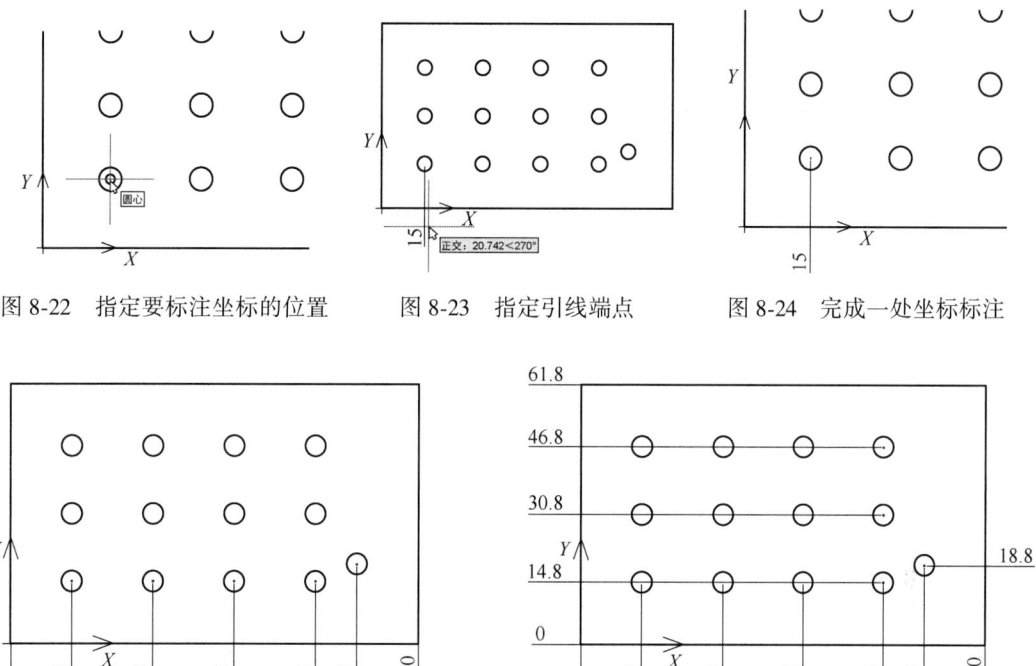

图 8-22 指定要标注坐标的位置　　图 8-23 指定引线端点　　图 8-24 完成一处坐标标注

图 8-25 标注其他位置的 X 坐标　　图 8-26 标注相关点的 Y 坐标

另外,"增强坐标"按钮 用于在指定坐标系中创建自定义样式的坐标标注。单击此按钮,命令行出现"请选取需要标注的坐标点或 [选项(O)/批量标注(B)/更新(U)/导出到 TXT 文件(E)]:"的提示信息,此时可在当前图形中选择要创建坐标标注的点对象并指定引线第二点,或者选择以下选项进行相应的设置:

- "选项":打开"增强坐标标注设置"对话框,从中设置标注坐标系和标注样式。
- "批量标注":打开"批量坐标标注设置"对话框,选择要标注的对象类型。
- "更新":将利用"增强坐标标注-设置"对话框的设置应用到选中的标注,并更新其坐标值。选中的标注会被更新到当前图层。
- "导出到 TXT 文件":将选定的坐标标注对象导出到 TXT 文件。

使用增强坐标完成标注的示例如图 8-27 所示。

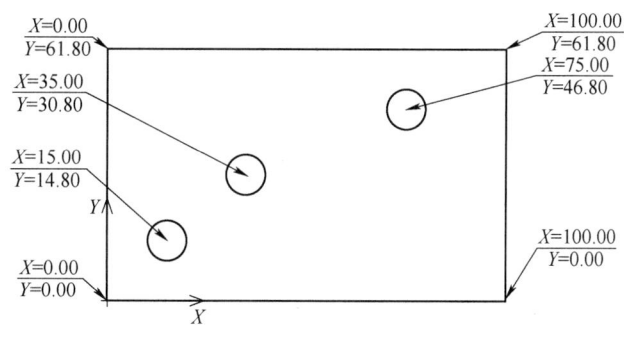

图 8-27 增强坐标标注

8.3.7 折弯半径标注

可以为圆弧、圆，或多段线弧线创建折弯半径标注。当圆弧或圆的中心位于布局之外并且无法在其实际位置显示时，可以使用"DIMJOGGED"命令（其对应的工具为"折弯"按钮），在更方便的位置指定标注的原点（这称为中心位置替代），并执行相关的操作来创建半径折弯标注，如图 8-28 所示。

要创建半径折弯标注，首先单击"折弯"按钮，接着选择要标注的圆弧（含多段线弧线）或圆，指定图示中心位置，并指定尺寸线位置，然后指定折弯位置即可。

半径折弯标注的折弯角度可以在定义标注样式时设置，该折弯角度可设置，一般为 90°、45°等。

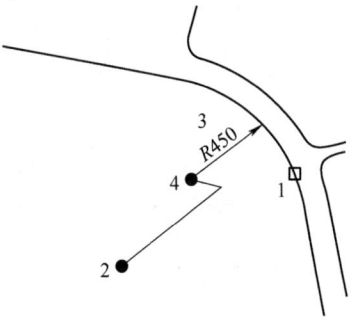

图 8-28 折弯半径标注示例

8.3.8 连续标注

连续标注是首尾相连的多个标注，如图 8-29 所示。在创建连续标注之前，必须首先创建线性标注或角度标注。在默认情况下，连续标注是从当前任务中最新创建的标注开始的。

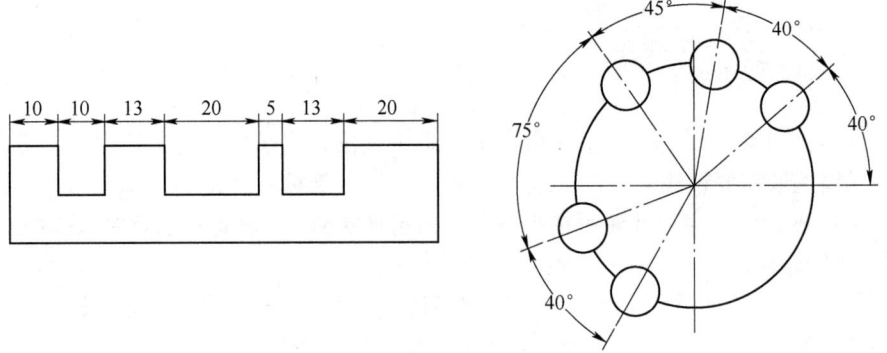

图 8-29 连续标注的两个典型示例

下面以一个典型案例介绍如何创建连续标注。

① 打开"连续标注即学即练.dwg"文件，已有的原始图形如图 8-30 所示。

② 单击"角度"按钮，接着在图形中依次选择水平中心线 1 和倾斜的中心线 2，然后指定标注弧线位置，如图 8-31 所示。

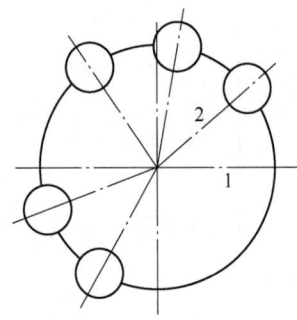 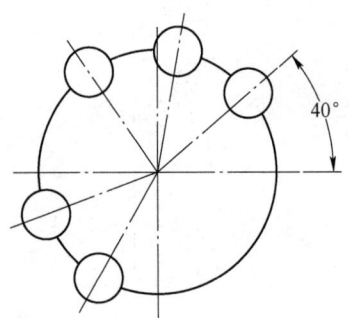

图 8-30 原始图形　　　　　　　图 8-31 创建一个角度尺寸

③ 在功能区的"注释"选项卡的"标注"面板中单击"连续"按钮 ⊢⊣，则上一次创建（刚创建）的标注的第二条尺寸界线的原点被用作连续标注的第一个尺寸界线的原点。

④ 使用对象捕捉指定第二条尺寸界线的原点，如图 8-32 所示。

⑤ 使用对象捕捉继续指定其他尺寸界线原点，然后按两次〈Enter〉键结束命令，完成连续标注的结果如图 8-33 所示。

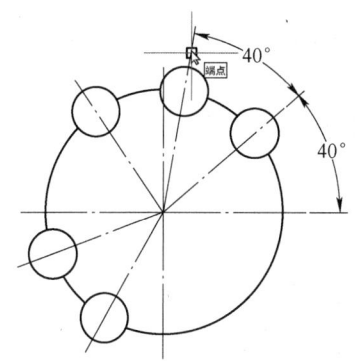 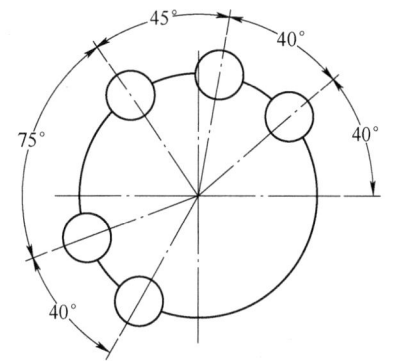

图 8-32 指定第二条尺寸界线的原点　　　　图 8-33 完成连续标注

8.3.9 基线标注

基线标注是从相同位置测量的多个标注，所述的相同位置被用作基线（基准）。在创建基线标注之前，必须首先创建线性标注或角度标注。在默认情况下，基线标注从当前任务中最新创建的标注开始。基线标注的两种典型示例如图 8-34 所示。

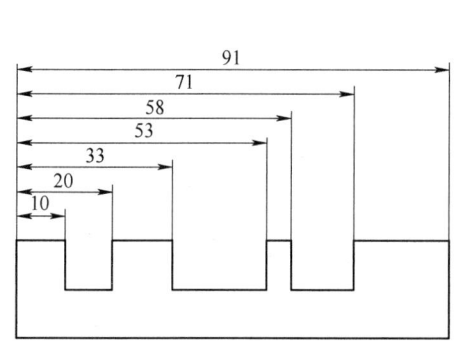 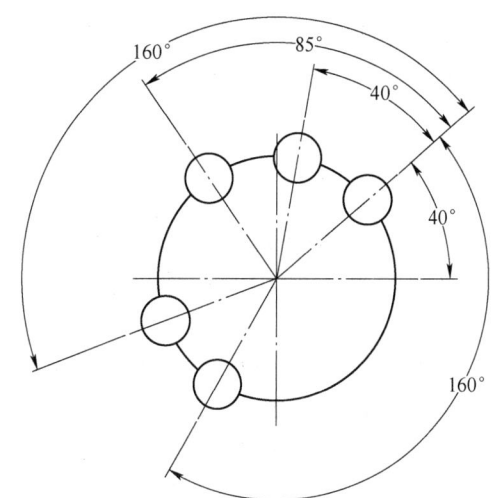

图 8-34 基线标注的两种典型示例

下面以一个典型案例介绍如何创建基线标注。

① 打开"基线标注即学即练.dwg"文件，已有的原始图形如图 8-35 所示。

② 单击"线性"按钮 ⊢⊣，在图形中依次选择端点 1 和端点 2 作为尺寸界线原点，接着指定尺寸线位置，创建图 8-36 所示的一个线性尺寸。

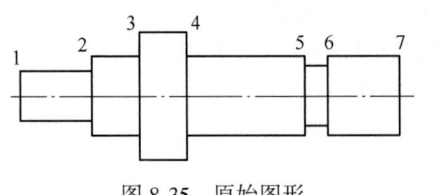
图 8-35 原始图形

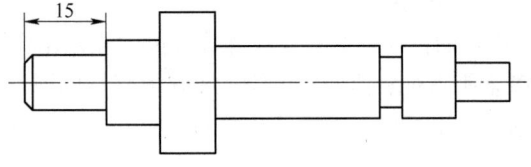
图 8-36 标注一个线性尺寸

③ 在功能区"注释"选项卡的"标注"面板中单击"基线"按钮，在图形中选择图 8-37 所示的端点作为第二条尺寸界线的原点，再依次选择端点 4、端点 5、端点 6、端点 7 和端点 8，按两次〈Enter〉键结束命令，完成创建基线标注的结果如图 8-38 所示。

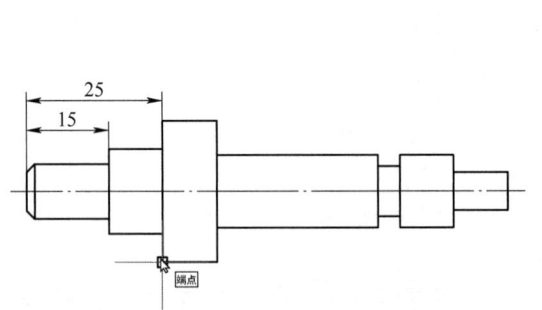
图 8-37 指定第二条尺寸界线的原点

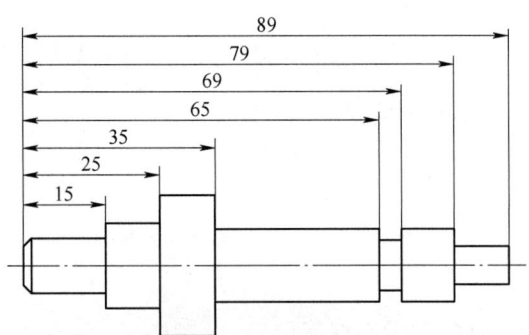
图 8-38 完成创建基线标注的结果

> **知识点拨：**
>
> 在单击"基线"按钮或"连续"按钮时，如果对默认的基线标注不满意，那么可以在"指定下一条尺寸界线的起始位置或 [放弃（U）/选取（S）] <选取>："选择"选择（S）"选项，接着重新选择基线标注。

8.3.10 快速标注

中望 CAD 2025 同样提供了一个"快速标注"按钮（命令为 QDIM），它用于从选定对象快速创建一系列标注。要创建系列基线或连续标注，或者为一系列圆或圆弧创建标注时，此命令特别有用。

单击"快速标注"按钮，接着选择要标注的几何图形，按〈Enter〉键，此时命令行提示"指定尺寸线位置或 [连续（C）/并列（S）/基线（B）/坐标（O）/半径（R）/直径（D）/基准点（P）/编辑（E）/设置（T）] <连续>："，然后指定尺寸线位置，或者选择相应的提示选项进行相关操作。各提示选项的功能含义如下。

- "连续"：创建一系列连续标注，其中线性标注线端对端地沿同一条直线排列。
- "并列"：创建一系列并列标注，其中线性尺寸线以恒定的增量相互偏移。
- "基线"：创建一系列基线标注，其中线性标注共享一条公用尺寸界线。
- "坐标"：创建一系列坐标标注，其中元素将以单个尺寸界线以及 X 或 Y 值进行注释。相对于基准点进行测量。
- "半径"：创建一系列半径标注，其中将显示选定圆弧和圆的半径值。

- "直径"：创建一系列直径标注，其中将显示选定圆弧和圆的直径值。
- "基准点"：为基线和坐标标注指定新的基准点。
- "编辑"：选择该选项，系统提示指定要删除或添加的标注点，编辑一系列标注。
- "设置"：为指定尺寸界线原点设置默认的对象捕捉模式。

下面以一个案例体现快速标注的优势。

 打开"快速标注即学即练.dwg"文件。

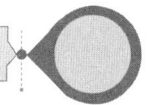 单击"快速标注"按钮，接着根据命令行提示进行以下操作。

命令:_qdim
选择要标注的几何图形:指定对角点：找到 30 个   //指定两个角点框选图 8-39 所示的粗实线
选择要标注的几何图形:✓
指定尺寸线位置或 [连续(C)/并列(S)/基线(B)/坐标(O)/半径(R)/直径(D)/基准点(P)/编辑(E)/设置(T)] <连续>:   //指定尺寸线放置位置,默认创建连续标注

快速标注的结果如图 8-40 所示。

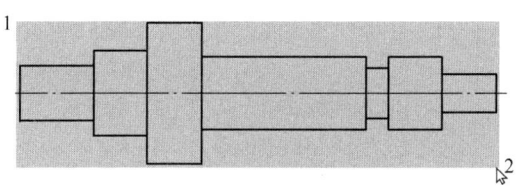

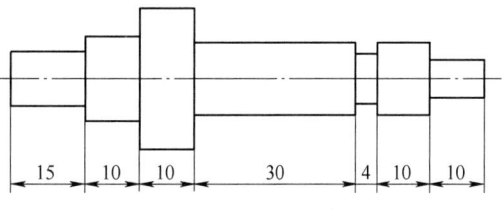

图 8-39 选择要标注的几何图形　　　图 8-40 快速标注的结果

8.4 多重引线标注

多重引线标注也是标注的一个组成部分。多重引线样式可以控制引线的外观。用户既可以使用默认的多重引线样式 STANDARD，也可以创建自己的多重引线样式。在多重引线样式中，可以指定基线、引线、箭头和内容的格式。准备好所需的多重引线样式后，便可以使用多重引线工具创建所需的多重引线对象，并可以对多重引线对象进行相关的编辑操作。

8.4.1 定义多重引线样式

定义多重引线样式的步骤如下。

 在功能区的"默认"选项卡中单击"注释"溢出按钮 |"多重引线样式"按钮，或者在功能区的"注释"选项卡中单击"引线"面板中的"多重引线样式管理器"按钮，弹出图 8-41 所示的"多重引线样式管理器"对话框。

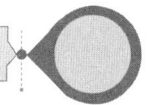 在"多重引线样式管理器"对话框中单击"新建"按钮，弹出"创建新多重引线样式"对话框。在"创建新多重引线样式"对话框中指定新多重引线样式的名称，如将新样式名称设置为"序号标注"，并注意选择正确的基础样式，如

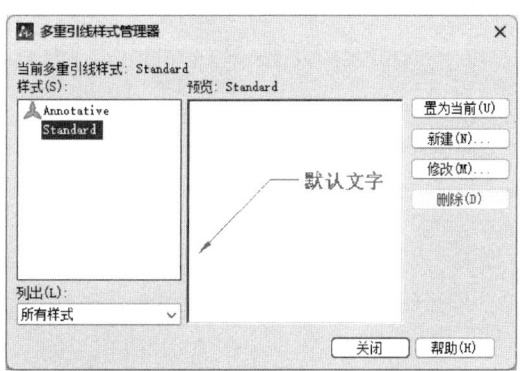

图 8-41 "多重引线样式管理器"对话框

图 8-42 所示。

③ 在"创建新多重引线样式"对话框中单击"继续"按钮，系统弹出"修改多重引线样式：序号标注"对话框。

④ 在"修改多重引线样式：序号标注"对话框的"引线格式"选项卡中，分别指定基线的类型、颜色、线型和线宽，在"箭头"选项组中指定多重引线箭头的符号和尺寸，并设定引线打断大小，如图 8-43 所示。

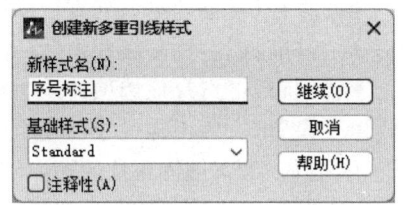

图 8-42 "创建新多重引线样式"对话框

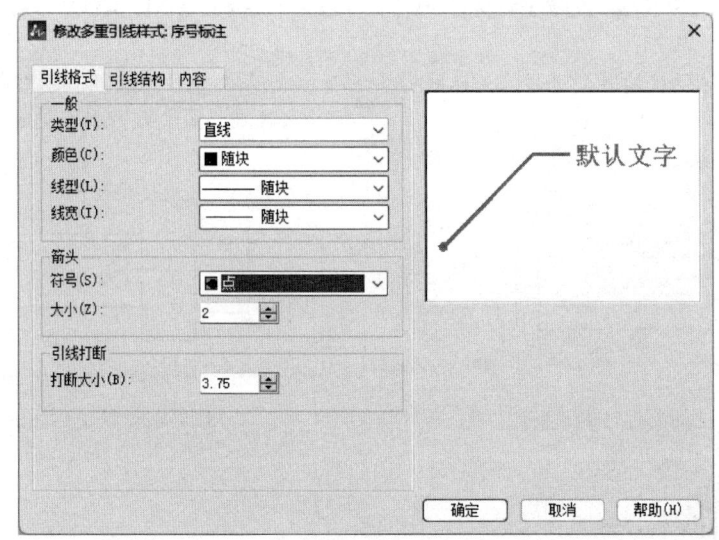

图 8-43 "修改多重引线样式：序号标注"对话框的"引线格式"选项卡

⑤ 切换至"引线结构"选项卡，设置图 8-44 所示的引线结构选项及参数，主要包括最大引线点数、第一段角度和第二段角度、自动包含基线和设置基线距离等。

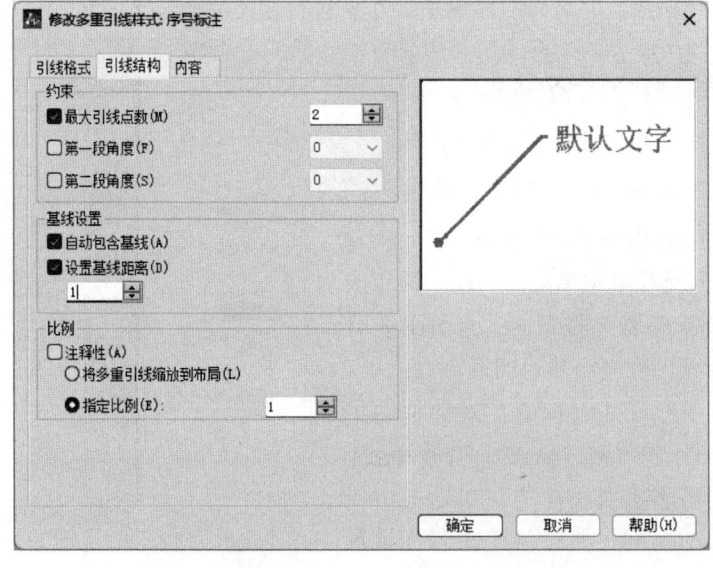

图 8-44 设置引线结构

6 切换至"内容"选项卡,为多重引线指定文字或块。如果多重引线对象包含文字内容,那么需要设置相关的文字选项(如默认文字、文字样式、文字角度、文字颜色、文字高度等),定义引线连接方式和基线距离等,如图8-45所示。如果将多重引线类型设置为"块",那么还需要指定块源、附着方式和块内容的颜色。

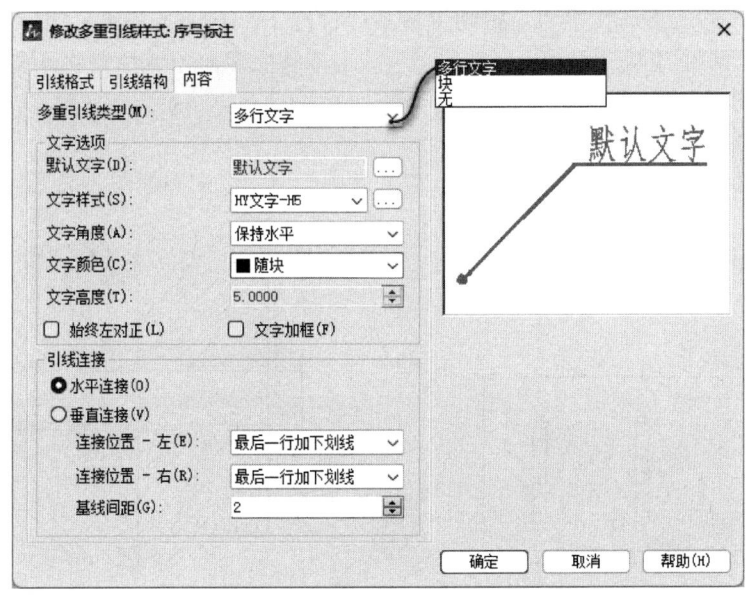

图8-45　设置多重引线的内容

7 在"修改多重引线样式：序号标注"对话框中单击"确定"按钮,返回到"多重引线样式管理器"对话框,此时在"样式"列表框中可以看到新创建的多重引线样式,如图8-46所示。

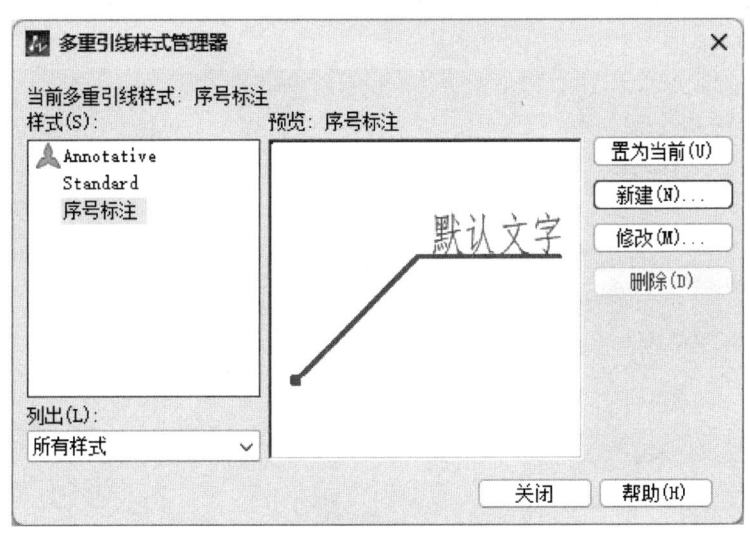

图8-46　"多重引线样式管理器"对话框

8 在"多重引线样式管理器"对话框中单击"关闭"按钮。

对于某些引出标注,例如引出倒角标注、螺纹孔等引出标注等,都可以设置相应的多重引线样式。

8.4.2 创建多重引线标注

设定好所需的当前多重引线样式后，便可以从该指定样式创建多重引线。创建多重引线标注的典型示例如图 8-47 所示。注意：多重引线对象包含一条直线或样条曲线，其中一端带有箭头（可定制），另一端带有多行文字对象或块；在某些情况下，有一条短水平线（又称为基线）将文字或块和特征控制框连接到引线上，基线、引线与多行文字对象或块关联，重定位基线时可将内容和引线随之移动。

下面通过案例介绍如何创建多重引线标注。

① 打开"多重引线标注.dwg"文件，该文件中的原始装配图如图 8-48 所示。

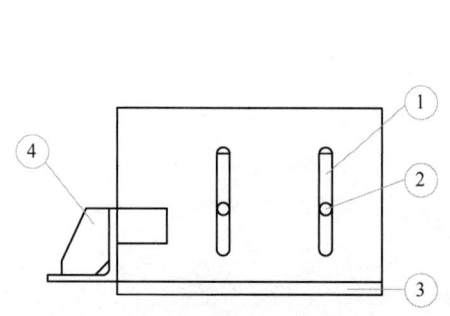 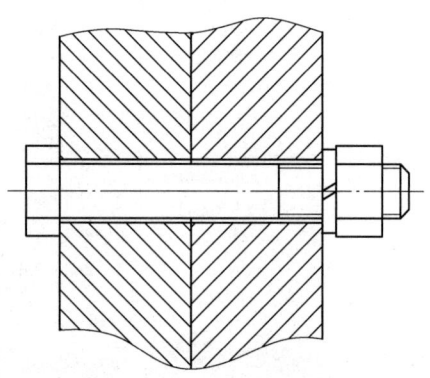

图 8-47　创建多重引线标注的典型示例　　　图 8-48　原始装配图

② 在功能区的"默认"选项卡中单击"注释"溢出按钮，接着从"多重引线样式"下拉列表框中确保选择"序号标注"，如图 8-49 所示。

③ 在"注释"面板中单击"引线"按钮，指定引线箭头的位置，接着指定引线基线的位置，如图 8-50 所示。

 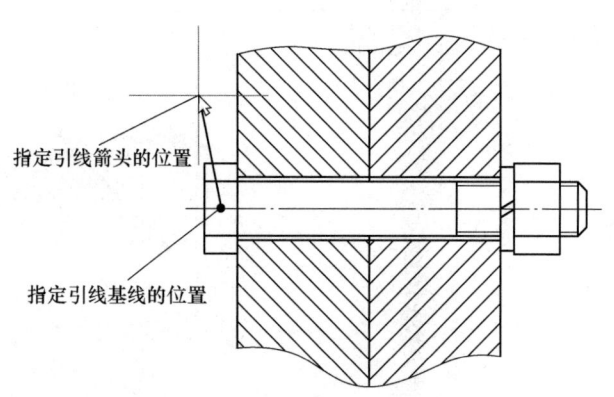

图 8-49　设置当前多重引线样式　　　图 8-50　指定引线箭头位置和基线位置

④ 出现文字编辑器，在输入框中输入序号为"1"，如图 8-51 所示，单击"关闭文字编辑器"按钮，完成的第 1 个序号标注如图 8-52 所示。

⑤ 使用同样的方法标注其他零件序号，结果如图 8-53 所示。

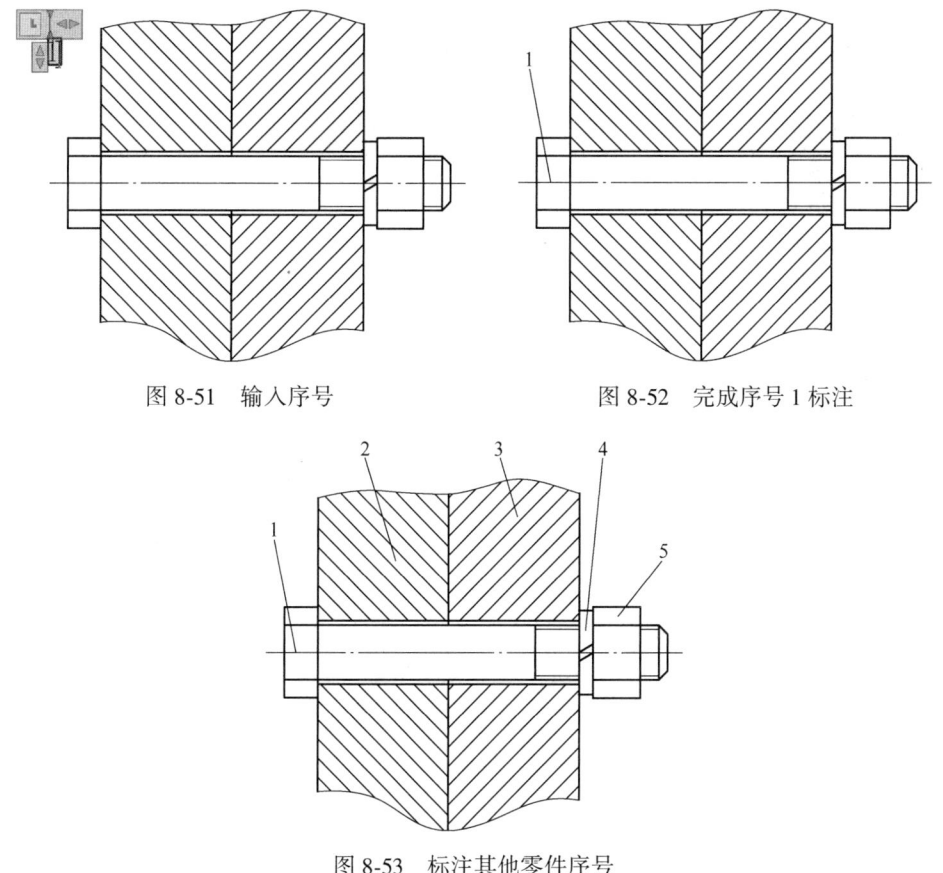

图 8-51 输入序号　　　　　图 8-52 完成序号 1 标注

图 8-53 标注其他零件序号

8.4.3 编辑多重引线标注

多重引线标注的编辑工具有"添加引线"按钮、"删除引线"按钮、"对齐引线"按钮和"合并引线"按钮，它们的应用说明如下。

● 1. "添加引线"按钮

可以将引线添加至选定的多重引线对象，其操作步骤很简单，即单击"添加引线"按钮，接着选择多重引线，然后指定新引线箭头位置即可，可以连续指定多个引线箭头位置。根据光标的位置，新引线将添加到选定多重引线的左侧或右侧。

● 2. "删除引线"按钮

添加引线后，如果觉得不满意，那么可以单击"删除引线"按钮将该引线从现有的多重引线对象中删除。单击"删除引线"按钮后，首先选择多重引线，接着指定要删除的引线，然后按〈Enter〉键。

● 3. "对齐引线"按钮

此按钮功能是将选定的多重引线对象对齐并按一定间距排序。单击"多重引线对齐"按钮后，选择多重引线，并指定所有其他多重引线要与之对齐的多重引线。

请看下面的操作案例。

单击"多重引线对齐"按钮，根据命令行提示进行以下操作。

命令：_mleaderalign

选择多重引线：找到 1 个

选择多重引线：找到 1 个,总计 2 个

选择多重引线：找到 1 个,总计 3 个

选择多重引线：找到 1 个,总计 4 个

选择多重引线：找到 1 个,总计 5 个

选择多重引线：

当前模式：使用当前间距

选择要对齐到的多重引线或 [选项(O)]：　　　//选择序号为"2"的多重引线对象

指定方向：

图 8-54 展示了选择要操作的 5 个多重引线，而对齐多重引线的结果如图 8-55 所示。

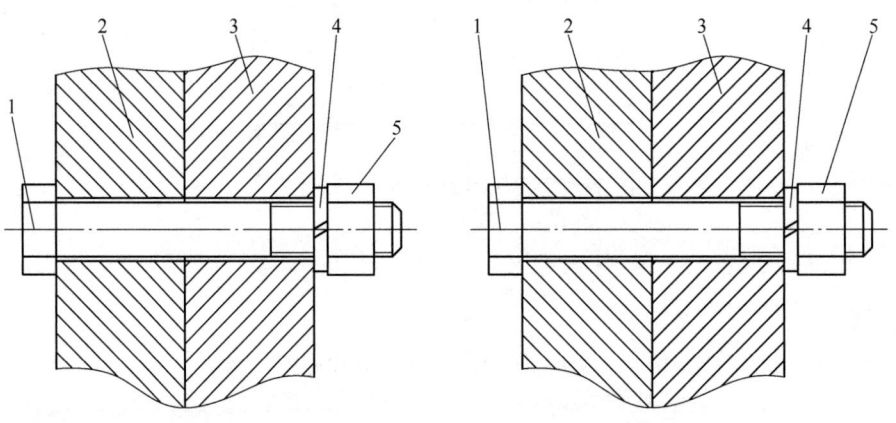

图 8-54　选择要操作的 5 个多重引线　　　　图 8-55　对齐多重引线的结果

4. "合并引线"按钮

此按钮用于将包含块的选定多重引线组织到行或列中，并通过单引线显示结果。可以合并的多重引线对象，其样式内容的"多重引线类型"选项为"块"，如图 8-56 所示；要合并该样例中的 3 个多重引线对象（3 个序号），那么可以按照以下的方法步骤进行。素材文件为"合并引线素材.dwg"。

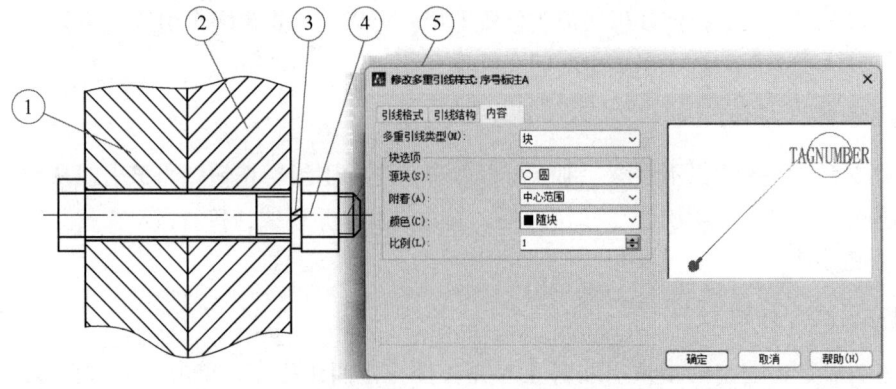

图 8-56　可以合并的多重引线对象样例及其样式内容设置

```
命令：_mleadercollect                    //单击"多重引线合并"按钮
选择多重引线：找到 1 个                   //选择序号为 3 的多重引线对象
选择多重引线：找到 1 个,总计 2 个          //选择序号为 4 的多重引线对象
选择多重引线：找到 1 个,总计 3 个          //选择序号为 5 的多重引线对象
选择多重引线：↙
指定收集的多重引线位置或 [垂直(V)/水平(H)/缠绕(W)] <水平>：  //在图 8-57 所示的位置单击
```

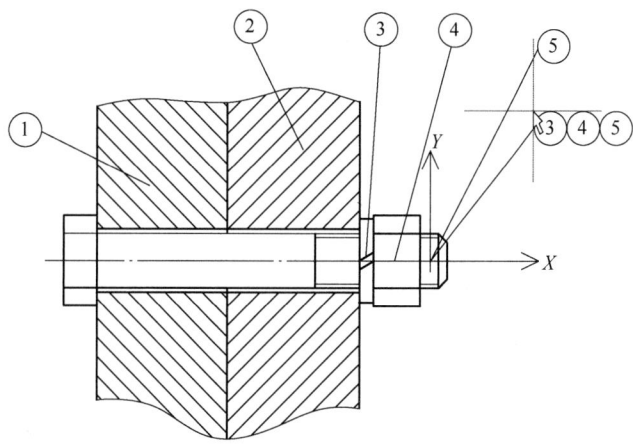

图 8-57　指定收集的多重引线位置

合并后的效果如图 8-58 所示。

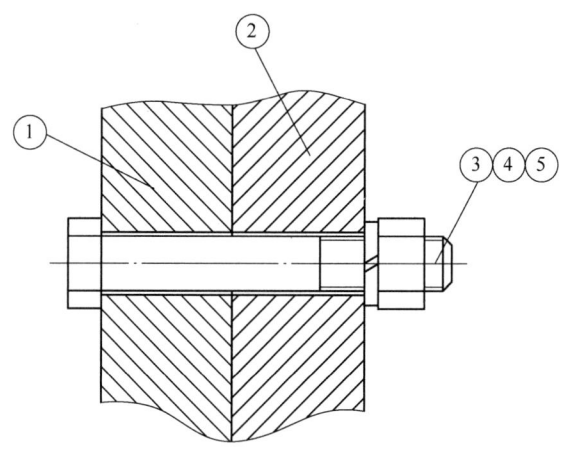

图 8-58　合并选定多个序号后的效果

知识点拨：

在装配图设计中，序号指引线互相不能相交，当通过有剖面线的区域时，指引线不应与剖面线平行。对于一组紧固件以及装配关系清楚的零件组，可以采用公共指引线来指示该零件组各零件序号。

8.5 标注尺寸公差与几何公差

在工程制图中，时常会标注尺寸公差和几何公差。

8.5.1 标注尺寸公差

在中望 CAD 中，通常使用"特性"选项板来为选定尺寸设置公差。请看下面的案例。

① 打开"尺寸公差即学即练.dwg"文件，该文件中存在着图 8-59 所示的图形。

② 在功能区"工具"选项卡的"选项板"面板中单击"特性"按钮，确保打开"特性"选项板。

③ 在图形窗口中选择数值为 55 的水平线性尺寸，接着在"特性"选项板中展开"公差"特性区域，从"显示公差"框中选择"极限偏差"，设置公差上偏差为 0.2，公差下偏差为 0.15，公差精度为 0.00，在"公差消去后续零"框和"公差消去前导零"框中均选择"否"选项，在"公差文字高度"框中输入"0.8"并按〈Enter〉键确认，如图 8-60 所示。

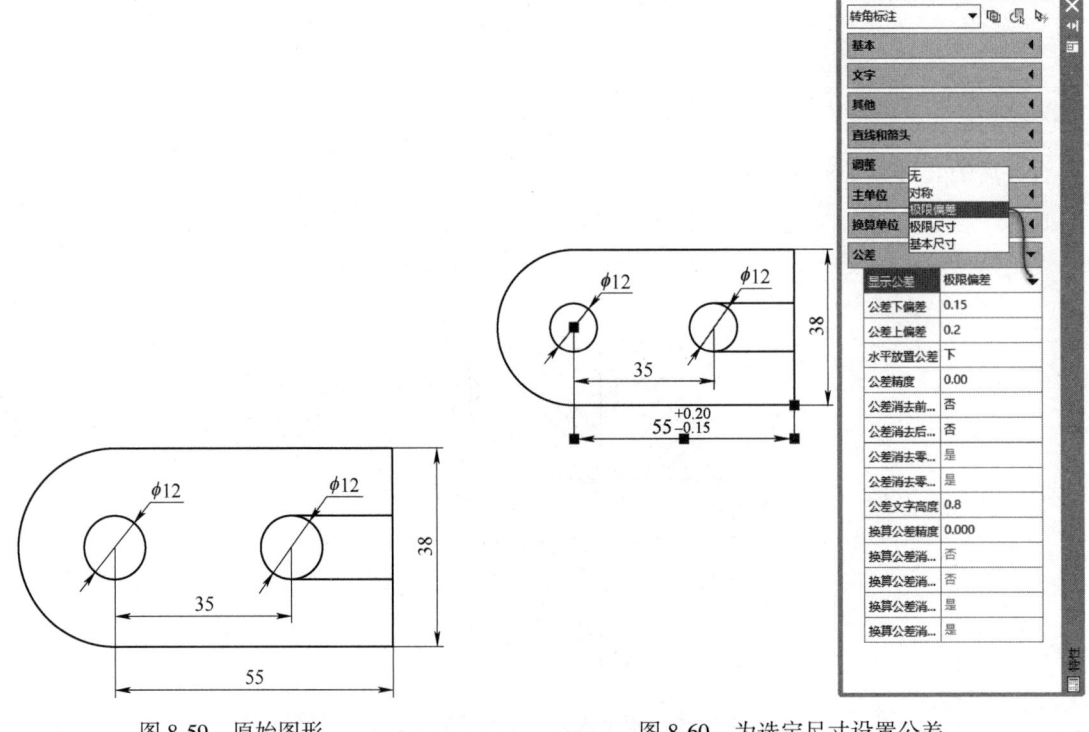

图 8-59 原始图形   图 8-60 为选定尺寸设置公差

④ 将鼠标光标置于图形窗口中，按〈Esc〉键取消选择。

⑤ 在图形窗口中选择数值为 35 的水平线性尺寸，接着在"特性"选项板的"公差"特性区域中设置显示公差为"对称"，设置公差上偏差为 0.5，如图 8-61 所示。

⑥ 关闭"特性"选项板，并按〈Esc〉键取消对象选择。完成设置尺寸公差后的图形标注效果如图 8-62 所示。

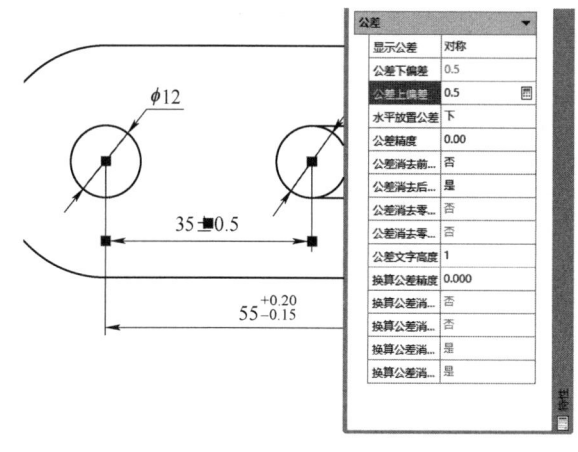

图 8-61 设置对称公差

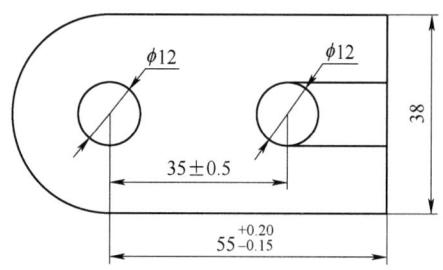

图 8-62 完成指定尺寸公差后的图形

8.5.2 标注几何公差

几何公差标注在机械零件图中较为常见。在功能区"注释"选项卡的"标注"面板中单击"几何公差"按钮 ，打开图 8-63 所示的"几何公差"对话框，使用此对话框可以为特征控制框指定符号和值，接着单击"确定"按钮，然后将特征控制框放在指定位置。当创建的特征控制框没有带引线，还需要使用其他工具来绘制引线，包括引线箭头。

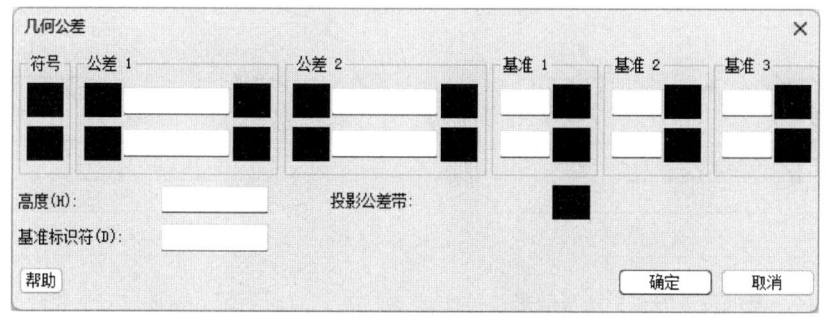

图 8-63 "几何公差"对话框

事实上，使用"LEADER"可以在一次命令操作中完成带引线的几何公差，这将在以下操作案例中介绍。很多几何公差还会涉及基准符号注写。基准符号注写可以采用多重引线的方式来完成，这将需要创建用于基准符号注写的多重引线样式。有关多重引线样式的设置不再赘述。

1️⃣ 打开"注写几何公差即学即练.dwg"文件。

2️⃣ 首先介绍如何注写基准符号。

在功能区的"注释"选项卡的"引线"面板中，确保从"多重引线样式"下拉列表框中选择"几何公差-基准"多重引线样式，接着单击"多重引线"按钮，分别指定引线箭头的位置和引线基线的位置，如图 8-64 所示，然后在弹出的"编辑图块属性"对话框中输入标记编号为"A"，如图 8-65 所示，单击"确定"按钮。

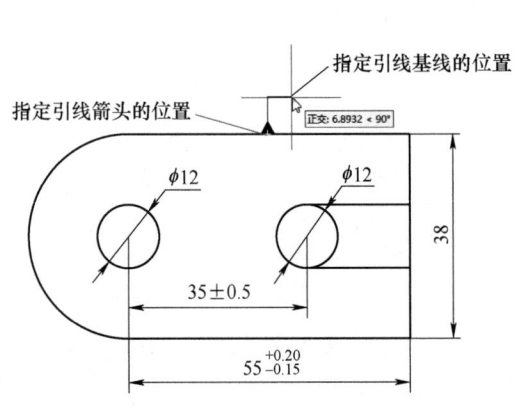

图 8-64 指定引线箭头和引线基线位置

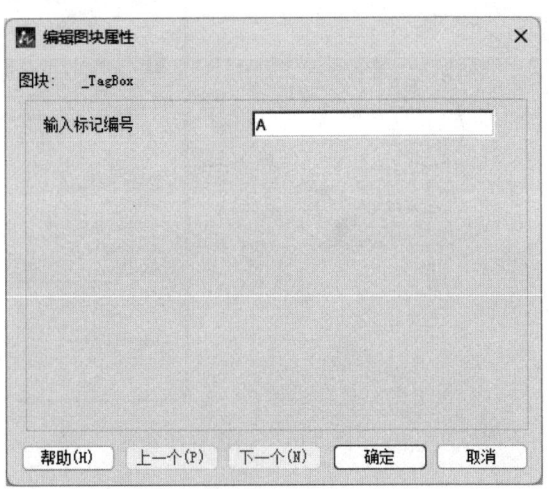

图 8-65 "编辑图块属性"对话框

③ 得到的基准符号注写效果如图 8-66 所示,显然还需要对其进行编辑。在功能区切换至"常用"选项卡,单击"分解"按钮 将刚注写的基准符号分解,接着将分解后的水平基线删除,并将方框和字母 A 一起移动到引线的正上方,如图 8-67 所示。

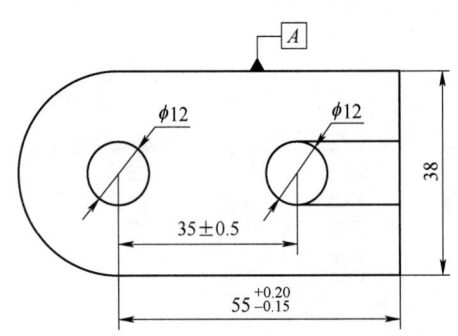

图 8-66 基准符号的初步注写效果

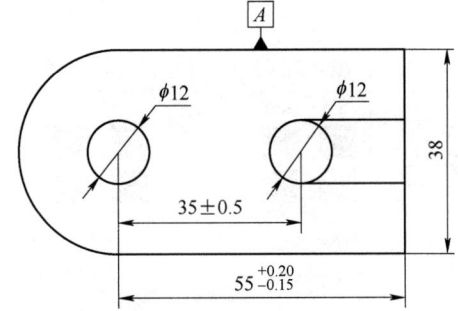

图 8-67 编辑后的基准符号

④ 在命令行的"命令"提示下输入"LEADER"命令并按〈Enter〉键,根据命令行的提示进行以下操作。

命令:LEADER✓
指定引线起点:〈正交 开〉
指定下一点:
指定下一点或 [注释(A)/格式(F)/撤销(U)] 〈注释〉:
指定下一点或 [注释(A)/格式(F)/撤销(U)] 〈注释〉:✓
输入注释文字的第一行或 〈选项〉:✓
输入标注文字选项 [块(B)/复制(C)/无(N)/公差(T)/多行文字(M)] 〈多行文字〉:T✓
此时,系统弹出"几何公差"对话框。

⑤ 在"几何公差"对话框的"符号"选项组中单击第 1 行的方块,弹出"符号"对话框,从中单击平行度符号,如图 8-68 所示。接着在"几何公差"对话框将公差 1 的值设置为 0.05,

在"基准1"文本框中输入"A",如图8-69所示。

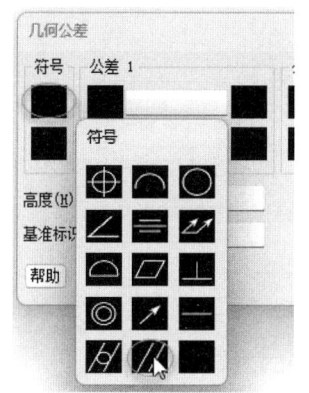

图8-68 指定特征符号

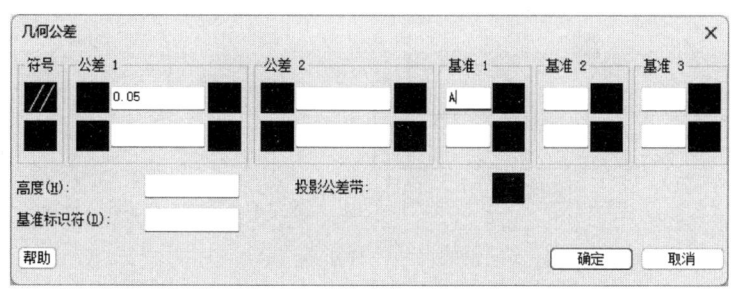

图8-69 设置公差1和基准1

⑥ 在"几何公差"对话框中单击"确定"按钮,完成结果如图8-70所示。

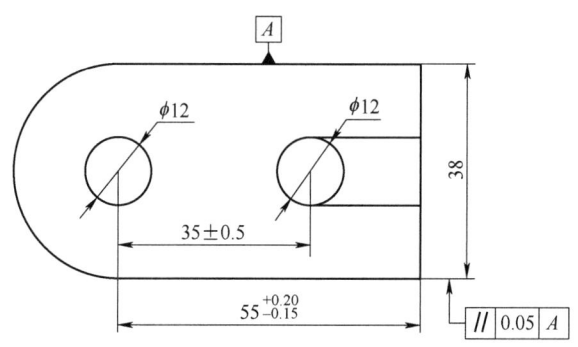

图8-70 完成几何公差标注的案例

8.6 编辑尺寸标注

创建好尺寸标注后,可以使用相关的标注修改工具(命令)去编辑它们,以获得满足设计要求的尺寸标注内容及其外观等。本节介绍编辑尺寸标注的几个常用工具(命令)。

8.6.1 使用 DDEDIT 命令

DDEDIT 命令用于编辑选定的多行文字或单行文字对象,或标注对象上的文字。例如,可以使用该命令来为选定的尺寸注释添加前缀。请看以下的案例。

在命令窗口的命令行中输入"DDEDIT"并按〈Enter〉键,接着在"选择注释对象或[放弃(U)/模式(M)]:"提示下选择图8-71所示的直径尺寸,接着在该尺寸数值前添加"2×"前缀以表示对象数量,单击"关闭文字编辑器"按钮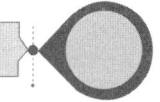(在启用功能区状态下),然后将另一个"ϕ12"直径尺寸删除,编辑结果如图8-72所示。

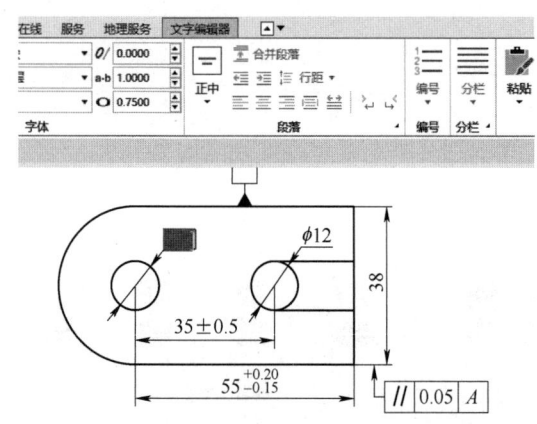

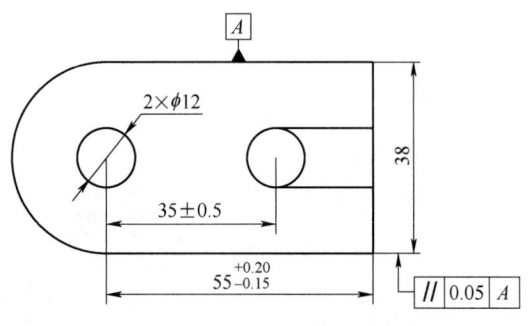

图 8-71 选择要编辑的尺寸注释对象　　　　图 8-72 尺寸注释编辑结果

8.6.2 编辑标注文字

"编辑标注文字"按钮 (对应的命令为 DIMTEDIT) 主要用于移动和旋转标注文字。

在功能区"注释"选项卡的"标注"面板中单击"编辑标注文字"按钮 ，接着选择要编辑的标注，命令行出现"指定标注文字的新位置或 [左对齐（L）/右对齐（R）/中心对齐（C）/默认（H）/角度（A）]:"提示信息，此时可进行以下操作。

- 指定标注文字的新位置：可拖拽鼠标指定标注文字的位置。用户可以在"修改标注样式"对话框的"文字"选项卡中确认标注文字和尺寸线的排列方式。
- 左对齐：为线性标注、直径标注和半径标注指定标注文字以尺寸线为基准左对齐，如图 8-73a 所示。
- 右对齐：为线性标注、直径标注和半径标注指定标注文字以尺寸线为基准右对齐，如图 8-73b 所示。
- 中心对齐：将标注文字放置在尺寸线的中间，如图 8-73c 所示。此选项只适合线性标注、半径标注和直径标注。
- 默认：移动标注文字到默认位置（创建标注时标注文字所在的位置）。
- 角度：为标注文字设置角度值，标注文字角度从 UCS 的 X 轴开始测量，输入 0 标注文字以默认角度放置。

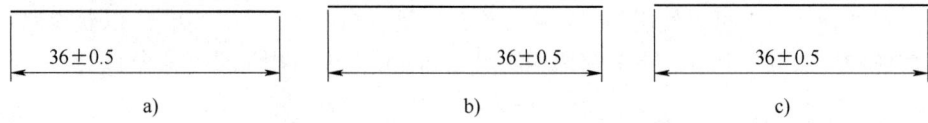

图 8-73 修改尺寸标注的文字对正方式
a）左对齐　b）右对齐　c）中心对齐

如果要将标注文字旋转一定的角度，可以看看以下这个案例，图解如图 8-74 所示，其具体的操作步骤如下。

命令：DIMTEDIT↙　　　　　　　　　　　　　//输入"DIMTEDIT"命令并按〈Enter〉键
选择标注：　　　　　　　　　　　　　　　　//选择要编辑的尺寸标注
指定标注文字的新位置或 [左对齐(L)/右对齐(R)/中心对齐(C)/默认(H)/角度(A)]：A↙　　//选择"角度"
标注文字角度：30↙　　　　　　　　　　　　//输入标注文字的角度为"30"，按〈Enter〉键

图 8-74　示例：编辑标注的文字角度

8.6.3　编辑标注

"编辑标注"按钮（对应的命令为"DIMEDIT"，命令别名为 DED 或 DIMED）用于编辑标注对象中的尺寸界线和标注文字，旋转标注文字或将标注文字恢复至默认位置，倾斜尺寸界线，其中对文字和尺寸界线的修改效果等同于 DIMTEDIT 命令。

在功能区"注释"选项卡的"标注"面板中单击"编辑标注"按钮，命令窗口将出现"输入标注编辑类型［默认（H）/新建（N）/旋转（R）/倾斜（O）］<默认>："提示信息，接着根据需要进行以下操作。

- 默认：选择此选项，将具有旋转角度的标注文字恢复至默认设置的位置。
- 新建：选择此选项，将创建新的文字以替换原来默认的标注文字。如果要在标注文字中使用测量值，可以输入一对尖括号（<>）来表示生成的测量值，如果要为测量值添加前缀和后缀，可以在尖括号的前后添加前缀或后缀。
- 旋转：选择此选项，将标注文字旋转一定的角度。如果输入 0，则标注文字以默认的排列方式显示。
- 倾斜：选择此选项，设置线性标注尺寸界线的倾斜角度，倾斜角度从 UCS 的 X 轴进行测量。

在尺寸界线与图形的其他要素冲突时，可根据需要倾斜尺寸界线。倾斜尺寸界线的典型图例如图 8-75 所示，其操作步骤如下。

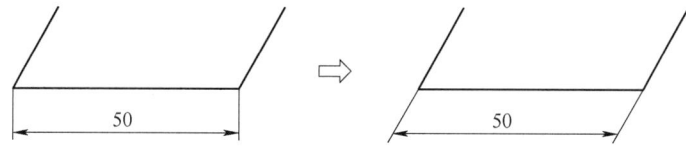

图 8-75　倾斜尺寸界线的典型图例

```
命令：DIMEDIT↙
输入标注编辑类型［默认(H)/新建(N)/旋转(R)/倾斜(O)］<默认>：O↙
选择要倾斜的线性标注：找到 1 个          //选择要编辑的尺寸对象
选择要倾斜的线性标注：↙                  //按〈Enter〉键
输入倾斜角度：60↙                        //输入倾斜角度为 60°
```

8.6.4　调整标注间距

有时在创建了一些线性标注或角度标注后，发现相关标注之间的间距参差不齐，影响图面整洁和美观性。此时，可以使用 DIMSPACE 命令（其对应的工具为"调整间距"按钮），将平行尺寸线之间的间距设置为相等，也可以通过使用间距值 0 使一系列线性标注或角度标注的尺寸线齐平。注意此命令仅适用于平行的线性标注或共用一个顶点的角度标注。请看以下的一个操作案例。

1 打开"调整间距即学即练.dwg"文件，原始图形中的已有尺寸标注如图 8-76 所示。

② 在功能区"注释"选项卡的"标注"面板中单击"调整间距"按钮，选择数值为20的水平线性标注作为基准标注，接着依次选择数值为10和5的水平线性标注作为要产生间距的标注，按〈Enter〉键结束选择要产生间距的标注。然后输入间距值为"0"并按〈Enter〉键确认，得到的调整结果如图8-77所示。

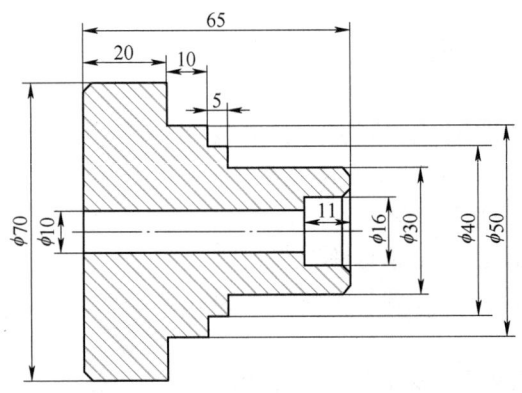

图 8-76　原始图形中的已有尺寸标注　　　　图 8-77　使一系列线性标注齐平

③ 再次单击"调整间距"按钮，选择图8-78所示的一个直径线性尺寸作为基准标注，接着在该尺寸右侧从左到右依次选择3个尺寸作为要产生间距的标注，按〈Enter〉键后输入间距值为"7.2"并按〈Enter〉键，调整标注间距的结果如图8-79所示。

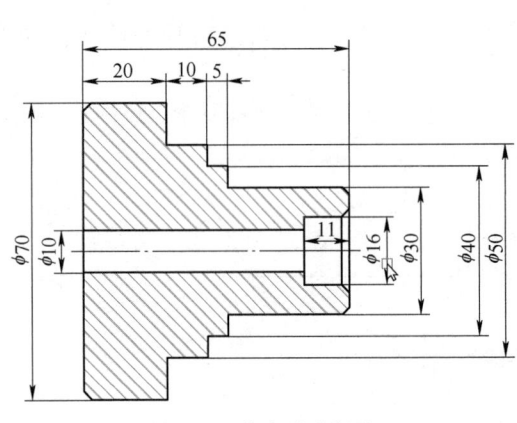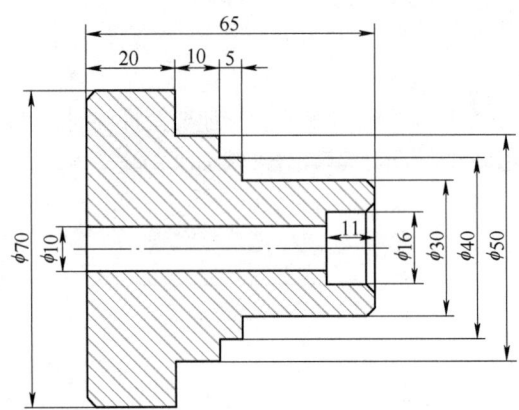

图 8-78　指定基准标注　　　　　　　　图 8-79　调整标注间距的结果

8.6.5　标注折断（打断）

可以在标注和尺寸界线与其他对象的相交处打断或恢复标注和尺寸界线。通常将折断标注添加到线性标注、角度标注和坐标标注中。

继续在8.6.4节完成的案例中进行标注打断操作。

在功能区的"注释"选项卡的"标注"面板中单击"标注打断"按钮，接着根据命令行提示进行以下操作。

命令:_DIMBREAK
选择要添加/删除折断的标注或 [多个(M)]:　　//选择图8-80所示的标注
选择要折断标注的对象或 [自动(A)/手动(M)/删除(R)] <自动>:✓　　//按〈Enter〉键以接受"自动"选项

1个实体被更改。

标注打断的结果如图8-81所示。

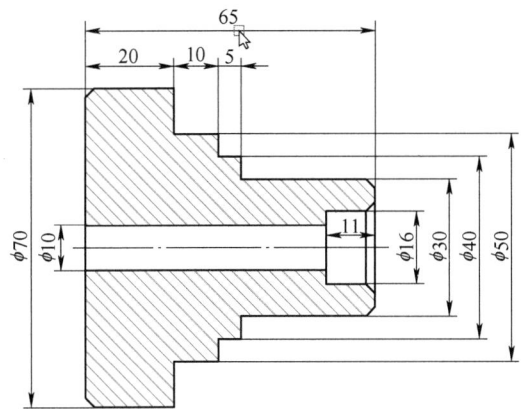 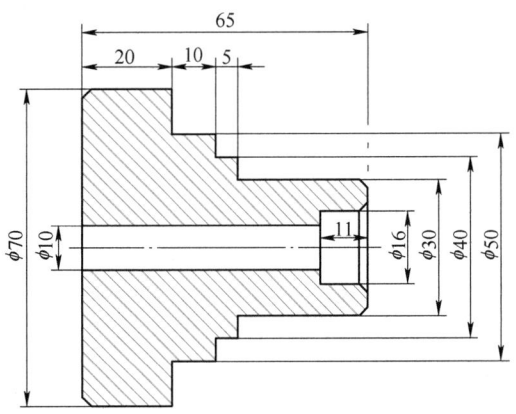

图8-80 选择要添加折断的标注　　　　　　　　图8-81 标注打断的结果

> **知识点拨：**
>
> "选择要打断标注的对象或[自动（A）/手动（M）/删除（R）]"提供了3个选项，"自动"选项用于在选定标注或多重引线与其相交对象的所有交点处自动添加打断标注，"删除"选项用于从选定的标注中删除所有折断标注，"手动"选项用于手动设置标注打断的位置，标注或多重引线将在用户指定的两点间被打断。

8.6.6 折弯线性

可以在线性标注或对齐标注中添加或删除折弯线，该标注中的折弯线表示所标注的对象中的折断，标注值表示实际距离，而不是表示图形中测量的距离。

下面结合案例介绍折弯线性的操作步骤。

① 打开"折弯线性即学即练.dwg"文件，原始图形如图8-82所示。

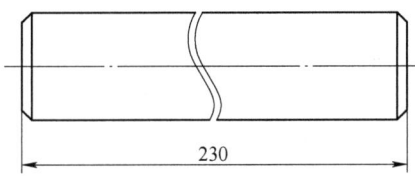

图8-82 原始图形

② 在功能区的"注释"选项卡的"标注"面板中单击"折弯线性"按钮，此时命令行出现"选择要添加折弯的标注或[删除（R）]:"的提示信息。提示选项"删除"用于选择一个要删除折弯的线性标注或对齐标注。

③ 在图形中选择数值为230所示的长度尺寸作为要添加折弯的标注。

④ 在"指定折弯位置（或按ENTER键）:"提示下按〈Enter〉键，则在标注文字与第一条尺寸界线之间的中点处放置折弯，如图8-83所示，或者在基于标注文字位置的尺寸线的中点处放置折弯。当然用户也可以自行指定折弯位置。

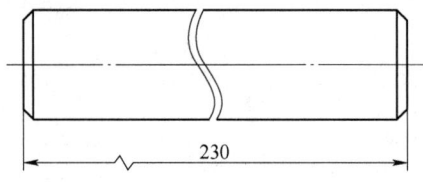

图 8-83　完成折弯线性标注

8.6.7　检验标注

有些时候，可能需要将常规标注转换为检验标注，检验标注使用户可以有效地传达检查制造的部件的频率，从而确保标注值和部件公差处于指定范围内。检验标注由边框和文字值组成，边框由两条平行线组成，末端呈圆形或方形，文字值用垂直线隔开。检验标注最多可以包含 3 种不同的信息字段，即检验标签、标注值和检验率，如图 8-84 所示。

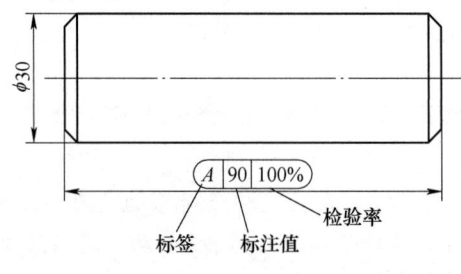

图 8-84　检验标注图解

要创建检验标注，则在功能区的"注释"选项卡的"标注"面板中单击"检验"按钮，系统弹出图 8-85 所示的"检验标注"对话框，接着单击"选择标注"按钮，选择要使之成为检验标注的标注。按〈Enter〉键返回"检验标注"对话框，在"形状"选项组中选择"圆形"单选按钮、"角度"单选按钮或"无"单选按钮，并在"标签/检验率"选项组中设定是否选用"标签""检验率"，以及设置所需的标签、检验率（如果选用的话），最后单击"确定"按钮。

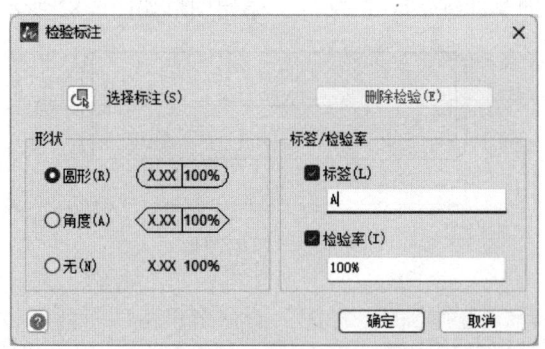

图 8-85　"检验标注"对话框

8.7　创建圆心标记

中心标记通常用作对孔中心的尺寸标注参考。在功能区"注释"选项卡的"标注"面板中提供有一个"圆心标记"按钮，用于创建圆或圆弧的圆心标记或中心线。

使用"圆心标记"按钮⊕可以创建中心标记来指示圆或圆弧的中心。其创建步骤很简单,即在功能区的"注释"选项卡的"中心线"面板中单击"圆心标记"按钮⊕,接着选择一个圆或圆弧,即可在其中心处绘制圆心标记或中心线。

使用"圆心标记"功能的典型示例如图8-86所示,其中两个小圆的中心线(圆心标记)是通过"圆心标记"工具命令创建的。

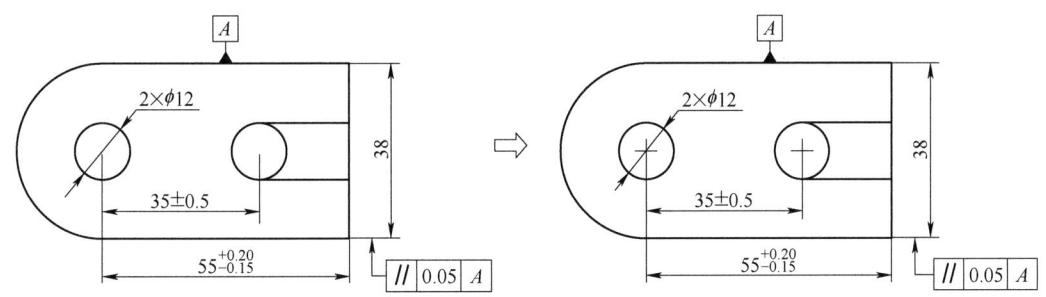

图 8-86 创建圆的圆心标记/中心线

8.8 思考与练习

1) 尺寸标注的组成要素包括哪些?
2) 如何创建标注样式?可以自行上机操练,以设置一种自定义的标注样式。
3) 什么是坐标标注和增强坐标标注?如何创建坐标标注和增强坐标标注?
4) 在什么情况下使用快速标注,标注效率较高?
5) 什么是多重引线?在什么情况下可以使用多重引线标注?
6) 如何为选定尺寸标注尺寸公差?
7) 如何创建带有指引线的几何公差?
8) 什么是检验标注?如何创建检验标注?
9) 上机练习1:绘制和标注图8-87所示的图形。

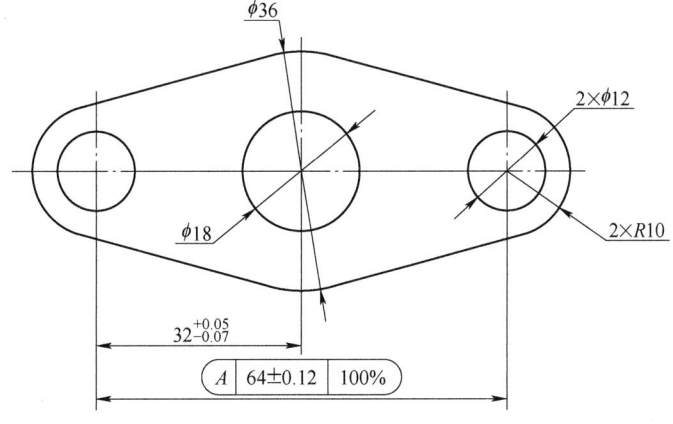

图 8-87 绘制和标注图形1

10) 上机练习2:绘制和标注图8-88所示的图形。

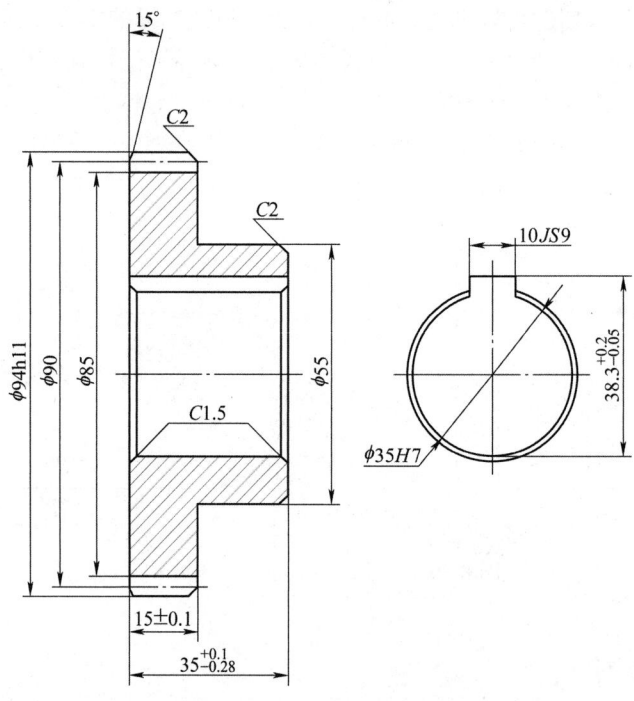

图 8-88 绘制和标注图形 2

11）扩展学习：在功能区的"注释"选项卡的"标注"面板中还提供了"替代"按钮、"重新关联标注"按钮和"标注更新"按钮等，请自学它们并学以致用。

第 9 章

复杂图形绘制案例

本章导读

本章主要介绍两个复杂图形的绘制过程，让读者通过案例的学习掌握二维 CAD 的综合绘制方法及技巧，案例包括铁钩图形绘制和联轴器零件图绘制，并提供了较为丰富的思考与练习，本章案例可以作为上一章的综合学习案例。

9.1 绘制铁钩图形

本节将详细介绍一个平面图综合绘制案例。在该综合绘制案例中，涉及的知识主要包括创建新图形文件、设置所需要的图层、定制文字样式与标注样式、使用各种绘图和修改工具进行二维图形绘制与编辑、给图形标注尺寸等。在进行绘制图形之前，通常要进行绘图之前的准备工作，包括设置图层、定制文字样式与标注样式等，当然为了不用每次进行绘图项目之前都要重复这些基本的准备工作，可以事先准备好所需的图形样板文件，这样在新建图形文件时便可以直接调用该图形样板，方便且能遵守统一的制图标准。

本平面图综合绘制案例最后要完成的平面图如图 9-1 所示，具体的绘制步骤如下。本案例以中望 CAD 2025 软件为操作蓝本。

1 新建一个图形文件。启动中望 CAD 2025 软件后，在"快速访问工具栏"中单击"新建"按钮 ，通过弹出的对话框选择"zwcadiso.dwt"图形样板，单击"打开"按钮。

2 定制若干图层。确保使用"二维草图与注释"工作空间，从功能区"常用"选项卡的"图层"面板中单击"图层特性"按钮 ，弹出"图层特性管理器"选项板，此时可以看出所选图形样板中只存在名称为"0"的一个图层，显然不能满足本例设计的需求，还需要由用户定制所需的图层。

利用"图层特性管理器"选项板，分别单击"新建图层"按钮 创建名为"01 层-粗实线""02 层-细实

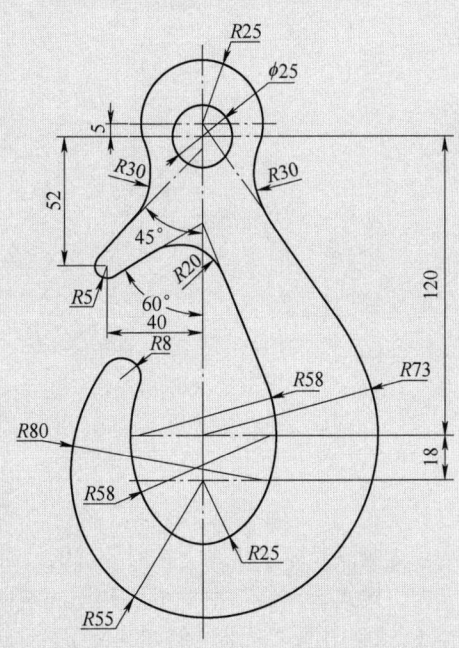

图 9-1 案例最后完成的铁钩平面图

215

线""03层-粗虚线""04层-细虚线""05层-细点画线""06层-粗点画线""07层-细双点画线""08层-尺寸注释"和"16层-中心线"这几个图层，各层的颜色、线型和线宽特性如图9-2所示。在"图层特性管理器"选项板中可以预设一个当前图层，例如选择"16层-中心线"，单击"置为当前"按钮，便可将该选定的图层设置为当前图层。定制好这些图层后，关闭"图层特性管理器"选项板。

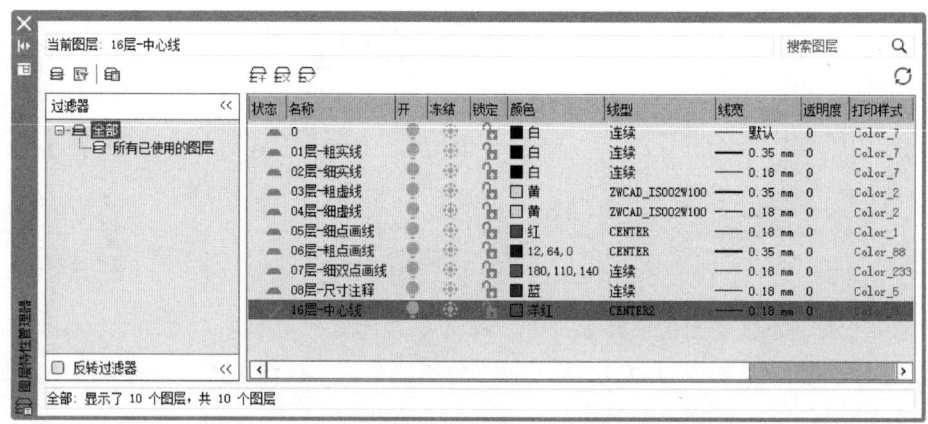

图9-2 利用"图层特性管理器"选项板定制图层

③设置文字样式。在命令行的"命令"提示下输入"STYLE"并按〈Enter〉键，打开"文字样式管理器"对话框。利用此对话框设置符合机械制图国家标准的文字样式，如图9-3所示，新建名为"JX-X5"的新文字样式，其字体为"仿宋"，设置高度为5，宽度因子为0.8，倾斜角度为15。设置好相关文字样式后，关闭"文字样式管理器"对话框。

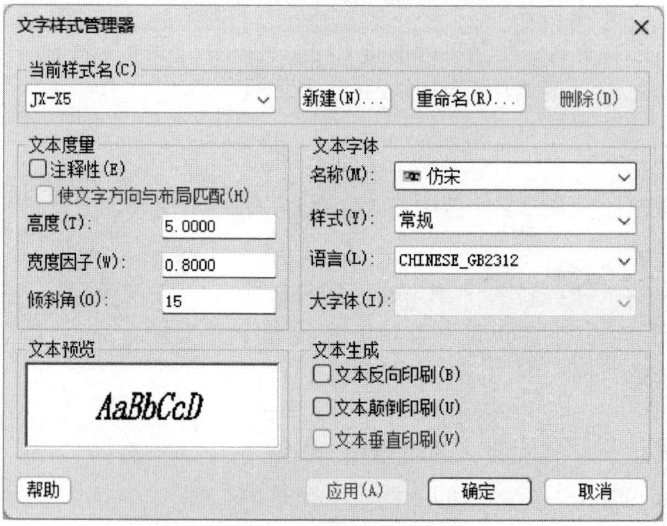

图9-3 创建新文字样式

④设置标注样式。在命令行的"命令"提示下输入"DIMSTYLE"并按〈Enter〉键，打开"标注样式管理器"对话框。利用此对话框新建一个名为"HY-X5"的标注样式，该标注样式符合机械制图国家标准，例如其文字样式选用先前建立的"JX-X5"，设定相关偏移值，指定文字方向在尺寸界线外为"水平"，在尺寸界线内为"与直线对齐"，设置尺寸线与尺寸界线参数等。

在该标注样式下还包含建立的"角度"子标注样式，如图 9-4 所示。标注样式的具体定制过程省略，读者可以参考第 8 章中介绍的具体方法和步骤来执行。注意："角度"子标注样式与"HY-X5"主标注样式的不同之处在于文字对齐方面，"HY-X5"主标注样式的在尺寸界线内文字对齐方式为"与直线对齐"，"角度"子标注样式的在尺寸界线内的文字对齐方向为"水平"。

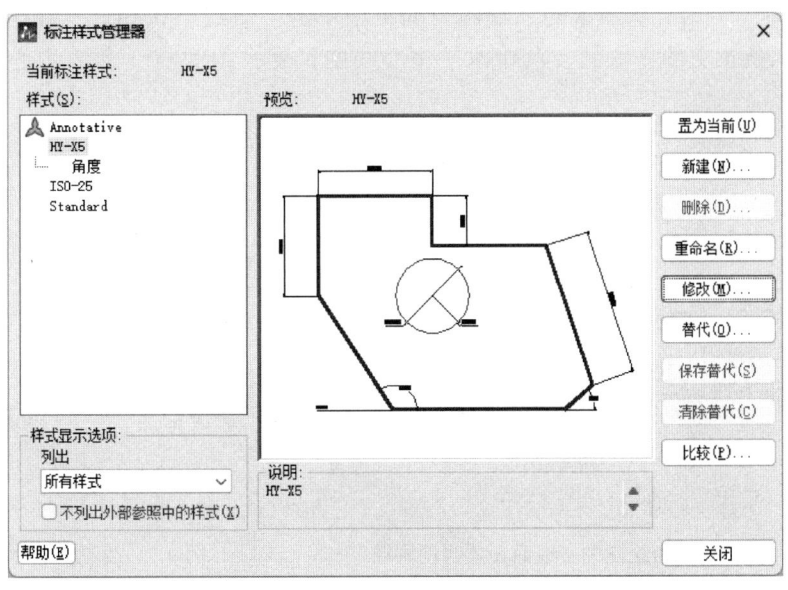

图 9-4 "标注样式管理器"对话框

⑥ 设置对象捕捉模式。在绘制该平面图时，需要使用设定的对象捕捉模式。要设置基本的对象捕捉模式，则在状态栏中右击"对象捕捉"按钮▢，接着选择"设置"命令，弹出"草图设置"对话框且自动打开"对象捕捉"选项卡，从中设置对象捕捉模式的基本选项，如图 9-5 所示，然后单击"确定"按钮。

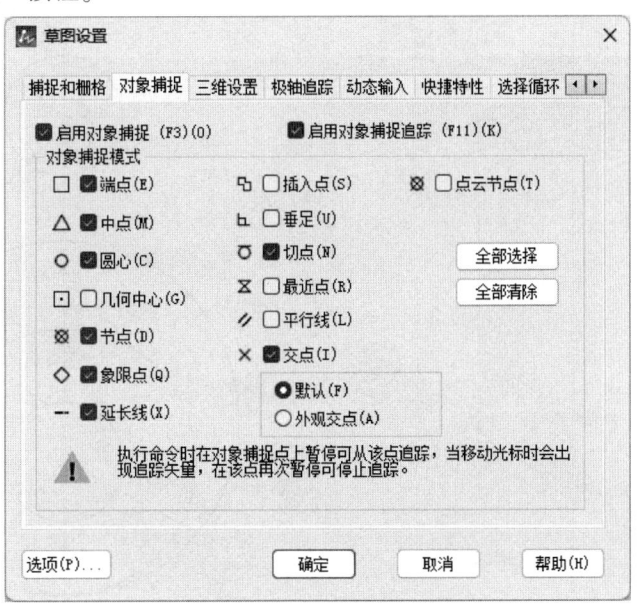

图 9-5 设置对象捕捉的基本模式

此时，在状态栏中可以设置打开"正交""对象捕捉""对象捕捉追踪"和"线宽显示"等模式。

⑥绘制部分中心线。在功能区"常用"选项卡的"图层"面板的"图层特性"下拉列表框中选择"05层-细点画线"，以将"05层-细点画线"图层设置为当前图层，如图9-6所示。接着在功能区的"常用"选项卡的"绘图"面板中单击"直线"按钮，在绘图区域中绘制图9-7所示的两条正交的中心线，其中水平中心线的长度大约为60，竖直中心线的长度大约是230。

图9-6　为绘制中心线而设置当前图层　　　　图9-7　绘制两条中心线

⑦创建偏移中心线。在功能区"常用"选项卡的"修改"面板中单击"偏移"按钮，分别绘制图9-8所示的3条偏移中心线（图中特意给出了辅助绘图的偏移距离尺寸）。

⑧将"01层-粗实线"设置为当前图层，即在功能区"常用"选项卡的"图层"面板的"图层特性"下拉列表框中选择"01层-粗实线"。

⑨绘制5个圆。单击"圆心、半径"按钮，分别绘制图9-9所示的5个圆。

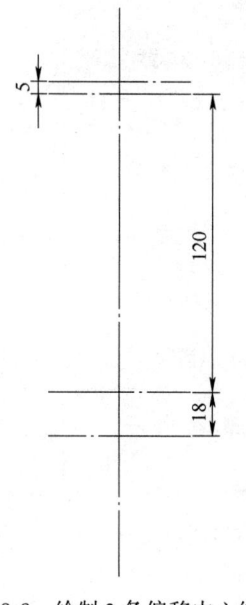
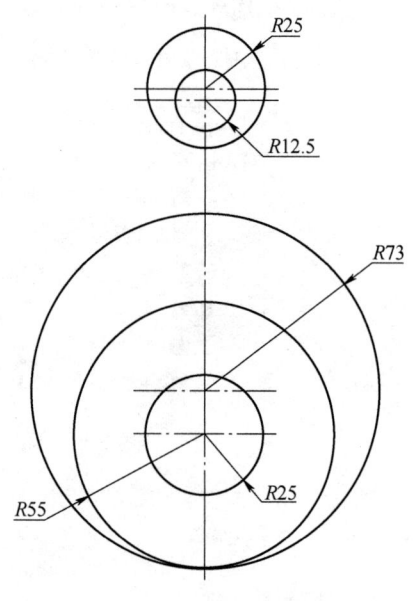

图9-8　绘制3条偏移中心线　　　　图9-9　绘制5个圆

⑩ 绘制一个小圆。按照以下操作方法来绘制一个小圆。

命令:_circle　　　　　　　　　　　//单击"圆心、半径"按钮⊙
指定圆的圆心或 [三点(3P)/两点(2P)/切点、切点、半径(T)/同心(N)]：FROM↵
//输入"FROM"并按〈Enter〉键
基点：_cen　　//在图形窗口的空白区域按〈Ctrl〉键并右击，接着选择"圆心"选项，如图9-10所示
圆心　　　　　　　　　　　　　//选择图9-11所示的圆心作为临时参考点
<偏移>：@-40，-52↵　　　　　//输入"@-40，-52"并按〈Enter〉键
指定圆的半径或 [直径（D）] <73.0000>：5↵　　//输入圆半径为5，并按〈Enter〉键
完成绘制的一个小圆如图9-12所示。

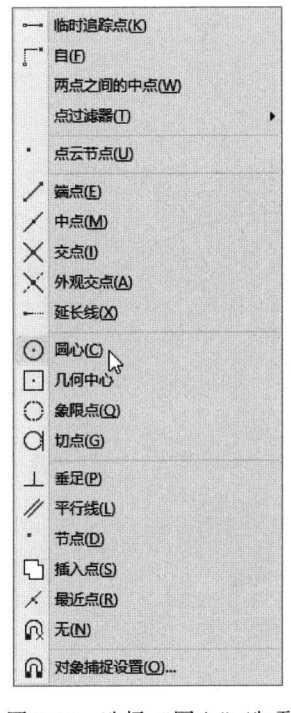 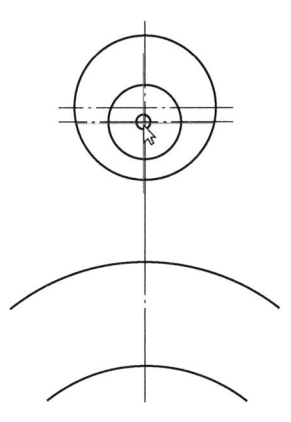 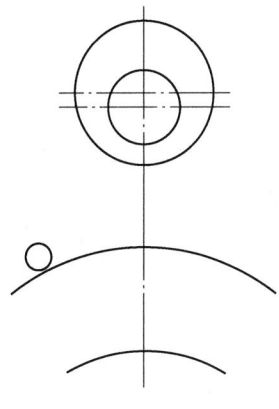

图 9-10　选择"圆心"选项　　图 9-11　临时选择一个参考点　　图 9-12　完成绘制一个小圆

⑪ 绘制小圆的一条相切直线。单击"直线"按钮╲，在"指定第一个点："提示下将鼠标指针置于图形窗口的空白区域，按〈Ctrl〉键的同时单击鼠标右键，弹出一个快捷菜单，选择"切点"选项，如图9-13所示。接着在图9-14所示的小圆大致位置拾取一个递延切点，然后在"指定下一点或 [角度（A）/长度（L）/放弃（U）]："提示下输入"@65<45"并按〈Enter〉键确认，再按〈Enter〉键结束"直线"命令。绘制的第一条与小圆相切的直线如图9-15所示。

⑫ 使用同样的方法，绘制与最小圆相切的另一条直线。

命令：LINE↵
指定第一个点：_tan　　　　　　　//按〈Ctrl〉键并单击鼠标右键，选择"切点"选项
切点　　　　　　　　　　　　　//在最小圆的下缘处拾取它以获得一个所需的递延切点
指定下一点或 [角度（A）/长度（L）/放弃（U）]：@50<30↵　　//输入"@50<30"并按〈Enter〉键
指定下一点或 [角度（A）/长度（L）/放弃（U）]：↵　　　　　　//按〈Enter〉键

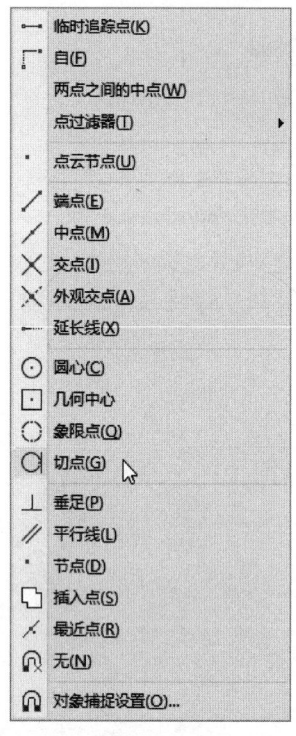
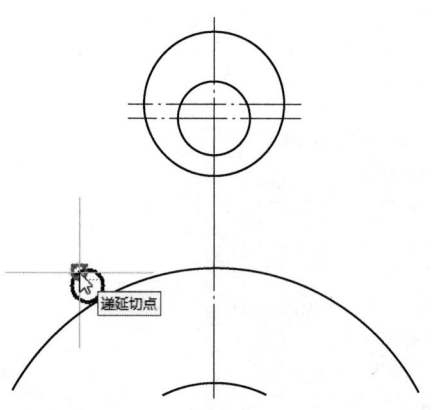

图 9-13　选择"切点"选项　　　　　　图 9-14　拾取一个递延切点

绘制的第 2 条相切直线如图 9-16 所示。

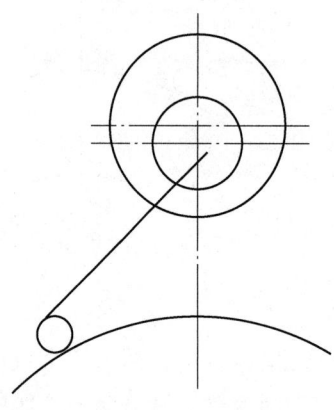
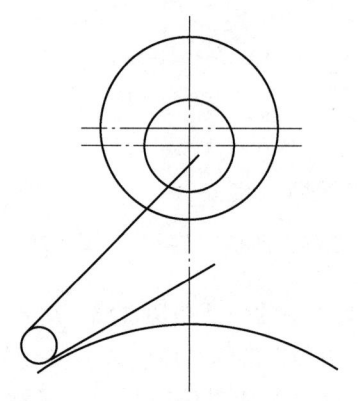

图 9-15　绘制一条相切直线　　　　　　图 9-16　绘制的第 2 条相切直线

13 按照以下操作绘制一条直线。
命令：LINE↙
指定第一个点：_int
交点　　　　　　　　　　　　　　　　　//选择图 9-17 所示的交点或圆心
指定下一点或 [角度 (A) /长度 (L) /放弃 (U)]：<正交 关> _tan
//按〈Ctrl〉键并单击鼠标右键，选择"切点"选项
切点　　　　　　　　　　　　　　　　　//在图 9-18 所示的大圆上拾取一个切点
指定下一点或 [角度 (A) /长度 (L) /放弃 (U)]：↙　　//按〈Enter〉键

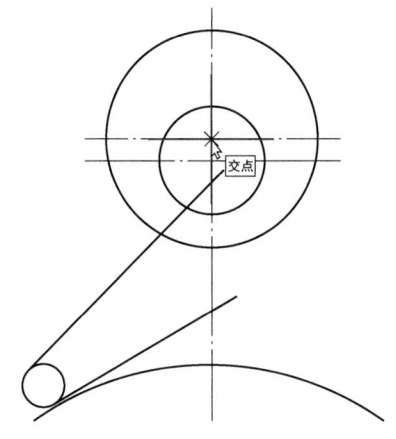 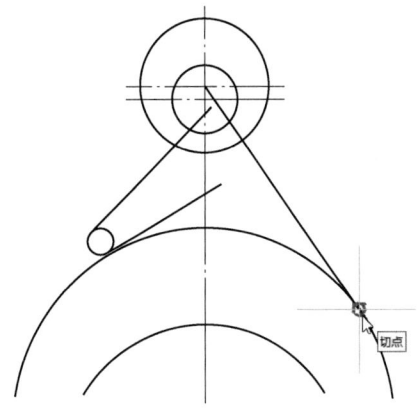

图 9-17　选择直线的第 1 点　　　　　　图 9-18　选择切点作为直线的第 2 点

14 初步修剪图形。单击"修剪"按钮，将图形初步修剪成如图 9-19 所示。

15 绘制一个辅助圆。该辅助圆的半径为 33，是由 58-25 得来的，如图 9-20 所示。

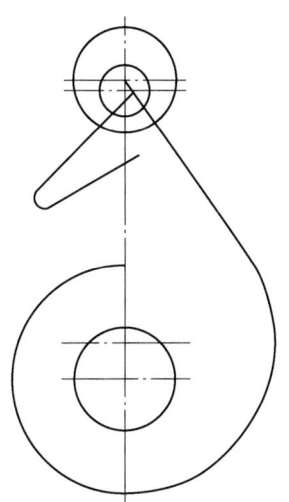 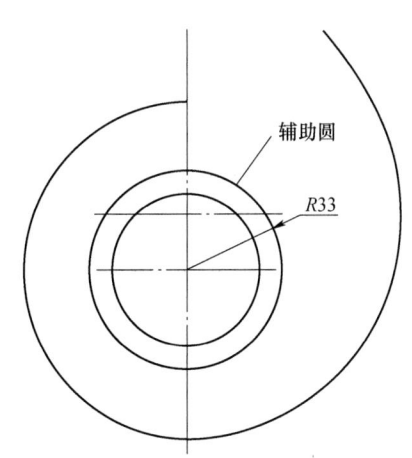

图 9-19　初步修剪图形　　　　　　图 9-20　绘制一个半径为 33 的辅助圆

16 绘制一个半径为 58 的圆，该圆的圆心为上一步骤辅助圆与一条水平中心线的交点，如图 9-21 所示。

17 删除与修剪图形。单击"删除"按钮将半径为 33 的辅助圆删除，接着单击"修剪"按钮将图形修剪成如图 9-22 所示。

18 镜像图形。单击"镜像"按钮，选择要镜像的一段圆弧，在竖直中心线上分别指定两点来定义镜像线，最后获得镜像结果如图 9-23 所示。

19 绘制一个圆。单击"圆心、半径"按钮，根据命令行提示进行以下操作。

命令：_circle

指定圆的圆心或 [三点(3P)/两点(2P)/切点、切点、半径(T)/同心(N)]：FROM↙　　//输入"FROM"并按〈Enter〉键

基点：_cen

圆心   //选择图 9-24 所示的圆心作为参考基点
<偏移>：@25，0↙   //输入相对坐标，按〈Enter〉键
指定圆的半径或 [直径（D）] <58.0000>：80↙   //输入圆半径为"80"，按〈Enter〉键

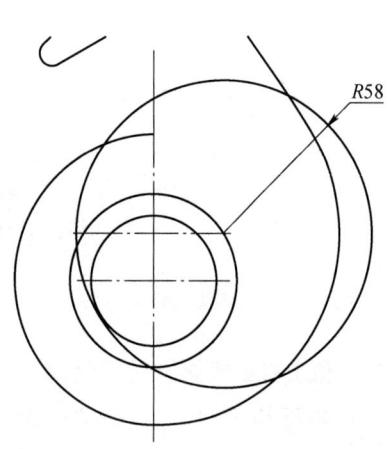

图 9-21　绘制一个半径为 58 的圆

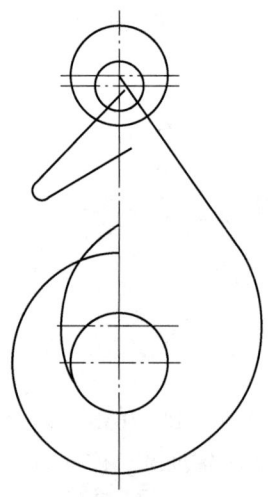

图 9-22　删除与修剪结果

完成绘制图 9-25 所示的一个圆。

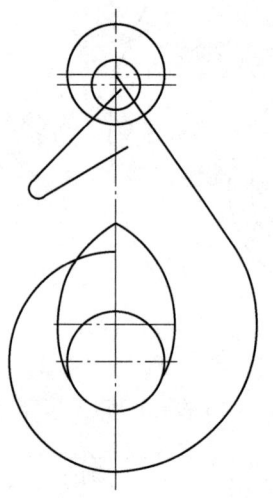

图 9-23　镜像图形

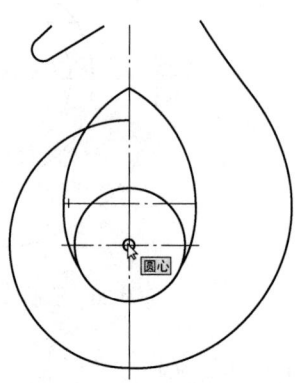

图 9-24　指定参考基点

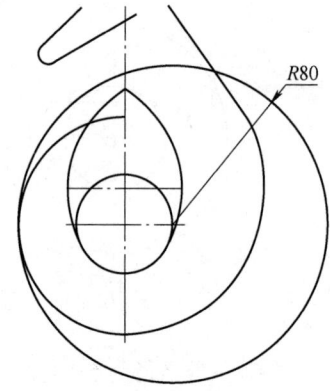

图 9-25　完成绘制该圆

⓴ 使用"相切、相切、半径"方式创建一个圆。单击"相切、相切、半径"按钮⊘，根据命令行提示进行以下操作。

命令：_circle
指定圆的圆心或 [三点(3P)/两点(2P)/切点、切点、半径(T)/同心(N)]：_ttr
指定对象与圆的第一个切点：   //在图 9-26 所示的圆上单击以选择第 1 个递延切点
指定对象与圆的第二个切点：   //在图 9-27 所示的圆上单击以选择第 2 个递延切点
指定圆的半径 <80.0000>：8↙

完成绘制的小圆如图 9-28 所示。

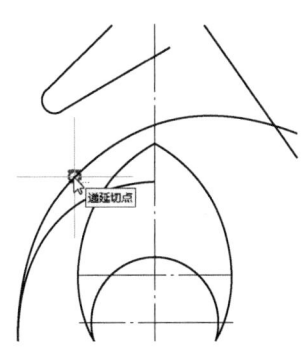
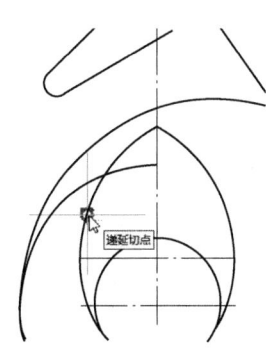
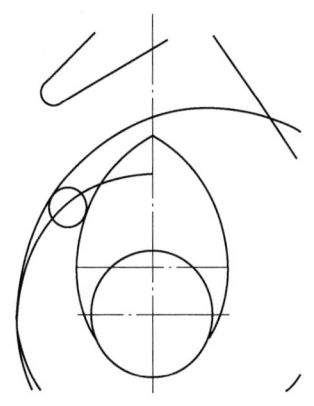

图 9-26　选择第 1 个递延切点　　　图 9-27　选择第 2 个递延切点　　　图 9-28　完成绘制该圆

21 绘制一条相切直线。单击"直线"按钮，选择图 9-29 所示的交点作为直线的第 1 点，接着按住<Ctrl>键并单击鼠标右键，从弹出的快捷菜单中选择"切点"选项，在图形中选择图 9-30 所示的切点，从而绘制一条相切直线。

22 修剪图形。单击"修剪"按钮，将图形修剪成如图 9-31 所示。

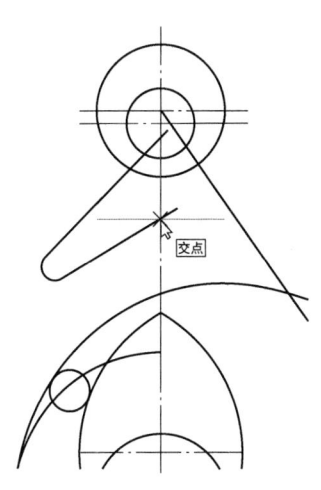
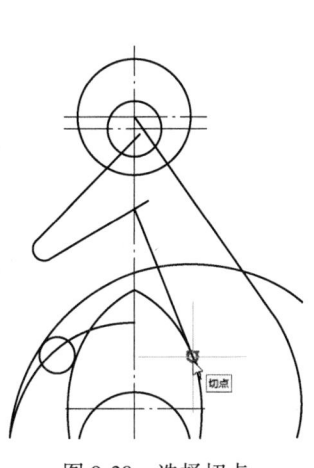
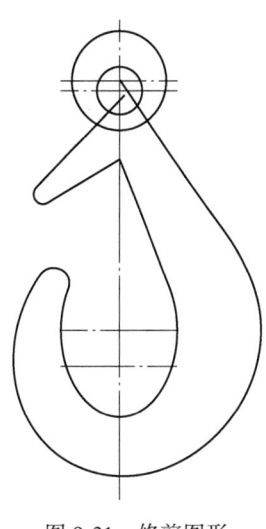

图 9-29　指定直线第 1 点　　　　　图 9-30　选择切点　　　　　图 9-31　修剪图形

23 创建 3 个圆角。单击"圆角"按钮，分别创建图 9-32 所示的 3 个圆角线（图中尺寸仅供绘图参考）。

24 修剪图形。单击"修剪"按钮，修剪图形的结果如图 9-33 所示。

25 绘制辅助中心线。将"05 层-细点画线"设置为当前图层，使用"LINE"直线命令并结合对象捕捉追踪功能等在铁钩图形中补充绘制 4 条辅助中心线，如图 9-34 所示。可以使用"特性"选项板将所有中心线的线型比例设置为 0.5。

26 标注尺寸。将"08 层-尺寸注释"设置为当前图层，确保将"HY-X5"设置为当前标注样式，使用功能区"注释"选项卡的"标注"面板中的相应标注工具，标注图 9-35 所示的尺寸。

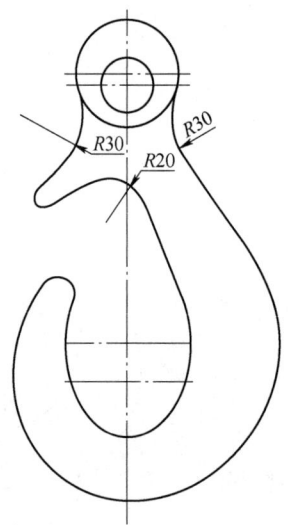
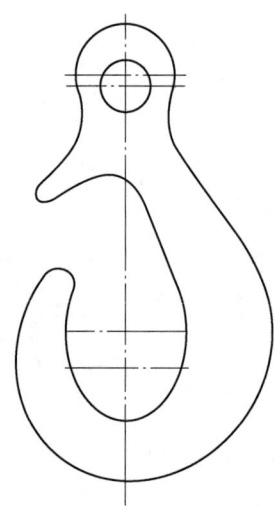

图 9-32　创建 3 个圆角线　　　　　　图 9-33　修剪结果

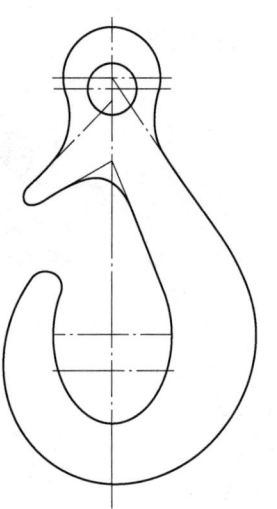
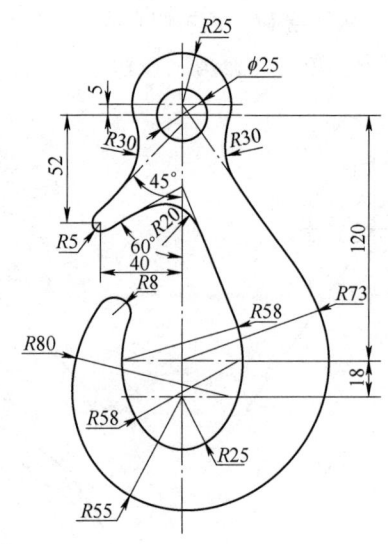

图 9-34　绘制 4 条辅助中心线　　　　图 9-35　标注尺寸

保存图形文件。

9.2　绘制联轴器零件图

本节介绍一个联轴器零件图的绘制案例，联轴器是比较常见的机械零件。在该案例中还将介绍如何在零件图中进行表面结构要求标注。

在中望 CAD 中，标注表面结构要求的推荐思路是先绘制相关的表面结构图形符号，建立其相应的属性定义（如有的话），然后将它们生成图块，构建一个完整的表面结构图形符号库，如图 9-36 所示。以后在零件图中标注零件的表面结构要求时，不必对每个符号都重新绘制，而是按需采用 "插入块" 的方式快速插入表面结构图形符号，必要时带引线插入。

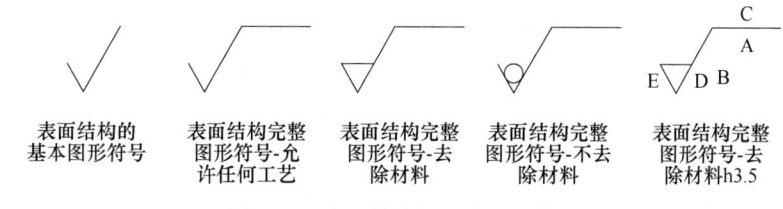

图 9-36　表面结构的相关图形符号

9.2.1　绘制表面结构图形符号图块

以绘制一个带属性定义的常用的表面结构图形符号为例,具体的操作步骤如下。

1 使用"LINE"直线命令,绘制图 9-37 所示的表示去除材料的表面结构完整图形符号,图中给出的尺寸为参考尺寸,图形符号以细实线表示。

2 在功能区"插入"选项卡的"块定义"面板中单击"定义属性"按钮,弹出"定义属性"对话框,进行图 9-38 所示的属性设置及相关选项设置,单击"定义"按钮,接着在图形符号的适当位置处指定插入点,如图 9-39 所示。

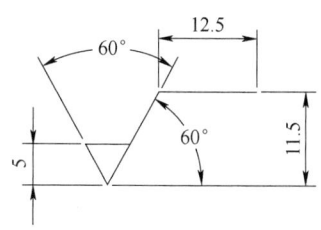

图 9-37　绘制表示去除材料的表面结构完整图形符号

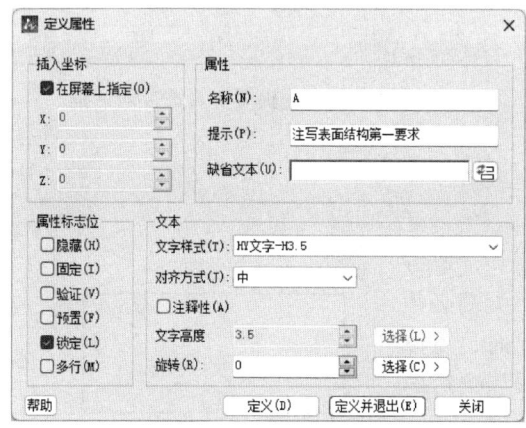

图 9-38　定义属性

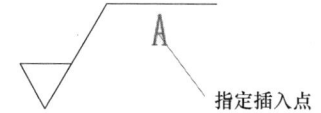

图 9-39　指定插入点

3 继续使用"定义属性"对话框,在图形符号的相应位置处插入其他相关的属性定义内容,如表 9-1 所示,以及如图 9-40 所示。

表 9-1　在表面结构完整图形符号中添加的相关属性内容

名　称	提　　　示	文　字　样　式	对 齐 方 式
A	注写表面结构第一要求	HY 文字-H3.5	居中
B	注写第二个表面结构要求	HY 文字-H3.5	左对齐
C	注写加工方法、表面处理、涂层和其他加工工艺要求等	HY 文字-H3.5	居中
D	注写表面纹理和纹理方向符号	HY 文字-H3.5	左对齐
E	注写加工余量(mm)	HY 文字-H3.5	右对齐

④ 关闭"定义属性"对话框。

⑤ 在功能区"插入"选项卡的"块"面板中单击"创建"按钮，弹出"块定义"对话框，在"名称"框中输入"表面结构完整图形符号-去除材料h3.5"，在"对象"选项组中选择"转换为块"单选按钮，单击"选择对象"按钮，通过指定两个对角点的方式选择包括所有属性定义和匹配的图形符号。按〈Enter〉键返回到"块定义"对话框，在"行为"选项组中勾选"按统一比例缩放"复选框和"允许分解"复选框，在"基点"选项组中单击"拾取基点"按钮，选择图9-41所示的端点作为新块的基点，然后在"块定义"对话框中单击"确定"按钮。

⑥ 系统弹出"编辑图块属性"对话框，如图9-42所示，可根据需要输入所需的内容，或者不输入内容直接单击"确定"按钮。

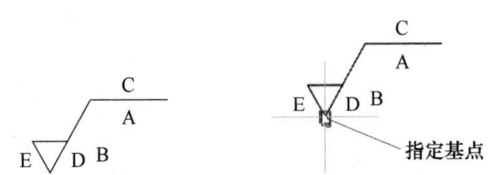

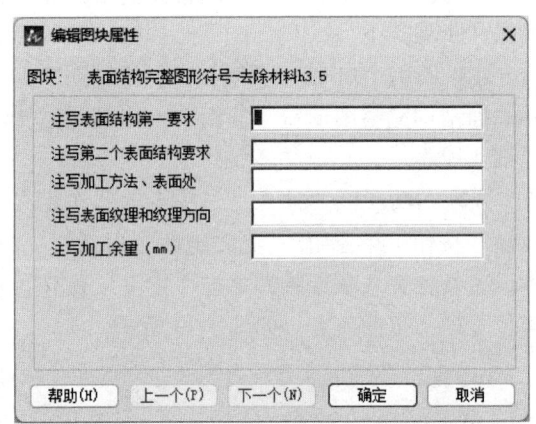

图9-40 添加相关的属性定义　　图9-41 指定基点　　图9-42 "编辑图块属性"对话框

9.2.2 注写表面结构符号

表面结构的注写和读取方向应与尺寸的注写和读取方向一致。可在轮廓线上标注表面结构要求，符号尖端必须从材料外指向材料表面，不得脱开和超出，必要时也可以将表面结构符号标注在用带箭头或黑点的指引线引出后的基准线上，如图9-43所示。

在不会引起误解时，表面结构要求也可以标注在相关尺寸线上所标尺寸的后面，还可以注写在标注几何公差的框格上方，以及标注在零件表面的延长线上，也可用带箭头的指引线引出标注，但是需要注意图形符号仍然应保持从材料外指向材料表面。

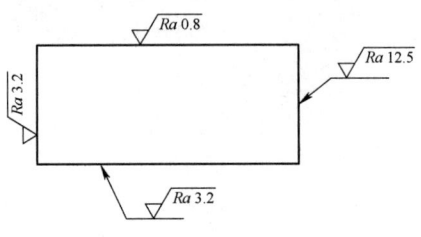

图9-43 表面结构标注示例

对于不带引线的表面结构要求，使用"插入块"按钮来完成，在插入表面结构符号时可根据实际情况设置相应的旋转角度，如旋转角度为90°。

对于带引线的表面结构要求，可以使用"LEADER"命令来完成，参考步骤如下。

命令：LEADER↵
指定引线起点：
指定下一点：
指定下一点或 [注释(A)/格式(F)/撤销(U)] <注释>：↵
指定下一点或 [注释(A)/格式(F)/撤销(U)] <注释>：↵

输入注释文字的第一行或 <选项>：↙
输入标注文字选项 [块(B)/复制(C)/无(N)/公差(T)/多行文字(M)] <多行文字>：B↙
插入图块或 [列出图中块(?)] <表面结构要求-去除材料 h3.5>：↙
指定块的插入点或 [基点(B)/比例(S)/旋转(R)]：
指定缩放比例因子 <1.0>：↙
指定块的旋转角度 <0>：↙

然后，利用弹出的"编辑图块属性"对话框填写相关的属性值，并单击"确定"按钮。

另外，也可以先使用"LEADER"命令创建单纯的引线，即在"输入标注文字选项 [块(B)/复制(C)/无(N)/公差(T)/多行文字(M)] <多行文字>："的提示信息下输入"N"并按〈Enter〉键，创建好无任何标注文字的引线后，再使用"插入块"按钮 以在该引线上注写表面结构要求。

9.2.3 案例应用

以下是联轴器零件图的绘制案例。

本案例要完成的典型零件图如图 9-44 所示。该工程零件图案例使用的样板，已经定义好了相关图层、文字样式、标注样式和多重引线样式等。用户在设计中使用该样板只需调用而不需要重新定制。在该综合绘制案例中，要把握视图之间的投影对齐关系，掌握各常用绘图工具的应用，其中要重点学习或复习的知识点包括：绘制剖面线、使用属性块注标表面结构要求、注写基准符号和几何公差、多行文字的注释应用、快速填写标题栏属性块等。

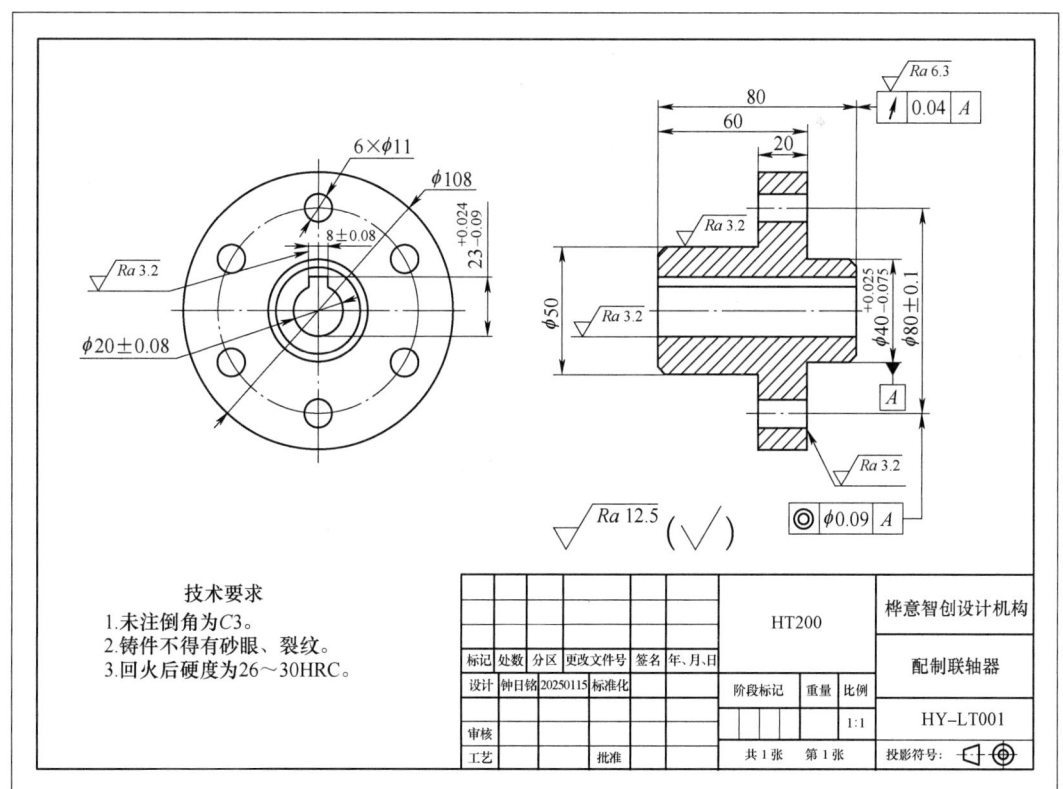

图 9-44 典型零件图

该典型工程零件图的绘制步骤如下。

🔳 新建一个图形文件。在"快速访问工具栏"中单击"新建"按钮➕以创建一个新图形文件，该图形文件以"无装订边 A3 横向图幅 .dwt"为图形样板，所述"无装订边 A3 横向图幅 .dwt"图形样板文件位于随书配套资料包的"CH9"文件夹中。新建图形文件后，选择"二维草图与注释"工作空间作为操作界面。

🔳 绘制主中心线。在功能区"常用"选项卡的"图层"面板的"图层特性"下拉列表框中选择"细点画线"图层，接着在"绘图"面板中单击"直线"按钮╲，在图框内的适当位置处绘制图 9-45 所示的几条主中心线。注意：在绘制过程中可以启用正交模式。

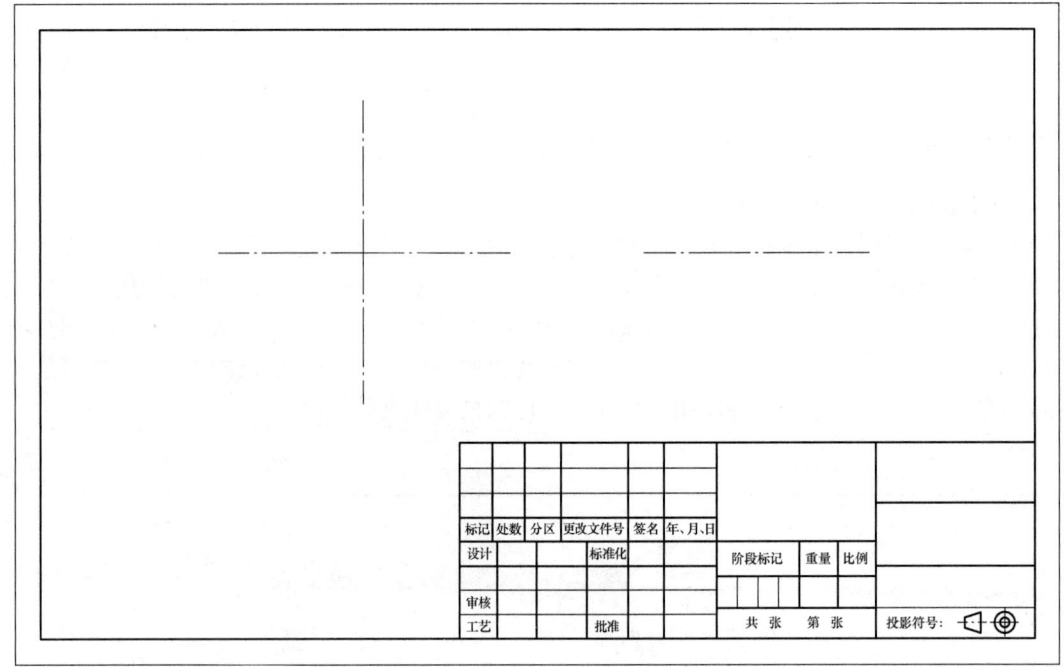

图 9-45　绘制主中心线

🔳 绘制以中心线表示的圆。在功能区"常用"选项卡的"绘图"面板中单击"圆心、直径"按钮⊗，接着选择左侧两条相互正交的中心线的交点作为圆的圆心，并指定圆的直径为 80，从而绘制图 9-46 所示的一个辅助圆。

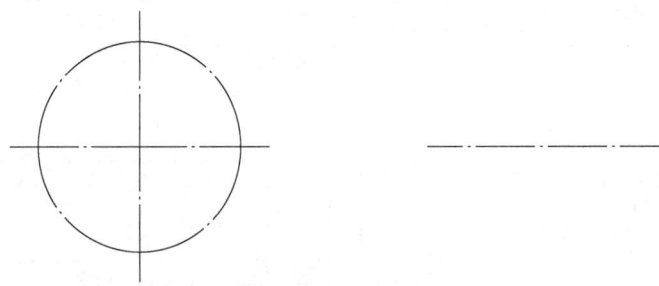

图 9-46　绘制辅助圆

🔳 设置用于绘制以粗实线表示的轮廓线的当前图层。在功能区"常用"选项卡的"图层"面板的"图层特性"下拉列表框中选择"粗实线"图层，从而将其设置为当前图层。

① 在主视图（左边的视图）中绘制若干个圆。分别在"绘图"面板中单击"圆心、直径"按钮⊘来绘制图 9-47 所示的 4 个圆，这 4 个粗实线圆的直径从大到小分别为 108、40、20 和 11。

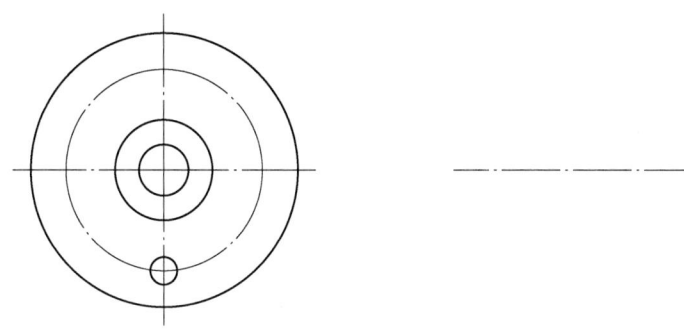

图 9-47　绘制 4 个圆

⑥ 通过"环形阵列"工具阵列复制出其他均匀分布的圆。在功能区的"常用"选项卡的"修改"面板中单击"环形阵列"按钮，选择直径为 11 的最小圆作为要阵列的图形对象，按〈Enter〉键完成对象选择，选择最大圆的圆心作为阵列的中心点，在"阵列创建"上下文选项卡中设置项目数为 6，整个填充范围为 360°，行数和级别均为 1，相关参数设置如图 9-48 所示，然后单击"关闭阵列"按钮⊘。

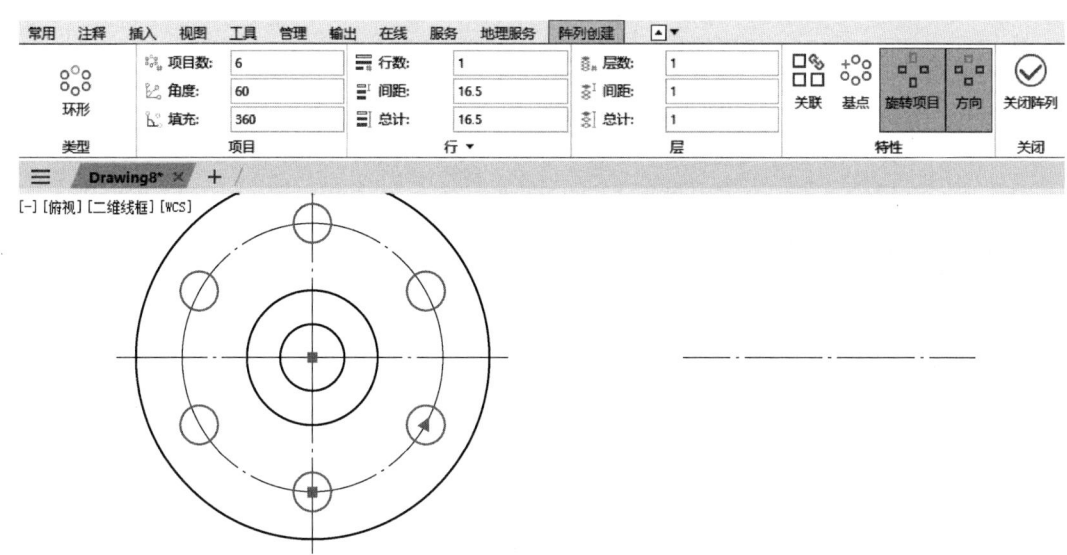

图 9-48　设置环形阵列的参数

⑦ 创建 3 条偏移线。在"修改"面板中单击"偏移"按钮，创建图 9-49 所示的 3 条辅助中心线。

⑧ 绘制以粗实线显示的轮廓线。在"绘图"面板中单击"直线"按钮，借助于上一步骤所创建的辅助中心线，以连接交点的方式绘制粗实线，如图 9-50 所示。绘制好这 3 段粗实线后，将步骤⑦创建的 3 条偏移线（辅助中心线）删除掉。

⑨ 修剪图形。在"修改"面板中单击"修剪"按钮，将轴键槽处多余的轮廓线段修剪掉，修剪结果如图 9-51 所示。

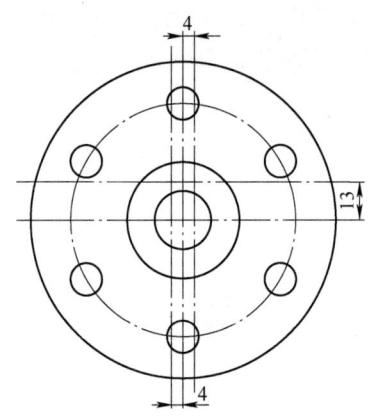

图 9-49 创建 3 条辅助中心线

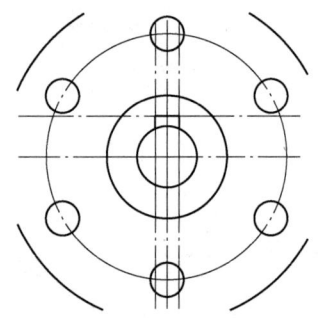

图 9-50 绘制粗实线

10 绘制构造线以辅助设计。先在"图层"面板的"图层特性"下拉列表框中选择"中心线"层（该图层将用来专门放置构造线），接着在"绘图"面板中单击"构造线"按钮，绘制图 9-52 所示的 7 条水平构造线。具体操作方法如下。

```
命令:_xline              //单击"构造线"按钮
指定构造线位置或[等分(B)/水平(H)/竖直(V)/角度(A)/偏移(O)]:H
定位::                   //选择图 9-52 所示的点 1
定位::                   //选择图 9-52 所示的点 2
定位::                   //选择图 9-52 所示的点 3
定位::                   //选择图 9-52 所示的点 4
定位::                   //选择图 9-52 所示的点 5
定位::                   //选择图 9-52 所示的点 6
定位::                   //选择图 9-52 所示的点 7
定位::                   //按〈Enter〉键
```

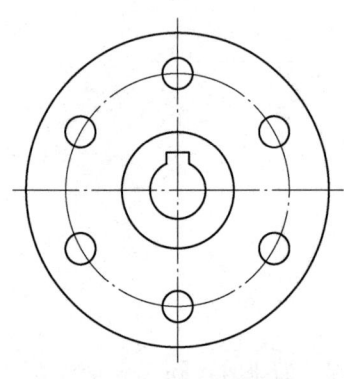

图 9-51 修剪结果

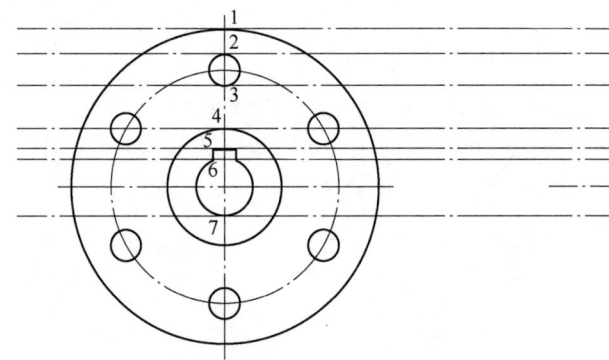

图 9-52 绘制水平构造线

11 绘制垂直构造线。单击"绘图"面板中的"构造线"按钮，绘制图 9-53 所示的一条垂直构造线。

12 偏移操作。在"修改"面板中单击"偏移"按钮，由垂直构造线创建图 9-54 所示的偏移线，这些偏移线都位于原垂直构造线的左侧，它们将作为绘图的辅助线。

13 继续执行偏移操作。在"修改"面板中单击"偏移"按钮，创建图 9-55 所示的偏移中心线，其偏移主水平中心线的距离为 25。

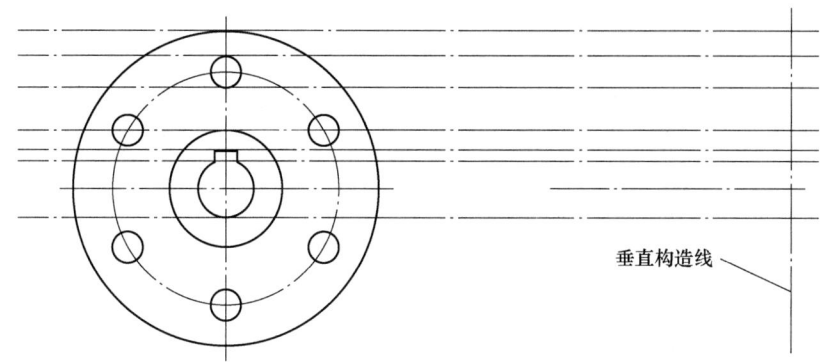

图 9-53　绘制垂直构造线

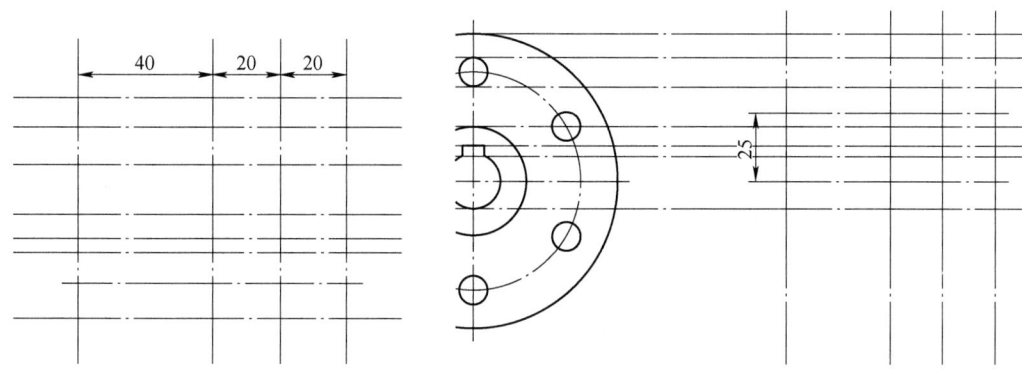

图 9-54　创建偏移线　　　　　　　图 9-55　偏移中心线

14 设置当前图层。从"图层"面板的"图层特性"下拉列表框中选择"粗实线"图层，从而将"粗实线"层设置为当前图层。

15 在位于右侧的视图中绘制部分轮廓线。从"绘图"面板中单击"直线"按钮，结合对象捕捉和对象捕捉追踪等功能绘制图 9-56 所示的粗实线。

16 镜像操作。从"修改"面板中单击"镜像"按钮，在右侧的视图中进行镜像操作，得到图 9-57 所示的轮廓线。

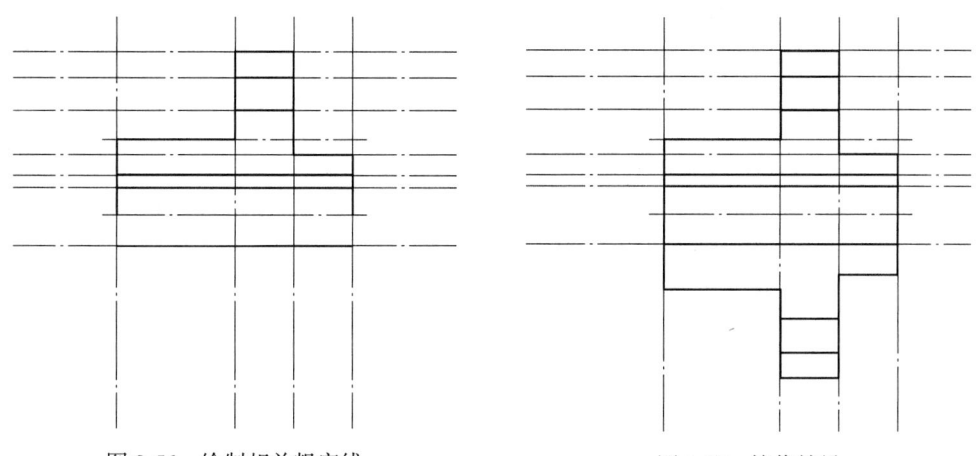

图 9-56　绘制相关粗实线　　　　　　图 9-57　镜像结果

17 删除不再需要的中心线和关闭构造线所在的图层。也就是将右侧视图中不再需要的一条偏移中心线删除；并在"图层"面板的"图层特性"下拉列表框中单击"中心线"层的"开/关图层"图标，以关闭该层，关闭指定层的操作图解如图 9-58 所示。

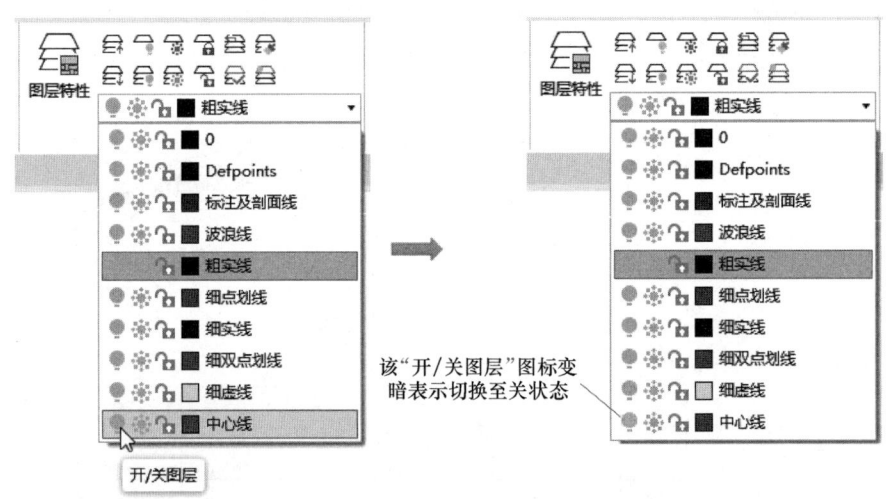

图 9-58 关闭构造线所在的"中心线"图层

关闭构造线所在的"中心线"层后，视图效果如图 9-59 所示。

18 创建倒角。在"修改"面板中单击"倒角"按钮，在图形中创建图 9-60 所示的 4 处倒角，这些倒角的尺寸规格均为 C3。

19 绘制两条中心线表示轴线。从"图层"面板的"图层特性"下拉列表框中选择"细点画线"图层。在"绘图"面板中单击"直线"按钮，使用正交、对象捕捉、对象捕捉追踪功能在右侧的视图中辅助绘制两条中心线，如图 9-61 所示。这两条中心线通过相应的孔轴。

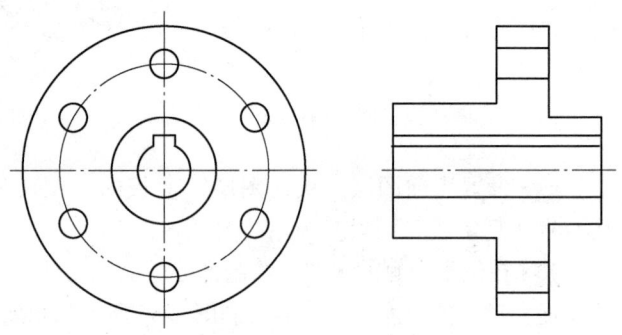

图 9-59 关闭构造线所在的图层后

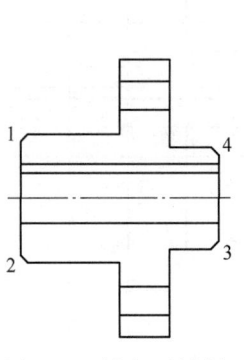

图 9-60 创建 4 处倒角

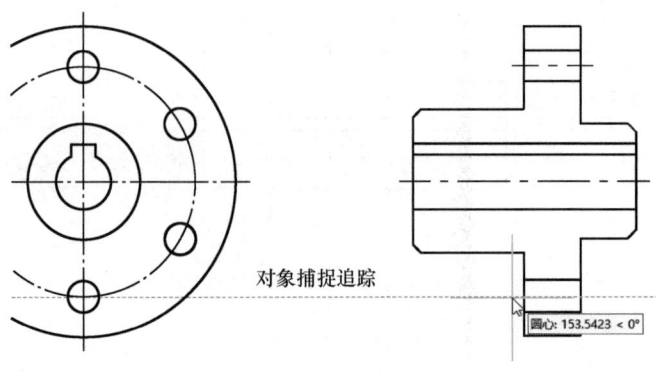

图 9-61 在右侧的视图中绘制两条中心线

20 绘制剖面线。先从"图层"面板的"图层特性"下拉列表框中选择"细实线"图层或"标注及剖面线"图层,接着在"绘图"面板中单击"图案填充"按钮,打开"图案填充创建"上下文选项卡,从"图案"面板中选择"ANSI31"图案,在"特性"面板中设置角度为 0,缩放比例为 1.5,单击"关联"按钮以选中它,如图 9-62 所示。

图 9-62　设置"图案填充创建"选项卡

在"边界"面板中单击"拾取点"按钮,在图 9-63 所示的区域 1、区域 2、区域 3 和区域 4 内分别单击,然后按〈Enter〉键,完成在所选的这些封闭区域绘制剖面线。

21 选择"标注及剖面线"层将其设置为当前图层,并在"注释"面板中指定图 9-64 所示的相关样式作为当前样式。

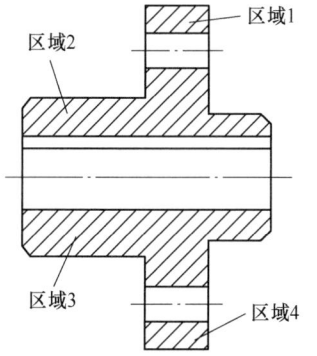

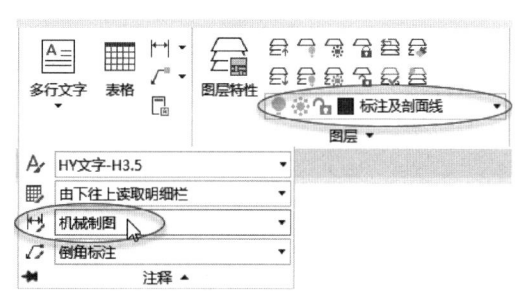

图 9-63　单击指定区域内部以绘制剖面线　　　图 9-64　指定当前图层和当前样式

22 标注基本尺寸。分别选择"注释"面板中的相关标注工具来对图形进行基本尺寸的标注。初次标注的尺寸如图 9-65 所示。

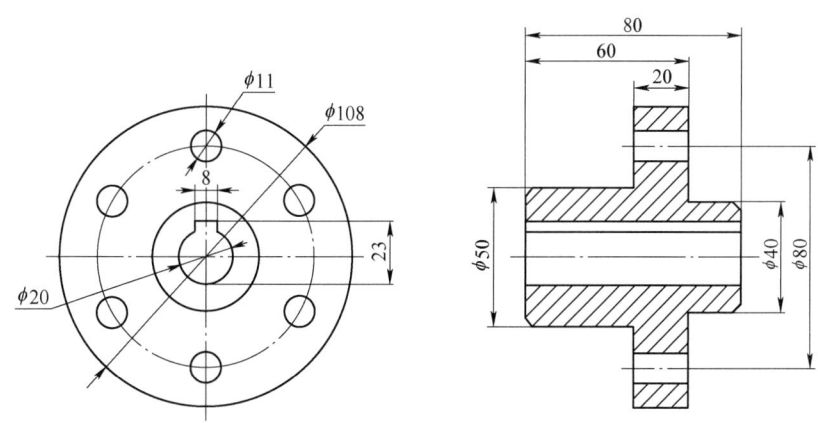

图 9-65　初次标注的尺寸

233

> **知识点拨：**
>
> 在右边的视图中，"ϕ50" "ϕ40" "ϕ80" 尺寸可以通过使用"线性"按钮┝┥来创建。单击"线性"按钮┝┥后，分别指定第一条尺寸界线原点和第二条尺寸界线原点，再在"指定尺寸线位置或 [多行文字（M）/文字（T）/角度（A）/水平（H）/垂直（V）/旋转（R）]:"提示下输入"M"并按〈Enter〉键以选择"多行文字（M）"选项，出现"文字编辑器"上下文选项卡，在标注文本的前面输入"%%c"（输入的"%%c"字符自动转换为直径符号），如图 9-66 所示，然后单击"关闭文字编辑器"按钮⊘，最后指定尺寸线放置位置。

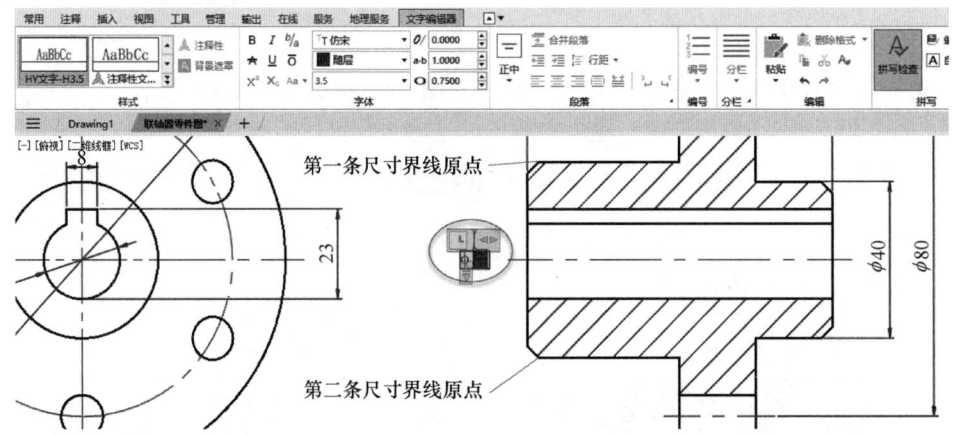

图 9-66 编辑标注注释

也可以在分别指定第一条尺寸界线原点、第二条尺寸界线原点和尺寸线位置来创建基本的线性尺寸后，通过"DDEDIT"命令来对指定的标注注释进行编辑，例如在现有标注值前面添加"%%c"前缀来表示直径符号"ϕ"。

23 执行"DDEDIT"命令，选择 ϕ11 的孔直径尺寸，在此 ϕ11 的孔直径尺寸标注值之前添加前缀"6×"。在标注重复要素的尺寸时应注意要添加"n（数量）×"作为前缀，如 6 个 ϕ11 的孔，应将标注编辑为"6×ϕ11"，如图 9-67 所示。

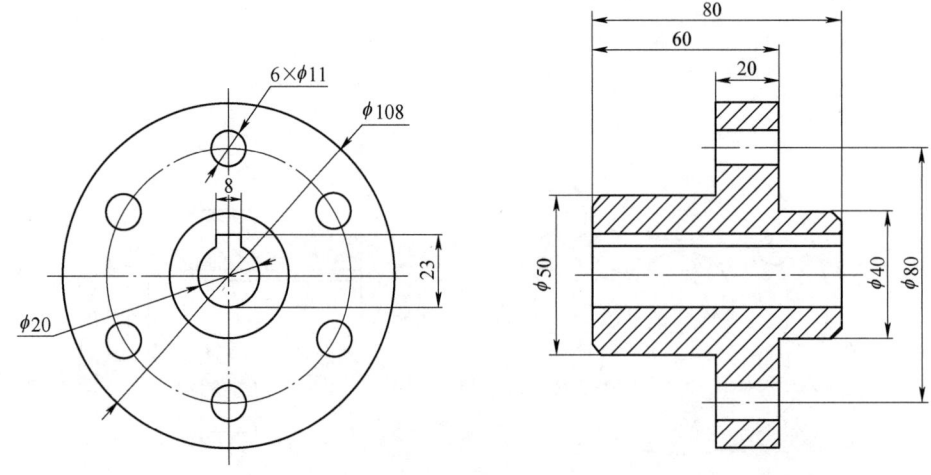

图 9-67 为相关的尺寸添加前缀

21 使用"特性"选项板为选定尺寸添加尺寸公差值。这里以设置其中一个尺寸的公差显示为例进行介绍。在功能区"工具"选项卡的"选项板"面板中选中"特性"按钮，打开"特性"选项板，选择中心轴孔的直径尺寸，接着在"特性"选项板的"公差"选项组中，将显示公差的选项设置为"对称"，指定其公差上偏差值为 0.08（下偏差值默认相等），如图 9-68 所示，然后按〈Esc〉键取消选择集。

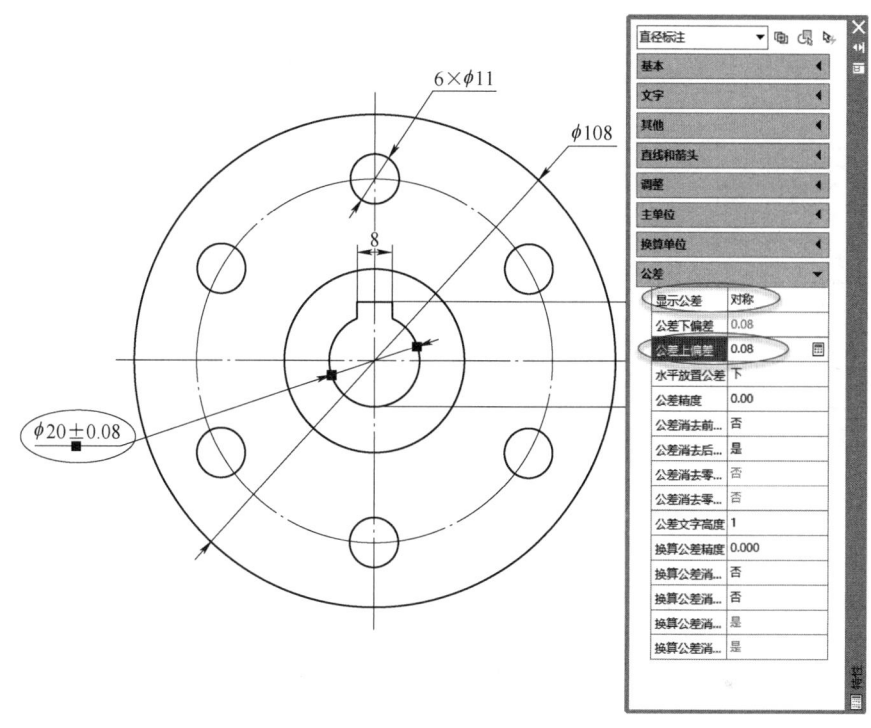

图 9-68 为选定的尺寸设置尺寸公差

使用同样的方法再为其他几个尺寸添加所需的尺寸公差，如图 9-69 所示。

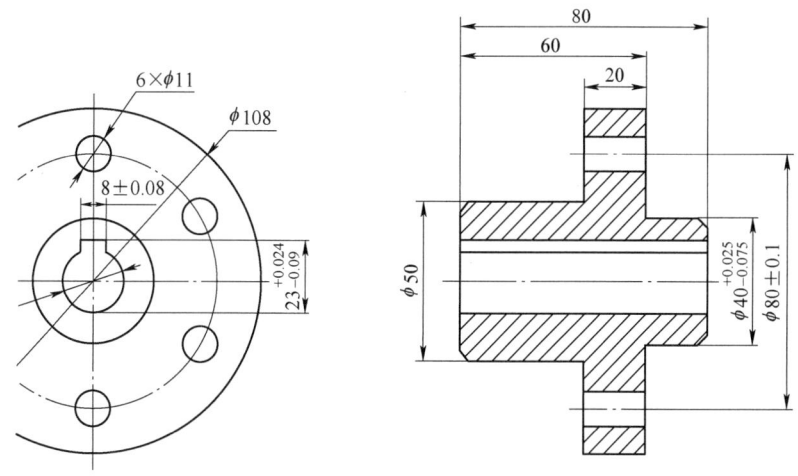

图 9-69 添加尺寸公差

㉕ 在视图中注写基准标识。

在"注释"面板的"多重引线样式"下拉列表框中选择"几何公差-基准"样式（该样式为样板文件中已经定义好的一种多重引线样式，也允许用户自行创建满足设计要求的多重引线样式）。在注写基准标识之前，可按〈F8〉键确保启用正交模式以便于确定基准引线的方向。在"注释"面板中单击"引线"按钮，接着在图 9-70 所示的标注中指定一点作为引线箭头的位置，再在该标注正下方的适当位置处单击以指定引线基线的位置，系统弹出"编辑图块属性"对话框，如图 9-71 所示，输入标记编号为"A"。

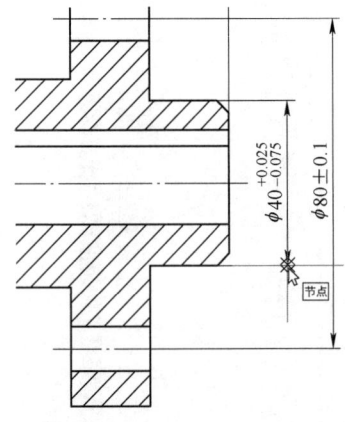

图 9-70　指定引线箭头的位置

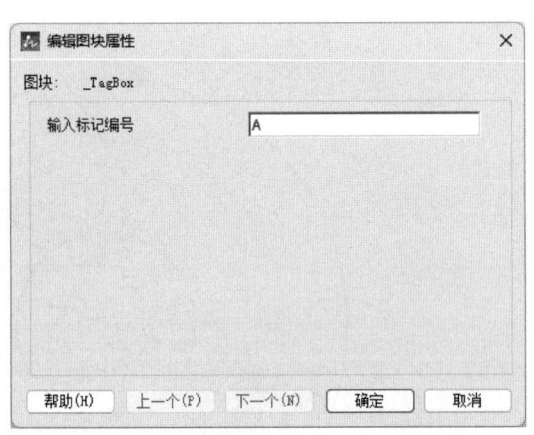

图 9-71　"编辑图块属性"对话框

在"编辑图块属性"对话框中单击"确定"按钮，初步注写的基准标识如图 9-72 所示。此时可以使用直线工具为放置该基准三角形的尺寸线稍微添加一小段水平延长线以示美观。另外，如果想让带字母的基准不具有折弯的引线，那么可以在功能区"常用"选项卡中单击"修改"面板中的"分解"按钮，接着选择该基准对象并按〈Enter〉键。将基准对象分解打散后，将不需要的线段删除，然后进行相关的细节编辑，最终得到图 9-73 所示的基准标注效果。

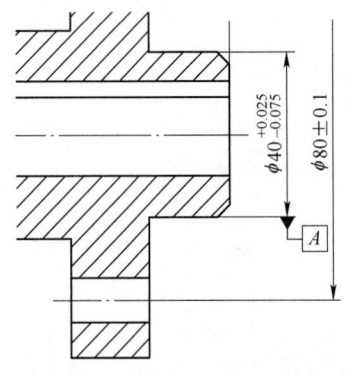

图 9-72　初步创建的基准标识

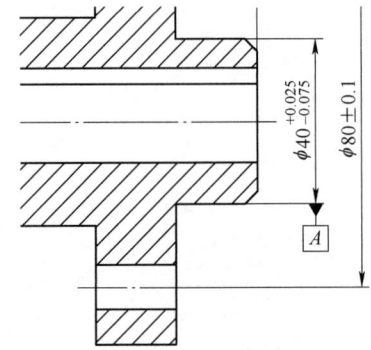

图 9-73　编辑好的基准标注

㉖ 注写几何公差。

在命令窗口的命令行中输入"LEADER"命令并按〈Enter〉键，接着指定引线起点和引线的下一点，再连续按〈Enter〉键直到显示"输入标注文字选项 [块（B）/复制（C）/无（N）/公差（T）/多行文字（M）] <多行文字>:"的提示信息，输入"T"按〈Enter〉键（即选择"公差"选项），系统弹出"几何公差"对话框，从中指定几何公差符号、公差 1 内容及基准 1 内容等，如图 9-74 所示。

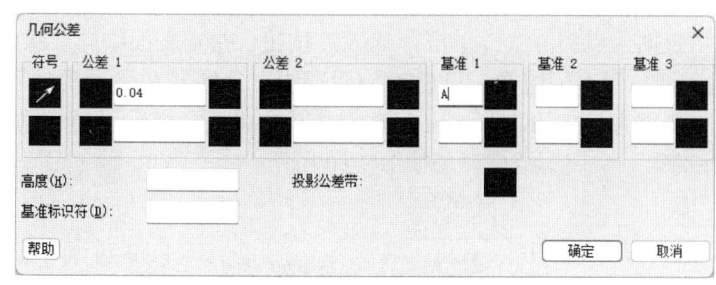

图 9-74 定义几何公差

在"几何公差"对话框中单击"确定"按钮。创建的几何公差如图 9-75 所示。

使用同样的方法，再创建一个几何公差标注，如图 9-76 所示，注意该公差框格的放置除了需要指定引线起点之外，还需要依次指定两个"引线的下一点"以获得具有弯角的引线。

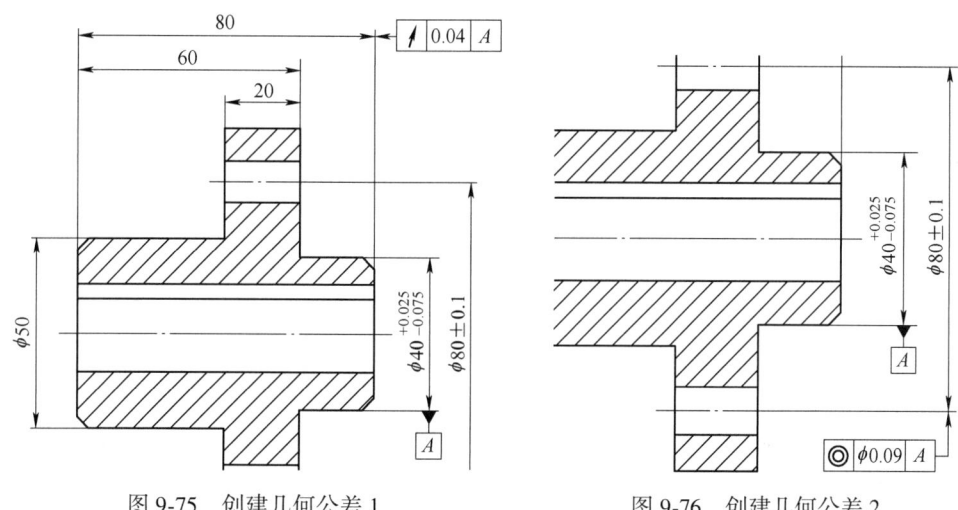

图 9-75 创建几何公差 1　　　　　图 9-76 创建几何公差 2

27 标写表面结构要求。

在功能区切换至"插入"选项卡，在"块"面板中单击"插入块"按钮，弹出"插入图块"对话框，接着从"名称"下拉列表框中选择所需要的一种表面结构要求符号块（所选样板文件已经预定义好了相关属性块），本例选择"表面结构要求-去除材料 h3.5"，如图 9-77 所示。

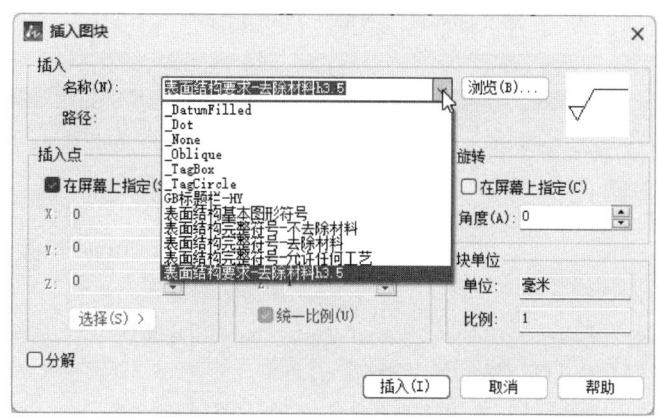

图 9-77 选择所需的块名称

237

采用在屏幕上指定插入点的方式,单击"插入"按钮,指定表面结构要求符号的插入点,如图 9-78 所示。该表面结构要求标注在一圆柱面的轮廓线上,接着在弹出的"编辑图块属性"对话框中填写表面结构要求为"Ra 3.2"(Ra 和数值之间有一个空格),如图 9-79 所示,然后单击"确定"按钮。标注的第一个表面结构要求如图 9-80 所示。

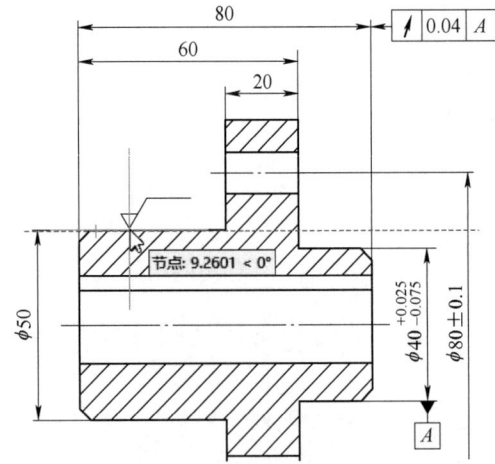

图 9-78　指定表面结构要求符号的插入点

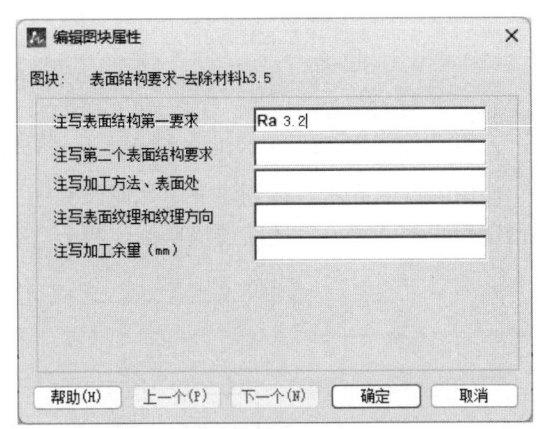

图 9-79　输入注写的表面结构要求

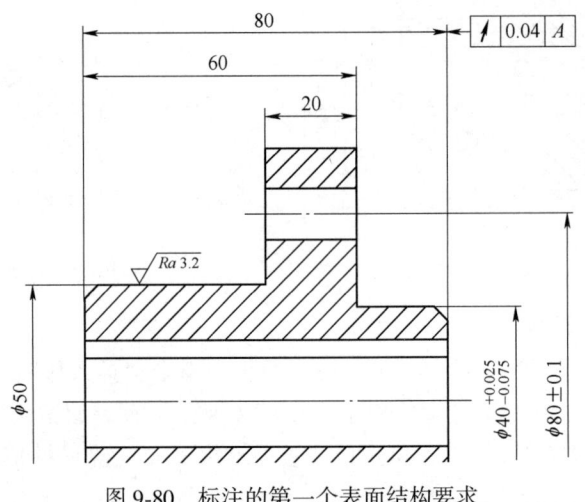

图 9-80　标注的第一个表面结构要求

> **知识点拨:**
>
> 表面结构要求可以直接标注在延长线上,也可以用带箭头的指引线引出标注。下面介绍如何创建带箭头的指引线。

```
命令:LEADER↙                                          //输入"LEADER"并按〈Enter〉键
指定引线起点:                                          //在轮廓线上选定一点 A,如图 9-81 所示
指定下一点: <正交 关>                                   //关闭正交模式,并指定图 9-81 所示的 B 点
指定下一点或 [注释(A)/格式(F)/撤销(U)] <注释>:<正交 开>   //启用正交模式,指定图 9-81 所示的 C 点
指定下一点或 [注释(A)/格式(F)/撤销(U)] <注释>:↙         //按〈Enter〉键
输入注释文字的第一行或 <选项>:↙                         //按〈Enter〉键
```

输入标注文字选项 [块(B)/复制(C)/无(N)/公差(T)/多行文字(M)] <多行文字>: B↙   //选择"块(B)"选项

插入图块或 [列出图中块(?)] <表面结构要求-去除材料 h3.5>: ↙   //按〈Enter〉键
指定块的插入点或 [基点(B)/比例(S)/旋转(R)]:   //在引线上指定一点
指定缩放比例因子 <1.0>: ↙   //按〈Enter〉键
指定块的旋转角度 <0>: ↙   //按〈Enter〉键

接着在弹出的"编辑图块属性"对话框中输入注写表面结构第一要求（单一要求）为"Ra 3.2"，注意"Ra"与"3.2"值之间存在一个空格，单击"确定"按钮，结果如图9-82所示。

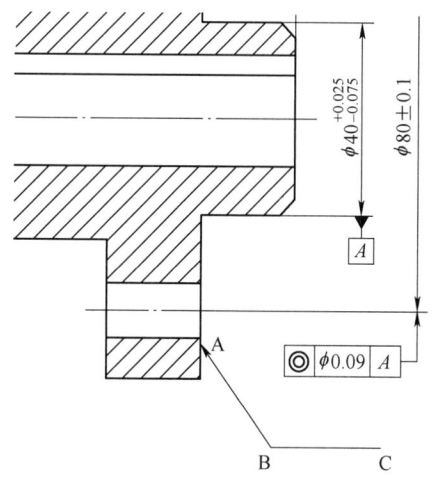

图9-81 创建带箭头的指引线

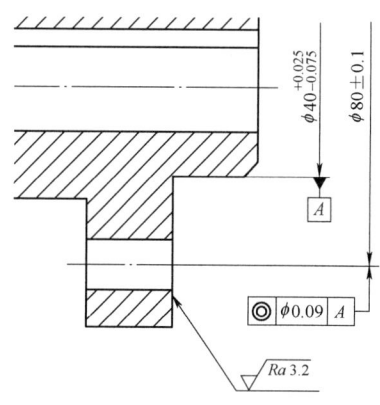

图9-82 完成用带箭头的指引线引出此标注

使用相同的方法继续注写表面结构要求，注意添加相关的指引线和直线延长线。在实际操作过程中，可以随时检查各视图中有无疏漏的轮廓线，如有及时补齐。例如在本例中，由于之前在右侧的视图中添加了倒角，那么在主视图（左侧的视图）中也要相应地补上由倒角边形成的轮廓线，即在主视图中绘制一个直径为34的圆（可使用圆工具绘制，也可以通过偏移的方式来创建，注意相关对齐关系）。此时工程视图效果如图9-83所示。

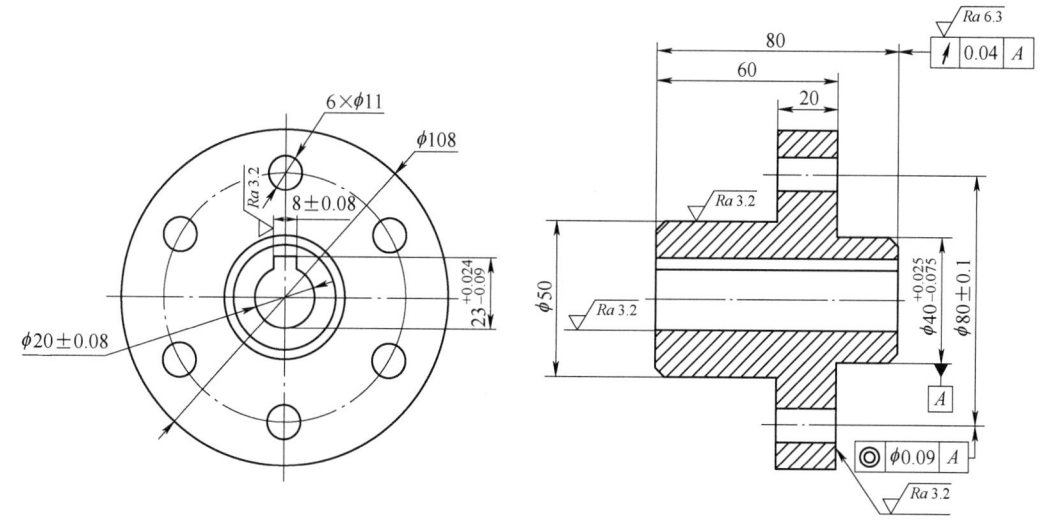

图9-83 完成相关表面结构要求注写和补齐轮廓线后的效果

如果在工件的多数表面有相同的表面结构要求，则其表面结构要求可统一标注在图样的标题栏附近，此时表面结构要求的符号后面应有在圆括号内给出的无任何其他标注的基本符号，或在圆括号内给出不同的表面结构要求。在本例中，在标题栏上方注写图 9-84 所示的表面结构要求内容，其中圆括号可以使用"多行文字"按钮 来绘制。

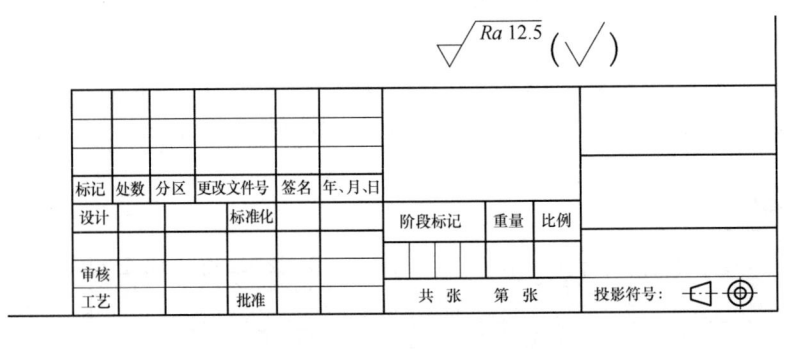

图 9-84　在标题栏附近注写其余表面结构要求

📌 添加技术要求注释。在功能区"注释"选项卡的"文字"面板中单击"多行文字"按钮 ，在图框中主视图的下方区域、标题栏的左侧区域添加图 9-85 所示的技术要求注释。

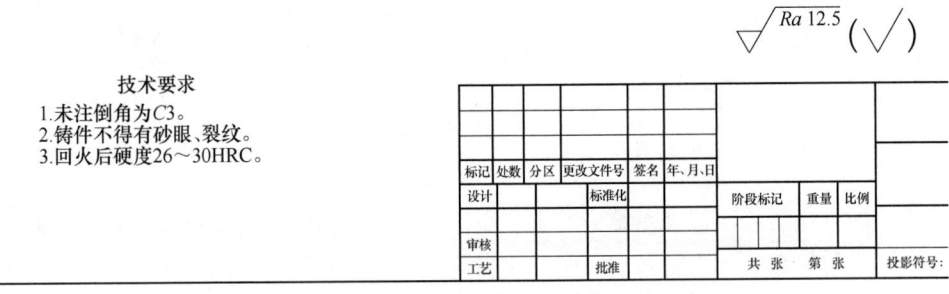

图 9-85　添加技术要求注释

📌 填写标题栏。双击标题栏，弹出"增强属性编辑器"对话框，在"属性"选项卡中为相关的属性标记指定属性值，如图 9-86 所示，这样便能够快速地填写标题栏。

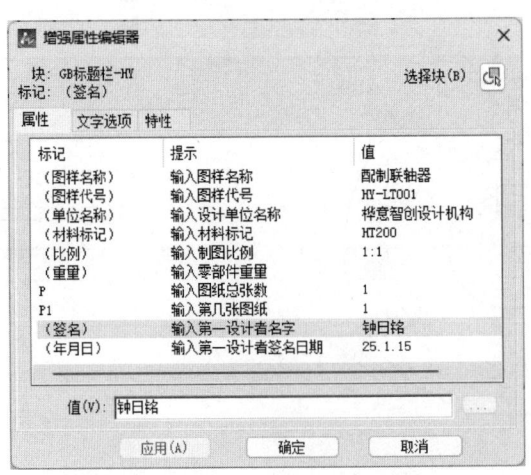

图 9-86　"增强属性编辑器"对话框

在"增强属性编辑器"对话框中单击"确定"按钮,填写好的标题栏如图9-87所示。

图9-87 填写好的标题栏

30 检查图形和尺寸。基本完成的零件图如图9-88所示。可以在满足投影对齐的条件下调整视图间的放置间隙。

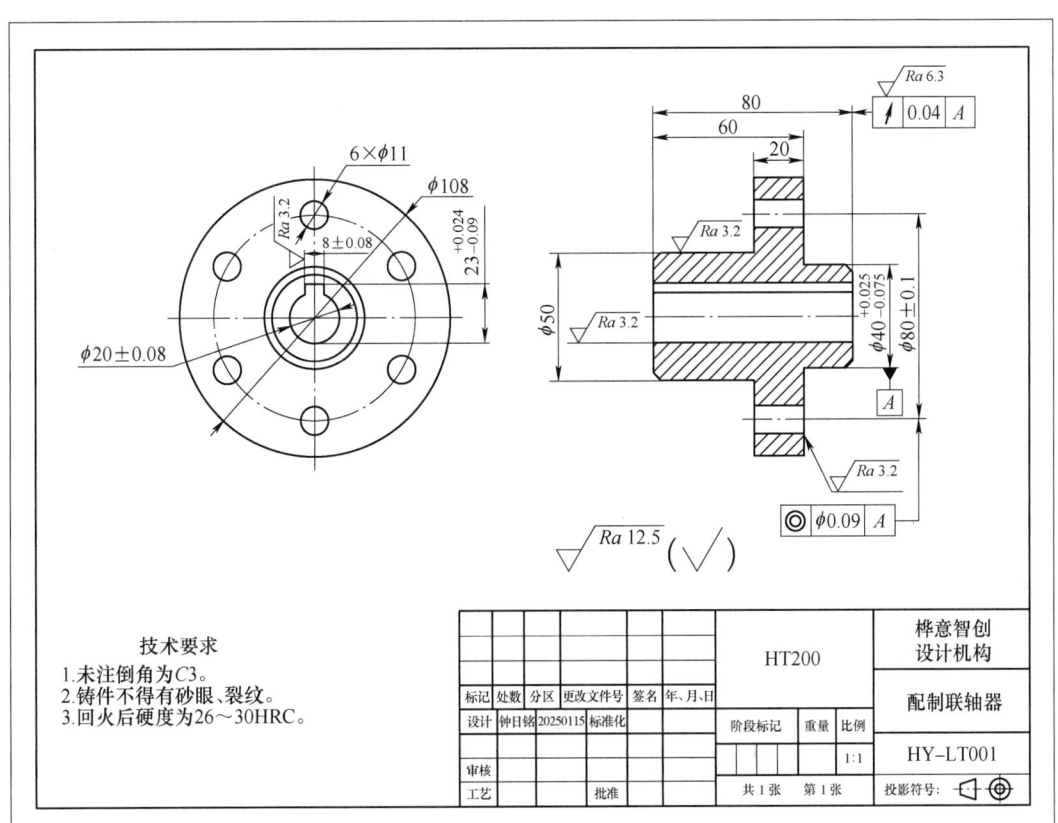

图9-88 基本完成的零件图

31 在"快速访问工具栏"中单击"保存"按钮,进行保存图形文件的操作。

9.3 思考与练习

1) 在绘制与两个对象均相切的直线时,需要注意哪些操作技巧?可以举例进行说明。
2) 如何注写表面结构要求(表面粗糙度)?

3）在什么情况下，适合使用插入块的方式来进行图形绘制与编辑？
4）上机操作1：绘制图9-89所示的图形，并标注尺寸。
5）上机操作2：绘制图9-90所示的图形，并标注尺寸。

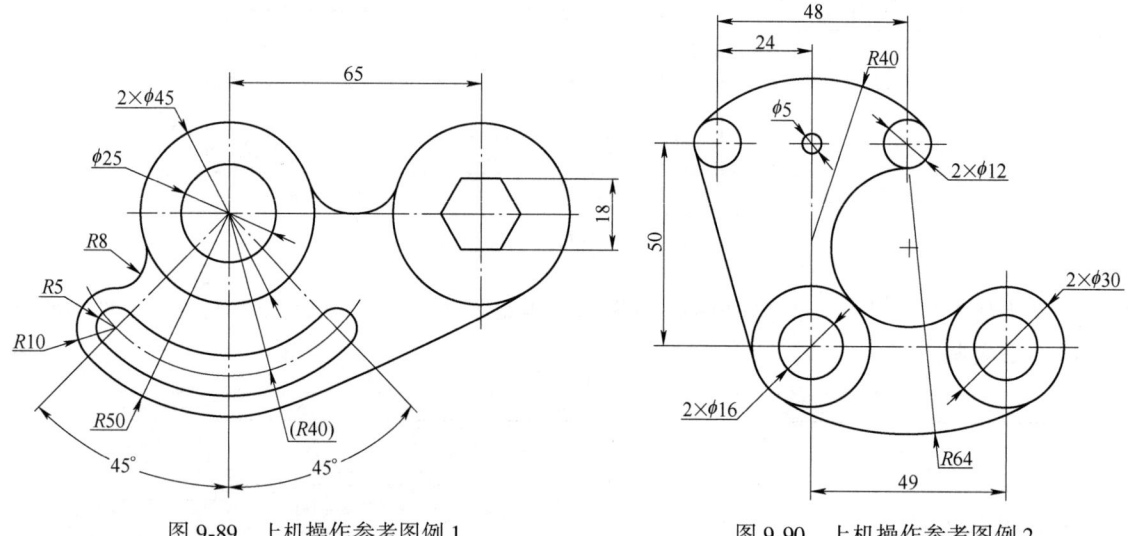

图9-89　上机操作参考图例1　　　　　图9-90　上机操作参考图例2

6）上机操作3：绘制图9-91所示的图形，并标注尺寸。
7）上机操作4：绘制图9-92所示的图形，根据相关标准自行确定具体尺寸。

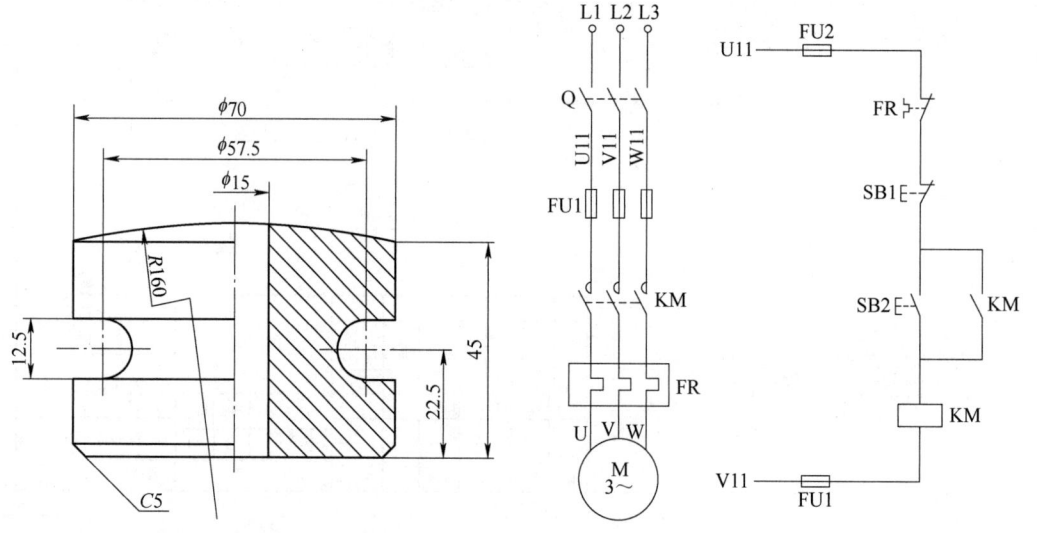

图9-91　上机操作参考图例3　　　　　图9-92　上机操作参考图例4（电气练习图）

8）上机练习1：绘制图9-93所示的托架零件图。
9）上机练习2：绘制图9-94所示的电磁阀门控制电路。

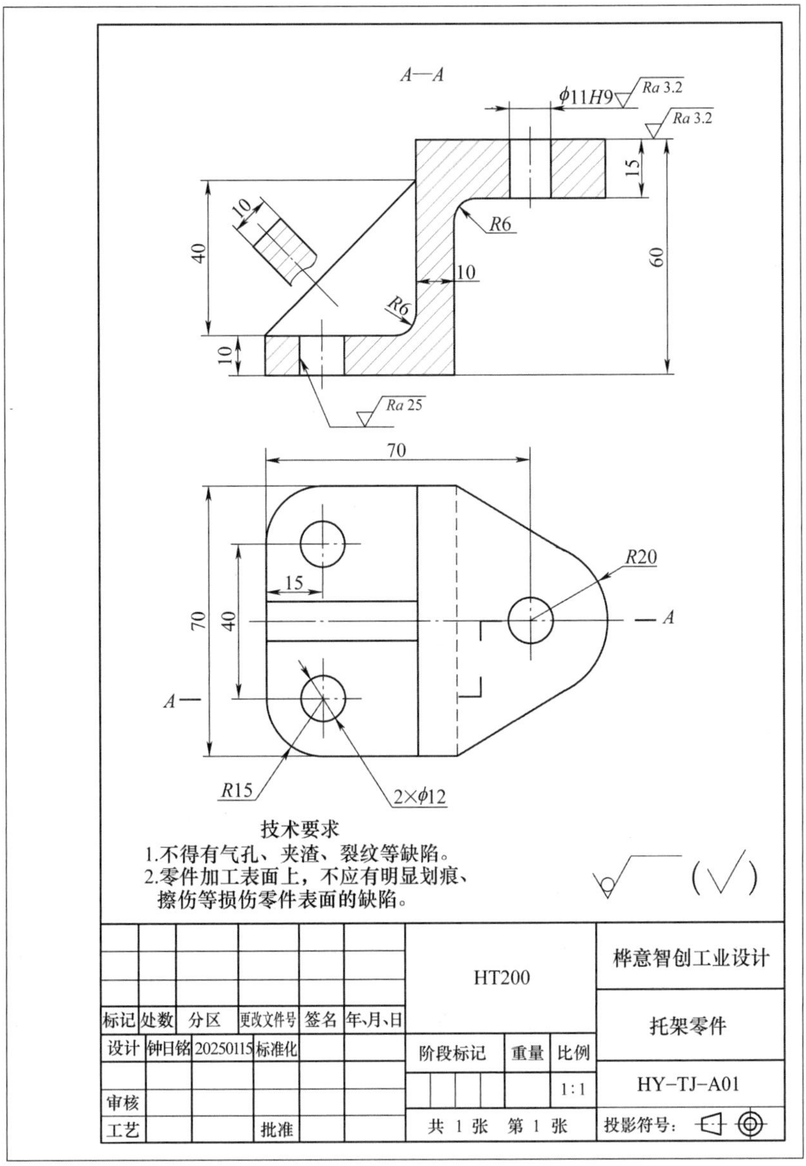

图 9-93 上机练习参考图 1（托架零件图）

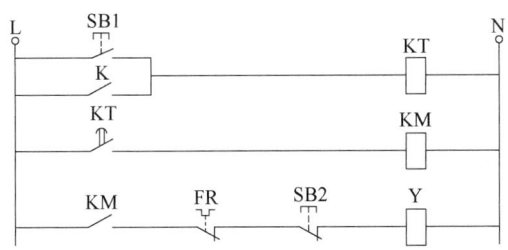

图 9-94 上机练习参考图 2（电磁阀门控制电路）

第 10 章

轴测图

本章导读

在一些行业中，需要绘制轴测图作为辅助图样。轴测图立体感较强，能够同时反映物体的正面、侧面和水平面的形状，但轴测图只是一种应用二维技术的投影图，不是真正意义上的三维模型。

本章介绍等轴测图的绘制基础知识以及两个等轴测图绘制案例。

轴测图概述

轴测图是一种应用二维技术产生的投影图，其立体感较强。根据轴测投影线方向和轴测投影面的位置不同，可以将轴测图分为正轴测图和斜轴测图两个主要类别。如果投影线方向垂直于轴测投影面，得到的视图便是正轴测图（等轴测图）；如果投影线方向倾斜于轴测投影面，得到的视图为斜轴测图。在相关行业的制图中，常使用的轴测图是等轴测图。等轴测图绘制比斜轴测图绘制方便，例如，在等轴测图中，平行于各坐标面的圆的轴测投影可以绘制为形状相同的椭圆。

事实上，轴测图的选用一般要考虑 3 个方面的基本要求，分别是机件结构表达要清晰明了、立体感强和作图简单。

本节先介绍轴测图的基础知识，包括将捕捉类型设定为"等轴测捕捉"、切换平面状态。

10.1.1 将捕捉类型设定为"等轴测捕捉"

在中望 CAD 2025 中，在绘制等轴测图之前需要将捕捉类型设定为"等轴测捕捉"，其方法如下。

① 在中望 CAD 2025 中创建一个新图形文件，切换到"二维草图与注释"工作空间。在状态栏中慢速右击"捕捉模式"按钮 ⊞，如图 10-1 所示，接着从弹出的快捷菜单中选择"设置"命令，系统弹出"草图设置"对话框并自动切换至"捕捉和栅格"选项卡。

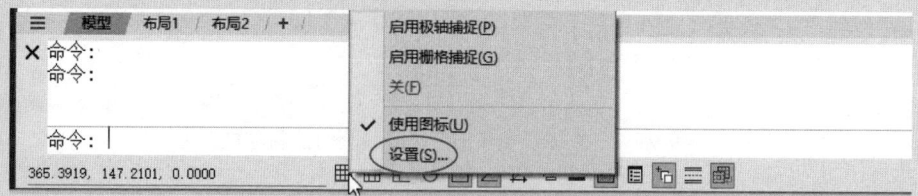

图 10-1　进行捕捉设置

2 在"草图设置"对话框的"捕捉和栅格"选项卡，可以根据设计情况决定是否勾选"启用捕捉"复选框和"启用栅格"复选框，并修改捕捉间距和栅格间距。要绘制等轴测图，则需要在"捕捉类型"选项组中选择"等轴测捕捉"单选按钮，如图 10-2 所示。

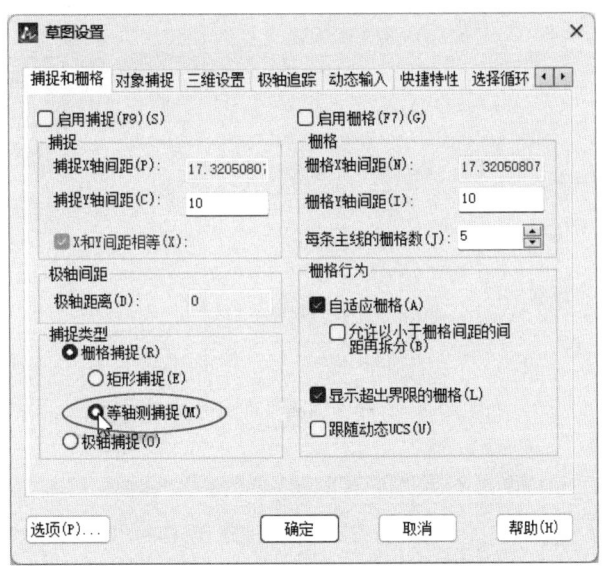

图 10-2　设置捕捉类型为"等轴测捕捉"

3 在"草图设置"对话框中单击"确定"按钮，则中望 CAD 2025 开启了"等轴测捕捉"捕捉类型，此时光标在图形窗口中的显示图标如图 10-3 所示。

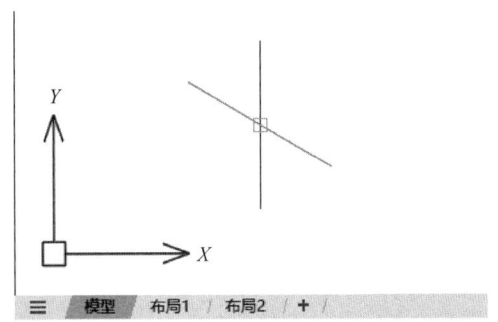

图 10-3　启用"等轴测捕捉"时的光标图标

接下去便可以开始绘制等轴测图了。在绘制等轴测图的过程中，用户可根据操作情况和设计要求来决定是否启用捕捉模式、栅格模式、对象捕捉模式和对象捕捉追踪模式等，事实上很多场合下需要频繁地在状态栏上临时启用某种模式，或者临时关闭某种模式。这些模式的使用原则是"按需启用、灵活使用"，而并不是模式启用越多越好。

10.1.2　切换平面状态

绘制等轴测图时，需要注意 3 个等轴测投影坐标平面的状态（即 3 种平面状态），其分别为"〈等轴测平面 左视〉"（简称为左平面）、"〈等轴测平面 俯视〉"（简称上平面或顶部平面）和"〈等轴测平面 右视〉"（简称为右平面），根据制图情况可不断地在这 3 个等轴测平面之间切换。

不同的等轴测平面所对应的光标的显示图标不同，如图 10-4 所示。

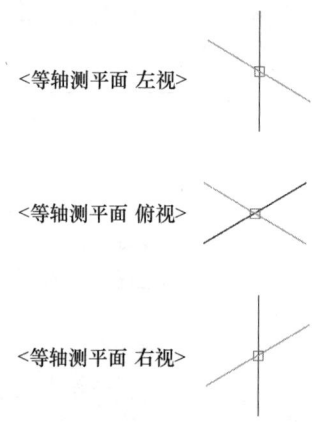

图 10-4　3 种等轴测平面的光标显示

> **知识点拨：**
>
> 将捕捉样式设定为"等轴测"（本书将此设置描述为启用等轴测捕捉）后，用户可以在 3 个平面中的任意一个平面上工作，每个平面都有一对关联轴，如图 10-5 所示。选择 3 个等轴测平面之一将导致"正交"和十字光标沿相应的等轴测轴对齐。
>
>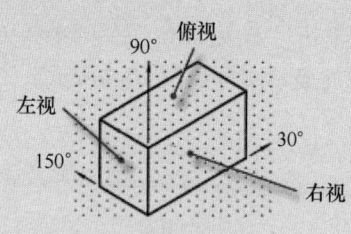
>
> 图 10-5　等轴测平面示例

在键盘上按〈F5〉键或〈Ctrl+E〉组合键，可以循环切换不同的等轴测平面（即在上平面、右平面和左平面三者之间循环切换）。假设当前的等轴测平面为"右平面（右视）"时，按〈F5〉键可依次切换到"左平面（左视）""上平面（俯视）"，所执行的切换操作都会记录在命令窗口的命令历史记录中，此时若再按一次〈F5〉键，则又可以由〈等轴测平面俯视〉状态切换回右平面。

10.2 绘制基本的等轴测图形

通过沿 3 个主轴对齐，等轴测图形从特定的视点模拟三维对象。绘制等轴测图形的基本思路是：先在某个等轴测平面上绘制所需的图形，接着在另外两个等轴测平面上绘制所需的图形。例如，先绘制上平面，接着切换至左平面绘制图形，然后再切换到右平面绘制另一侧来完成图形。

本节先介绍在等轴测捕捉状态下绘制直线和等轴测圆的方法、步骤，而在 10.3 和 10.4 节中再分别介绍等轴测图综合绘制案例。

10.2.1　在等轴测捕捉下绘制直线

启用等轴测捕捉后，可以单击"直线"按钮来在指定的等轴测平面上绘制单一的直线段或连续的直线段。在绘制过程中，可根据实际情况启用捕捉模式、正交模式、对象捕捉模式和对象捕捉追踪模式中的一种或多种模式，以便于制图工作。例如，打开正交模式时，指定点将沿着正在上面绘图的模拟平面正交对齐，很多时候打开正交模式是很有用的。在绘制相关直线的过程中，特别要注意选用正确的等轴测平面，以及为直线端点捕捉正确的位置点或输入正确的坐标值（使用相对坐标较为方便）。

命令：_line　　　　　//在<等轴测平面：右视>状态下，单击"直线"按钮
指定第一个点：　　　　//在图形窗口中任意单击一点
指定下一点或 [角度(A)/长度(L)/放弃(U)]：<正交 开> 100↙　　//启动正交模式，将光标向右沿倾斜轴线移动，如图10-6a所示，接着输入"100"，按〈Enter〉键，从而确定B点
指定下一点或 [角度(A)/长度(L)/放弃(U)]：35↙　　//将光标向下方移动，输入距离为35，确定C点
指定下一点或 [角度(A)/长度(L)/闭合(C)/放弃(U)]：　　//将光标向左沿着倾斜轴线移动，并结合对象捕捉追踪捕捉图10-6b所示的D点
指定下一点或 [角度(A)/长度(L)/闭合(C)/放弃(U)]：C↙　　//输入"C"并按〈Enter〉键，闭合图形

完成创建的图形如图10-6c所示。

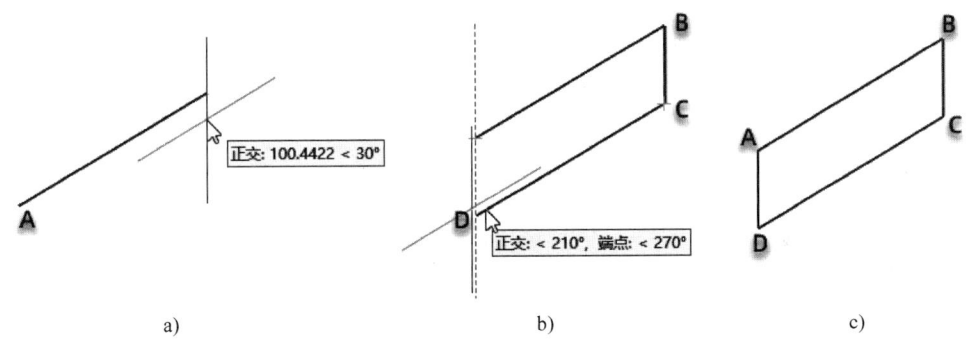

图 10-6　完成创建的图形

在启用等轴测捕捉的状态下，亦可单击"多段线"按钮来在指定的等轴测平面上绘制直线段。

10.2.2　绘制等轴测圆

在等轴测平面上绘图时，使用椭圆表示从某一倾斜角度查看的圆，该椭圆是使用 ElLIPSE 命令的"等轴测圆"选项来创建的。需要用户注意的是，仅当捕捉模式的"样式"选项设定为"等轴测"时，"等轴测圆"选项才可用。

要绘制等轴测圆，则在启用等轴测捕捉的情况下，在功能区的"默认"选项卡的"绘图"面板中单击"椭圆：轴、端点"按钮，或者在命令行中输入"ELLIPSE"并按〈Enter〉键，接着在"指定椭圆的第一个端点或 [弧（A）/中心（C）/等轴测圆（I）/同心（N）]："提示下选择"等轴测圆（I）"选项，然后分别指定等轴测圆的圆心和等轴测圆的半径或直径即可。

例如，在左平面上绘制图10-7所示的一个等轴测圆，其绘制过程如下。

命令：_ellipse　　　　　　　　　　　　　//单击"椭圆：轴、端点"按钮
指定椭圆的第一个端点或 [弧(A)/中心(C)/等轴测圆(I)/同心(N)]：I↙　　//选择"等轴测圆"选项

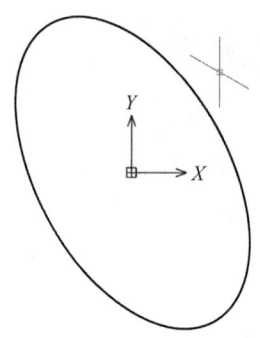

图 10-7 在左平面上绘制等轴测圆

指定圆的中心：0,0↵　　　　　　　　　　//输入等轴测圆的圆心位置为(0,0)
指定圆半径或 [直径(D)]：50↵　　　　　　//输入等轴测圆的半径为 50

如果要在某等轴测平面上表示同心圆，则使用 ELLIPSE 命令绘制一个等轴测圆后，再使用此命令绘制一个中心相同的等轴测圆，但是不能使用偏移命令偏移原来的椭圆，因为虽然偏移产生的是椭圆形的样条曲线，却不能表示所期望的缩放距离。

绘制等轴测图综合案例 1

本节以绘制图 10-8 所示的等轴测图为例，详细地介绍其绘制步骤。在绘制过程中特别要注意相关等轴测平面的正确切换，以及要注意各等轴测平面上的等轴测圆的显示形状。

本等轴测图综合案例的操作步骤如下。

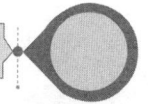 在"快速访问工具栏"中单击"新建"按钮 ，弹出"选择样板"对话框，从中选择"zwcadiso.dwt"图形样板文件，单击"打开"按钮。

 切换至"二维草图与注释"工作空间，按〈F7〉键以取消栅格显示模式。在状态栏中右击"捕捉模式"按钮 并从弹出的快捷菜单中选择"设置"命令，系统弹出"草图设置"对话框并自动切换至"捕捉和栅格"选项卡，在"捕捉类型"选项组中选择"栅格捕捉"单选按钮，并选择"等轴测捕捉"单选按钮，如图 10-9 所示，然后单击"确定"按钮。

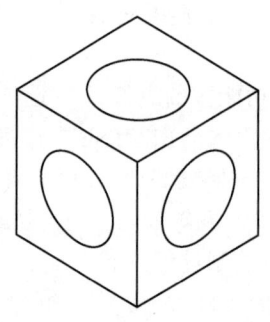

图 10-8 综合案例 1 完成的等轴测图

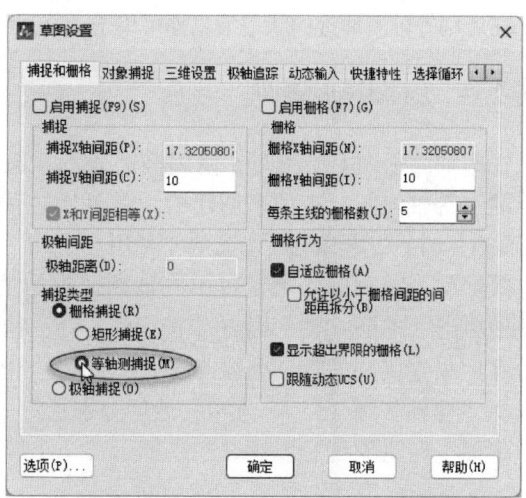

图 10-9 在"草图设置"对话框中设置

③ 此时，确保等轴测平面处于左平面（左视）状态，按〈F8〉键以启用正交模式。在功能区"常用"选项卡的"绘图"面板中单击"直线"按钮，根据命令行提示进行以下操作。

命令：_line
指定第一个点：0,0,0↙
指定下一点或 [角度(A)/长度(L)/放弃(U)]：@120<150↙
指定下一点或 [角度(A)/长度(L)/放弃(U)]：@120<270↙
指定下一点或 [角度(A)/长度(L)/闭合(C)/放弃(U)]：@120<-30↙
指定下一点或 [角度(A)/长度(L)/闭合(C)/放弃(U)]：C↙

在左平面绘制的闭合线段如图 10-10 所示。如果 UCS 图标在原点显示，而又想关闭此显示，那么可以在命令行中输入"UCSICON"命令，如图 10-11 所示，接着输入"OFF"来关闭 UCS 图标显示。如果只是想在图形窗口左下角显示 UCS 图标，而非在原点显示 UCS 图标，那么可以设置"打开（ON）"状态之后，再通过"UCSICON"命令来选择"非原点（N）"选项即可。

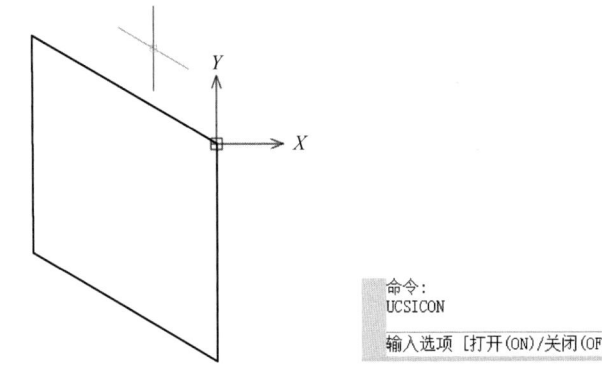

图 10-10　在左平面绘制的闭合线段　　　　　图 10-11　UCS 图标设置

④ 按〈F3〉键确保打开对象捕捉模式，单击"直线"按钮，分别选择图 10-12 所示的线段中点 A 和其对边线段的中点 B 来绘制一条直线段。继续单击"直线"按钮，分别选择图 10-13 所示的线段中点 C 和其对边线段的中点 D 来绘制另一条直线段。

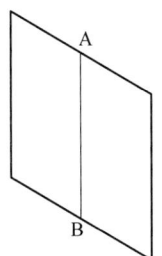 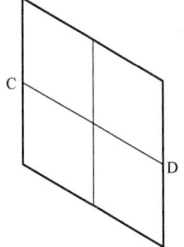

图 10-12　绘制一条直线段　　　　　图 10-13　绘制另一条直线段

⑤ 在功能区"常用"选项卡的"绘图"面板中的单击"椭圆：轴、端点"按钮，接着根据命令行提示进行以下操作。

命令：_ellipse
指定椭圆的第一个端点或 [弧(A)/中心(C)/等轴测圆(I)/同心(N)]：I↙　　　//选择"等轴测圆"选项
指定圆的中心：_int
交点　　　　　　　　　　　　　　　　　　　//选择线段 AB 和线段 CD 的交点

指定圆半径或 [直径 (D)]: 36✓   //指定等轴测圆的半径为36
在左平面上绘制好该等轴测圆的图形效果如图10-14所示。

6 按〈F5〉键，将平面状态切换到上平面（即"等轴测平面 俯视"）。

7 单击"直线"按钮，根据命令行提示进行以下操作。

命令：_line
指定第一个点：   //捕捉并选择图10-15所示的端点E
指定下一点或 [角度(A)/长度(L)/放弃(U)]: @120<30✓
指定下一点或 [角度(A)/长度(L)/放弃(U)]: @120<150✓
指定下一点或 [角度(A)/长度(L)/闭合(C)/放弃(U)]: @120<210✓
指定下一点或 [角度(A)/长度(L)/闭合(C)/放弃(U)]: ✓

在上平面绘制好3条直线段后的图形效果如图10-16所示。

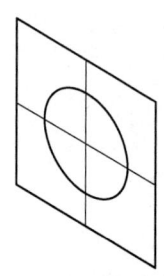
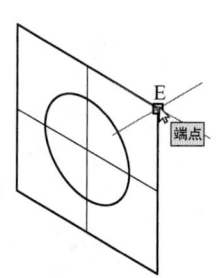
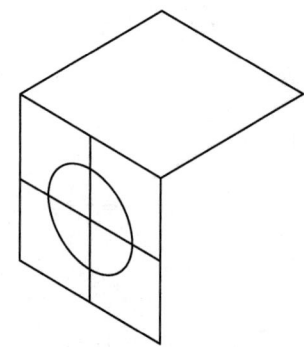

图10-14 在左平面绘制等轴测圆　　图10-15 选择端点E　　图10-16 在上平面绘制直线段

8 单击"直线"按钮，连接相应线段的两个中点来绘制图10-17所示的一条直线段。

9 单击"椭圆：轴、端点"按钮，接着根据命令行提示进行以下操作。

命令：_ellipse
指定椭圆的第一个端点或 [弧(A)/中心(C)/等轴测圆(I)/同心(N)]: I✓
指定圆的中心：   //选择上步骤所创建的直线段的中点
指定圆半径或 [直径(D)]: 36✓

在上平面绘制好一个等轴测圆后的图形效果如图10-18所示。

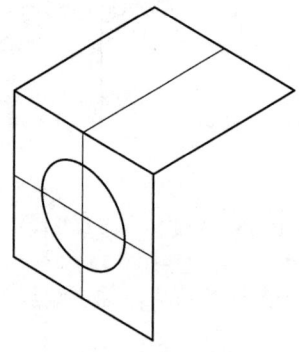
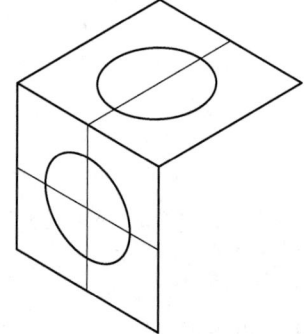

图10-17 绘制一条直线段　　　　图10-18 在上平面绘制一个等轴测圆

10 按〈F5〉键，将平面状态切换右平面状态（即"等轴测平面 右视"平面状态）。

11 单击"直线"按钮，根据命令行提示进行以下操作。

```
命令:_line
指定第一个点:                          //选择图10-19所示的端点
指定下一点或[角度(A)/长度(L)/放弃(U)]:@120<270↙
指定下一点或[角度(A)/长度(L)/放弃(U)]:@120<210↙
指定下一点或[角度(A)/长度(L)/闭合(C)/放弃(U)]:↙
```

在右平面上完成该步骤所绘制的相关线段如图10-20所示。

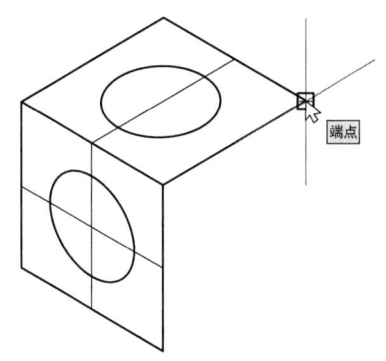 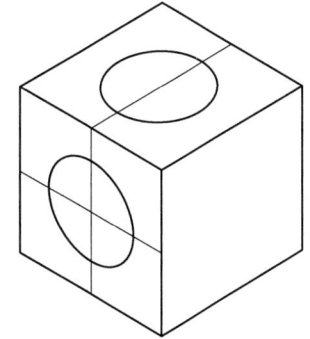

图10-19　选择直线端点　　　　　图10-20　在右平面上绘制一些线段

12 单击"直线"按钮，分别选择相应的两个中点来绘制一条辅助直线段，如图10-21所示。

13 单击"椭圆:轴、端点"按钮，接着根据命令行提示进行以下操作。

```
命令:_ellipse
指定椭圆的第一个端点或[弧(A)/中心(C)/等轴测圆(I)/同心(N)]:I↙
指定圆的中心:                          //在上步骤所创建的线段中捕捉并选择其中点
指定圆半径或[直径(D)]:36↙
```

在右平面上绘制好的等轴测圆如图10-22所示。

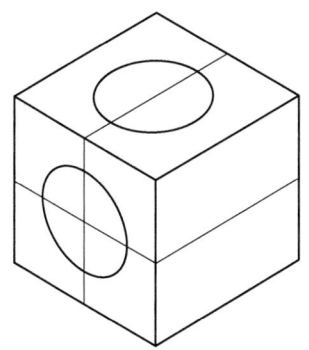 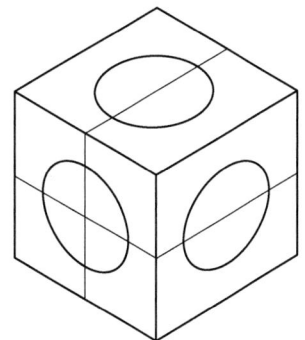

图10-21　绘制一条辅助直线段　　　图10-22　在右平面上绘制好等轴测圆

14 在功能区的"常用"选项卡的"修改"面板中单击"删除"按钮，在图形窗口中选择图10-23所示的4条辅助线段作为要删除的对象，按〈Enter〉键，删除所选对象得到的图形结果如图10-24所示。

15 在"快速访问工具栏"中单击"保存"按钮，弹出"图形另存为"对话框，指定要保存到的位置并指定文件名为"绘制等轴测图综合案例1.dwg"，然后单击对话框中的"保存"按钮。

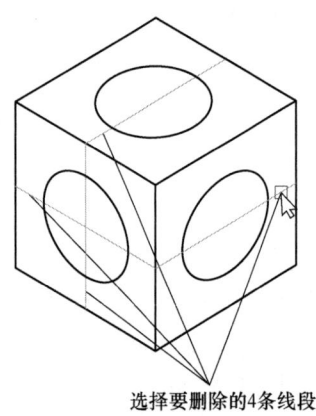
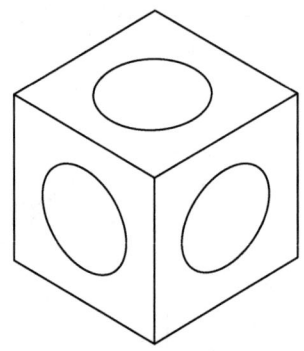

图 10-23　选择要删除的线段　　　　图 10-24　删除选定对象后的图形效果

10.4 绘制等轴测图综合案例 2

本节以一个连接零件为例，详细地介绍其等轴测图的绘制方法及步骤。要完成的等轴测图如图 10-25 所示。本案例的主要知识点包括设置捕捉类型为"等轴测捕捉"、切换平面状态、绘制等轴测圆、修剪等轴测图图线等。

本等轴测图综合绘制案例的具体操作步骤如下。

 在"快速访问工具栏"中单击"新建"按钮 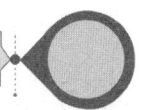，弹出"选择样板"对话框，选择"zwcadiso.dwt"图形样板文件，单击"打开"按钮。

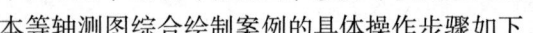 切换到"二维草图与注释"工作空间，在状态栏中右击"捕捉模式"按钮 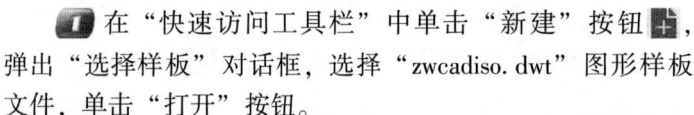 并从弹出的快捷菜单中选择"设置"命令，系统弹出"草图设置"对话框并自动切换至"捕捉和栅格"选项卡，在"捕捉类型"选项组中选择"栅格捕捉"单选按钮，并选择"等轴测捕捉"单选按钮，然后单击"确定"按钮。

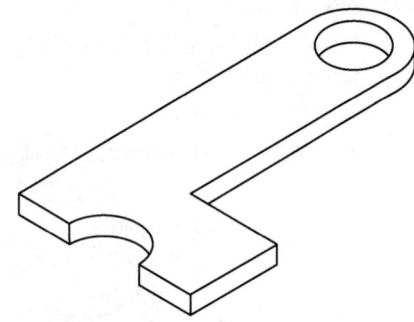

图 10-25　连接零件的等轴测图

③ 确保处于等轴测左平面状态，按〈F8〉键以启用正交模式。

④ 在功能区的"默认"选项卡的"绘图"面板中单击"直线"按钮，根据命令行提示进行以下操作。

命令：_line
指定第一个点：100,100↙
指定下一点或 [角度(A)/长度(L)/放弃(U)]：@100<150↙
指定下一点或 [角度(A)/长度(L)/放弃(U)]：@10<270↙
指定下一点或 [角度(A)/长度(L)/闭合(C)/放弃(U)]：@100<330↙
指定下一点或 [角度(A)/长度(L)/闭合(C)/放弃(U)]：C↙

在左平面上初步绘制的图形如图 10-26 所示。

⑤ 按〈F5〉键两次，以将等轴测平面状态切换为右平面状态（即"等轴测平面 右视"平面状态）。

⑥ 在右平面上绘制图形。单击"直线"按钮，根据命令行提示进行以下操作。

命令：_line
指定第一个点：   //在左平面图形中捕捉并单击右下角点（右下端点）
指定下一点或 [角度(A)/长度(L)/放弃(U)]：@50<30↙
指定下一点或 [角度(A)/长度(L)/放弃(U)]：@10<90↙
指定下一点或 [角度(A)/长度(L)/闭合(C)/放弃(U)]：@50<210↙
指定下一点或 [角度(A)/长度(L)/闭合(C)/放弃(U)]：↙

在右平面上绘制的图形如图10-27所示。

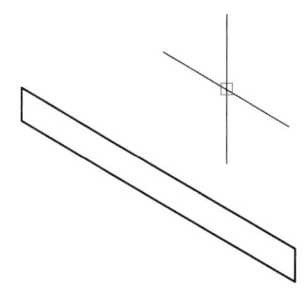
图10-26　在左平面上初步绘制的图形

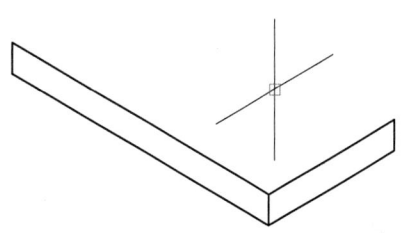
图10-27　在右平面上绘制的图形

⑦ 按〈F5〉键两次，将等轴测平面状态切换为上平面状态（即"等轴测平面 俯视"平面状态）。

⑧ 在上平面上绘制图形。单击"直线"按钮，根据命令行提示进行以下操作。

命令：_line
指定第一个点：   //选择图10-28所示的端点
指定下一点或 [角度(A)/长度(L)/放弃(U)]：@50<150↙
指定下一点或 [角度(A)/长度(L)/放弃(U)]：@120<30↙
指定下一点或 [角度(A)/长度(L)/闭合(C)/放弃(U)]：@50<150↙
指定下一点或 [角度(A)/长度(L)/闭合(C)/放弃(U)]：@170<210↙
指定下一点或 [角度(A)/长度(L)/闭合(C)/放弃(U)]：↙

在上平面上绘制相连的几段直线段后的图形效果如图10-29所示。

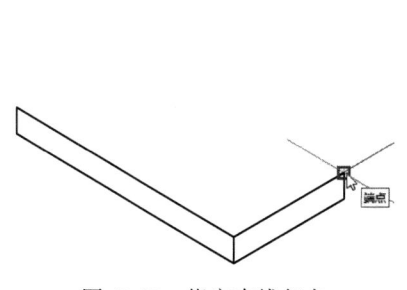
图10-28　指定直线起点

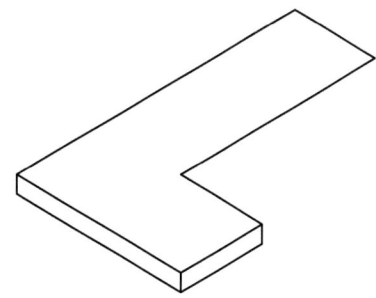
图10-29　在上平面上绘制多段直线段

⑨ 按〈F5〉键，切换至"等轴测平面：右视"状态。单击"直线"按钮，根据命令行提示进行以下操作。

命令：_line
指定第一个点：   //选择图10-30所示的端点

指定下一点或 [角度(A)/长度(L)/放弃(U)]: @10<-90↵
指定下一点或 [角度(A)/长度(L)/放弃(U)]: @120<-150↵
指定下一点或 [角度(A)/长度(L)/闭合(C)/放弃(U)]: ↵
绘制该连续直线段后的图形效果如图10-31所示。

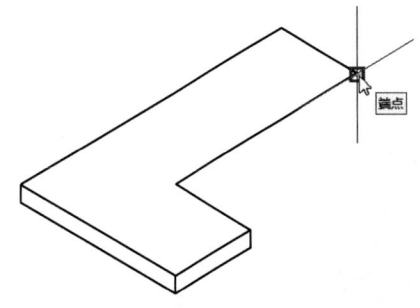
图10-30 选择端点作为线段起点

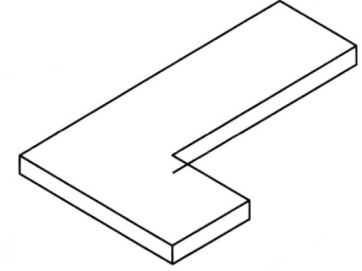
图10-31 绘制连续直线段

10 按〈F5〉键两次，切换至"等轴测平面：俯视"状态（上平面状态），接着在上平面状态下绘制直线段。

命令：LINE↵
指定第一个点：   //选择图10-32所示的端点
指定下一点或 [角度(A)/长度(L)/放弃(U)]: @50<150↵
指定下一点或 [角度(A)/长度(L)/放弃(U)]: ↵
绘制的该直线段如图10-33所示。

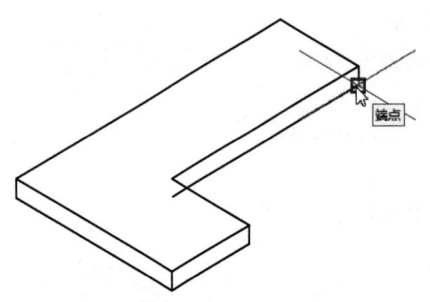
图10-32 选择端点作为线段起点

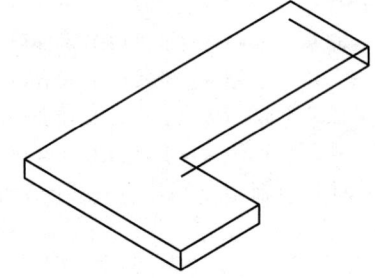
图10-33 绘制一条直线段

11 在上平面状态下绘制等轴测圆。

从功能区的"常用"选项卡的"绘图"面板中的单击"椭圆：轴、端点"按钮，根据命令行提示进行以下操作。

命令：_ellipse
指定椭圆的第一个端点或 [弧(A)/中心(C)/等轴测圆(I)/同心(N)]: I↵
指定圆的中心：   //选择图10-34所示的线段中点作为等轴测圆的圆心
指定圆半径或 [直径(D)]: D↵
指定等轴测圆的直径：50↵
绘制的该等轴测圆如图10-35所示。

使用同样的方法再在指定线段的中点处绘制一个直径为50的等轴测圆，如图10-36所示。

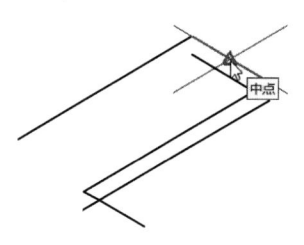 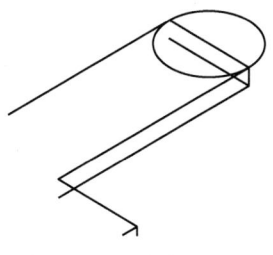 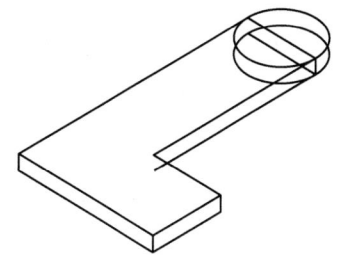

图 10-34 指定等轴测圆的圆心　　图 10-35 绘制等轴测圆　　图 10-36 再绘制一个等轴测圆

12 单击"椭圆：轴、端点"按钮 ，根据命令行提示进行以下操作。

命令：_ellipse
指定椭圆的第一个端点或 [弧(A)/中心(C)/等轴测圆(I)/同心(N)]: I↙
指定圆的中心：　　　　　　　　　　　　　//选择图10-37所示的中点作为等轴测圆的圆心
指定圆半径或 [直径(D)]: 16↙

绘制的该等轴测圆如图 10-38 所示。

13 使用同样的方法，继续绘制一个等轴测圆。该等轴测圆为图 10-39 中显示有夹点的等轴测圆（特意选中以便于辨认），它的圆心落在底面对应的一条线段中点处，该等轴测圆半径为 16。

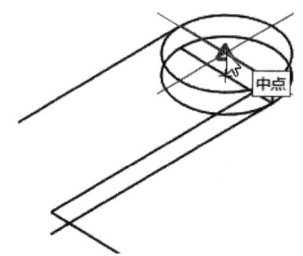 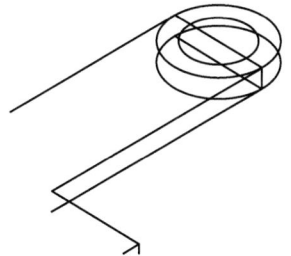 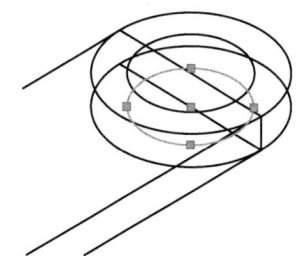

图 10-37 指定等轴测圆的圆心　　图 10-38 绘制一个等轴测圆　　图 10-39 继续绘制一个等轴测圆

14 在功能区"常用"选项卡的"修改"面板中单击"修剪"按钮 ，对图形进行修剪，并单击"删除"按钮 将部分不需要的图线删除掉，结果如图 10-40 所示。

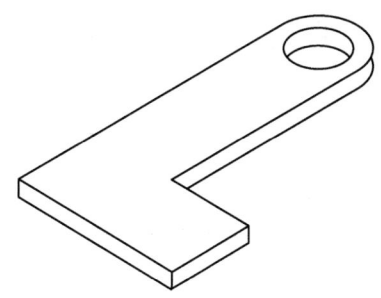

图 10-40 编辑后的图形

15 单击"椭圆：轴、端点"按钮 ，根据命令行提示进行以下操作。

命令：_ellipse
指定椭圆的第一个端点或 [弧(A)/中心(C)/等轴测圆(I)/同心(N)]: I↙

指定圆的中心：   //选择图 10-41 所示的线段中点
指定圆半径或 [直径(D)]：20↙
绘制的该等轴测圆如图 10-42 所示。

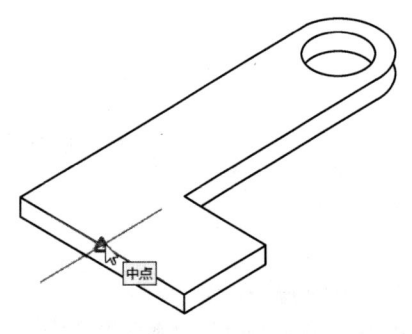

图 10-41　指定等轴测圆的圆心

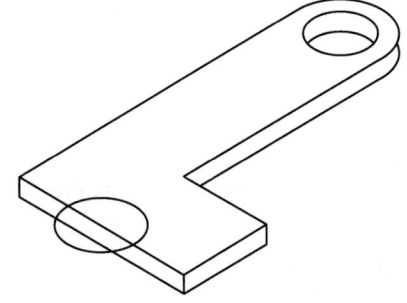

图 10-42　绘制一个等轴测圆

⑯ 继续单击"椭圆：轴、端点"按钮 ⬭，根据命令行提示进行以下操作。

命令：_ellipse
指定椭圆的第一个端点或 [弧(A)/中心(C)/等轴测圆(I)/同心(N)]：I↙
指定圆的中心：   //选择图 10-43 所示的线段中点
指定圆半径或 [直径(D)]：20↙
绘制的该等轴测圆如图 10-44 所示。

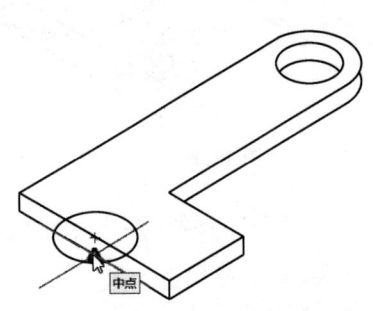

图 10-43　指定等轴测圆的圆心

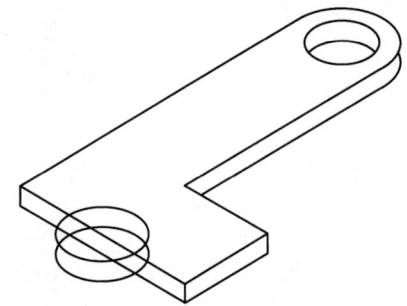

图 10-44　绘制一个等轴测圆

⑰ 在功能区"常用"选项卡的"修改"面板中单击"修剪"按钮 ⊁，修剪图形结果如图 10-45 所示。

⑱ 按〈F5〉键，将等轴测平面切换至右平面状态（即"等轴测平面 右视"平面状态）。

⑲ 单击"直线"按钮 ╲，分别选择相应的两个象限点来绘制一条短的轮廓线，如图 10-46 所示。

> **知识点拨：**
>
> 选择象限点，务必先在状态栏中确保选中"对象捕捉"按钮 ▭，且右击"对象捕捉"按钮 ▭ 并从弹出的快捷菜单中选择"设置"命令，弹出"草图设置"对话框，在"对象捕捉"选项卡的"对象捕捉模式"选项组中确保选中"象限点"复选框。

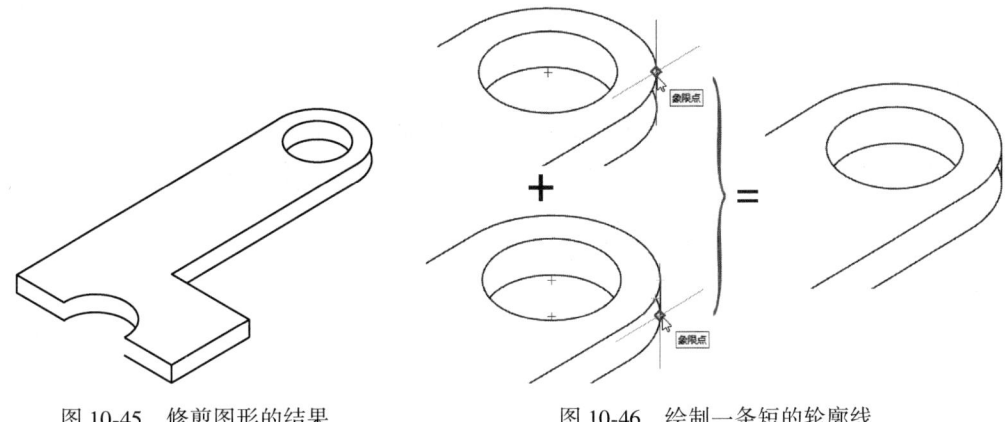

图 10-45 修剪图形的结果　　　　图 10-46 绘制一条短的轮廓线

㉓ 单击"修剪"按钮 ⊬，选择要修剪的对象，如图 10-47 所示，修剪结果如图 10-48 所示。

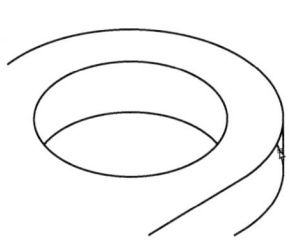 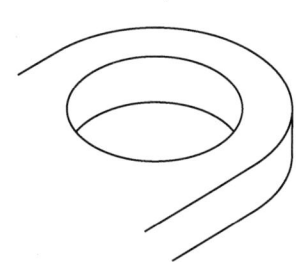

图 10-47 单击要修剪的对象　　　　图 10-48 修剪结果

㉑ 按〈F5〉键以将等轴测平面切换至左平面状态（即"等轴测平面 左视"平面状态），单击"直线"按钮 ╲，绘制图 10-49 所示的一条轮廓线。

㉒ 单击"直线"按钮 ╲，绘制图 10-50 所示的另一条轮廓线。

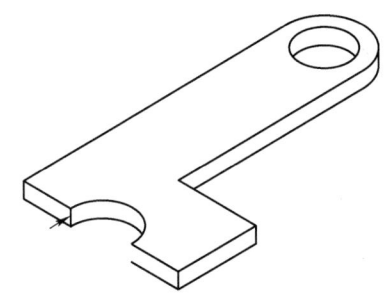 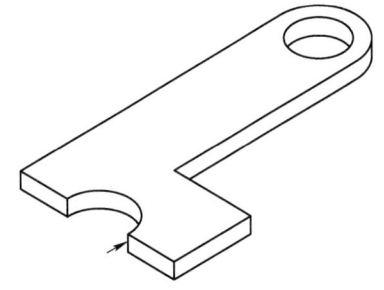

图 10-49 绘制一条轮廓线　　　　图 10-50 绘制另一条轮廓线

㉓ 在"快速访问工具栏"中单击"保存"按钮 💾，弹出"图形另存为"对话框，指定要保存到的位置并指定文件名为"绘制等轴测图综合案例 2. dwg"，然后单击对话框中的"保存"按钮。

10.5 思考与练习

1) 根据轴测投影线方向和轴测投影面的位置不同，可以将轴测图分为哪种类型？
2) 在中望 CAD 2025 中，如何将捕捉类型设置为"等轴测捕捉"？

3）在中望 CAD 2025 中，将捕捉类型设置为"等轴测捕捉"后，如何进行等轴测平面的切换？

4）如何绘制等轴测圆，请举例进行说明。

5）课外研习：在中望 CAD 2025 中，如何设置用于轴测图标注的文字样式和标注样式？

6）绘制图 10-51 所示的等轴测图，具体的尺寸由读者自行确定。本书提供了练习参考文件"10_ex6.dwg"，位于随书配套资料的"CH10"文件夹中。

7）上机操作：按照图 10-52 所示的尺寸和参考等轴测图进行等轴测图上机操作。

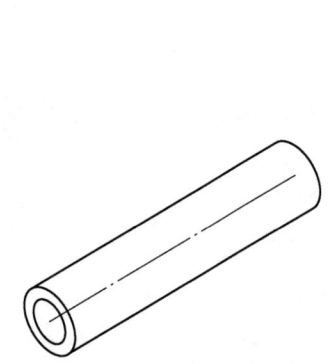

图 10-51 练习题的等轴测图参考

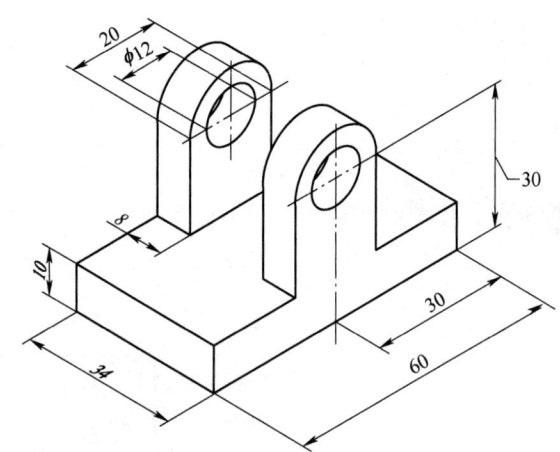

图 10-52 上机操作的等轴测图

8）上机练习：绘制图 10-53 所示的轴测图，尺寸自定。

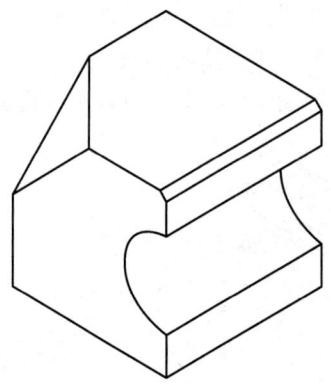

图 10-53 轴测图绘制练习

第11章 三维建模

本章导读

三维图形具有较强的立体感和真实感，所以能够更形象地表达空间中立体对象的形状和相对位置。中望CAD 2025提供了实用的三维图形设计功能。本章将重点介绍三维图形设计的基础知识及应用知识。

11.1 三维建模概述

中望CAD提供了强大的三维建模功能，可以使用"三维建模"工作空间（在本章中，如果没有特别说明，均表示使用"三维建模"工作空间）。

三维模型主要分三维曲面模型和实体模型，前者为空心的，后者是填充实体材料的。要掌握三维建模，需要扎实地掌握二维CAD知识，这是三维建模重要的基础知识之一。

在三维空间中，除了二维截面之外，还需要三维线条和用户三维坐标。可以使用直线、样条曲线、三维多段线和螺旋线等工具在三维空间中绘制相应的三维线条。

11.1.1 绘制三维线条

这里主要介绍三维多段线和螺旋线的绘制。

1. 绘制三维多段线

使用功能区"常用"选项卡的"绘图"面板中的"三维多段线"按钮 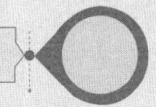（其对应的命令为"3DPOLY"），可以在三维空间中创建多段线。三维多段线由若干直线段组成，是个单独的对象。

【操作案例】绘制三维多段线

```
命令:3DPOLY↵
指定多段线的起点: 0,0,0↵
指定直线的端点或 [放弃(U)]: 0,0,118↵
指定直线的端点或 [放弃(U)]: 310,80,-90↵
指定直线的端点或 [闭合(C)/撤销(U)]: 125,65,0↵
指定直线的端点或 [闭合(C)/撤销(U)]: -20,-115,12.5↵
指定直线的端点或 [闭合(C)/撤销(U)]: ↵
```

绘制的三维多段线如图 11-1a 所示，以西南等轴测视图方向显示。要选择西南等轴测视图，在功能区"视图"选项卡的"视图"面板中，从视图列表中选择"西南等轴测"即可。

使用"修改"菜单中的"对象"→"多段线"命令（对应的命令为"PEDIT"），可以修改三维多段线。这和修改二维多段线的方法是一样的。例如，要将图 11-1a 所示的三维多段线修改为样条曲线，则在命令行中输入"PEDIT"并按〈Enter〉键，接着根据命令行的提示进行如下操作。

命令：PEDIT↙
选择要编辑的多段线或 [多个(M)]：   //选择要修改的三维多段线
输入选项 [编辑顶点(E)/闭合(C)/样条曲线(S)/非曲线化(D)/连接(J)/反向(R)/撤销(U)] <退出(X)>：S↙
输入选项 [编辑顶点(E)/闭合(C)/样条曲线(S)/非曲线化(D)/连接(J)/反向(R)/撤销(U)] <退出(X)>：X↙
将该三维多段线修改为样条曲线的结果如图 11-1b 所示（以"西南等轴测"视角显示）。

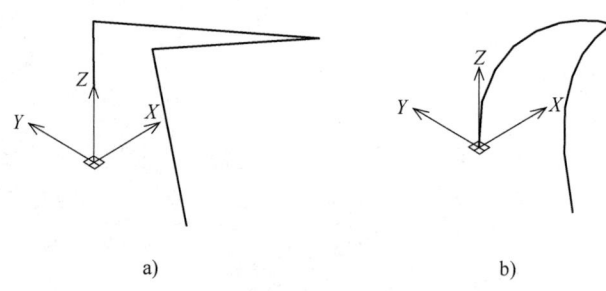

图 11-1　绘制和修改三维多段线
a）绘制的三维多段线　b）将三维多段线修改为样条曲线

2. 绘制螺旋线

螺旋包括开口的二维螺旋和三维螺旋。在创建螺旋时，可以指定的特性有底面半径、顶面半径、高度、圈数、圈高和扭曲方向。如果将底面半径和顶面半径指定为同一个值，那么将创建圆柱形螺旋（不能同时指定 0 来作为底面半径和顶面半径）；如果将顶面半径和底面半径指定为不同的值，那么将创建圆锥形螺旋。如果将高度值设置为 0，则将创建扁平的二维螺旋。

创建螺旋线的典型步骤如下。

① 在功能区"常用"选项卡的"绘图"面板中单击"螺旋"按钮，或者在命令窗口的"命令"提示下输入"HELIX"并按〈Enter〉键。

② 指定螺旋底面的圆心点。

③ 指定底面半径。

④ 指定顶面半径，或按〈Enter〉键以指定与底面半径相同的值。

⑤ 指定螺旋高度。需要时可以设置轴端点来定义螺旋的长度和方向，或者指定螺旋的圈数（螺旋的圈数不能超过 500）、圈高、扭曲（螺旋扭曲的默认值是逆时针）。

【操作案例】：绘制一个圆锥形螺旋线

命令：_helix   //单击"螺旋"按钮
圈数 = 3.0000　　扭曲=逆时针
指定底面的圆心：0,0,0↙
指定底面半径或 [直径(D)] <1.0000>：28↙
指定顶面半径或 [直径(D)] <1.0000>：16↙
指定螺旋高度或 [轴端点(A)/圈数(T)/圈高(H)/扭曲(W)] <60.0000>：T↙

260

输入圈数 <3.0000>:8↙
指定螺旋高度或 [轴端点(A)/圈数(T)/圈高(H)/扭曲(W)] <60.0000>:85↙
完成绘制的圆锥形螺旋线如图 11-2 所示。

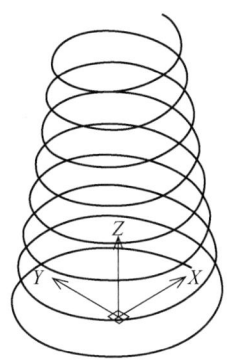

图 11-2　完成绘制的圆锥形螺旋线

11.1.2　了解用户三维坐标

在三维设计中，三维笛卡儿坐标系、柱坐标系和球坐标系的应用是很重要的。用户需要掌握用户坐标系（UCS）在三维环境中的应用。通常在三维环境中创建或修改对象时，可以在三维模型空间中移动和重新定向 UCS 以简化工作，UCS 的 XY 平面称为工作平面。

在三维空间中创建对象时，可以使用三维笛卡儿坐标、柱坐标或球坐标来定位点。

● 1. 三维笛卡儿坐标

三维笛卡儿坐标通过使用三个坐标值（X，Y，Z）来指定精确的位置。绝对三维笛卡儿坐标值（X，Y，Z）在命令行的输入格式如下。

$$X, Y, Z$$

例如，在命令行输入的坐标（9，-100，60）表示一个位于沿 X 轴正方向 9 个单位、沿 Y 轴负方向 100 个单位、沿 Z 轴正方向 60 个单位的点。

如果启用动态输入，则使用"#"前缀来指定绝对坐标。

相对三维笛卡儿坐标在命令行的输入格式如下。

$$@X, Y, Z$$

在使用三维笛卡儿坐标时，可以使用默认的 Z 值。假设先按照（X，Y，Z）格式输入一个坐标，接着使用（X，Y）格式输入随后的坐标，那么随后的坐标都将默认使用之前的 Z 值，即保持 Z 值不变。也就是当以（X，Y）格式输入坐标时，中望 CAD 系统将从上一输入点复制 Z 值。

● 2. 三维柱坐标

三维柱坐标通过 XY 平面中与 UCS 原点之间的距离、XY 平面中与 X 轴的角度以及 Z 值来描述精确的位置。

假设动态输入处于关闭状态时，即在命令行输入坐标时，采用以下语法指定使用绝对柱坐标的点。

$$X<[与 X 轴所成的角度], Z$$

例如，在命令行输入的坐标"15<30，16"表示距当前 UCS 的原点 15 个单位、在 XY 平面中

与 X 轴成 30°、沿 Z 轴 16 个单位的点。

相对柱坐标在命令行的输入格式如下。

@X<［与 X 轴所成的角度］,Z

例如，在命令行输入的坐标"@8<35,3"表示在 XY 平面中距上一输入点 8 个单位、与 X 轴正向成 35°、在 Z 轴正向延伸 3 个单位的点。

● **3. 三维球坐标**

三维球坐标通过指定某个位置距当前 UCS 原点的距离、在 XY 平面中与 X 轴所成的角度以及与 XY 平面所成的角度来指定该位置。

假设动态输入处于关闭状态而采用在命令行输入坐标时，使用以下语法指定使用绝对球坐标的点。

X<［与 X 轴所成的角度］<［与 XY 平面所成的角度］

例如，在命令行输入的坐标"18<60<50"表示在 XY 平面中距当前 UCS 的原点 18 个单位、在 XY 平面中与 X 轴成 60°以及在 Z 轴正向上与 XY 平面成 50°的点。

需要基于上一点来定义点时，可以输入前面带有"@"符号的相对球坐标值。相对球坐标在命令行的输入格式如下。

@X<［与 X 轴所成的角度］<［与 XY 平面所成的角度］

例如，坐标"@14<60<45"表示距上一个测量点 14 个单位、在 XY 平面中与 X 轴正方向成 60°以及与 XY 平面成 45°的位置。

11.1.3 新建 UCS

在三维环境中进行设计时，巧用用户坐标系对于创建或修改对象是很有用的。通过在三维模型空间中移动和重新定向 UCS，可以在一定程度上简化设计工作。

在三维坐标系中，如果已知 X 和 Y 轴的方向，则可以使用右手定则来确定 Z 轴的正方向，方法是将右手手背靠近屏幕放置，大拇指指向 X 轴的正方向，食指指向 Y 轴的正方向，伸出的中指所指示的方向即 Z 轴的正方向。用户还可以使用右手定则来确定三维空间中绕坐标轴旋转的默认正方向，其方法将右手拇指指向轴的正方向，卷曲其余四指，则右手四指所指示的方向即轴的正旋转方向。

在实际的三维设计中，用户可以灵活地控制用户坐标系，例如，可以根据需要在三维空间的适当位置定位和定向 UCS，必要时可以保存和恢复用户坐标系方向。

要新建 UCS，可以在打开菜单栏的状况下从"工具"菜单中的"新建 UCS"级联菜单中选择相关命令（如图 11-3 所示），也可以在图 11-4 所示的面板中单击相应的工具按钮（以"三维建模"工作空间为例）。对于习惯采用在命令行输入方式的用户而言，可以在命令行的"命令"提示下输入"UCS"并按〈Enter〉键来进行新建 UCS 的相关操作。

在这里以通过指定某一个点作为新原点来创建 UCS 为例，其步骤如下。

命令：UCS↙

当前在世界 UCS。

指定 UCS 的原点或 [？/面(F)/3 点(3)/删除(D)/对象(OB)/原点(O)/上一个(P)/还原(R)/保存(S)/视图(V)/X/Y/Z 轴(ZA)/世界(W)] <世界>：100,150,36↙

指定 X 轴上的点或 <接受>：↙

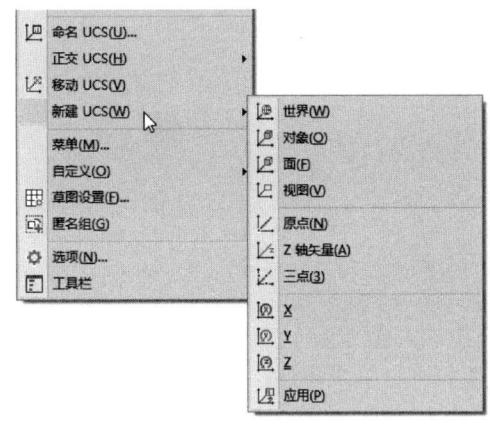

图 11-3 新建 UCS 的菜单命令

图 11-4 关于 UCS 的"坐标"面板

11.2 观察三维模型

中望 CAD 视觉样式是一组用来控制视口中边和着色的显示设置。一旦应用了新视觉样式或更改了其设置，那么可以在视口中查看其视觉效果。

在中望 CAD 2025 中提供以下 9 种主要的预定义视觉样式，如图 11-5 所示。

● 1. "二维线框"视觉样式

通过使用直线和曲线表示边界的方式显示对象。注意光栅图像、OLE 对象、线型和线宽均可见。

● 2. "线框"视觉样式

即"三维线框"视觉样式，显示用直线和曲线表示边界的对象。

● 3. "消隐"视觉样式

使用线框表示法显示对象，而隐藏表示背面的线。

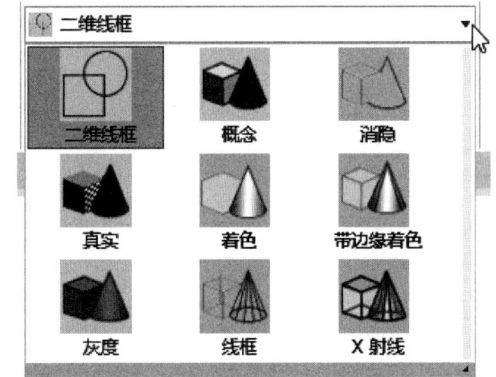

图 11-5 使用预定义的视觉样式

● 4. "真实"视觉样式

使用平滑着色和材质显示对象。

● 5. "概念"视觉样式

使用平滑着色和古氏面样式显示对象。古氏面样式在冷暖颜色而不是明暗效果之间转换；效果缺乏真实感，但是可以更方便地查看模型的细节。

● 6. "着色"视觉样式

使用平滑着色显示对象。

7. "带边缘着色"视觉样式

使用平滑着色和可见边显示对象。

8. "灰度"视觉样式

使用平滑着色和单色灰度显示对象。

9. "X射线"视觉样式

以局部透明度显示对象。

如果要使用某一种预定义的视觉样式,则可以在"三维建模"工作空间的功能区"视图"选项卡中,使用"视觉样式"面板的"视觉样式"下拉列表框来指定一种视觉样式。

11.3 创建三维基本实体

实体对象用来表示整个对象的体积。在线框、网格、曲面、实体三维建模中,实体的信息最完整,复杂实体比线框、网格和曲面更容易构造和编辑。实体可以显示为线框形式,也可以应用其他视觉样式,如三维隐藏、真实、概念。三维实体具有质量特性,如体积、惯性矩、重心等。

用户需要了解中望CAD中的两个系统变量"FACETRES"和"ISOLINES"。

其中,"FACETRES"系统变量用来调整着色和消隐对象的平滑度,有效值范围为0.01~10.0(包括0.01和10),其默认值为0.5。当"FACETRES"较低时,曲线式几何图形上将显示镶嵌面;当"FACETRES"的值设置得越高,显示的几何图形就越平滑。

"ISOLINES"系统变量控制用于显示线框弯曲部分的素线数目。其有效值为0~2047的整数值,其默认值为4。图11-6给出了当"ISOLINES"取不同值时,球实体模型重生成的显示效果。

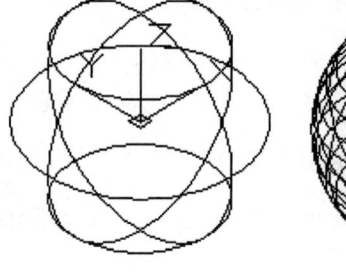
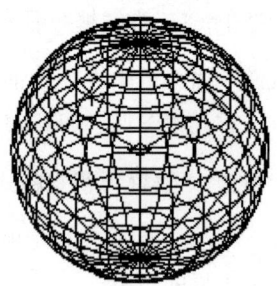

ISOLINES=4　　　　　ISOLINES=24

图11-6　当"ISOLINES"取不同值时

可以创建的基本三维造型实体包括长方体、多段体、楔体、圆锥体、圆柱体、球体、棱锥体和圆环体。创建它们的工具按钮位于功能区"实体"选项卡的"图元"面板中,如图11-7所示。

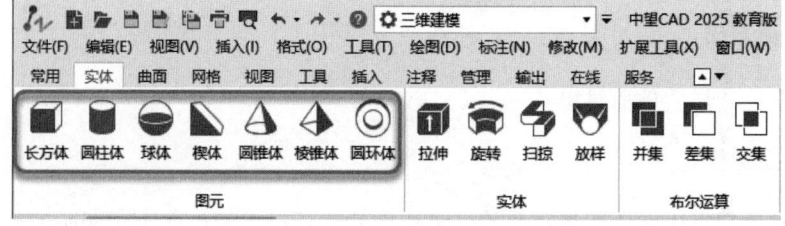

图11-7　"实体"选项卡的"图元"面板提供创建实体工具

例如,要创建一个圆柱实体,可以按照以下方法步骤进行。

命令:_cylinder　　　　　　　　　　　　//单击"圆柱体"按钮
指定底面的中心点或[三点(3P)/两点(2P)/切点、切点、半径(T)/椭圆(E)]:0,0,0↵

指定圆的半径或［直径(D)］:34↙
指定高度或［两点(2P)/中心轴(A)］:80↙

从而绘制图 11-8 所示的一个圆柱体，这里给出了使用 3 种视觉样式的模型显示效果。更改视觉样式，可以切换至功能区"视图"选项卡的"视觉样式"面板进行设置。

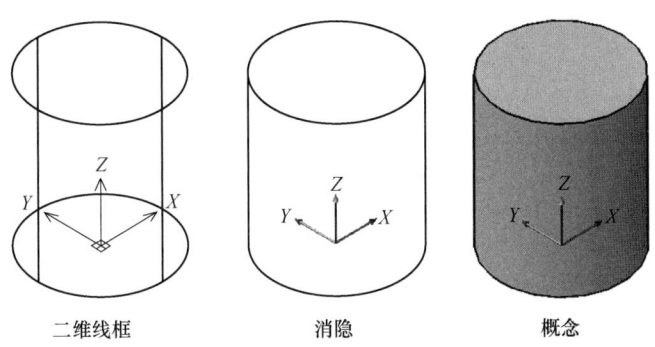

二维线框　　　　　　消隐　　　　　　概念

图 11-8　绘制的圆柱体

11.4 拉伸实体

要进行拉伸操作，可以执行如下方式之一。

▣ 命令："EXTRUDE"命令。

◈ 工具按钮："拉伸"按钮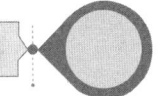。

◈ 菜单命令："绘图"→"实体"→"拉伸"。

使用"EXTRUDE"命令可以通过拉伸选定的对象来创建实体和曲面，在创建过程中可以通过选择"模式（MO）"选项来设置拉伸对象为实体或是曲面。这些要选定的拉伸对象和子对象可以是多段线、多边形、圆、椭圆、圆环、面域、样条曲线、平面三维面和实体等，注意无法拉伸这些对象：具有相交或自交线段的多段线、包含在块内的对象。

如果拉伸闭合对象，则生成的对象为实体或曲面；如果拉伸开放对象，则生成的对象为曲面。

执行"EXTRUDE"命令，选择要拉伸的对象并确认后，中望 CAD 提示：

指定拉伸高度或［方向（D）/路径（P）/倾斜角（T）］＜当前值＞:

此时，为选定对象指定拉伸的高度，如果输入的高度值为正数，则以当前 UCS 的 Z 轴正方向拉伸对象；如果输入负值，则将沿 Z 轴负方向拉伸对象。用户也可以根据需要指定路径、倾斜角或方向。

- "方向（D）"：使用"方向"选项，可以通过指定两个点来确认拉伸的长度和方向。
- "路径（P）"：使用"路径"选项，可以为选定对象指定拉伸的路径。在指定路径后，将沿着选定路径拉伸对象来创建实体。
- "倾斜角（T）"：选择"倾斜角"选项，为拉伸实体添加倾斜角，倾斜角的范围为 -90°~90°之间的任何角度值。倾斜拉伸常用在侧面形成一定角度的零件中，例如铸造车间用来制造金属产品的铸模。设计人员要避免使用过大的倾斜角度，因为如果角度过大，轮廓可能在达到所指定高度以前就倾斜为一个点。

【操作案例】创建拉伸实体

① 新建一个图形文件，在图形区域中绘制图 11-9 所示的二维图形（粗实线部分）。

② 单击"面域"按钮⊙，然后使用拾取框依次选择图 11-10 所示的粗实线图元来生成封闭的独立面域。

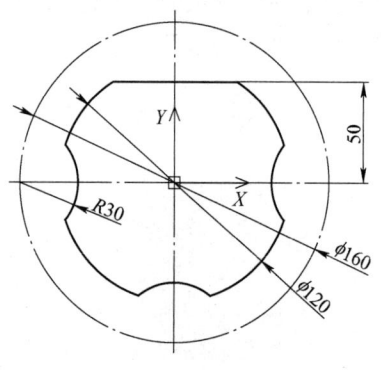
图 11-9　绘制二维图形

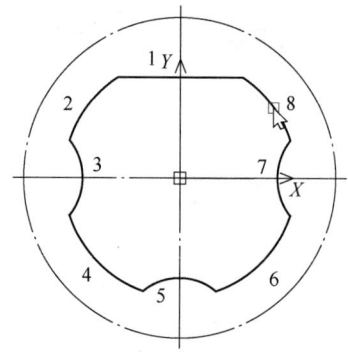
图 11-10　选择要形成面域的对象

③ 此时可切换到"三维建模"工作空间，接着从功能区"常用"选项卡的"视图"面板的"视图"下拉列表框中选择"西南等轴测"选项，则绘制的图形如图 11-11 所示。

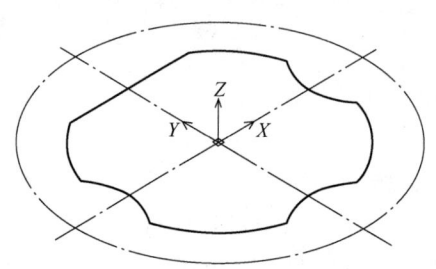
图 11-11　三维视图

④ 在功能区"实体"选项卡的"实体"面板中单击"拉伸"按钮，根据命令行的提示进行如下操作。

```
命令:_extrude
当前线框密度： ISOLINES=4,闭合轮廓创建模式=实体
选择对象或 [模式(MO)]: 找到 1 个                    //选择面域
选择对象或 [模式(MO)]:↙
指定拉伸高度或 [方向(D)/路径(P)/倾斜角(T)] <20.0000>:T↙    //选择"倾斜角"选项
指定拉伸的倾斜角度 <0.0000>: 5↙
指定拉伸高度或 [方向(D)/路径(P)/倾斜角(T)] <20.0000>:60↙
```

创建的实体如图 11-12 所示。

说明：在沿着 Z 轴拉伸二维对象时，可以添加拉伸实体的倾斜角度。该倾斜角度必须大于 −90° 且小于 90°，其初始默认值为 0。如果设置正角度则从基准对象逐渐变细地拉伸，而负角度则从基准对象逐渐变粗地拉伸。

⑤ 在功能区切换至"视图"选项卡，从"视觉样式"面板的"视觉样式"下拉列表框中选择"消隐"命令，得到的消隐结果如图 11-13 所示。

在介绍第 2 个拉伸实例之前，先简单地介绍几处要注意的地方。

如果需要沿路径拉伸对象，那么指定拉伸路径后，路径将移动到轮廓的质心，然后沿选定路径拉伸选定对象的轮廓来形成实体或曲面。在进行沿路径拉伸对象时，要注意如下几点。

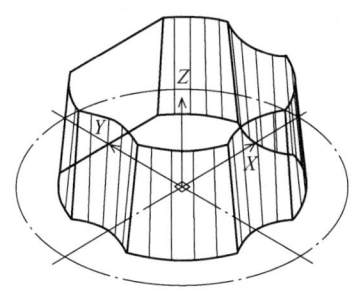
图 11-12 创建的拉伸实体

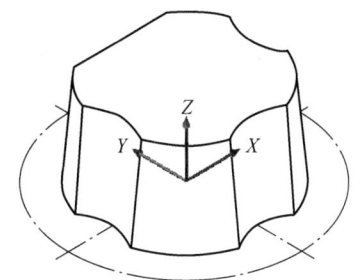
图 11-13 消隐结果

- 路径不能与对象处于同一平面。
- 路径应避免具有高曲率的部分。
- 拉伸实体始于对象所在平面并保持其方向相对于路径。
- 可拉伸具有多个环的对象,所有环都显示在拉伸实体终止截面这一相同平面上。
- 如果路径包含不相切的线段,那么程序将沿每个线段拉伸对象,然后沿线段形成的角平分面斜接接头。如果路径是封闭的,对象应位于斜接面上。这允许实体的起始截面和终止截面相互匹配。如果对象不在斜接面上,将旋转对象使其位于斜接面上。

【操作案例】沿路径拉伸对象

1 打开配套资料包的 "CH11" 中的 "创建拉伸实体2.DWG" 图形文件,该文件中存在着图 11-14 所示的图形(以西南等轴测显示),即存在着一个圆心为(0,0,0)的圆和一条样条曲线。

2 使用 "三维建模" 工作空间,在功能区 "实体" 选项卡的 "实体" 面板中单击 "拉伸" 按钮,根据命令行的提示进行如下操作。

```
命令:_extrude
当前线框密度: ISOLINES=4,闭合轮廓创建模式=实体
选择对象或 [模式(MO)]:找到 1 个                    //选择小圆
选择对象或 [模式(MO)]:↙
指定拉伸高度或 [方向(D)/路径(P)/倾斜角(T)]:P↙     //选择"路径(P)"
选择拉伸路径或 [倾斜角(T)]:                         //选择样条曲线作为拉伸路径
```

创建的拉伸实体结果如图 11-15 所示。

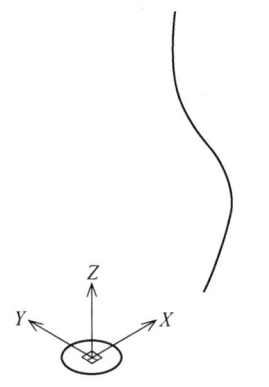
图 11-14 原始图形

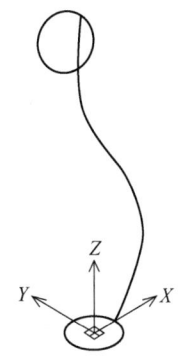
图 11-15 拉伸实体结果

③在功能区切换至"视图"选项卡,从"视觉样式"面板的"视觉样式"下拉列表框中选择"消隐"选项,消隐结果如图11-16所示。

④从"视觉样式"面板的"视觉样式"下拉列表框中选择"灰度"选项,则显示效果如图11-17所示。

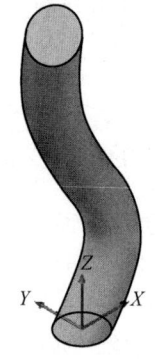

图 11-16　消隐结果　　　　图 11-17　应用灰度视觉样式

11.5 旋转实体

要创建旋转实体,可以执行如下方式之一。

命令:"REVOLVE"命令。

工具按钮:"旋转"按钮。

菜单命令:"绘图"→"实体"→"旋转"。

使用"REVOLVE"命令,可以通过绕轴旋转开放或闭合对象来创建实体或曲面,旋转对象定义实体或曲面的轮廓。如果旋转闭合对象,则可生成实体或曲面;如果旋转开放对象,则生成曲面。旋转对象时,可以指定两点定义旋转轴,可以由选定对象定义旋转轴,也可以采用X轴、Y轴或Z轴来作为对象绕其旋转的轴。

同拉伸操作类似,如果要使用与多段线相交的直线或圆弧组成的轮廓创建实体,那么可以在使用"REVOLVE"命令之前使用"PEDIT"命令的"合并"选项,将它们转换为一个多段线对象。如果未将这些对象转换为一个多段线,则旋转它们时创建的将会是曲面。

对于包含有相交线段的块或多段线内的对象,无法使用"REVOLVE"命令来对它们执行旋转操作。在处理多段线时,"REVOLVE"将忽略多段线的宽度,并从多段线路径的中心处开始旋转。

可以根据右手定则判定旋转的正方向。

通过绕轴旋转创建实体的典型步骤如下。

①在功能区"实体"选项卡的"实体"面板中单击"旋转"按钮。

②选择要旋转的闭合对象。

③指定旋转轴的起点和端点,正轴方向是从起点到端点的方向。用户也可以根据实际情况通过选择"对象(O)""X""Y"和"Z"选项之一来定义轴。

④指定旋转角度。

【操作案例】 创建旋转实体

①新建一个图形文件,先使用"二维草图与注释"工作空间,使用直线命令在图形区域绘

制图 11-18 所示的二维图形。

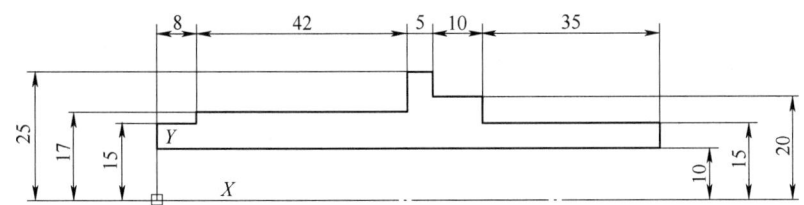

图 11-18 绘制二维图形

2 将这些直线对象转换为一个多段线对象。

命令:PEDIT↙   //在命令窗口的命令行中输入"PEDIT"命令并按〈Enter〉键
选择要编辑的多段线或 [多个(M)]: M↙
选择对象: 指定对角点: 找到 12 个   //框选图 11-19 所示的图形对象,以选择这些直线
选择对象: ↙
将直线、圆弧和样条曲线转换为多段线? [是(Y)/否(N)] <是>: ↙
输入选项 [闭合(C)/打开(O)/连接(J)/宽度(W)/拟合(F)/样条曲线(S)/非曲线化(D)/线型模式(L)/反向(R)/撤销(U)] <退出(X)>: J↙
合并类型 = Extend
输入模糊距离或 [合并类型(J)] <0.000000>: ↙
输入选项 [编辑顶点(E)/打开(O)/非曲线化(D)/拟合(F)/连接(J)/线型生成(L)/反向(R)/样条曲线(S)/锥形(T)/宽度(W)/撤销(U)] <退出(X)>: ↙

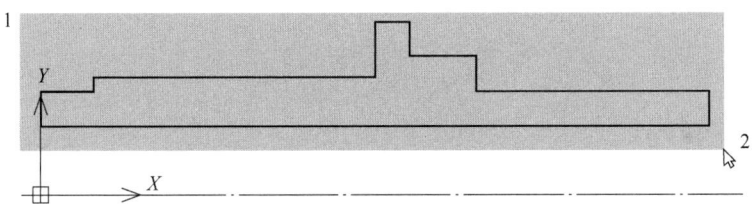

图 11-19 框选对象

说明:用户也可以单击"面域"按钮 ⊙,选择这些直线段以生成一个单独的面域对象。

3 确保切换到"三维建模"工作空间,在功能区的"实体"选项卡的"实体"面板中单击"旋转"按钮,根据命令行的提示执行如下操作。

命令:_revolve
当前线框密度: ISOLINES=4,闭合轮廓创建模式=实体
选择对象或 [模式(MO)]: 找到 1 个   //选择合并而成的多段线对象
选择对象或 [模式(MO)]: ↙
指定旋转轴的起始点或通过选项定义轴 [对象(O)/X 轴(X)/Y 轴(Y)/Z 轴(Z)] <对象>: X↙
指定旋转角度或 [起始角度(ST)] <360.0000>: 360↙

生成的旋转体如图 11-20 所示。

4 在功能区中切换至"常用"选项卡,从"视图"面板的"视图"下拉列表框中选择"西南等轴测"命令。

5 在"视图"面板的"视觉样式"下拉列表框中选择"隐藏(消隐)"命令,则实体消隐效果如图 11-21 所示。

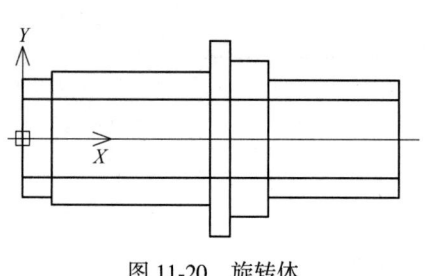
图 11-20 旋转体

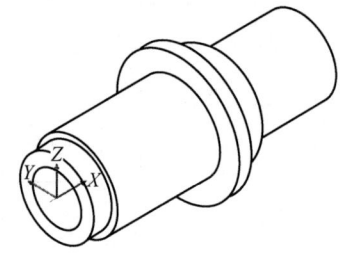
图 11-21 实体消隐效果

11.6 扫掠实体

扫掠（也称扫描）是指通过沿开放或闭合的二维或三维路径扫掠开放或闭合的平面曲线（轮廓）来创建新实体或曲面。要进行扫掠操作，可以执行如下方式之一。

 命令："SWEEP"命令。

工具按钮："扫掠"按钮。

菜单命令："绘图"→"实体"→"扫掠"。

"SWEEP"用于沿指定的路径以指定轮廓的形状绘制实体或曲面，如图11-22所示。执行一次"SWEEP"命令，可以扫掠多个对象，但是这些对象必须位于同一平面中。开放的曲线将默认创建曲面，闭合的曲线将创建实体或曲面（具体取决于指定的模式）。

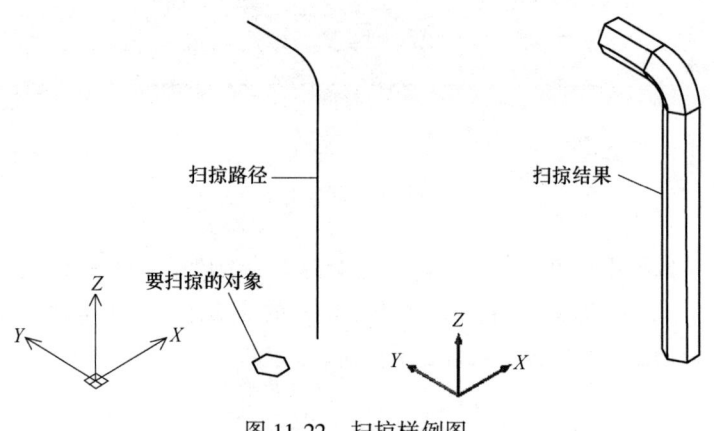
图 11-22 扫掠样例图

【操作案例】 创建扫掠实体 1

打开"CH11"文件夹中的"创建扫掠实体1.DWG"文件（如图11-22所示样例）练习"扫掠"按钮的应用。

用户应该区别扫掠与拉伸不同，应注意到沿路径扫掠轮廓时，轮廓将被移动并与路径垂直对齐，然后沿路径扫掠该轮廓。在扫掠过程中，可能会扭曲或缩放对象。用户还可以在扫掠轮廓后，使用"特性"选项板来指定轮廓的这些特性：轮廓旋转、沿路径缩放、沿路径扭曲、倾斜（自然旋转）等。图 11-23 所示为设置了扭曲角度（螺旋角度）的扫掠实体图例。

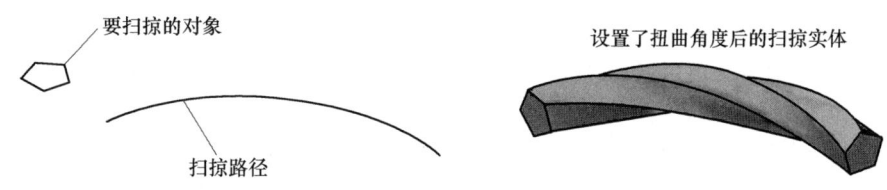

图 11-23 设置了扭曲角度（螺旋角度）的扫掠实体图例

【操作案例】创建扫掠实体 2

①打开本书配套资料包的"CH11"文件夹中的"创建扫掠实体 2.DWG"文件，在该文件中存在着图 11-24 所示的圆和螺旋线。在创建扫掠实体之前，可以先将"ISOLINES"的值设置为 8，其方法是在命令行中输入"ISOLINES"并按〈Enter〉键，接着输入"ISOLINES"的值为 8，确认即可。

②在功能区"实体"选项卡的"实体"面板中单击"扫掠"按钮，接着根据命令行的提示进行如下操作。

命令：_sweep
当前线框密度：ISOLINES=8,闭合轮廓创建模式=实体
选择要扫掠的对象或 [模式(MO)]：MO↙
闭合轮廓创建模式 [实体(SO)/曲面(SU)] <实体>：SO↙
选择要扫掠的对象或 [模式(MO)]：找到 1 个　　　　//选择圆心在(0,0,0)处的小圆
选择要扫掠的对象或 [模式(MO)]：↙
选择扫掠路径或 [对齐(A)/基点(B)/比例(S)/扭曲(T)]：　　//选择扫掠路径
创建的扫掠模型如图 11-25 所示。

③在功能区"视图"选项卡中，从"视觉样式"下拉列表框中选择"灰度"选项，得到的灰度显示效果如图 11-26 所示。

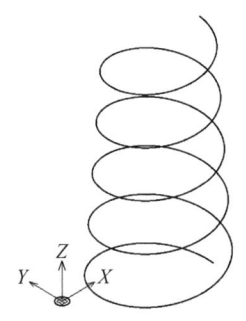
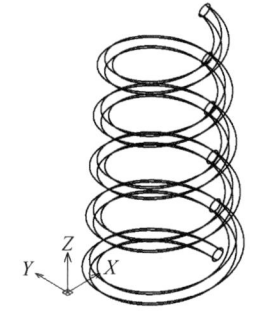
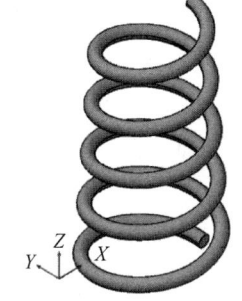

图 11-24　已存在的图形　　　图 11-25　创建扫掠模型　　　图 11-26　灰度显示效果

11.7 放样实体

中望 2025 提供了放样功能，可以创建一些较为复杂的实体和曲面。要进行放样操作，可以执行如下方式之一。

　　命令："LOFT"命令。
　　工具按钮："放样"按钮。

🔖 菜单命令："绘图"→"实体"→"放样"。

使用"LOFT"命令，可以通过指定一系列横截面来创建新的实体或曲面，其中，横截面用于定义结果实体或曲面的截面轮廓（形状）。所述的横截面（通常为曲线或直线）可以是开放的，也可以是闭合的。使用"LOFT"命令时必须指定至少两个横截面，既可以在启动命令后选择横截面，也可以在启动命令之前选择横截面。

在使用"LOFT"命令的过程中，按放样次序选择横截面后，会出现"输入选项［导向（G）/路径（P）/仅横截面（C）/设置（S）］<仅横截面>："的提示信息。在这里，介绍该提示信息中的各选项的功能含义。

- "导向（G）"：该选项主要用于指定控制放样实体或曲面形状的导向曲线。所述的导向曲线是直线或曲线，可以通过将其他线框信息添加至对象来进一步定义实体或曲面的形状。可以使用导向曲线来控制点如何匹配相应的横截面以防止出现不希望看到的效果（如结果实体或曲面中的皱褶）。可以为放样曲面或实体选择任意数量的导向曲线。以导向曲线连接横截面的放样示例如图 11-27 所示。

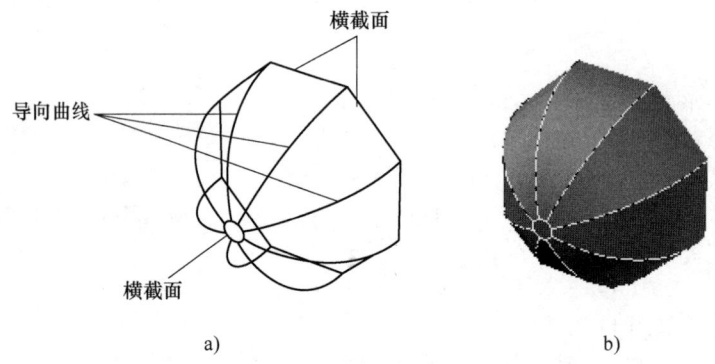

图 11-27　以导向曲线连接横截面的放样示例
a）以导向曲线连接的横截面　b）放样实体

要注意的是：每条导向曲线要满足这些条件：与每个横截面相交；始于第一个横截面；止于最后一个横截面。

- "路径（P）"：该选项用于指定放样实体或曲面的单一路径。路径曲线必须与横截面的所有平面相交。以路径曲线连接的横截面的放样示例如图 11-28 示。

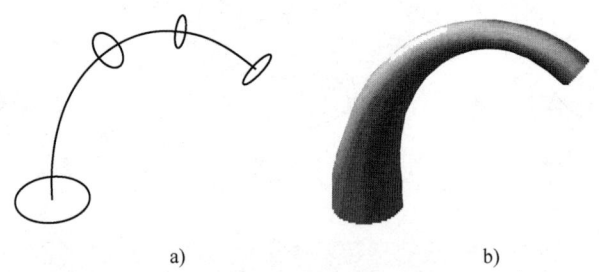

图 11-28　以路径曲线连接的横截面的放样示例
a）以路径曲线连接的横截面　b）放样实体

- "仅横截面（C）"：在不使用导向或路径的情况下创建放样对象，如图 11-29 所示。
- "设置（S）"：选择该选项时，系统弹出图 11-30 所示的"放样设置"对话框，从中可以设置横截面上的曲面控制选项。

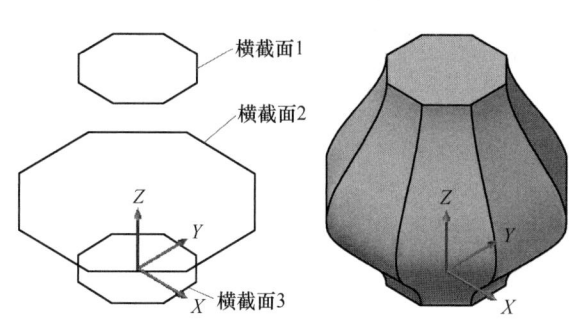
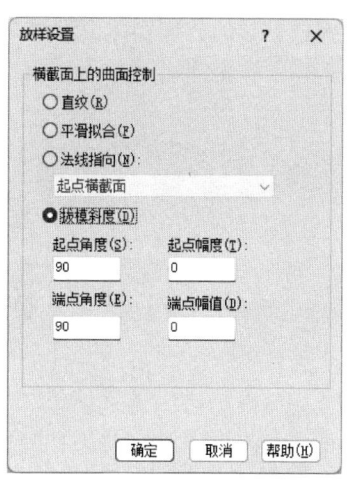

图 11-29 依次选择 3 个横截面　　　　图 11-30 "放样设置"对话框

【操作案例】创建放样实体

❶打开本书配套资料包的"CH11"文件夹中的"创建放样实体.DWG"文件。在该文件中存在着图 11-31 所示的原始图形。

❷单击"放样"按钮，接着根据命令行的提示进行如下操作。

命令：_loft
当前线框密度：ISOLINES=4,闭合轮廓创建模式=实体
按放样次序选择横截面或 [模式(MO)]：找到 1 个　　　　//选择小的正八边形
按放样次序选择横截面或 [模式(MO)]：找到 1 个,总计 2 个　//选择大的正八边形
按放样次序选择横截面或 [模式(MO)]：
输入选项 [导向(G)/路径(P)/仅横截面(C)/设置(S)] <仅横截面>：G↙
选择导向曲线：选择对象：找到 1 个　//选择导线1,如图 11-32 所示
选择对象：找到 1 个,总计 2 个　//选择导线2,如图 11-32 所示
选择对象：找到 1 个,总计 3 个　//选择导线3,如图 11-32 所示
选择对象：找到 1 个,总计 4 个　//选择导线4,如图 11-32 所示
选择对象：找到 1 个,总计 5 个　//选择导线5,如图 11-32 所示
选择对象：找到 1 个,总计 6 个　//选择导线6,如图 11-32 所示
选择对象：找到 1 个,总计 7 个　//选择导线7,如图 11-32 所示
选择对象：找到 1 个,总计 8 个　//选择导线8,如图 11-32 所示
选择对象：↙

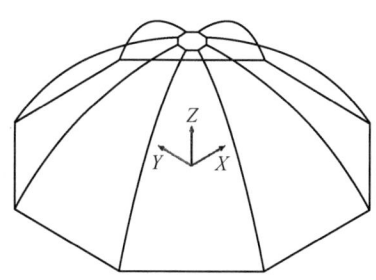
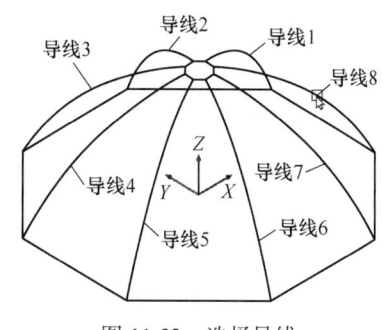

图 11-31 存在的横截面　　　　图 11-32 选择导线

完成创建的放样实体模型如图 11-33 所示。

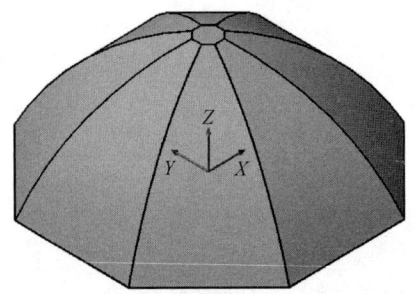

图 11-33　完成创建的放样实体模型

11.8　三维操作

本节主要介绍三维圆角、三维倒角、三维旋转、三维镜像和三维阵列。

11.8.1　三维圆角

要为三维实体的边创建圆角,可以使用"圆角"按钮,该按钮的基本应用在二维草图部分已经介绍过,它同样适合对三维实体的棱边添加圆角操作的情形。下面结合操作案例来介绍如何在三维实体中添加圆角。

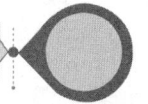 打开本书配套资料包的"CH11"文件夹中的"三维圆角与倒角.DWG"文件。在该文件中存在着图 11-34 所示的原始图形。

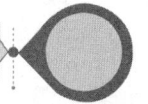 单击"圆角"按钮,接着根据命令行的提示进行如下操作。

命令:_fillet
当前设置:模式 = 修剪,半径 = 2.0000
选取第一个对象或 [多段线(P)/半径(R)/修剪(T)/多个(M)/放弃(U)]:R↙
圆角半径<2.0000>:10↙
当前设置:模式 = 修剪,半径 = 10.0000
选取第一个对象或 [多段线(P)/半径(R)/修剪(T)/多个(M)/放弃(U)]:　　　//单击实体
圆角半径<10.0000>:↙
选择边或 [链(C)/半径(R)]:　　　　　　　　　　　　　　//选择图 11-35 所示的实体边
选择边或 [链(C)/半径(R)]:↙

添加圆角的模型效果如图 11-36 所示。

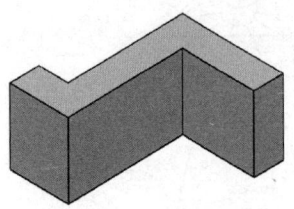 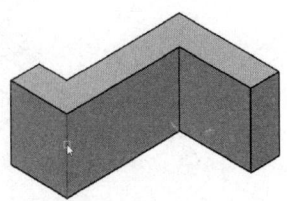 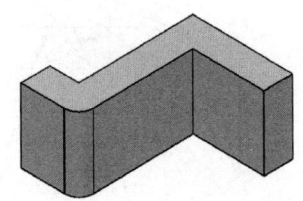

图 11-34　原始图形　　　图 11-35　选择要圆角的边　　　图 11-36　添加圆角的模型效果

11.8.2 三维倒角

在三维机械零件中,经常需要设计倒角结构。

要为三维实体边或曲面边制作倒角,可以使用"倒角边"按钮 。创建倒角边的操作较为简单,在上一节的操作案例上进行演练。确保切换到"三维建模"工作空间,在功能区"常用"选项卡的"修改"面板中单击"倒角边"按钮 ,接着根据命令行的提示进行如下操作。

命令:_chamfer
当前设置: 模式 = 修剪,距离 1 = 5.0000,距离 2 = 50.0000
选择第一条直线或 [多段线(P)/距离(D)/角度(A)/方式(E)/修剪(T)/多个(M)/放弃(U)]:
　　　　　　　　　　　　　　　//在模型中图 11-37 所示的边处单击
输入曲面选择选项 [下一个(N)/当前(OK)] <当前>: ↙
指定基准对象的倒角距离 <5.0000>: 5↙
指定另一个对象的倒角距离 <5.0000>: 5↙
选择边或 [环(L)]:　　　　　　　　　　　　　　　//选择要倒角的边
选择边或 [环(L)]: ↙

完成倒角操作的实体模型如图 11-38 所示。读者可以继续在该实体模型中练习创建多个倒角边。

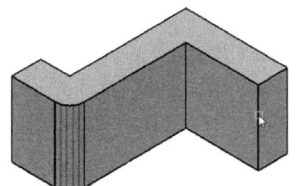
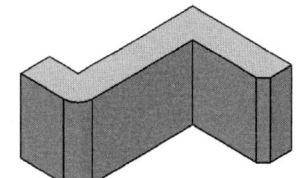

图 11-37　选择要倒角的边　　图 11-38　完成倒角操作的实体模型

11.8.3 三维旋转

"三维旋转"按钮 用于在三维空间内绕三维轴旋转对象。

在功能区"实体"选项卡的"三维操作"面板中单击"三维旋转"按钮 ,接着选择要进行三维操作的实体对象,按〈Enter〉键,此时命令窗口出现"指定旋转轴的起始点或通过选项定义轴 [对象(O)/上一次(L)/视图(V)/X 轴(X)/Y 轴(Y)/Z 轴(Z)/两点(2)]:"的提示信息,根据实际情况进行以下操作。

- 指定旋转轴的起始点,即分别指定旋转轴的第一点和第二点,再指定对象从初始位置绕旋转轴旋转一定的角度,或者采用分别指定参考角度和新角度去完成对象的三维旋转。
- "对象(O)": 选择与对象对齐的旋转轴,可以选择的对象包括直线、圆、圆弧、椭圆或二维多段线上的一段。
- "上一次(L)": 使用上一次执行 ROTATE3D 命令使用的旋转轴作为本次操作的旋转轴。
- "视图(V)": 旋转轴通过指定点并与当前视口的观察方向对齐。
- "X 轴(X)": 将旋转轴与指定点所在坐标系统 UCS 的 X 轴对齐。
- "Y 轴(Y)": 将旋转轴与指定点所在坐标系统 UCS 的 Y 轴对齐。
- "Z 轴(Z)": 将旋转轴与指定点所在坐标系统 UCS 的 Z 轴对齐。
- "两点(2)": 通过指定两个点定义旋转轴。

11.8.4 三维镜像

使用三维操作中的"三维镜像"按钮 (对应的命令为"MIRROR3D"),可以通过指定镜像平面来镜像对象。镜像平面可以是平面对象所在的平面,可以是通过指定点且与当前 UCS 的 XY、YZ 或 XZ 平面平行的平面,也可以是由三个指定点定义的平面。

在三维空间中镜像对象的步骤如下。

① 在功能区"实体"选项卡的"三维操作"面板中单击"三维镜像"按钮。
② 选择要镜像的对象。
③ 定义镜像平面。
④ 按〈Enter〉键保留原始对象,或者输入"Y"将其删除。

【操作案例】 三维镜像操作

① 打开本书配套资料包的"CH11"文件夹中的"三维镜像即学即练.DWG"文件,文件中的原始模型如图 11-39 所示。

② 在功能区"实体"选项卡的"三维操作"面板中单击"三维镜像"按钮,根据命令行的提示执行如下操作。

```
命令:_mirror3d
选择对象: 找到 1 个                    //选择原始实体模型
选择对象:↙
指定镜像平面上的第一个点(三点)或 [对象(O)/上一次(L)/Z 轴(Z)/视图(V)/XY 平面(XY)/YZ 平面
(YZ)/ZX 平面(ZX)/三点(3)] <三点>: //选择点 1,如图 11-40 所示
指定平面上的第二个点:                  //选择点 2,如图 11-40 所示
指定平面上的第三个点:                  //选择点 3,如图 11-40 所示
删除源实体? [是(Y)/否(N)] <否>:↙
```

三维镜像结果如图 11-41 所示。

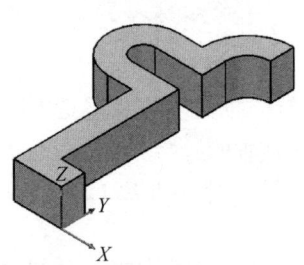
图 11-39 原始模型

图 11-40 指定 3 点定义镜像平面

图 11-41 三维镜像结果

11.8.5 三维阵列

使用功能区"实体"选项卡的"三维操作"面板中的"三维阵列"按钮 (对应的命令为"3DARRAY"),可以在三维空间中创建对象的矩形阵列或环形阵列。

● **1. 矩形阵列**

可以在行、列和层组合的矩形阵列中复制对象,一个矩形阵列必须具有至少两个行、列或层。一个具有多行、多列和多层的矩形阵列,需要定义行数、列数、层数、行间距、列间距和层

间距。

如果要创建具有多行、多列和多层的矩形阵列,可以按照如下的典型步骤来进行。

1) 单击"三维阵列"按钮,或者在命令窗口的"命令"提示下输入"3DARRAY"并按〈Enter〉键。

2) 选择要创建阵列的对象,并指定阵列类型为"矩形"。

3) 输入行数。

4) 输入列数。

5) 输入层数。

6) 指定行间距。

7) 指定列间距。

8) 指定层间距。

如果输入的行数、列数或层数中的某一个为1时,则不用指定相应的间距。

【操作案例】 三维矩形阵列操作

1 打开本书配套资料包的"CH11"文件夹中的"三维矩形阵列.DWG"文件,文件中存在着一个圆柱体,如图11-42所示。

2 使用"三维建模"工作空间,在功能区"常用"选项卡的"修改"面板中单击"三维阵列"按钮,或者在"实体"选项卡的"三维操作"面板中单击"三维阵列"按钮,接着根据命令行的提示来执行如下操作。

```
命令:_3darray
选择对象:找到 1 个                //选择圆柱体
选择对象:↵
输入阵列类型 [矩形(R)/环形(P)] <矩形>:↵
输入行数 (---) <1>:5↵
输入列数 (|||) <1>:4↵
输入层数 (...) <1>:2↵
指定行间距 (---):30↵
指定列间距 (|||):50↵
指定层间距 (...):40↵
```

三维矩形阵列的结果如图11-43所示。

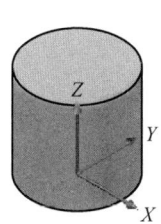

图 11-42 文件中存在的圆柱体

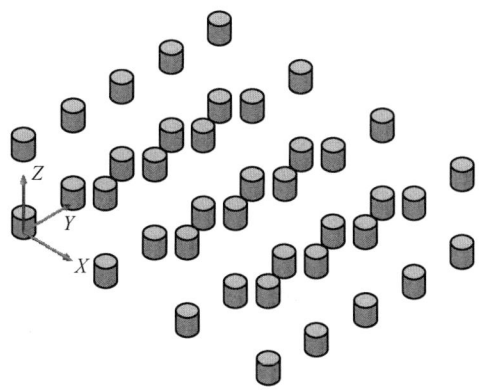

图 11-43 三维矩形阵列的结果

● 2. 环形阵列

环形阵列就是绕旋转轴来复制对象，如图11-44所示。在创建环形阵列的过程中，需要定义阵列的项目数目、要填充的角度、阵列的中心轴等。

图11-44 三维环形阵列

如果要创建对象的三维环形阵列，可以按照如下的典型步骤来进行。

1）使用"三维建模"工作空间，在功能区"常用"选项卡的"修改"面板中单击"三维阵列"按钮，或者在"实体"选项卡的"三维操作"面板中单击"三维阵列"按钮，又或者在命令窗口的"命令"提示下输入"3DARRAY"并按〈Enter〉键。

2）选择要创建阵列的对象。

3）输入"P"并按〈Enter〉键，以确认选择"环形"选项。

4）输入要创建阵列的项目数。

5）指定要填充的阵列对象的角度。

6）按〈Enter〉键沿阵列方向旋转对象，或者输入"n"保留它们的方向。

7）指定对象旋转轴的起点和端点。

【操作案例】 应用三维环形阵列

❶ 打开本书配套资料包的"CH11"文件夹中的"三维环形阵列.DWG"文件，文件中存在着的实体模型如图11-45所示。

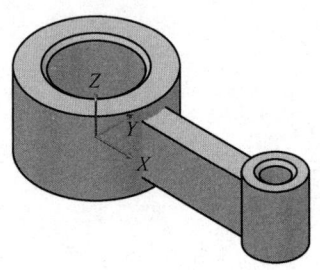

图11-45 文件中存在着的实体模型

❷ 在功能区"常用"选项卡的"修改"面板中单击"三维阵列"按钮，接着根据命令行的提示执行如下操作。

命令:_3darray
选择对象:找到 1 个　　　　　　　　//选择图11-46所示的实体对象
选择对象:✓
输入阵列类型［矩形(R)/环形(P)］<矩形>: P✓
输入阵列中的项目数目: 6✓
指定要填充的角度 (+=逆时针,-=顺时针) <360>: 360✓

是否旋转阵列中的对象？[是(Y)/否(N)] <是>：↙
指定阵列的圆心：   //选择图 11-47 所示的圆心
指定旋转轴上的第二点：   //选择图 11-48 所示的圆心

执行该三维环形阵列操作后的模型效果如图 11-49 所示。

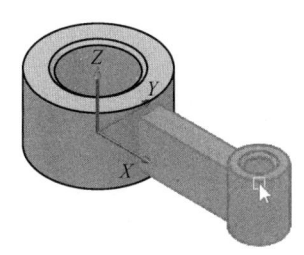

图 11-46　选择要阵列的实体对象

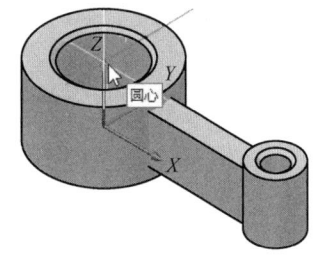

图 11-47　选择圆心 1

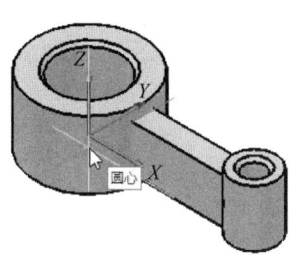

图 11-48　选择圆心 2

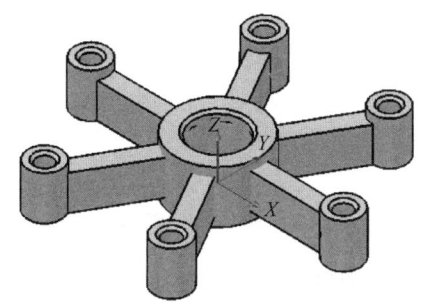

图 11-49　环形阵列效果

11.9　编辑实体

编辑实体的工具命令包括"抽壳""检查""分割""清除""压印""移动面""倾斜面""拉伸面""复制面""偏移面""旋转面""着色面""删除面""剖面""干涉"。这些工具命令的应用比较简单，下面主要介绍比较常用的"偏移面""拉伸面""压印""抽壳"和"剖面"，其他的读者可举一反三。

11.9.1　偏移面与拉伸面

使用"偏移面"按钮 ，可通过按指定的距离偏移三维实体的选定面，从而更改三维实体模型的形状。偏移面的操作步骤较为简单，即单击"偏移面"按钮 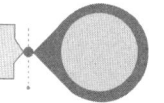 后，选择要偏移的面，然后指定偏移值即可。若偏移值为正值，则会增大实体的大小或体积；若偏移值为负值，则会减少实体的大小或体积。偏移面的操作示例如图 11-50 所示。

使用"拉伸面"按钮，可按指定的距离或沿某条路径拉伸三维实体的选定平面。注意不能拉伸非平面。拉伸面的操作步骤和偏移面类似，典型的拉伸面操作示例如图 11-51 所示（其中以指定拉伸高度为例）。

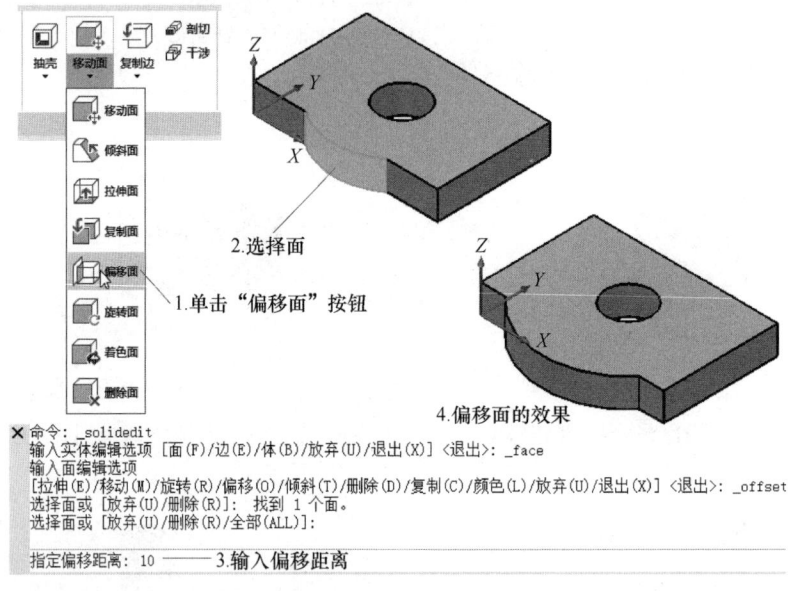

图 11-50 偏移面的操作示例

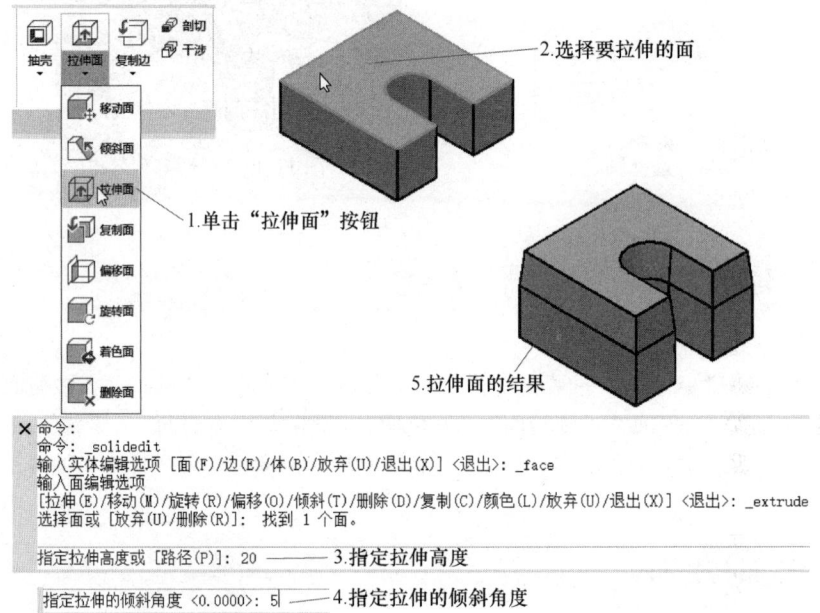

图 11-51 典型的拉伸面操作示例

11.9.2 倾斜面

使用"倾斜面"按钮，可以按指定的角度倾斜三维实体上的面。若指定正角度，则向里倾斜面；若指定负角度，则向外倾斜面。默认的角度为 0，可以垂直于平面拉伸面。选择集中所有选定的面将倾斜相同的角度。

【操作案例】 学习倾斜面操作

❶打开配套资料包中"CH11"文件夹中的"倾斜面.DWG"文件。该文件中存在的实体模型如图11-52所示。

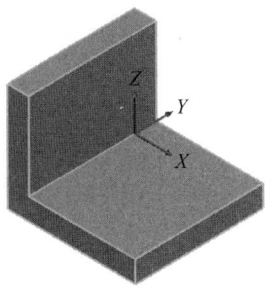

图11-52 原始实体模型

❷在"实体编辑"面板中单击"倾斜面"按钮，根据命令行提示执行如下操作。

命令:_solidedit
输入实体编辑选项 [面(F)/边(E)/体(B)/放弃(U)/退出(X)] <退出>:_face
输入面编辑选项
[拉伸（E）/移动（M）/旋转（R）/偏移（O）/倾斜（T）/删除（D）/复制（C）/颜色（L）/放弃（U）/退出（X）] <退出>:_taper
选择面或 [放弃（U）/删除（R）]： 找到1个面。　　　　//单击图11-53a所示的面
选择面或 [放弃（U）/删除（R）/全部（ALL）]:↙　　　　//按〈Enter〉键
指定基点：　　　　　　　　　　　　　　　　　　　　//选择图11-53b所示的端点
指定沿倾斜轴的另一个点：　　　　　　　　　　　　　//选择图11-53c所示的端点
指定拉伸的倾斜角度 <0.0000>: -10↙　　　　　　　　 //指定倾斜角度为-10°
输入面编辑选项 [拉伸（E）/移动（M）/旋转（R）/偏移（O）/倾斜（T）/删除（D）/复制（C）/颜色（L）/放弃（U）/退出（X）] <退出>:↙　　　　　　//按〈Enter〉键
输入实体编辑选项 [面（F）/边（E）/体（B）/放弃（U）/退出（X）] <退出>:↙　　//按〈Enter〉键
完成倾斜面操作得到的模型效果如图11-53d所示。

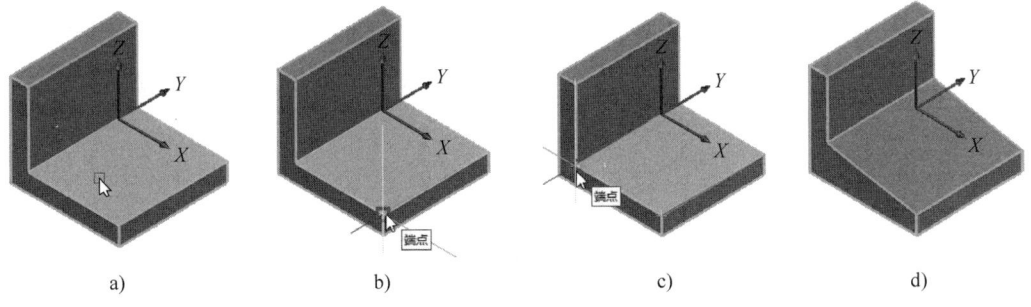

图11-53 倾斜面操作
a) 选择面　b) 指定基点　c) 指定沿倾斜轴的另一个点　d) 操作结果

11.9.3 压印

利用"压印"按钮，可以将一个对象压印到三维实体上，成为三维实体的一部分。其操作方法比较简单，即单击"压印"按钮后，选择一个三维实体对象，接着选择要被压印的对象，

所选对象必须与三维实体对象的一个或多个面相交，可以是直线、面域、体及三维实体，最后还需要设置在完成压印后，是否删除被压印的对象。

【操作案例】学习压印操作

❶打开配套资料包中"CH11"文件夹中的"压印.DWG"文件。该文件中存在的实体模型如图 11-54 所示。

❷在"实体编辑"面板中单击"压印"按钮，根据命令行提示执行如下操作。

命令：_solidedit
输入实体编辑选项 [面(F)/边(E)/体(B)/放弃(U)/退出(X)] <退出>：_body
输入体编辑选项 [压印（I）/分割实体（P）/抽壳（S）/清除（L）/检查（C）/放弃（U）/退出（X）] <退出>：_imprint
选择三维实体：　　　　　　　　　　　　　　//选择长方体
选择要压印的对象：　　　　　　　　　　　　//选择圆柱体
是否删除源对象 [是（Y）/否（N）] <否>：Y✓
选择要压印的对象：✓
输入体编辑选项 [压印（I）/分割实体（P）/抽壳（S）/清除（L）/检查（C）/放弃（U）/退出（X）] <退出>：✓
输入实体编辑选项 [面（F）/边（E）/体（B）/放弃（U）/退出（X）] <退出>：✓

压印操作结果如图 11-55 所示。

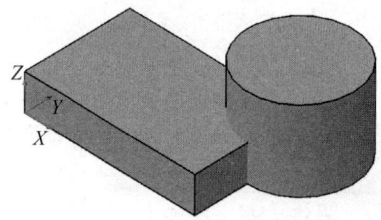　　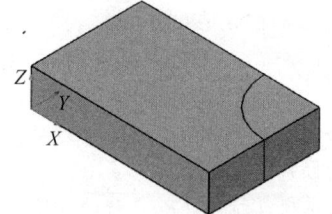

图 11-54　原始实体模型　　　　　图 11-55　压印操作结果

11.9.4　抽壳

抽壳是指将三维实体转换为中空壳体，其壁具有设定的厚度。可以为所有面指定一个固定的薄壁厚度，并可以指定哪些面排除在壳外。在指定抽壳偏移距离时，若指定正值则从圆周外开始抽壳，若指定负值则从圆周内开始抽壳。

要进行三维抽壳操作，可以单击"抽壳"按钮。

【操作案例】进行三维抽壳操作

该案例具体的操作步骤如下。

❶打开本书配套资料包中"CH11"文件夹中的"抽壳.DWG"文件。该文件中存在的实体模型如图 11-56 所示。

❷在功能区"实体"选项卡的"实体编辑"面板中单击"抽壳"按钮，执行如下操作。

命令：_solidedit
输入实体编辑选项 [面(F)/边(E)/体(B)/放弃(U)/退出(X)] <退出>：_body
输入体编辑选项 [压印（I）/分割实体（P）/抽壳（S）/清除（L）/检查（C）/放弃（U）/退出

（X）] <退出>：_shell

　　选择三维实体：　　　　　　　　　　　　　　//单击三维实体

　　删除面或 [放弃（U）/添加（A）/全部（ALL）]：找到 1 个面，已删除 1 个。//指定删除面，如图 11-57 所示

　　删除面或 [放弃（U）/添加（A）/全部（ALL）]：↙

　　输入外偏移距离：3↙

　　输入体编辑选项 [压印（I）/分割实体（P）/抽壳（S）/清除（L）/检查（C）/放弃（U）/退出（X）] <退出>：↙

　　输入实体编辑选项 [面（F）/边（E）/体（B）/放弃（U）/退出（X）] <退出>：↙

抽壳结果如图 11-58 所示。

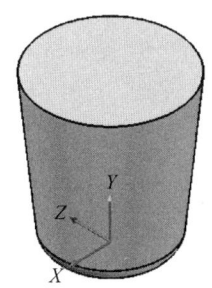 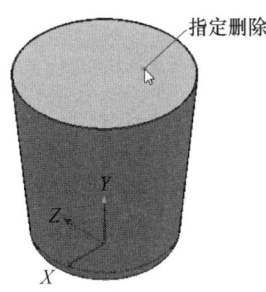 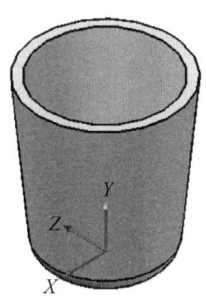

图 11-56　文件中已存在的实体模型　　　图 11-57　指定删除面　　　图 11-58　抽壳结果

11.9.5　利用平面或曲面剖切实体

使用"实体编辑"面板中的"剖切"按钮，可以通过剖切或分割现有对象创建新的三维实体和曲面。用户可以通过多种方式定义剖切面，包括指定点或者选择曲面或平面对象。可以直接用作剪切平面的对象包括曲面、圆、椭圆、圆弧或椭圆弧、二维样条曲线和二维多段线线段等。实际上剪切平面是通过 2 个或 3 个点定义的，方法是指定 UCS 的主要平面，或选择曲面对象（而非网格）。

在剖切实体时，可以根据设计需要确定保留剖切实体的一半或全部，即可以保留剖切三维实体的一个或两个侧面。注意：剖切实体不保留创建它们的原始形式的历史记录，而保留原实体的图层和颜色特性。

剖切实体的一般步骤如下。

❶在"实体编辑"面板中单击"剖切"按钮，或者在命令窗口的"命令"提示下输入"SLICE"并按〈Enter〉键。

❷选择要剖切的对象，按〈Enter〉键。

❸定义剖切面。可以有多种方式。

❹指定要保留的部分，或输入"B"以将两半都保留（即选择"保留两个侧面（B）"选项）。

【操作案例】　剖切操作

❶打开本书配套资料包的"CH11"文件夹中的"剖切即学即练. DWG"文件。在该文件中，存在着一个三维机械零件模型，如图 11-59 所示。启用正交模式、对象捕捉和对象追踪等模式。

❷在"实体编辑"面板中单击"剖切"按钮，接着根据命令行的提示执行如下操作。

```
命令:_slice
选择要剖切的对象: 找到 1 个                    //选择要剖切的实体
选择要剖切的对象: ✓                           //按〈Enter〉键
指定剖切平面起点或 [平面对象(O)/曲面(S)/Z 轴(Z)/视图(V)/XY/YZ/ZX/三点(3)] <三点>: YZ✓
//选择"YZ"选项
指定 YZ 平面上的点 <0,0,0>: ✓                 //按〈Enter〉键接受默认点(0,0,0)
在需求平面的一侧拾取一点或 [保留两侧(B)] <两侧>:  //在图 11-60 所示的位置处单击一点
得到的剖切结果如图 11-61 所示。
```

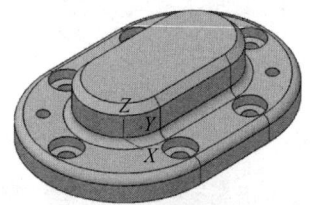
图 11-59　三维机械零件模型

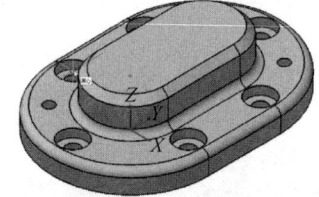
图 11-60　指定要保留的一侧

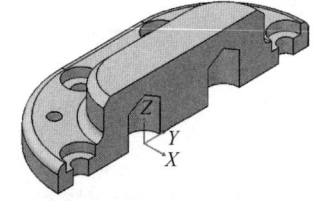
图 11-61　得到的剖切结果

11.10　布尔运算

复杂的三维实体通常不能一次生成，可以对若干相对简单的实体进行布尔运算等编辑操作，使其组合成复杂的实体模型。中望 CAD 的布尔运算主要包括并集、交集和差集运算。

11.10.1　并集运算

通过并集运算，可以将两个或两个以上的实体（或面域）合并成为一个复合对象。得到的复合实体包括所有选定实体所封闭的空间；得到的复合面域包括子集中所有面域所封闭的面积。

要进行并集运算，有以下 3 种方式。

▦ 命令："UNION" 命令。

◆ 工具按钮："并集" 按钮 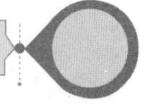。

◆ 菜单命令："修改" → "实体编辑" → "并集"。

通过并集运算组合实体的典型步骤简述如下。

❶选择 "修改" → "实体编辑" → "并集" 菜单命令，或者单击 "并集" 按钮，或者在命令窗口的 "命令" 提示下输入 "UNION" 按〈Enter〉键。

❷选择要组合的对象。

❸按〈Enter〉键。

【操作案例】　并集运算

❶打开本书配套资料包中 "CH11" 文件夹中的 "并集运算.DWG" 文件。在该文件中存在多个实体模型，如图 11-62 所示。

❷在功能区 "实体" 选项卡的 "布尔运算" 面板中单击 "并集" 按钮，接着分别选择实体 1、实体 2、实体 3、实体 4、实体 5、实体 6 和实体 7，按〈Enter〉键，完成并集运算，得到的组合实体如图 11-63 所示。

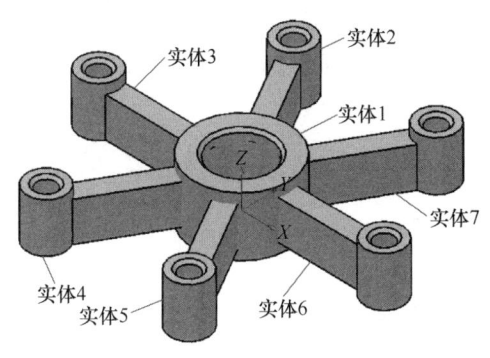
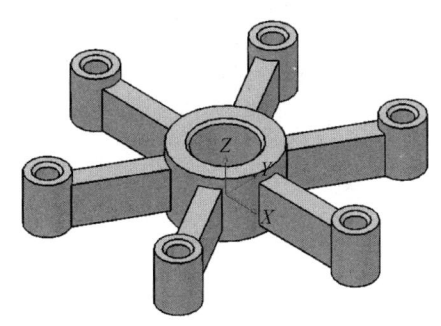

图 11-62 存在的多个实体模型　　　　　图 11-63 并集运算后的组合体

11.10.2 差集运算

通过差集运算，可以从一组实体中删除与另一组实体的公共区域。例如，可以通过差集运算从对象中减去圆柱体，从而构建出机械零件中的孔结构，如图 11-64 所示。

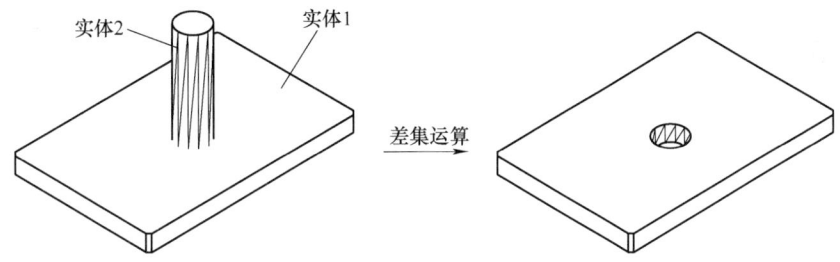

图 11-64 差集运算

要进行差集运算，有以下 3 种方式。

▦ 命令："SUBTRACT"命令。
◈ 工具按钮："差集"按钮 ▣。
◈ 菜单命令："修改"→"实体编辑"→"差集"。

通过差集运算来从一个实体中减去另一个实体的典型步骤如下。

1️⃣ 选择"修改"→"实体编辑"→"差集"菜单命令，或者单击"差集"按钮 ▣，或者在命令窗口的"命令"提示下输入"SUBTRACT"并按〈Enter〉键。

2️⃣ 选择要从中减去对象的实体对象，按〈Enter〉键。

3️⃣ 选择要减去的对象，按〈Enter〉键。

【操作案例】差集运算

1️⃣ 打开本书配套资料包中"CH11"文件夹中的"差集运算.DWG"文件。在该文件中存在着的实体模型如图 11-65 所示。

2️⃣ 选择"修改"→"实体编辑"→"差集"菜单命令，或者在功能区"实体"选项卡的"布尔运算"面板中单击"差集"按钮 ▣，然后根据命令行的提示执行如下操作。

```
命令:_subtract
选择要从中减去的实体、曲面和面域:找到 1 个          //选择实体 1
选择要从中减去的实体、曲面和面域:↙
```

选择要减去的实体、曲面和面域: 找到 1 个　　　　　　//选择实体 2
选择要减去的实体、曲面和面域: 找到 1 个,总计 2 个　　//选择实体 3
选择要减去的实体、曲面和面域:↙
结果如图 11-66 所示。

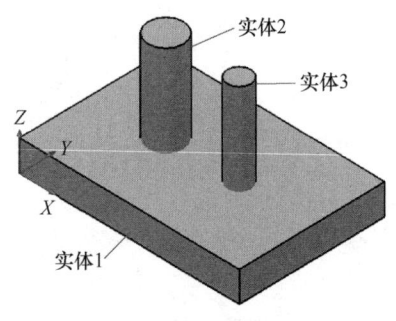

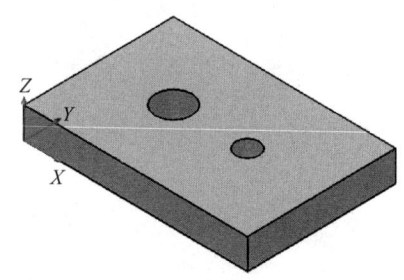

图 11-65　已有的实体模型　　　　　　图 11-66　差集运算的模型结果

11.10.3　交集运算

通过交集运算可以在两个或两个以上重叠实体的公共部分创建复合实体,而将非重叠部分删除。另外,使用交集运算也可以在两个或多个面域的交集中创建复合面域,而删除交集外的区域。

要进行交集运算,有以下 3 种方式。

　　命令:"INTERSECT"命令。
　　工具按钮:"交集"按钮。
　　菜单命令:"修改"→"实体编辑"→"交集"。

利用两个或两个以上实体的交集创建实体的典型步骤简述如下。

①选择"修改"→"实体编辑"→"交集"菜单命令,或者单击"交集"按钮,或者在命令窗口的"命令"提示下输入"INTERSECT"并按〈Enter〉键。

②选择要相交的对象。

③按〈Enter〉键。

【操作案例】　交集运算

①打开本书配套资料包中"CH11"文件夹中的"交集运算.DWG"文件。在该文件中存在着两个独立的实体模型,如图 11-67 所示(东南等轴测视图显示)。

②在功能区"实体"选项卡的"布尔运算"面板中单击"交集"按钮,然后根据命令行的提示进行如下操作。

命令:_intersect
选取要相交的对象: 找到 1 个　　　　　　//选择长方体
选取要相交的对象: 找到 1 个,总计 2 个　　//选择圆柱体
选取要相交的对象:↙

③为了清楚起见,可以在功能区"常用"选项卡的"视图"面板中,选择"消隐"选项来观察模型,效果如图 11-68 所示。

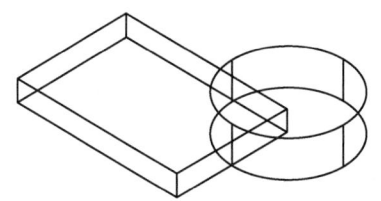
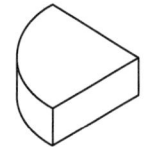

图 11-67　文件中已有的两个实体模型　　　图 11-68　交集运算得到的实体（消隐效果）

11.11　综合案例：泵盖零件三维建模

本节介绍某泵盖零件的三维实体建模过程。通过该建模综合案例，让读者领悟到三维实体建模的基本思路、步骤及相关的操作技巧等。本案例要完成的泵盖零件三维实体模型如图 11-69 所示。

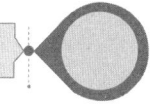

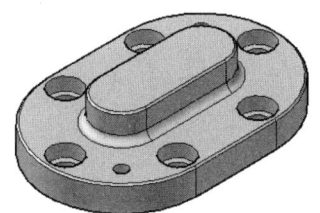
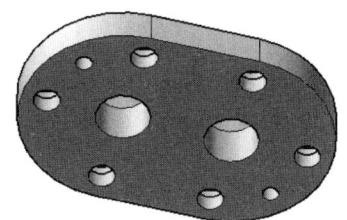

图 11-69　要完成的泵盖零件三维实体模型

本泵盖零件的三维建模步骤如下。

1️⃣ 新建一个图形文件。在"快速访问工具栏"中单击"新建"按钮，接着通过弹出的对话框选择中望 CAD 2025 软件提供的"zwcadiso.dwt"图形样板，单击"打开"按钮。本例使用"三维建模"工作空间。

2️⃣ 绘制一个封闭的二维多段线。在功能区"常用"选项卡的"绘图"面板中单击"多段线"按钮，根据命令行提示进行以下操作。

命令:_pline
指定多段线的起点: 60,0↙
当前线宽是 0.0000
指定下一点或 [圆弧(A)/半宽(H)/长度(L)/撤销(U)/宽度(W)]: @64<90↙
指定下一点或 [圆弧(A)/闭合(C)/半宽(H)/长度(L)/撤销(U)/宽度(W)]: A↙
指定圆弧的端点(按住 Ctrl 键以切换方向)或 [角度(A)/圆心(CE)/闭合(CL)/方向(D)/半宽(H)/直线(L)/半径(R)/第二个点(S)/宽度(W)/撤销(U)]: @120<180↙
指定圆弧的端点(按住 Ctrl 键以切换方向)或 [角度(A)/圆心(CE)/闭合(CL)/方向(D)/半宽(H)/直线(L)/半径(R)/第二个点(S)/宽度(W)/撤销(U)]: L↙
指定下一点或 [圆弧(A)/闭合(C)/半宽(H)/长度(L)/撤销(U)/宽度(W)]: @64<270↙
指定下一点或 [圆弧(A)/闭合(C)/半宽(H)/长度(L)/撤销(U)/宽度(W)]: A↙
指定圆弧的端点(按住 Ctrl 键以切换方向)或 [角度(A)/圆心(CE)/闭合(CL)/方向(D)/半宽(H)/直线(L)/半径(R)/第二个点(S)/宽度(W)/撤销(U)]: 60,0↙
指定圆弧的端点(按住 Ctrl 键以切换方向)或 [角度(A)/圆心(CE)/闭合(CL)/方向(D)/半宽(H)/直线(L)/半径(R)/第二个点(S)/宽度(W)/撤销(U)]: ↙

完成绘制的封闭二维多段线如图 11-70 所示。

③ 创建偏移多段线。在功能区"常用"选项卡的"修改"面板中单击"偏移"按钮，根据命令行提示进行以下操作。

命令:_offset
指定偏移距离或 [通过(T)/擦除(E)/图层(L)] <通过>:40↙
选择要偏移的对象或 [放弃(U)/退出(E)] <退出>:　　　//单击二维多段线
指定目标点或 [退出(E)/多个(M)/放弃(U)] <退出>:　　//在二维多段线内部单击
选择要偏移的对象或 [放弃(U)/退出(E)] <退出>:↙

偏移结果如图 11-71 所示。

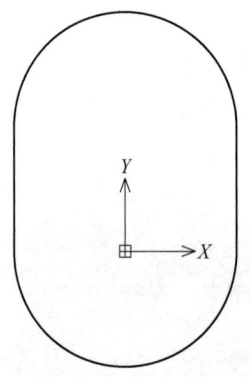 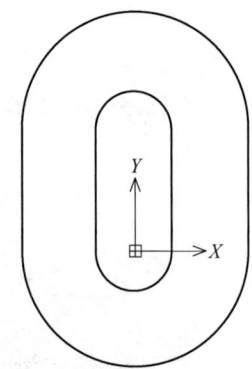

图 11-70　绘制封闭的二维多段线　　　　图 11-71　偏移结果

④ 选择标准视图。在功能区"常用"选项卡的"视图"面板中，从"视图"下拉列表框中选择"东南等轴测"视图选项，此时视图显示如图 11-72 所示。

⑤ 创建第 1 个拉伸实体。在功能区中切换至"实体"选项卡，在"实体"面板中单击"拉伸"按钮，根据命令行提示进行以下操作。

命令:_extrude
当前线框密度：ISOLINES=4,闭合轮廓创建模式=实体
选择对象或 [模式(MO)]:找到 1 个　　　//选择最内侧的跑道封闭图形
选择对象或 [模式(MO)]:↙
指定拉伸高度或 [方向(D)/路径(P)/倾斜角(T)] <20.0000>:40↙

创建的第一个拉伸实体如图 11-73 所示。

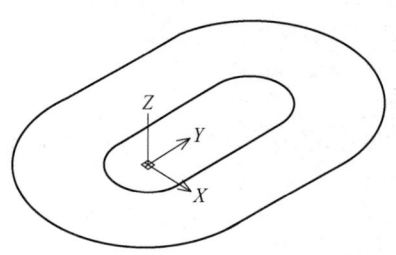 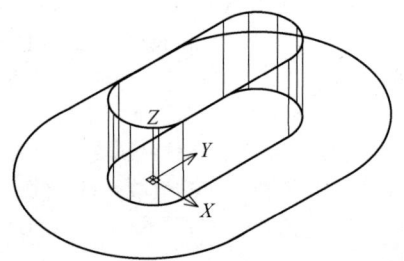

图 11-72　切换至"东南等轴测"视图　　　　图 11-73　创建的第 1 个拉伸实体

⑥ 创建第 2 个拉伸实体。在"实体"选项卡的"实体"面板中单击"拉伸"按钮，选择最外面的二维多段线，按〈Enter〉键，输入拉伸的高度"20"并按〈Enter〉键确认，完成创

建的第 2 个拉伸实体如图 11-74 所示。

⑦ 并集运算。在功能区"实体"选项卡的"布尔运算"面板中单击"并集"按钮⬜，接着选择第 1 个拉伸实体和第 2 个拉伸实体，然后按〈Enter〉键，将所选的两个实体组合成一个实体对象，如图 11-75 所示。

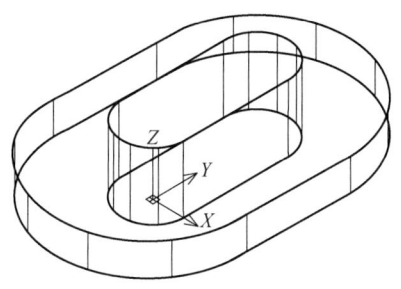 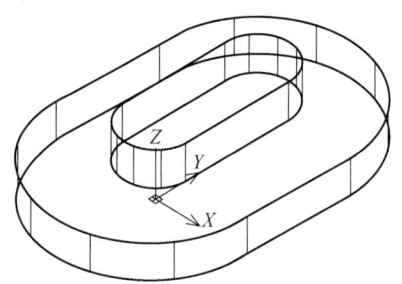

图 11-74　创建的第 2 个拉伸实体　　　　　　图 11-75　并集运算

⑧ 在 XY 工作平面上绘制二维图形。在功能区中切换到"常用"选项卡，从"视图"面板的"视图"下拉列表框中选择"俯视"视图选项；接着在"绘图"面板中单击"直线"按钮╲，在绘图区域中的适当位置处绘制图 11-76 所示的二维图形（图中给出了图形尺寸）。

⑨ 重新选择"东南等轴测"视图。在功能区"常用"选项卡的"视图"面板的"视图"下拉列表框中选择"东南等轴测"视图选项，此时模型视图显示如图 11-77 所示。

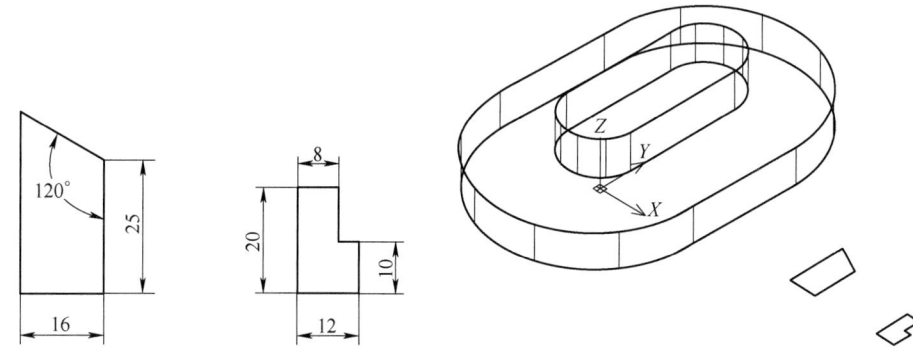

图 11-76　绘制二维图形　　　　　　图 11-77　"东南等轴测"视图显示

⑩ 生成面域。在功能区"常用"选项卡的"绘图"面板中单击"面域"按钮⬜，以窗口选择方式选择前面步骤 8 所创建的两个闭合图形，按〈Enter〉键，从而生成两个面域。

⑪ 创建第 1 个旋转实体。在功能区"常用"选项卡的"建模"面板中单击"旋转"按钮⬜，根据命令行提示进行以下操作。

命令:_revolve
当前线框密度：ISOLINES＝4,闭合轮廓创建模式＝实体
选择对象或 [模式(MO)]：找到 1 个　　　　　　　　//单击图 11-78a 所示的面域
选择对象或 [模式(MO)]：✓
指定旋转轴的起始点或通过选项定义轴 [对象(O)/X 轴(X)/Y 轴(Y)/Z 轴(Z)] ＜对象＞：//选择图 11-78b
所示的端点 1
　　指定轴的端点:✓　　　　　　　　　　//选择图 11-78b 所示的端点 2
　　指定旋转角度或 [起始角度(ST)] ＜360.0000＞:✓

289

创建的第 1 个旋转实体如图 11-78c 所示。

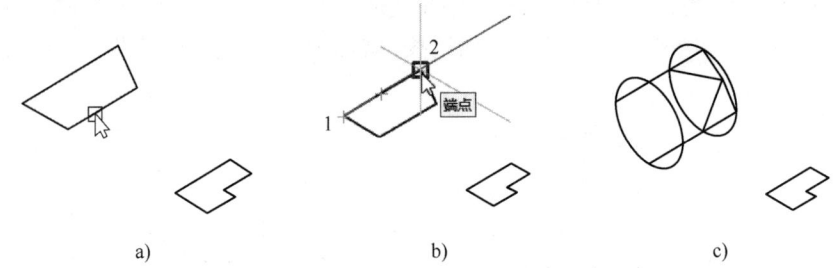

图 11-78 创建的第 1 个旋转实体
a) 选择要旋转的对象　b) 定义旋转轴　c) 完成创建旋转实体

🔢 创建第 2 个旋转实体。单击"旋转"按钮 🫗，根据命令行提示进行以下操作。

命令：_revolve
当前线框密度： ISOLINES＝4，闭合轮廓创建模式＝实体
选择对象或 [模式(MO)]：找到 1 个　　　　　　//单击图 11-79a 所示的面域
选择对象或 [模式(MO)]：✓
指定旋转轴的起始点或通过选项定义轴 [对象(O)/X 轴(X)/Y 轴(Y)/Z 轴(Z)] <对象>：　　//选择图 11-79b 所示的端点 1
指定轴的端点：　　　　　　　　　　　　//选择图 11-79b 所示的端点 2
指定旋转角度或 [起始角度(ST)] <360.0000>：✓

创建的第 2 个旋转实体如图 11-79c 所示。

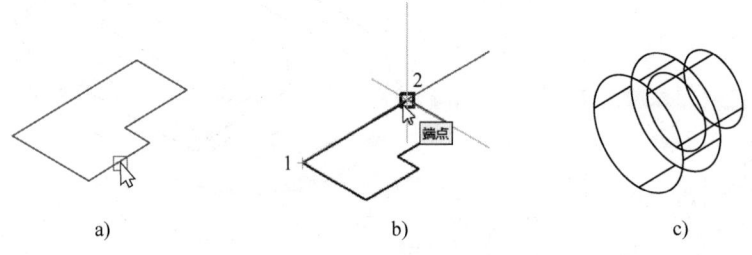

图 11-79 创建的第 2 个旋转实体
a) 选择要旋转的对象　b) 定义旋转轴　c) 完成创建旋转实体

🔢 进行三维旋转操作。在功能区"常用"选项卡的"修改"面板中单击"三维旋转"按钮 🔁，选择第 1 个旋转实体并按〈Enter〉键，接着在"指定旋转轴的起始点或通过选项定义轴 [对象(O)/上一次(L)/视图(V)/X 轴(X)/Y 轴(Y)/Z 轴(Z)/两点(2)]："的提示信息下输入"X"并按〈Enter〉键，然后按〈Enter〉键接受 X 轴上一点为"0，0，0"，以及指定旋转角度为 90°，从而获得图 11-80 所示的三维旋转结果。

🔢 将第 1 个旋转实体移动到坐标原点。在功能区"常用"选项卡的"修改"面板中单击"移动"按钮 ✥，选择第 1 个旋转实体，按〈Enter〉键，接着在该旋转实体中选择底面圆心作为移动基点（如图 11-81 所示），在"指定第二点的位移或 <使用第一个点作为位移>："的提示信息下指定第 2 点的坐标为"0，0，0"，得到的三维移动结果如图 11-82 所示。

🔢 将第 1 个旋转实体复制到另一个位置处。在功能区"常用"选项卡的"修改"面板中单击"复制"按钮 🗐，接着根据命令行提示进行以下操作。

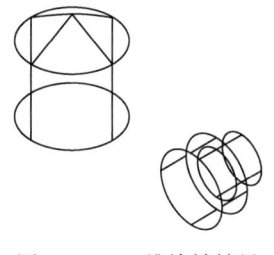
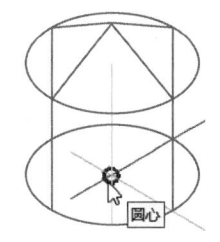
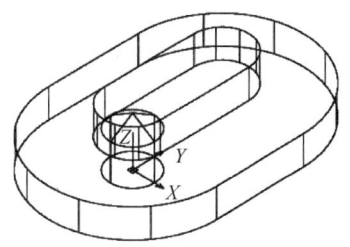

图 11-80　三维旋转结果　　　图 11-81　指定移动基点　　　图 11-82　三维移动结果

命令:_copy
选择对象:找到 1 个　　　　　　　　　　　//选择第 1 个旋转实体
选择对象:↙
当前设置:复制模式 = 多个
指定基点或 [位移(D)/模式(O)] <位移>:　　//选择第 1 个旋转实体的底面圆心,即(0,0,0)
指定第二个点或 [阵列(A)/等距(E)/等分(I)/沿线(P)] <使用第一点当作位移>: 0,64,0↙
指定第二个点或 [阵列(A)/退出(X)/放弃(U)] <退出>:↙

复制结果如图 11-83 所示。此时,可以在功能区"常用"选项卡的"视图"面板的"视觉样式"下拉列表框中选择"线框"选项。

16 差集操作。在功能区"常用"选项卡的"实体编辑"面板中单击"差集"按钮,选择图 11-84 所示的主实体模型,按〈Enter〉键,接着依次选择图 11-85 所示的两个旋转实体作为要减去的实体,按〈Enter〉键。

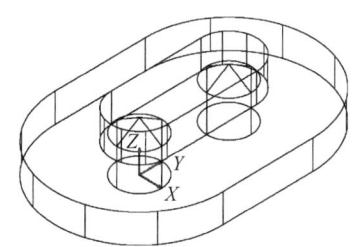
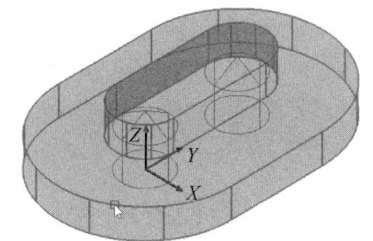
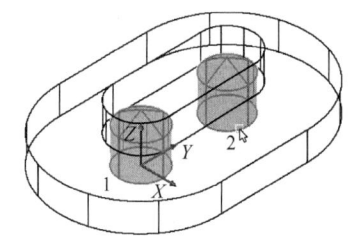

图 11-83　复制结果　　　图 11-84　选择主实体模型　　　图 11-85　选择要减去的实体

17 进行三维对齐操作。在功能区"常用"选项卡的"修改"面板中单击"对齐"按钮,接着根据命令行提示进行以下操作。

命令:_align
选择对象:找到 1 个　　　　　　　　　　　//选择第 2 个旋转实体(将用于沉孔设计的实体)
选择对象:↙
指定第一个源点:　　　　　　　　　　　　//选择图 11-86a 所示的圆心
指定第一个目标点: 0,-45,0↙
指定第二个源点:　　　　　　　　　　　　//选择图 11-86b 所示的圆心
指定第二个目标点: 0,-45,20↙
指定第三个源点或 <继续>:↙
是否基于对齐点缩放对象? [是(Y)/否(N)] <否>:↙

对齐结果如图 11-86c 所示。

18 使用复制工具将刚对齐的三维旋转实体复制并放置在其他位置处。在功能区"常用"选项卡的"修改"面板中单击"复制"按钮，接着根据命令行提示进行以下操作。

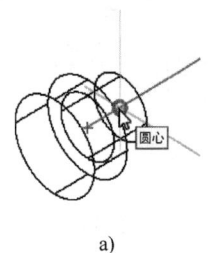 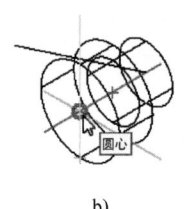 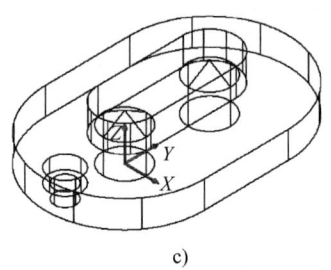

a)   b)   c)

图 11-86　对齐操作

a) 指定基点　b) 指定第 2 个点　c) 对齐结果

```
命令:_copy
选择对象:找到 1 个                    //选择要复制的实体对象,如图 11-87 所示
选择对象:↵
当前设置:复制模式 = 多个
指定基点或 [位移(D)/模式(O)] <位移>: O↵
输入复制模式选项 [单个(S)/多个(M)] <多个>: M↵
当前设置:复制模式 = 多个
指定基点或 [位移(D)/模式(O)] <位移>:       //选择图 11-88 所示的圆心
指定第二个点或 [阵列(A)/等距(E)/等分(I)/沿线(P)] <使用第一点当作位移>: 45,0,20↵
指定第二个点或 [阵列(A)/退出(X)/放弃(U)] <退出>: 45,64,20↵
指定第二个点或 [阵列(A)/退出(X)/放弃(U)] <退出>: 0,109,20↵
指定第二个点或 [阵列(A)/退出(X)/放弃(U)] <退出>: -45,64,20↵
指定第二个点或 [阵列(A)/退出(X)/放弃(U)] <退出>: -45,0,20↵
指定第二个点或 [阵列(A)/退出(X)/放弃(U)] <退出>: ↵
```

复制操作结果如图 11-89 所示。

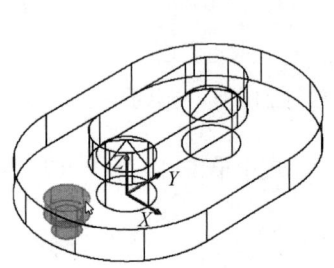 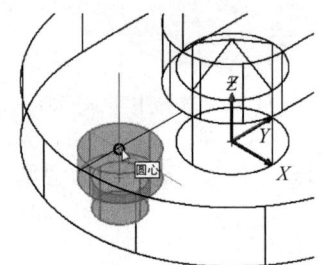 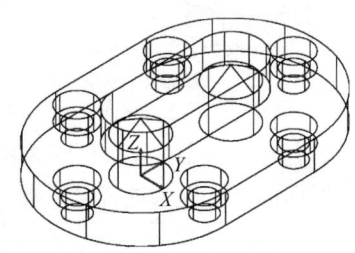

图 11-87　选择要复制的对象　　图 11-88　指定复制基点　　图 11-89　复制操作结果

⑲ 创建一个圆柱体。在功能区中切换至"实体"选项卡，从"图元"面板中单击"圆柱体"按钮，根据命令行提示进行以下操作。

```
命令:_cylinder
指定底面的中心点或 [三点(3P)/两点(2P)/切点、切点、半径(T)/椭圆(E)]: 32,-32,0↵
指定圆的半径或 [直径(D)] <81.2922>: 5↵
指定高度或 [两点(2P)/中心轴(A)] <50.0000>: 30↵
```

完成创建的圆柱体 1 如图 11-90 所示。

⑳ 再创建一个圆柱体。在功能区"实体"选项卡的"图元"面板中单击"圆柱体"按钮，

根据命令行提示进行以下操作。

命令:_cylinder
指定底面的中心点或 [三点(3P)/两点(2P)/切点、切点、半径(T)/椭圆(E)]: -32,96,0↙
指定圆的半径或 [直径(D)] <5.0000>:↙
指定高度或 [两点(2P)/中心轴(A)] <30.0000>:↙

完成创建的圆柱体 2 如图 11-91 所示。

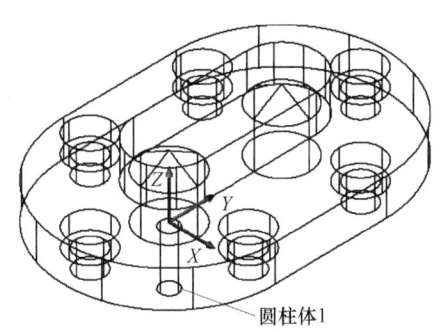
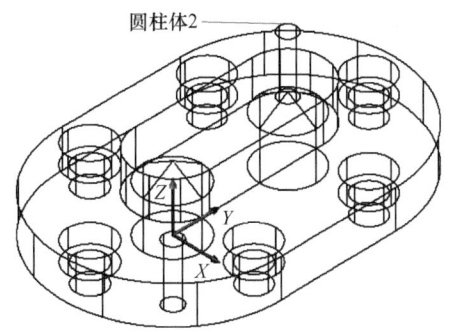

图 11-90　完成创建的圆柱体 1　　　　图 11-91　完成创建的圆柱体 2

21 求差操作（差集操作）。在功能区的"实体"选项卡的"布尔运算"面板中单击"差集"按钮，选择主实体模型并按〈Enter〉键，接着选择其他所有实体作为要减去的实体，如图 11-92 所示，选择好之后按〈Enter〉键。

22 更改视觉样式。在功能区打开"常用"选项卡，在"视图"面板的"视觉样式"下拉列表框中选择"灰度"选项，此时模型以"灰度"视觉样式显示，效果如图 11-93 所示。

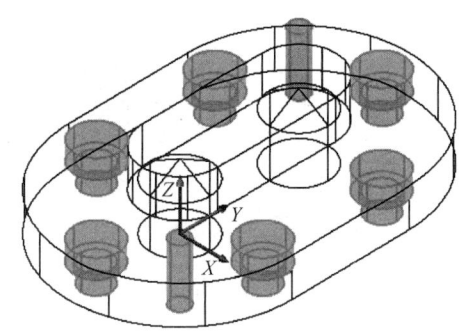
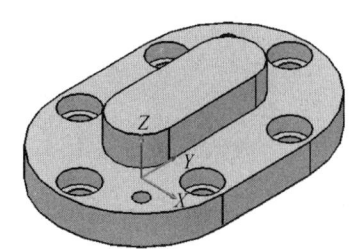

图 11-92　选择要减去的多个实体　　　　图 11-93　以"灰度"视觉样式显示

23 创建圆角。在功能区"常用"选项卡的"修改"面板中单击"圆角"按钮，接着根据命令行提示进行以下操作。

命令:_fillet
当前设置: 模式 = 修剪,半径 = 3.0000
选取第一个对象或 [多段线(P)/半径(R)/修剪(T)/多个(M)/放弃(U)]:　　//单击实体模型
圆角半径<3.0000>: 5↙
选择边或 [链(C)/半径(R)]: C↙
选择边链或 [边(E)/半径(R)]:　　　　　　//单击图 11-94 所示的边链
选择边链或 [边(E)/半径(R)]:↙

完成创建的圆角效果如图 11-95 所示。

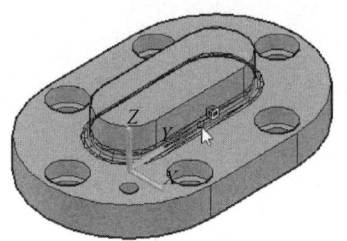
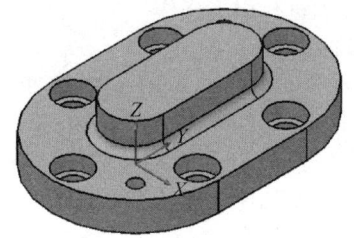

图 11-94 选择边链　　　　　　　　图 11-95 完成创建的圆角效果

24 创建倒角 1。在功能区的"常用"选项卡的"修改"面板中单击"倒角"按钮，根据命令行提示进行以下操作。

命令：_chamfer
当前设置：模式 = 修剪，距离 1 = 0.0000，距离 2 = 0.0000
选择第一条直线或 [多段线(P)/距离(D)/角度(A)/方式(E)/修剪(T)/多个(M)/放弃(U)]：
　　　　　　　　　　　　　　　　　　//在图 11-96 的边线处单击实体模型
输入曲面选择选项 [下一个(N)/当前(OK)] <当前>：N✓　//当前曲面选择默认如图 11-97 所示，切换至"下一个(N)"
输入曲面选择选项 [下一个(N)/当前(OK)] <当前>：✓　//新的当前曲面选择如图 11-98 所示
指定基准对象的倒角距离 <0.0000>：1.2✓
指定另一个对象的倒角距离 <1.2000>：✓
选择边或 [环(L)]：L✓
选择边环或 [边(E)]：　　　　　//选择要倒角的边链，如图 11-99 所示，该边链处于所需的曲面上
选择边环或 [边(E)]：✓

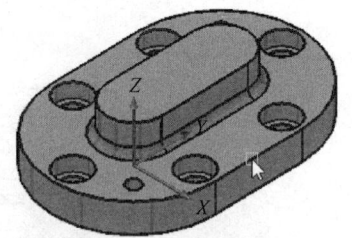
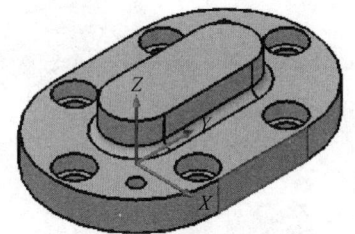

图 11-96 在预定区域的边线处单击实体　　　　图 11-97 当前曲面选择

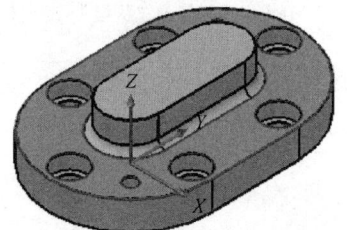
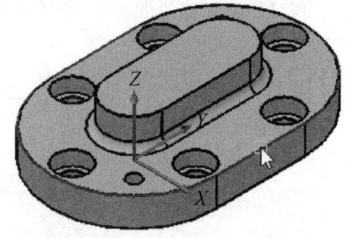

图 11-98 所需的新当前曲面选择　　　　图 11-99 选择要倒角的边链

得到的倒角结果如图 11-100 所示。

25 继续创建倒角。

继续单击"倒角"按钮，接着根据命令行提示进行以下操作。

命令:_chamfer

当前设置:模式 = 修剪,距离 1 = 1.2000,距离 2 = 1.2000

选择第一条直线或 [多段线(P)/距离(D)/角度(A)/方式(E)/修剪(T)/多个(M)/放弃(U)]: //在图 11-101 的边线处单击实体模型

输入曲面选择选项 [下一个(N)/当前(OK)] <当前>: N✓ //当前曲面选择默认如图 11-102 所示,切换至"下一个(N)"

输入曲面选择选项 [下一个(N)/当前(OK)] <当前>: OK✓ //接受图 11-103 所示的新的曲面选择

指定基准对象的倒角距离 <1.2000>: ✓

指定另一个对象的倒角距离 <1.2000>: ✓

选择边或 [环(L)]: L✓

选择边环或 [边(E)]: //选择要倒角的边链,如图 11-104 所示,该边链处于所需的曲面上

选择边环或 [边(E)]: ✓

倒角结果如图 11-105 所示。

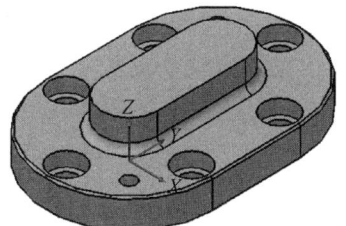
图 11-100　倒角结果 1

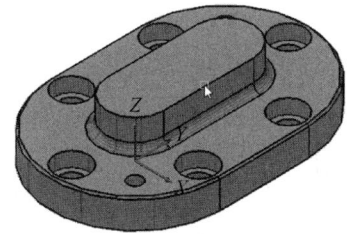
图 11-101　在预定边线处单击实体模型

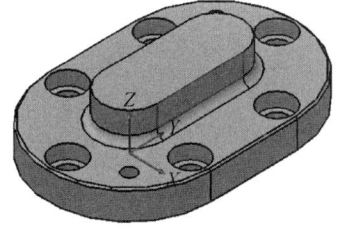
图 11-102　默认的当前曲面选择

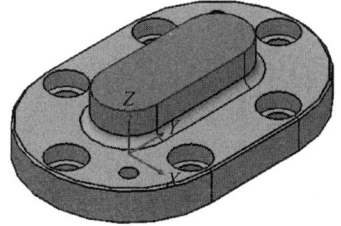
图 11-103　切换新的曲面选择

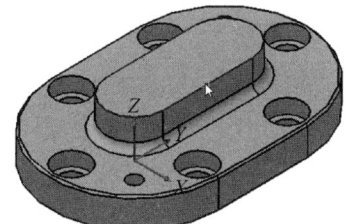
图 11-104　选择边链

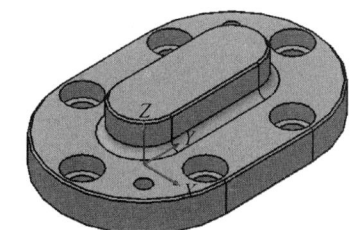
图 11-105　倒角结果 2

㉖ 在"快速访问工具栏"中单击"保存"按钮，进行保存图形文件的操作。

11.12　思考与练习

1) 主要有哪些三维坐标系?
2) 如何新建 UCS 坐标?
3) 如何调整三维模型的视图及视角?
4) 曲面模型与实体模型有什么不同?在创建它们时需要注意哪些方面?
5) 如何创建扫掠实体?请举例进行说明。
6) 如何创建放样实体?请举例进行说明。
7) 如何进行三维旋转操作?
8) 实体编辑的工具命令主要有哪些?请研习本章未介绍的一些实体编辑工具命令。

9) 什么是实体模型的布尔运算？

10) 上机练习1：请参照图11-106所示的简单实体模型进行三维建模练习，尺寸自定。

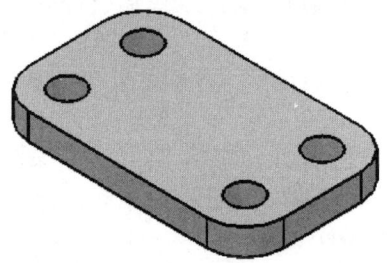

图11-106　简单实体模型

11) 上机练习2：绘制图11-107所示的图形，并在新文件中创建其三维模型。

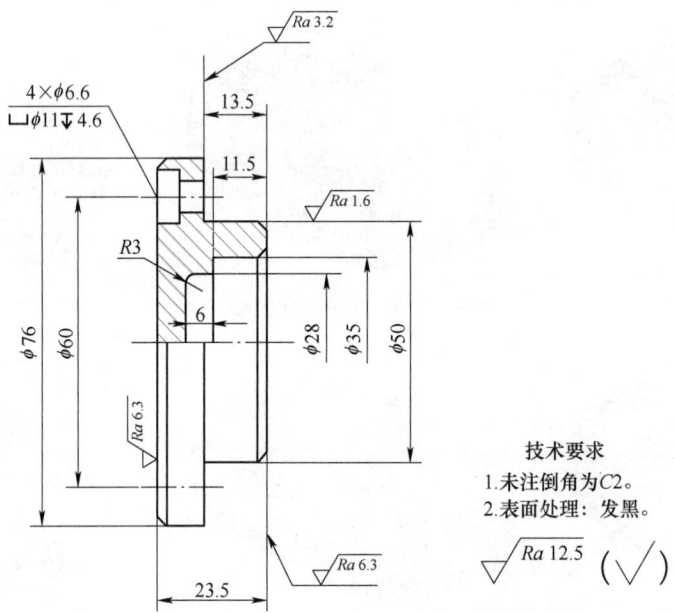

图11-107　绘制平面图及创建其三维实体模型的练习

12) 上机练习3：请自行绘制一个简单物件的零件图，并再新建一个图形文件以及为该零件创建三维实体模型。